Mein Italien,
kreuz und quer

Klaus Wagenbach

MEIN ITALIEN,

kreuz und quer

Aktualisierte Ausgabe

Verlag Klaus Wagenbach   Berlin

Mein Italien, kreuz und quer erschien erstmals 2004 als Quart*buch*
und 2007 als WAT 559 im Verlag Klaus Wagenbach, Berlin.

Wagenbachs Taschenbuch 827

© 2004, 2007 und 2024 Verlag Klaus Wagenbach,
Emser Straße 40/41, 10719 Berlin www.wagenbach.de

Covergestaltung Julie August unter Verwendung einer Fotografie
von Wilhelm W. Reinke. Gesetzt aus der Bembo und der Garamond Expert.
Gedruckt und gebunden bei Pustet, Regensburg.
Printed in Germany. Alle Rechte vorbehalten

ISBN: 978 3 8031 2827 0

Ortsbesichtigung

ENNIO FLAIANO *Der größte Fehler der Italiener* 11

UMBERTO ECO *Welche Schande, wir haben keine Feinde!* 14

LUIGI MALERBA *Sightseeing in Rom* 17

ANDREA CAMILLERI *Der bei den Tempeln vergessene Engländer* 18

TIZIANO SCARPA *Venedig* 20

FRUTTERO & LUCENTINI *Tolstoi in Italien:*

Der mißglückte Selbstmord der Anna Karenina 24

Quer durch

CARLO EMILIO GADDA *Lombardisches Land* 27

UMBERTO ECO *Alessandria. Den Nebel verstehen* 31

CESARE PAVESE *Die Langa* 33

ANNA MARIA ORTESE *Weiße Gesichter in Mailand* 36

MAURO COVACICH *Taliàn* 42

GIANNI CELATI *Eines Abends vor dem Ende der Welt* 44

FEDERICO FELLINI *Mein Rimini* 48

GIORGIO MANGANELLI *Die Uffizien* 54

MARIO LUZI *Der Monte Amiata* 59

GIULIA CAMINITO *Die Schwäne* 63

LUIGI MALERBA *Rom: Der tägliche Untergang* 66

ERRI DE LUCA *Nach dem Erdbeben* 74

ELSA MORANTE *Die Insel* 81

ANTONELLA LATTANZI *Tanti auguri* 84

LEONARDO SCIASCIA *Das weinfarbene Meer* 88

Sitten, Gebräuche

FRUTTERO & LUCENTINI *Demütigungszulage* 107

PRIMO LEVI *Auf die Stirn geschrieben* 109

CARLO LUCARELLI *Blauer Bravo. Linke Spur* 117

GIANNI RODARI *Am Strand von Ostia* 119

FABRIZIA RAMONDINO *Die verfluchte Sonne* 121

ALESSANDRO BARICCO *Mailand – San Remo* 125

GIANNI RODARI *Der Mann, der das Kolosseum stehlen ging* 128

LUCIANO DE CRESCENZO *Geschichte einer Verwarnung* 130

GIUSEPPE MAROTTA *Spaghetti* 132

GINEVRA LAMBERTI *Karneval (Catering)* 136

ALDO PALAZZESCHI *Die Frau am Fenster* 139

GIORGIO BASSANI *Die Passeggiata* 144

MICHELA MURGIA *Wir haben in derselben Straße gespielt* 149

Geschichte ist immer da

LEONARDO SCIASCIA *Eine Stadtgründung* 151

ANTONIO TABUCCHI *Die hydraulische Gleichheitsmaschine* 156

CARLO EMILIO GADDA *Carraria* 160

FRANCESCA MELANDRI *Option* 165

ANDREA CAMILLERI *Der falsche Arzt* 169

NATALIA GINZBURG *Winter in den Abruzzen* 174

CARLO LEVI *Stadt im Abgrund* 179

ELSA MORANTE *1943* 183

BEPPE FENOGLIO *Gedanken in einem fremden Grab* 189

UMBERTO SABA *Der Türke* 192

EUGENIO MONTALE *Das Haus mit den zwei Palmen* 194

GIUSEPPE TOMASI DI LAMPEDUSA

Freude und moralisches Gesetz 199

DAVIDE LONGO *Aus den piemontesischen Bergen* 204

FRANCESCA MELANDRI *2010* 207

Frauen, Mütter, Söhne

ELIO VITTORINI   *Signora Concezione*   213

GIANNI CELATI   *Ein Meteorit aus dem Kosmos*   216

DACIA MARAINI   *Mutter und Sohn*   221

ALBERTO MORAVIA   *Eine ägyptische Königin*   227

NATALIA GINZBURG   *Die kaputten Schuhe*   233

CAMILLA CEDERNA   *Drei Frauen*   236

VERONICA RAIMO   *Die vielen Tode meines Bruders*   241

GIORGIO MANGANELLI   *Schon Herodes war dagegen*   244

MICHELA MURGIA   *Fillus de anima*   246

Gift und Galle

ROBERTO BENIGNI   *Monolog über Gott und die Welt*   249

DARIO FO   *Nicht alle Diebe richten Schaden an*   252

ERMANNO CAVAZZONI   *Die Republik der geborenen Idioten*   255

CARLO LUCARELLI   *Autogrill*   259

ELISABETTA RASY   *Die Sprachen, der Gesang*   261

ADRIANO SOFRI   *Neuer Mensch und alter Kommunismus*   264

STEFANO BENNI

   Anno 2194: Keine Spur mehr von Hochwohlgeboren   266

ROBERTO SAVIANO   *Im Hafen*   270

Lebens- und Liebesgeschichten

ITALO SVEVO   *Der alte Herr und das schöne Mädchen*   273

GIUSEPPE PONTIGGIA   *Italien, Italien! Ghioni Ludovico*   276

MARCO LODOLI   *Italien 90*   287

CLAUDIO PIERSANTI   *Zelindas Kinder*   292

CLAUDIA DURASTANTI   *Das Mädchen fehlt aus familiären Gründen*   299

ALBERTO MORAVIA   *Der Tisch aus Birnbaum*   303

VALERIA PARELLA   *Rasender Stillstand*   311

MARIO FORTUNATO   *Meine Gefühle*   313

ITALO CALVINO   *Der nackte Busen*   319

MICHELANGELO ANTONIONI   *Chronik einer Liebe, die es nie gab*   322

GOFFREDO PARISE   *Estate. Sommer*   330

Arrivederci

TOMMASO LANDOLFI   *Der Kuß*   335

VITALIANO BRANCATI   *Sebastiana*   340

NORBERTO BOBBIO   *Ist das wirklich Weisheit?*   344

ELSA MORANTE   *Eine frivole Geschichte über die Anmut*   347

ANNE MARIA ORTESE   *Die Brille*   349

ANTONIO TABUCCHI   *Der Traum des Carlo Collodi*   352

LUIGI PINTOR   *Das Szenarium*   354

PIER PAOLO PASOLINI   *Herz*   356

ITALO CALVINO   *Blick über die Dächer der Stadt*   362

NACHWORT   367

AUTOREN, QUELLEN   371

Mit passenden wie widersprüchlichen Fußnoten von
TORQUATO ACCETTO, LUDOVICO ARIOSTO, GIAMBATTISTA BASILE,
STEFANO BENNI, GIOVANNI BOCCACCIO, GESUALDO BUFALINO,
GIACOMO CASANOVA, BALDASSARE CASTIGLIONE, CARLO M. CIPOL-
LA, CARLO COLLODI, UMBERTO ECO, BEPPE FENOGLIO, GOETHE,
CARLO GOLDONI, GIACOMO LEOPARDI, NICCOLÒ MACHIAVELLI,
LUIGI MALERBA, ALESSANDRO MANZONI, LORENZO DE' MEDICI,
PIER PAOLO PASOLINI, FRANCESCO PETRARCA, LUIGI PIRANDELLO,
DOMENICO REA, FRANCO SACCHETTI, MARIO SOLDATI, ITALO
SVEVO, TOTÒ, GIORGIO VASARI und GIOVANNI VERGA.

MEIN ITALIEN,
kreuz und quer

Die Italiener haben eher Gebräuche und Gewohnheiten als Sitten. Sie haben wenige Gebräuche und Gewohnheiten, die man national nennen kann, aber diese wenigen und die anderen, viel zahlreicheren, die man als provinzielle und städtische bezeichnen kann und muß, werden eher aus Gewöhnung befolgt als infolge irgendeines National- oder Provinzgeistes oder einer Naturmacht, oder weil sie zu verletzen oder zu mißachten große Gefahr von seiten der öffentlichen Meinung mit sich bringen würde. Aber in Wirklichkeit besteht diese Gefahr nicht, weil der öffentliche Geist in Italien jedem, abgesehen von dem, was die Gesetze und Verfügungen der Fürsten vorschreiben, beinahe vollständige Freiheit läßt, sich in allem übrigen so zu verhalten, wie es ihm gefällt, ohne daß sich das Publikum daran stört.

Die Gebräuche und Sitten in Italien beschränken sich im allgemeinen darauf, daß jeder seine eigenen Gebräuche und Sitten befolgt, wie auch immer sie seien. Und die allgemeinen und öffentlichen Gebräuche und Sitten sind, wie gesagt, nichts anderes als Gewohnheiten und werden nur aus dem allerfreiesten Willen befolgt.

GIACOMO LEOPARDI

Ortsbesichtigung

ENNIO FLAIANO

Der größte Fehler der Italiener

Ich glaube, der größte Fehler der Italiener ist der, daß sie immer von ihren Fehlern sprechen. In keinem anderen Land würden Umfragen solcher Art mit Sympathie aufgenommen, hier werden sie sogar angeregt. Die wenigen Male, die ich außerhalb Italiens war, befand ich mich bei vollkommenen Völkern, unter Leuten, die, da sie wußten, daß ich Italiener bin, mir ihr Mitleid mit meinen südländischen und mediterranen Fehlern nicht verbargen. Schließlich reichte es mir. Über das Alter der Empörung bin ich hinaus und bin nicht mehr einverstanden mit den Moralisten hierzulande, die dem Durchschnittsitaliener vorwerfen, er sei kein Muster an sozialem und moralischem Verhalten. Der Durchschnittsitaliener ist, was er ist, und seine Fehler gefallen mir allmählich.

Es gefällt mir zum Beispiel, daß er im allgemeinen lügt. Ich glaube nicht, daß er dreitausend Jahre in diesem Land hätte leben können, ohne die nackte Wahrheit einer vernünftigen Lüge anzupassen. In einem Territorium, das immer Eroberungen und Invasionen ausgesetzt war, hatte der Italiener zu seiner Verteidigung nur ein Mittel, nämlich die Wahrheit zu verbergen oder zumindest zu vertagen. (Auch der Staat zwingt ihn durch viele seiner Organe zum Lügen oder Verschweigen.)

Es gefällt mir, daß er immer an die Frauen denkt. Warum sollte er nicht immer an die Frauen denken? Was gibt es Besseres? Die Männer vielleicht? Gut, aber dann laßt mich bei meinem Geschmack bleiben.

Es gefällt mir, daß er faul ist. Wenn er schon so viel arbeiten muß, obwohl er faul ist, was wäre dann erst, wenn er nicht faul wäre?

Es gefällt mir, daß er freundlich, sentimental, zynisch, verschwenderisch, unvorsichtig, frivol und prunkvoll in seinen Zeremonien ist. In all dem liegt seine Art, das Leben zu lieben, verstehen zu wollen, zu forcieren, zu verherrlichen.

Es gefällt mir, daß er immer bereit ist, Tugenden der anderen zu bewundern und deren auffallendste Fehler nachzuahmen.

Es gefällt mir, daß er im allgemeinen extrovertiert ist und in den Tag hineinlebt. Dadurch konnte er die Kunst lieben, sein Land mit Denkmälern bereichern oder diese zerstören, ohne ihnen allzusehr nachzuweinen.

Es gefällt mir, daß sein Sinn für gesellschaftliche Beziehungen nicht stark entwickelt ist. In den Ländern, wo dieser Sinn stark entwickelt ist, wird der Mensch durch die größeren Garantien, die größere gegenseitige Achtung nicht vor einer anderen Art von Einsamkeit bewahrt.

Die Fehler! Davon reden alle. Es mißfällt mir nicht einmal, daß der Norditaliener so böse auf den Süditaliener ist und ihm die Fehler vorwirft, die er selbst aufgrund der gewandelten wirtschaftlichen Umstände seit einigen Jahrzehnten nicht mehr hat. Ist das vielleicht ein Beweis dafür, daß der Italiener nicht über seine Kirchturmspitze hinaussieht? Gut, auch das gefällt mir. Auf diese Art und Weise liebt er seinen eigenen Kirchturm, und es ist zugleich ein Beweis dafür, daß er seine engste Heimat völlig parteiisch liebt, weil er sich als Teil von ihr empfindet, als Lebender und als Toter. Und es ist auch ein Beweis dafür, daß, wenn auch auf der Ebene der Fehler, die Einheit Italiens (an der allzusehr gezweifelt wird) eine gemachte Sache ist.

Es gefällt mir schließlich, daß der Italiener zum Durcheinander neigt. Kann man sich überhaupt anders vor der Ordnung retten?

Ich gehe noch weiter: Es gefällt mir, daß er sein »Besonderes« liebt, denn diese egoistische Liebe verhilft ihm dazu, sein wahres Genie, die menschliche Solidarität in wirklich schwierigen Lagen zum Ausdruck zu bringen.

Ich könnte noch weitermachen. Offenbar nimmt man, wenn man von den Fehlern der Italiener spricht, ein ideales Volk zum Vergleich, das es nirgends auf der Welt gibt, von dem wir aber als unverbesserliche Optimisten (schon wieder ein Fehler) glauben, es lebe und gedeihe tatsächlich irgendwo. Und wie wir es bewundern, dieses unbekannte Volk! Wir bedenken nie, daß der Italiener seine Fehler als Formen der Verteidigung entwickelt hat, um sich der historischen Wirklichkeit, dem Klima, dem kargen Boden, der Enge der Meere, den verschiedenen geistigen und wirtschaftlichen Tyranneien anzupassen; um zu guter Letzt in seinen Lebensäußerungen so rationell und wirtschaftlich wie möglich zu sein, das heißt, sich selbst zu nützen, vorwärts zu kommen und die Art zu erhalten.

Ohne seine außerordentlichen Fehler gäbe es den Italiener heute nicht, und das wäre ein großes Übel. Die Natur oder – wenn man will – die Zivilisation hat dem Italiener eine große Aufgabe übertragen: nämlich die zu überleben. Er genügt ihr vollkommen, seit Jahrhunderten mit einem Einsatz, der das Vergnügen nicht ausschließt. Ein amerikanischer Schriftsteller (es tut mir leid, daß ich mich nicht an seinen Namen erinnere) fragte sich, was nach einem dritten Weltkrieg auf der Erde übrigbliebe. Und er antwortete: »Gewiß fünfzig Millionen Italiener.« Das mag traurig sein, ist aber auch tröstlich.

Alles in allem glaube ich, daß die großen Reden, die in den Zeitungen über die Fehler der Italiener geschwungen werden, auch eine Art der Verteidigung sind, und zwar die schlaueste und gewandteste. Indem man von ihnen spricht, versteht und akzeptiert man sie schließlich, um die notwendige Garantie zu haben, daß wir in nichts vollkommen, aber ziemlich lebendig und neugierig auf uns selber sind.

Die Italiener legen, vor allem verglichen mit anderen Völkern, im allgemeinen überhaupt keinen Wert auf die öffentliche Meinung. Den ganzen Tag werden in Italien hundert geläufige Sprichwörter wiederholt, die behaupten, man solle nicht darauf achten, was die Welt von einem sagt oder sagen wird, sondern auf seine eigene Art verfahren, ohne sich um das Urteil der anderen zu kümmern.   GIACOMO LEOPARDI

UMBERTO ECO

Welche Schande,
wir haben keine Feinde!

Schon öfter habe ich von meinen Abenteuern mit Taxifahrern erzählt. Am interessantesten sind diese Abenteuer in New York, und das aus drei Gründen: Erstens gibt es dort Taxifahrer jedweder Herkunft, Sprache und Hautfarbe; auf einem Schildchen steht der Name geschrieben, und es macht immer Spaß herauszufinden, ob der Fahrer Türke, Malaie, Grieche, russischer Jude etc. ist. Viele von ihnen lassen ständig ihr Radio laufen, das sie auf einen Sender eingestellt haben, der in ihrer Sprache spricht und ihre Lieder sendet, und so ist eine Fahrt vom Village zum Central Park manchmal wie eine Reise nach Katmandu.

Zweitens wird in New York der Beruf des Taxifahrers nicht lebenslang, sondern nur zeitweilig ausgeübt, weshalb man am Steuer sowohl den Studenten wie den arbeitslosen Banker wie auch den erst kürzlich eingetroffenen Immigranten vorfinden kann. Drittens folgen die Taxifahrer aufeinander in Gruppen: Eine Zeitlang sind es überwiegend Griechen, dann allesamt Pakistani, dann Puertoricaner und so weiter. Dadurch wird es möglich, Beobachtungen über Einwandererwellen und über den Erfolg der verschiedenen Ethnien anzustellen: Verschwindet eine bestimmte Gruppe aus den Taxis, so läßt sich daraus ablesen, daß diese Leute dabei sind, ihr Glück woanders zu suchen; eine Erfolgsmeldung hat sich unter ihnen herumgesprochen, und nun versuchen sie es alle mit Tabak- oder Gemüseläden, ziehen in einen anderen Stadtteil und steigen eine Stufe der sozialen Leiter hinauf. Infolgedessen, sieht man von den individuellen Charakter- und Mentalitätsunterschieden ab (es gibt den Hysteriker, den fidelen Knaben, den politisch Engagierten, den Anti-Irgendwas und so weiter), ist das Taxi ein hervorragender Ort für soziologische Studien.

Neulich bin ich an einen dunkelhäutigen Typ mit schwer entzifferbarem Namen geraten, und da hat er mir erklärt, er sei Pakistani.

Dann fragte er mich, woher ich käme (in New York kommt man immer von irgendwo anders her), und als ich sagte, ich sei Italiener, begann er mich auszufragen. Er schien sehr interessiert an Italien, aber nach einer Weile begriff ich, daß es nur war, weil er überhaupt nichts davon wußte, weder wo es liegt, noch welche Sprache man dort spricht (gewöhnlich schaut der Taxifahrer erstaunt, wenn man ihm sagt, daß in Italien Italienisch gesprochen wird, da er inzwischen meint, es werde überall Englisch gesprochen).

Ich gab ihm die knappe Beschreibung einer langgestreckten Halbinsel mit Bergen in der Mitte und viel Küste ringsum und vielen schönen Städten. Er fragte, wie viele wir seien, und war erstaunt über die geringe Zahl. Dann wollte er wissen, ob wir alle weiß oder auch gemischtrassig seien, und ich versuchte, ihm eine Vorstellung von einem Land zu geben, in dem ursprünglich nur Weiße lebten, jetzt aber auch einige Schwarze, freilich nicht so viele wie in Amerika. Natürlich wollte er auch wissen, wie viele Pakistani in Italien leben, und es verdroß ihn zu hören, daß es zwar einige seien, aber weniger als Filipinos oder Afrikaner, und er muß sich gefragt haben, warum Italien von seinen Landsleuten gemieden wird. Ich beging den Fauxpas, ihm zu sagen, daß es in Italien auch nicht viele Inder gebe, und er sah mich entrüstet an: Wie konnte ich zwei so grundverschiedene Völker in einem Atemzug nennen und so zutiefst minderwertige Leute auch nur erwähnen!

Schließlich fragte er mich, wer unsere Feinde seien. Auf mein »Wie bitte?« erklärte er mir geduldig, er wolle wissen, mit welchem Volk wir zur Zeit im Krieg lägen, wegen territorialer Ansprüche, ethnischer Haßgefühle, ständiger Grenzverletzungen und so weiter. Ich sagte ihm, daß wir mit niemandem im Krieg lägen. Geduldig setzte er mir auseinander, er wolle wissen, wer unsere historischen Feinde seien, unsere Erbfeinde, also diejenigen, die uns umbrächten und wir sie. Ich sagte nochmals, daß wir keine hätten, daß wir den letzten Krieg vor über fünfzig Jahren geführt hatten, schon damals übrigens ohne genau zu wissen, wer unsere Feinde und wer unsere Verbündeten waren. Er war nicht zufrieden, er gab mir klar zu verstehen, daß er mich für einen Lügner hielt. Wie kann es sein, daß ein Volk keine Feinde hat?

Unsere Fahrt war zu Ende, ich gab ihm beim Aussteigen zwei Dollar Trinkgeld, um ihn für unseren trägen Pazifismus zu entschädigen, dann widerfuhr mir, was die Franzosen »esprit d'escalier« und die Deutschen »Treppenwitz« nennen: wenn einem draußen auf der Treppe, nachdem man mit jemandem gesprochen hat, plötzlich die richtige Antwort einfällt, auf die man vorher nicht gekommen war.

Ich hätte ihm sagen sollen, es ist gar nicht wahr, daß die Italiener keine Feinde haben. Sie haben keine äußeren Feinde, und jedenfalls sind sie nie imstande, sich darüber zu einigen, wer ihre Feinde sein könnten, weil sie pausenlos Krieg führen, aber im Innern. Die Italiener führen gegeneinander Krieg, früher Stadt gegen Stadt, Häretiker gegen Rechtgläubige, dann Klasse gegen Klasse, Partei gegen Partei, Parteiflügel gegen andere Flügel derselben Partei, dann Region gegen Region und schließlich Regierung gegen Justiz, Justiz gegen ökonomische Macht, öffentlich-rechtliches Fernsehen gegen privates Fernsehen, Koalitionspartner gegen Partner derselben Koalition, Abteilung gegen Abteilung, Zeitung gegen Zeitung.

Ich weiß nicht, ob er mich verstanden hätte, aber wenigstens hätte ich mir die Blamage erspart, als Angehöriger eines Volkes ohne Feinde dazustehen.

Alle Übel in Italien kommen von Rom, und das begann schon vor zweitausendfünfhundert Jahren. Von Rom, dieser ungeheuerlichen Macht und Gewaltmacht, von diesem in der Weltgeschichte vielleicht einzigartigen Beispiel für Zentralgewalt: eine Stadt, nach deren Namen ein Weltreich, eine Sprache, eine Kultur und schließlich eine Religion benannt wurden!

In der Tat war der Papst, der in gewisser Hinsicht ein Nachfolger der römischen Kaiser der Antike war, über die Jahrhunderte hinweg – und Machiavelli sprach dies als erster aus – stets zu schwach, um selbst die Einheit Italiens herbeizuführen, aber gleichzeitig immer stark genug, um zu verhindern, daß andere sie herbeiführten. Und immer optierte er für eine Intervention von außen (Karolinger, Anjouiner, dann Spanier und danach Franzosen), statt die spontane Bildung eines italienischen und in bestimmter Hinsicht laizistischen Königreichs (Langobarden, Staufer) zuzulassen. MARIO SOLDATI

LUIGI MALERBA

Sightseeing in Rom

Die Fremdenführerin erklärte den Schweizer Touristen, die nach Rom gekommen waren, um die Stadt zu besichtigen, daß das Straßennetz im antiken Rom etwa vier Meter tiefer gelegen hätte als dasjenige, auf dem die Menschen heute gehen und die Autos fahren. Die Schweizer Touristen wollten das nicht glauben und fragten, wieso der Boden, statt vom ständigen Draufherumlaufen abzunehmen, um vier Meter steigen konnte. Die Fremdenführerin erklärte ihnen, daß das Straßenniveau jetzt deshalb höher sei, weil im Laufe der Jahrhunderte Mauerreste, Menschenspucke, Zigarettenkippen, Altpapier, Flaschenscherben, Orangenschalen, Kirschkerne, Trambahnscheine, Streichholzschachteln, Hundekot und Katzenscheiße auf den Boden gefallen wären.

Die Schweizer Touristen wollten das nicht glauben. Sie waren entsetzt und sagten alle zusammen, daß so etwas in der Schweiz nie vorkommen könnte, weil bei ihnen nie jemand etwas auf den Boden würfe und weil sie einfach wüßten, wie man eine Stadt sauber hält.

»Wir Römer sind vielleicht große Schweine«, sagte die Fremdenführerin, die eine Römerin war und sich gekränkt fühlte, »aber wir haben Rom gebaut – und ihr?«

Ich habe wenig in irgendeiner Art ausgezeichnete Menschen gekannt, die sich nicht selbst gelobt hätten, und nach meinem Gutdünken ist ihnen dies wohl angestanden. Wenn jemand weiß, daß er tüchtig ist, zugleich aber wahrnimmt, daß die Welt seine Taten nicht anerkennen will, so muß es ihn hart ankommen, daß sein Wert nicht ans Tageslicht kommen soll, und so ist er denn gezwungen, gleichsam sich selbst zu entdecken, um nicht um die ihm gebührende Ehre betrogen zu werden, die der wahre Lohn edler Anstrengung ist. Daher enthält sich auch bei den alten Schriftstellern selten ein vortrefflicher Mann des Eigenlobs. Freilich sind die unerträglich, die sich rühmen, ohne irgendein Verdienst zu besitzen. BALDASSARE CASTIGLIONE

ANDREA CAMILLERI

*Der bei den Tempeln
vergessene Engländer*

Das Tal der Tempel von Agrigent ist seit Jahrhunderten das Ziel von Besuchern aus aller Welt. So manches Mal kam es schon vor, daß sich ein ausländischer Besucher, der sich von seiner Gruppe gelöst hatte, nicht mehr zurechtfand und stundenlang in dem Ruinenfeld herumirrte, bevor er auf jemanden stieß, der ihm helfen konnte.

Peppi Gangitano, ein »Tragöde« aus Porto Empedocle, der ständig Streiche im Kopf hatte, verkleidete sich eines Samstagnachmittags als Engländer (Kniebundhose, karierte Strümpfe, Pullover, Mütze, Pfeife im Mund, Fernglas über der Schulter und den »Baedeker« unterm Arm) und ging zu den Tempeln. Als die Dämmerung hereinbrach, tat er, als habe er sich verirrt, und klopfte an die Türe eines Bauernhauses. In einem Tonfall, der ans Englische erinnern sollte, erklärte er seine Lage. Er wurde aufgenommen, gestärkt und über Nacht gastfreundlich dort behalten. Als er sah, wie erfolgreich dieses erste Experiment ausgegangen war, wiederholte er die Komödie einen ganzen Monat lang an jedem Samstag. Sein Vergnügen bestand darin, daß er sich völlig absurde Dinge herausnahm (er furzte laut zum Zeichen des Dankes, küßte die hübscheste Frau der Familie auf den Mund, um seine Dankbarkeit auszudrücken, ging vor dem Abendessen auf den Händen und mit den Beinen in der Luft herum und animierte die Anwesenden, das gleiche zu tun, oder er kotzte am Ende der Mahlzeit auf den Tisch).

Danach erzählte er seinen Freunden in allen Einzelheiten, was für Gesichter seine Gastgeber gemacht und welche Reaktionen sie gezeigt hatten.

Doch eines Tages gab es eine Kindstaufe, und einige von den Familien, die den Besuch des falschen Engländers bekommen hatten, trafen bei dieser Gelegenheit zusammen, redeten über diesen eigentümlichen Fremden und gelangten zu dem einfachen Schluß, daß es sich bei ihm um jemanden handeln müsse, der sich auf ihre Kosten amüsierte.

Am folgenden Samstag konnte Peppi Gangitano sich nicht als Engländer verkleiden, er mußte am Bett eines alten Onkels verweilen, den er sehr gern hatte.

Der Zufall wollte es, daß ausgerechnet an diesem Tag ein wirklicher Engländer, ein gewisser James Gifford, sich im Tal der Tempel verirrte. Er klopfte an die Türe eines Bauernhauses und wurde mit großer Freude empfangen, er wurde gewaschen, an den Tisch gesetzt und im besten Zimmer und im besten Bett zur Nachtruhe gelegt. Als sein Schlaf die schönste Tiefe erreicht hatte, berührte eine Hand ihn freundlich an der Schulter, er wachte auf und erlebte einen Albtraum: Unter schrillem Geschrei und Verwünschungen stürzte sich die gesamte Familie auf ihn und traktierte ihn mit Schöpflöffeln und Besenstielen. Dann wurde er mit Fußtritten hinausbefördert, und man warf ihm seine Kleider hinterher. Zu Fuß erreichte er in der Nacht Agrigent.

Nach seiner Rückkehr nach England schrieb er einen Brief an die *Times*, in dem er von seinem Abenteuer erzählte. Weil er sich diese Behandlung nicht erklären konnte, war er der Meinung, daß es sich hierbei um ein uraltes Gastfreundschaftsritual handeln könnte, und forderte die englischen Wissenschaftler auf, dieses ethnologische Phänomen zu erforschen.

Die Italiener von Welt empfinden mehr als die Ausländer die wirkliche Nichtigkeit der menschlichen Dinge und des Lebens und sind davon vollständiger, wirksamer und praktischer überzeugt. Und so sind die Italiener also in der Praxis viel mehr Philosophen als jeder ausländische Philosoph, da sie viel vertrauter mit der Meinung und Erkenntnis sind, die den Gipfel aller Philosophie bildet, nämlich die Erkenntnis der Nichtigkeit aller Dinge. GIACOMO LEOPARDI

TIZIANO SCARPA

Venedig

Venedig ist eine Schildkröte: ihr steinerner Panzer besteht aus grauen Trachytblöcken (*maségni*, wie die Venezianer sagen), mit denen die Straßen gepflastert sind. Die Steine stammen allesamt von außerhalb: fast alles, was man in Venedig sieht, hat Paolo Barbaro geschrieben, kommt von anderswo, wurde importiert oder erschwindelt, wenn nicht gar geraubt. Die Fläche, über die du läufst, ist glatt, auch wenn viele Steine mit einem kleinen Hammer gerädelt wurden, damit du bei Regen nicht ausrutschst.

Wohin gehst du denn? Wirf doch den Stadtplan weg! Warum willst du unbedingt wissen, wo du dich im Augenblick befindest? Einverstanden, normalerweise läßt du dich in den Städten, in den Einkaufszentren, an Autobus- oder U-Bahn-Haltestellen von Hinweisschildern an die Hand nehmen; fast immer gibt es einen Plan mit einem farbigen Punkt darauf, einen Pfeil auf der Karte, der dich lautstark darauf aufmerksam macht: »Sie sind hier.« Auch in Venedig brauchst du die Augen nur ein wenig nach oben zu richten und wirst viele gelbe Schilder sehen, mit Pfeilen, die dir sagen: du mußt hier lang gehen, laß dich nicht durcheinanderbringen, *Zum Bahnhof, Nach San Marco, Zur Accademia*. Laß sie links liegen, achte gar nicht darauf. Warum willst du gegen ein Labyrinth ankämpfen? Folge ihm doch einfach. Keine Sorge, die Gassen bestimmen ganz von allein deinen Weg, und nicht umgekehrt. Lerne, dich treiben zu lassen, umherzuschweifen. Laß dich in die Irre führen. Schlendere dahin.

Mach auch du »den Venezianer«. Im zweiten Weltkrieg spielte diese Redensart auf unsere Fußballmannschaft an, »den Venezianer machen«, »es wie Venedig machen«. Die Art, wie die Venezianer Fußball spielten, war nervtötend: egoistisch, immer den Fuß am Ball, viel Dribbling und wenige Pässe, eine engstirnige Spielweise. Kein Wunder: die Fußballer waren ja in einem Gewirr aus schmalen Gassen, Sträßchen, Biegungen und Engstellen aufgewachsen. Um zur

Schule zu gelangen, war der sicherste Weg immer der des Bindfadens. Und so sahen sie auch weiterhin Gassen und Plätze vor sich, wenn sie in Trikots und kurzen Hosen auf den Platz gingen und versuchten, sich aus ihrer persönlichen labyrinthischen Vorstellung zwischen Mittelfeld und Strafraum herauszuwinden.

Stell dir vor, du wärst ein rotes Blutkörperchen, das in den Venen dahintreibt: folge dem Herzschlag, laß dich von diesem unsichtbaren Herzen voranpumpen. Vielleicht bist du ja auch ein Bissen, der in den Eingeweiden transportiert wird: die Speiseröhre einer engen Gasse drückt sich mit ihren Backsteinwänden an dich, bis du beinahe zermalmt wirst, speit dich aus, läßt dich durch das Ventil einer Brükke entschlüpfen, die sich über das Wasser spannt, worauf du in einem geräumigen Magen landest, einem Platz, wo du nicht weitergehen kannst, ohne ein wenig ausgeruht zu haben; du mußt stehenbleiben, weil die Fassade einer Kirche dich zwingt, sie anzuschauen, dich im Innern chemisch verwandelt und verdaut.

Die erste und einzige Route, die ich dir empfehlen möchte, hat einen Namen. Sie heißt: *Zufall*. Untertitel: *Ohne Ziel*. Venedig ist klein, du darfst dich also ruhig verlaufen, denn weit kommst du sowieso nicht. Schlimmstenfalls gelangst du an den Rand und hast die Lagune vor dir. In diesem Labyrinth gibt es keinen Minotaurus, kein Monster, das seinen Opfern auflauert, um sie zu verspeisen. Eine amerikanische Freundin von mir kam zum ersten Mal in einer Winternacht nach Venedig. Sie fand ihr Hotel nicht und wanderte immer ängstlicher durch die verlassene Stadt, die Adresse ganz unnötig auf einem Zettel notiert. Je mehr Minuten vergingen, um so sicherer war sie, gleich vergewaltigt zu werden. Sie konnte es nicht fassen, daß sie seit drei Stunden in einer fremden Stadt war und noch niemand sie angegriffen und ihr die Koffer zu klauen versucht hatte. Es war nämlich eine junge Frau aus Los Angeles! Auf Taschendiebe mußt du vor allem um die Piazza San Marco achten, und auf den überfüllten Bootsanlegestellen. Wenn du dich nicht mehr auskennst, triffst du bestimmt einen Venezianer, der dir freundlich zeigen wird, wie du wieder zurückfindest. Wenn du überhaupt wieder zurückfinden willst.

Sichverirren ist der einzige Ort, den anzusteuern sich lohnt.

Du kannst beruhigt überall hingehen, zu jeder Tages- und Nachtzeit. Es gibt keine verrufenen Viertel, oder zumindest nicht mehr:

nur der ein oder andere unbelehrbare rotgesichtige Betrunkene könnte dir lästig werden. Übrigens, mache dich gleich mit den Bezeichnungen in Venedig vertraut; du solltest sie nicht Viertel nennen, sondern *sestiere*, Sechstel, denn die Viertel der Altstadt sind nicht vier, sondern sechs: sie bilden je ein Sechstel Venedigs, nicht ein Viertel wie die vier Häusergruppen in jenen Städten, die an der Kreuzung zweier wichtiger Handelsstraßen entstanden sind, in den vier von einem Straßenkreuz durchschnittenen Erdschollen. Venedigs *sestieri* heißen Santa Croce, Canaregio, Dorsoduro, San Polo, San Marco, Castello. Die Hausnummern an den Türstöcken fangen nicht in jeder Gasse bei eins an, sondern werden im ganzen *sestiere* durchgezählt. Das *sestier de Castello* gelangt bei der Rekordziffer 6828 an, bei der Fondamenta Dandolo, zu Füßen des Ponte Rosso. Auf der anderen Brückenseite, am Ende der Calle delle Erbe, endet das *sestier de Canaregio* bei Nummer 6426.

Die Pflastersteine sind hintereinandergereiht, in langen unterteilten Linien. Sie geben die Richtung der Gassen an, unterstreichen ihren Fluchtpunkt. Bestimmt haben die Stadtplaner sie speziell für Kinder entworfen, die darauf laufen, ohne je auf die Trennlinien zu treten. »Die Linie nicht überschreiten!« sagte Salvador Dalì, als er das Kompositionsprinzip seiner Malerei erläuterte, die so reaktionär in der Form und so verrückt im Gehalt ihrer Vision ist. In Venedig Kind zu sein, bedeutet das vielleicht, sich daran zu gewöhnen, die Linie nicht zu überschreiten, die Umrisse der Formen zu respektieren, um dafür ihren Gehalt auf den Kopf zu stellen? Tun venezianische Füße so, als würden sie den *status quo* achten, um ihn im Grunde wie Visionäre zu entstellen? Haben wir verzückte Zehen, überspannte Fersen? Sieh nur, was für ein surreales Delirium, was für ein absurdes Traumgebilde wir da auf die Beine gestellt haben, indem wir eine Milliarde gleichförmiger, absolut rechtwinkliger Quader aneinandersetzten! Jeder *maségno* ist ein Emblem, symbolisiert im Kleinen ganz Venedig, jene ins eigene Profil eingelassene Stadt, unerbittlich von Wasser umrahmt, ohne Möglichkeit, sich auszubreiten, sich selbst zu überwinden, verrückt geworden vor lauter Grübelei und Introspektion. Sieh nur, auf Schritt und Tritt stößt du auf eine Kirche. Eine augenscheinlich bigotte, im theologischen Sinne sogar anarchistische Stadt mit einem Überschuß an Heiligen und Scheinheiligen, Adeptin einer Religion, die explodiert, verstreut, vollkommen aus den

Fugen geraten ist. Jeder *maségno* ist ein Wappen ohne heraldische Figuren darin, ist ein Wappen, das nur aus einer grauen Grundierung besteht, eine blinde, stumpfe Tafel ohne Zeichen: die einzige Zeichnung dieses leeren Wappenschilds ist seine Kontur. Du aber tritt ruhig auf die Fugen der *maségni*: du wirst millimeterdünne Unebenheiten unter deinen Sohlen spüren, gesprungene Fugen, abgetretene Stellen, Löcher. Ein französischer Herr ist als kleiner Junge draufgetreten und hat sie für immer im Gedächtnis behalten.

Am einundzwanzigsten November, dem Fest der Madonna della Salute, mußt du dich genau in die Mitte der achteckigen Kirche stellen, unter den bleiernen Leuchter, der viele Meter von der Kuppel herabhängt; streife, wie es Tradition ist, mit der Schuhsohle über die bronzene Tafel, die in den Boden eingelassen ist, berühre mit der Schuhspitze die Inschrift *unde origo inde salus* in der Metallplatte: das Heil kommt vom Ursprung; der Ursprung ist die Erde, über sie zu wandeln bringt Glück, tut gut; Gesundheit pflanzt sich von den Füßen aufwärts fort. Man müßte lernen, mit den Zehen eine Beschwörungsgeste auszuführen, um den Aberglauben am ganzen Körper entlanggleiten zu lassen und in die Erde abzuleiten.

Abgesehen von den unvermeidlichen Exkrementen des besten Freundes des Menschen mußt du im Frühjahr nur auf den Zattere aufpassen, wo du hintrittst: nachts geht dort so mancher Venezianer zum Fischen hin, lockt mit Lampen die verliebten Tintenfische an, fängt sie mit einer Art großem Schmetterlingsnetz. Aus der Tiefe des Eimers spritzen die gefangenen Tiere mächtige Tintenstrahlen auf die Ufersteine, beflecken hinterrücks Strümpfe und Hosen.

Spüre, wie sich deine Zehen an die Stufen der Brücken klammern, wie sie beim Hinaufsteigen an abgewetzten oder breitgetretenen Kanten Halt suchen; beim Hinuntergehen bremsen die Sohlen, halten sich die Fersen fest. Benutze leichtes Schuhwerk, mit weicher Sohle, weder Post-Punk-Stiefel noch Sportschuhe voller Luftpolster: nichts mit Schaumstoff-Füllung. Ich schlage dir folgende spirituelle Übung vor: werde zum Fuß.

CARLO FRUTTERO & FRANCO LUCENTINI

Tolstoi in Italien:
Der mißglückte Selbstmord der Anna Karenina

»Ja, der Tod«, sagte Anna zum wiederholten Male, während sie auf Bahnsteig 16 des Bahnhofs Porta Principe in Genua entlangschlenderte und der Lautsprecher vermeldete, der D-Zug aus Moskau (über La Spezia), planmäßige Ankunft 17 Uhr 38, werde voraussichtlich mit 190 Minuten Verspätung eintreffen. Der Tod war die einzige Lösung. Sie mußte es tun, sie würde es tun.

Die Entscheidung ließ sie ruhiger werden und machte ihr einen Augenblick lang sogar die Szenen erträglich, die sie nun schon seit dem frühen Morgen vor Augen hatte, als sie mit dem TEE aus Petersburg (über Tortona), planmäßige Ankunft 9 Uhr 15, in Genua angekommen war, 140 Minuten später als vorgesehen. Sogar Rührung empfand sie beim Anblick des untersetzten, verschwitzten Bahnsteigaufsehers mit der aufgeknöpften Jacke, der von einer dräuenden Gruppe von Fahrgästen eingekreist war. »Ja, und? Sollen wir etwa bis morgen hier herumstehen?« schrien sie ihn an. Der Aufseher rang die Ärmchen. »Das ist eine Schande, widerlich!« brüllte eine Frau mit zerzausten Haaren und halb offenen Kleidern.

Ganz unrecht hat sie nicht, dachte Anna, auch sie steht seit mindestens vier, fünf Stunden hier.

Kurz darauf aber stolperte sie, war drauf und dran, zu Boden zu stürzen, und wurde, kaum hatte sie das Gleichgewicht wiedererlangt, wieder ergriffen von diesem Gefühl des Abscheus und des Entsetzens, das ihr bereits vom Augenblick der Abfahrt an die Kehle zugeschnürt hatte. Ein verschmutzter Jüngling schleuderte, nachdem er wer weiß welche geschmacklose, lauwarme Flüssigkeit aus ihm herausgesaugt hatte, einen Pappbehälter aus dem Fenster eines stehenden Zuges. Und überhaupt fügten sich alle diejenigen, die im Geviert der Fenster auftauchten, zusammen zu einer Portraitgalerie von lauter häßlichen und halb bekleideten Menschen. Alte, Junge, Frauen, Männer, finstere Gier nach bevorstehenden Ferien deutlich lesbar auf den verstörten Gesichtern, Gefühllosigkeit gegenüber den anderen Mitreisenden, die Arroganz dessen, der einen Sitzplatz ergattert hat, die ermattete Mißgunst des anderen, der von Smolensk an zwangsweise gestanden hatte. Jeder haßte jeden, und alle zusammen haßten die staatliche Eisenbahngesellschaft.

Wieder ertönte die gewohnte kratzige Stimme: »Der Eilzug aus Odessa (über Lecce), planmäßige Ankunft 18 Uhr 53, wird voraussichtlich mit 240 Minuten Verspätung eintreffen.«

Anna erschauerte und ließ ihren Blick über die Gleise schweifen, die öden und die anderen, auf denen seit Stunden übervolle lange Züge in der Sonne stillstanden, genauso wie ihrer. Bummel- und D-Züge, IC- und Eilzüge standen reglos im schwülen Dunst. Sie ging zu der Tafel mit den Ankunfts- und Abfahrtszeiten, dann schritt sie entschlossen die Treppe zur Unterführung hinab und kam auf Bahnsteig 22 wieder hoch. Hier war die Menschenmenge noch dichter und noch erregter, und die Gepäckstücke ließen keinen Zollbreit Boden frei. Mühsam bahnte sie sich einen Pfad zwischen Kisten und Bündeln, Dreirädern und Schlauchbooten hindurch, vor jeder Wagentür mußte sie Trauben von Menschen beiseite schieben, die einzusteigen versuchten, Arme, Beine, Füße und Rücken krampfartig ineinander verheddert, verzweifelt hier eine Flasche, da eine Gitarre, da einen Strohhut schwenkende Hände inmitten eines Chores aus Verwünschungen, Rufen und erstickten Schreien.

Es hatte keinen Sinn. Gar nichts hatte irgendeinen Sinn, mit Ausnahme des Todes.

Als sie endlich die Höhe der Lokomotive erreichte, starrte sie erleichtert auf die beiden klaren, festen Stränge aus Stahl, die unter einer Schicht Kippen und Abfall hervorlugten. Ja, das war die Lösung. Beim Ton der Signalpfeife, bei der allerersten Drehung der Räder würde sie zum Sprung ansetzen …

»Die Abfahrt des Eilzugs nach Sestri Levante und Nowgorod«, krächzte jetzt der Lautsprecher, »wird sich um unbestimmte Zeit verzögern.«

Anna war wie vor den Kopf geschlagen. »Aber warum? Was ist passiert?« fragte sie den Lokomotivführer, der, einen Transistor ans Ohr gepreßt, herausgeklettert kam. Er würdigte sie kaum eines Blickes, sondern zuckte die Schultern. »Vielleicht fragen Sie mal bei der Fahrplanaufsicht nach.«

Anna lief zurück zur Unterführung, suchte nach dem entsprechenden Hinweisschild und öffnete schließlich eine Glastür. Ein Dutzend mitleidloser Augen musterte sie.

»Technische Ursachen«, versetzte ein schmächtiges Männlein.

»Gibt es denn gar keinen Zug, der abfährt oder ankommt?«

»Wo wollen Sie hin?«

Unter den nächstbesten Zug, dachte Anna. In gewissen Situationen aber war alles unendlich schwer, sogar ein Selbstmord. Warum ihre Lippen zitterten, als sie das Amtszimmer verließ, konnte sie sich nicht recht erklären. Unter einem verblichenen Plakat, das junge Männer zum Eintritt in die Militärakademie ermunterte, blieb sie stehen, und jetzt fiel es ihr wieder ein. Damals als sie mit Wronski in Italien gewesen war, hatten die Züge besser funktioniert.

Der Mensch muß sich nicht auf eine einzige Sache heften, denn da wird er toll: man muß tausend Sachen, eine Konfusion im Kopfe haben.
(So berichtet es GOETHE in seiner ›Italienischen Reise‹ von einem »Italiener, einem wahren Repräsentanten seines Volkes«)

Quer durch

CARLO EMILIO GADDA

Lombardisches Land

Ich entsinne mich, daß die Menschen zu Fuß gingen. Vor dem Fahrrad und dem Motorrad und dem Auto, in welchem wir uns mit Vergnügen, wenn auch nicht ohne gewisse Schwierigkeiten ausstrecken: vor dem Flugzeug, von dem aus diese Bilder der Ländereien und Dächer der Lombardei aufgenommen wurden.

Sie gingen nicht immer auf geraden Wegen, aber auf umsichtig geführten, und gelangten unaufdringlich ans Ziel: das war, nach dem Markt und dem Weg, der Innenhof des Gehöfts, bevölkert vom Nachwuchs der Schweine und der Menschen. Die Straßen führten zu den Sammelorten der Leute; zur Kirche im Dorf, das kein Radio hatte und bis zuletzt hinter den Bäumen des Flachlands verborgen blieb. In der Kirche trafen alle Feldarbeiter den unsichtbaren Gott.

Der Bauer mit den klobigen und genagelten Stiefeln schritt schwerfällig auf der ländlichen Straße: schweigsam, mit einem Goldringel im Ohr, im linken, die Joppe über der Schulter, und vor ihm trottete das Söhnchen. Zwischen zwei Dornenhecken oder zwei Reihen von Weiden oder hohen Pappeln, als sich noch der Bewässerungsgraben mit dem gehorsamen Rinnsal hinzog: das vertraute Gehen im Staub. Die Klarheit des Sommers wurde mehlig von den weißen Meilen, an deren Ziel die notwendigen und die feierlichen Dinge sich fanden, der Kauf, der Verkauf, die Vielfalt der festlich gekleideten Wesen in dunklem Tuch, das stumme Gebet, die gesungene Messe: Von allen. Oder, nach langem Verweilen, tauchte die

Sonnenscheibe hinab ins Gold und Karmin, hinter den Gerippen der Bäume, wie in eine Pfütze aus geschmolzenem Metall. Doch der First des Pappelwäldchens verbarg ihren letzten Heimgang: nur ein paar Goldbröckchen oder ein Tropfen vom fernen Feuer blieb und verharrte im verdüsterten Gewirr des Geästs.

Im Sommer jedoch entfärbte das Volk der Pappeln sich einhellig im Abend; die Kröten aus den Gräben, den Reisfeldern leierten inmitten der Stille den sanften Rosenkranz des Abends: mit behutsamem Schluchzen grüßte der Frosch, in langsamerer Folge, den Zephir des Hesperussterns, der verschwiegen erstrahlte. Über dem Gesims der Pappeln war er erschienen.

Gewiß, so ist es auch heute.

Die beackerte Ebene bleibt, in den Erscheinungen der Natur und der menschlichen Werke, geliebte und notwendige Mutter, Grundlage unseres Lebens. Seit den Jahrhunderten, derer wir nicht mehr gedenken, als die Zisterzienser aus Chiaravalle unterhalb der Heilquelle von Rovegnano als erste begannen, den Boden zu ebnen, die ersten Wasserkanäle zu graben, um die Quellen des sogenannten »Brunnengebiets« einzufangen, um sie an die Rieselwiesen zu verteilen und den Ertrag an Heu ins Vielfache zu steigern und weiter und weiter zu den größten Werken der Kommune und des Großmuts der Visconti, zu den Konsortien und den Bewässerungsgebieten späterer Zeiten und bis zur unsrigen heute; welch zäher Fleiß! welch liebende Geduld! Die Herleitung des Naviglio Grande aus dem Ticino, des Naviglio di Pavia: dann die Kanäle der Martesana, des Villoresi.

Die Art unseres Landes ist genauestens dargestellt in den Ansichten, die vom Flugzeug aus aufgenommen werden: sie sagen, wie gut die Erde ist zu den Menschen, zeigen, wie still sie daliegt. Werke in Reih und Glied: für das Brot.

Die lombardische cascina* ist die erste juristische Einheit, die dem lombardischen Land aus einer den Menschen innewohnenden »Notwendigkeit« heraus aufgeprägt wurde: der Arbeit. Der Abstand von einer cascina zur nächsten ist vernünftig bemessen: wie die Arbeitskraft es bedingt: soviel, wie eine Bauernfamilie oder eine Gruppe von Familien, auf größerem Grund zusammengefaßt, zu leisten vermag. Und jedesmal, wenn wir Rauch aufsteigen sehen und dann die

---

* cascina: Gehöft. (A.d.Ü.)

braunen Kuppen und das ferne Dach eines Gehöftes, da wird ein Traum wach im Gemüt: eine Idee von Kraft, von tätiger Weisheit, getreulich und ausdauernd das Notwendige verrichtend. Diese Wohnstatt ersten und armen Lebens, der schweigsamen Mühen, taucht unvermittelt hinter den Weiden, den Pappeln aus dem zarten Grün beackerter Erde auf: in ihrer Zweckmäßigkeit und ihrem Frieden. Hier seht, das Quadrat, das euch erinnert (und in seiner Struktur offenbar davon herrührt) an das »praetorium« des alten »castrum« der Römer, an das Feldlager, das, nach Hannibals Abzug, die römisch gewordene Gallia Insubrica unterhielt. Auf einer Seite, und manchmal auch an der benachbarten, die Wohnhäuser der Pächter, fast alle zweistöckig, Erdgeschoß und Oberstock, selten ein dritter, der allenfalls als Speicher dient. Dann ist er zum Heustock oder Kornspeicher bestimmt: und das Dach hat manchmal weiträumige Luken zum Innenhof, die mit ihren Giebeln über die Linie der Regentraufen hinausreichen: die Traufe muß sich dann eine Unterbrechung gefallen lassen, so daß ein Flaschenzug, vor dem gefräßigen Maul der Luke, Heu- oder Strohballen, Säcke oder Holz in den Speicher, der ansonsten unzugänglich ist, hinaufschaffen kann; dort wird dann die Ernte gestapelt. Auf den anderen Seiten des Quadrats oder Rechtecks siehst du die Stallung und die eigentlichen Heuschober: innen aus einer Reihe von Pfeilbögen bestehend und von außen durchlüftet mittels durchbrochener Mauern aus roten Ziegeln, die jeweils nach dem Muster »eins voll, eins leer« versetzt sind, auch sie ein typischer roter Akzent in der typischen Bauart der cascina. In dem mittleren Raum ist Platz für die Tenne, festgetretener Boden und die Tränke fürs Vieh: und hin und wieder entdeckst du einen Ziehbrunnen. Manchmal, wenn der Raum sehr groß ist, dampfen die vollen Misthaufen, im Winter, doch befinden sie sich meist draußen, nahe den Feldern. Den Zugang zum großen Innenhof eröffnet ein Torbogen mit gepflastertem Weg, sofern es sich um ein von allen vier Seiten umbautes, dabei aber sehr weiträumiges Gehöft handelt. Andernfalls ist es nur ein Sträßchen, ein Gäßlein oder ein Durchlaß zum Land: dann ist der Hof mehr eine piazza, um die sich mehrere Wirtschaftsgebäude gruppieren. Da scharrt dann voller Umsicht die Glukke, die Mutter der liebreich im Kreise piepsenden Wollbäuschchen, und oft grunzt das Ferkel, beschwert von melancholischem Fett, mit seinem Korkenzieherschwänzchen und dem traurigen Rüssel.

Zuweilen ist die cascina wasserumflossen, von einem Graben umgeben: dann wölbt sich eine Brücke darüber, aus Ziegeln, vor dem Portal oder dem Torbogen. Das Wasser schließt einen weiten, vollkommenen Kreis um die Gemäuer des ländlichen Kastells, nachdem es den Tribut in die Rinnen der Rieselfelder abgegeben hat. Es gesteht sich selber noch dieses äußerste und zusätzliche Werk der Güte und Umsicht zu, nach allem anderen: als wolle es den Frieden und die Ruhestunden der Menschen beschützen, nachdem es bereits ihre Ernten vervielfacht hat. Die Gitter vor den Fenstern zu ebener Erde – aber nur wenige gibt es in den leicht feuchten Mauern – künden von Vorräten und Sicherheit. Drinnen siehst du im Geist die Familie, nach dem Tagwerk und dem Schweiß; und langsames Löffeln, das nottut und tröstet.

Von alters her liegt eine tiefe Vernunft über dem Land. Geometrisch die Ordnung, zielstrebig und gut die Werke, staunend das Volk der Pappeln, spiegelnd die Überflutung der Reisfelder: die der Abend mit Träumen, mit nichtigen Ängsten bleicht.

Von den Glühwürmchen
Anfang der sechziger Jahre begannen aufgrund der Luftverschmutzung und, vor allem auf dem Land, aufgrund der Verschmutzung des Wassers (der blauen Flüsse und der klaren Bäche) die Glühwürmchen zu verschwinden. Eine Entwicklung, die mit blitzartiger Geschwindigkeit vor sich ging. Wenige Jahre später gab es die Glühwürmchen nicht mehr. (Heute sind sie nur noch eine schmerzliche Erinnerung an die Vergangenheit, und wer von den Älteren diese Erinnerung noch hat, kann in der heutigen Jugend seine eigene Jugend nicht mehr erkennen, und so fehlt ihm auch das schöne Bedauern von einst.) Dieses »Etwas«, das vor etwa zehn Jahren geschah, werde ich also im Folgenden »das Verschwinden der Glühwürmchen« nennen.

PIER PAOLO PASOLINI

UMBERTO ECO

Alessandria
Den Nebel verstehen

Alessandria besteht aus großen, leeren und verschlafenen Räumen. Aber plötzlich, an manchen Herbst- oder Winterabenden, wenn die Stadt in Nebel getaucht ist, verschwinden die Leerräume, und aus dem milchigen Grau, im Licht der Laternen, tauchen Ecken, Kanten, jähe Fassaden und dunkle Torbögen auf, in einem neuen Spiel kaum angedeuteter Formen, und Alessandria wird »schön«. Eine Stadt, dazu geschaffen, im Dämmerlicht gesehen zu werden, wenn man an den Häuserwänden entlangstreicht. Sie darf ihre Identität nur im Nebeldunst suchen, nicht im Sonnenglanz. Im Nebel geht man langsam voran, man muß die Wege kennen, um sich nicht zu verirren, aber man kommt trotzdem immer irgendwo an.

Der Nebel ist gut und belohnt diejenigen, die ihn kennen und lieben. Im Nebel zu gehen ist schöner, als durch den Schnee zu stapfen und ihn mit den Schuhen niederzutreten, denn der Nebel bestärkt dich nicht nur von unten, sondern auch von oben, du besudelst ihn nicht, du zerstörst ihn nicht, er umstreicht dich liebevoll und fügt sich wieder zusammen, wenn du weitergegangen bist, er füllt dir die Lungen wie guter Tabak, er hat einen starken und gesunden Geruch, er streicht dir über die Wangen und schiebt sich zwischen Kragen und Kinn, um dich am Hals zu kratzen, er läßt dich von weitem Gespenster sehen, die sich auflösen, wenn du näher kommst, oder er konfrontiert dich plötzlich mit vielleicht realen Gestalten, die dir jedoch ausweichen und im Nichts verschwinden. Leider müßte immerzu Krieg und Verdunkelung sein, denn nur in jenen Zeiten gab der Nebel sein Bestes, aber man kann nicht immer alles haben. Im Nebel bist du in Sicherheit vor der äußeren Welt, auf du und du mit deinem Innenleben. *Nebulat, ergo cogito.*

Zum Glück kommt es häufig vor, wenn kein Nebel über der alessandrinischen Ebene liegt, besonders am frühen Morgen, daß es »dunstet«. Eine Art von nebligem Tau, der sonst die Wiesen überglänzt, steigt auf, um Himmel und Erde ineinanderfließen zu lassen und dir leicht das Gesicht zu befeuchten. Anders als bei Nebel ist die Sicht überscharf, aber die Landschaft bleibt hinreichend monochrom, alles verteilt sich auf zarte Nuancen von Grau und tut dem Auge nicht weh. Man muß aus der Stadt hinaus und über Landstraßen fahren, besser noch über schmale Wege an schnurgeraden Kanälen entlang, auf dem Fahrrad, ohne Halstuch, mit einer Zeitung unter der Jacke, um die Brust zu schützen. Auf den Feldern von Marengo, wo das Mondlicht glänzt und dunkel ein Wald sich regt und rauscht zwischen Bormida und Tanaro, sind schon zwei Schlachten gewonnen worden (1174 und 1800). Das Klima ist anregend.

Vor sich hatte er ein Schauspiel von Nebeln: Nebel wie Wattebällchen, die die Täler zwischen den Hügeln füllten, Nebel, der eben die wenigen rötlichen Lichter von Ca'di Cora und Cadilù verschluckte, und der Hochnebel, der schließlich den Umriß der Langa von Mombarcaro wegwischte.
Vom Ufer des Belbo stieg, den Nebel durchbohrend, das Zirpen der Grillen herauf, unzählige Stimmen, doch so synchron, daß es einem vorkam, als würde eine einzige Grille es hervorbringen, ein Ungetüm von Grille, verborgen zwischen den unteren Säumen des Nebels.   BEPPE FENOGLIO

CESARE PAVESE

Die Langa

Ich bin ein sehr ehrgeiziger Mensch, und ich verließ als junger Mann mein Dorf mit der fixen Idee, »jemand zu werden«. Mein Dorf, das sind einige ärmliche Häuser und ein großer Schlamm, aber es wird von der Provinzstraße durchquert, auf der ich als Kind spielte. Da ich – ich wiederhole es – ehrgeizig war, wollte ich die ganze Welt durchstreifen und, wenn ich in die fernsten Gegenden kommen würde, mich umdrehen und in Gegenwart aller sagen: »Habt ihr diese paar Dächer niemals nennen hören? Nun, von dort komme ich.« An manchen Tagen betrachtete ich den Umriß des Hügels aufmerksamer als sonst; dann schloß ich die Augen und tat, als sei ich bereits in der weiten Welt, um mir die bekannte Landschaft ganz genau immer wieder vorzustellen.

So zog ich in die Welt hinaus und hatte dort einiges Glück. Ich kann nicht sagen, daß ich mehr als irgendein anderer »jemand« geworden wäre, denn ich habe so viele Menschen kennengelernt, die aus dem oder jenem Grund »jemand« geworden sind, daß ich, wäre es nicht schon zu spät dafür, mir bestimmt nicht mehr Mühe geben würde, diesen Wahnbildern nachzujagen. Gegenwärtig würde mein stets wacher Ehrgeiz mir raten, mich von anderen, wenn überhaupt, durch den Verzicht zu unterscheiden; aber man kann nicht immer tun, was man möchte. Genug; ich will nur soviel sagen: ich lebte in einer großen Stadt und machte sogar viele Seereisen, und eines Tages, als ich mich im Ausland aufhielt, war ich drauf und dran, ein schönes, reiches Mädchen zu heiraten, das den gleichen Ehrgeiz hatte wie ich und mir sehr zugetan war. Ich tat es nicht, denn dann hätte ich mich dort unten einrichten und für immer auf mein Land verzichten müssen.

Eines Tages also kehrte ich nach Hause zurück und suchte wieder meine Hügel auf. Von den Meinen war niemand mehr dort, aber Bäume und Häuser waren da – und auch manches bekannte Gesicht.

Die Provinzstraße und der Dorfplatz waren sehr viel schmaler, als ich sie in Erinnerung hatte, viel bescheidener, und nur der ferne Umriß des Hügels hatte gegen früher nicht verloren. In jenem Sommer betrachtete ich vom Balkon des Albergo aus oft den Hügel und überlegte mir, daß ich in all den Jahren nicht mehr daran gedacht hatte, zu zeigen, wie stolz ich auf ihn war; und ich hatte es mir doch vorgenommen. Wenn überhaupt, so rühmte ich mich jetzt den alten Dorfgenossen gegenüber der weiten Wege, die ich gemacht hatte, und der Häfen und Bahnhöfe, durch die ich gekommen war. All das machte mich so melancholisch, wie ich es schon lange nicht mehr gewesen war; aber diese Stimmung war mir nicht unbehaglich.

In solchen Fällen heiratet man, und im Tal hieß es in der Tat, ich sei zurückgekommen, um mir eine Frau zu suchen. Verschiedene Familien, auch Bauern, luden mich ein, mir ihre Töchter anzusehen. Es gefiel mir, daß sie in keinem Fall anders vor mir zu erscheinen suchten, als ich sie in Erinnerung hatte: die Landleute führten mich in den Stall und brachten auf die Tenne etwas zu trinken, die Bürger empfingen mich im nie benutzten Salon; dort saßen wir um den Tisch, die schweren Vorhänge geschlossen – während draußen Sommer war. Doch auch diese Bürger enttäuschten mich nicht: es kam vor, daß ich an manchen Mädchen, die verlegen scherzten, einiges wiedererkannte – die Art, sich zu bewegen, die blitzenden Blicke, die sie mir, als ich noch ein Junge war, vom Fenster oder von der Türschwelle aus zugeworfen hatten. Aber alle sagten, es sei etwas Schönes, sich an das Dorf zu erinnern und dorthin zurückzukehren, wie ich es tat, und sie rühmten ihre Äcker, rühmten ihre Ernten und wie gut hier die Menschen und der Wein waren. Auch von dem Charakter der Dorfleute, einem besonders mutigen, schweigsamen Charakter wurde gesprochen, so ausführlich, so oft, daß ich lächeln mußte.

Ich heiratete nicht. Ich merkte sofort: wenn ich eins dieser Mädchen, selbst das aufgeweckteste, mit in die Stadt nähme, hätte ich mein Dorf im Haus und hätte nie mehr so an das Dorf zurückdenken können, wie ich es jetzt wieder so gern tat. Jedes dieser Mädchen, jeder dieser Bauern und Hausbesitzer war nur ein Teil meines Dorfes, er stellte nichts als einen bestimmten Landsitz dar, ein Gut, eine Anhöhe. Ich hingegen hatte alles zusammen im Gedächtnis, ich war selbst mein Dorf: ich brauchte nur die Augen zu schließen, um mich zu sammeln, nicht mehr, um zu sagen: »Kennt ihr diese paar

Dächer?«, sondern um zu spüren, daß mein Blut, meine Knochen, mein Atem, alles aus jenem Stoff gemacht war; außer mir und jener Erde gab es überhaupt nichts.

Ich weiß nicht, wer gesagt hat, man müsse, wenn man ein Junge ist, mit dem Plänemachen vorsichtig sein: sie verwirklichten sich im reifen Alter immer. Sollte das stimmen, so heißt das, wieder einmal, daß unser ganzes Schicksal uns schon eingeprägt ist, noch ehe wir das Alter der Vernunft haben.

Ich jedenfalls bin davon überzeugt, aber ich denke manchmal: es ist immer möglich, Irrtümer zu begehen, die uns dann zwingen, dieses Schicksal zu verraten. Das ist der Grund, weswegen so viele Menschen, wenn sie heiraten, fehlgreifen. Ein Junge plant in dieser Hinsicht natürlich nie etwas; wenn er sich entscheidet, so riskiert er dabei sein eigenes Schicksal. In meinem Dorf wird jemand, der sich verliebt, verspottet; jemand, der heiratet, wird gelobt, wenn er sein Leben in nichts ändert.

Ich begann also wieder zu reisen und versprach im Dorf, ich würde sehr bald zurückkehren. In der ersten Zeit glaubte ich daran, denn die Hügel und der Dialekt waren in mir ganz lebendig. Ich brauchte nicht mit Heimweh an sie zu denken, so daß sie zu meiner gewohnten Umgebung in Gegensatz geraten wären. Ich wußte, sie waren dort drüben, und vor allem wußte ich, daß ich von dort kam, daß alles, was von jener Erde Gewicht hatte, in meinen Körper und in mein Bewußtsein eingeschlossen war. Aber das ist nun viele Jahre her und ich habe meine Rückkehr so lange aufgeschoben, daß ich es fast nicht mehr wage, den Zug dorthin zu besteigen. Wenn ich dort wäre, würden meine Landsleute merken, daß ich das alles nicht ernst gemeint habe und nur wollte, daß sie von den Vorzügen meiner Heimat sprechen, damit ich sie wiederfände und mit fortnähme. Jetzt würden sie das ganze Streben des Jungen begreifen, den sie schon vergessen hatten.

ANNA MARIA ORTESE

Weiße Gesichter in Mailand

Das große Verreisen begann Anfang Juli. In der Stadt, die so flach
liegt, daß selten ein Wind aufkommt, konnte man schon kaum mehr
atmen; ein Gürtel aus heißer Luft, eine dampfende Masse, die (durch
den Ruß) eher noch dunkler war als die Luft, schloß sie ein wie eine
von außen deutlich erkennbare Mauer, deckte sie zu wie ein Dach,
und es schien unvorstellbar, daß man dort drinnen so atmen könnte
wie überall sonst auf der Welt. Die Bewohner der schönen Viertel,
die Mieter der oberen Stockwerke mit drei Bädern und mit Veran-
den, die an himmlischen Abenden bis zum Mond reichen und mit
Lampen und Tischchen ganz bezaubernd geschmückt sind, zeigten
bereits Anzeichen von qualvoller Atemnot, und sie hingen stundenlang am Telefon, um ihren Freunden den Termin ihrer Abreise mitzuteilen und den leider erst vor einem Monat gebuchten Urlaubsort.
Die Riviera war ihnen nicht blau genug und auch nicht so erfrischend
wie eine Kreuzfahrt; die Alpen verhießen Licht und Schönheit im
richtigen Maße, aber die Schweiz war und blieb in den Träumen aller
eine noch höhere Gnade. Trotz allem, jetzt, da die Belagerung des
Sommers von Stunde zu Stunde drückender wurde, schienen auch
Ventimiglia, Sanremo, Portofino und Alassio weniger als nichts zu
bedeuten, während die Alpen, die Kurorte Cortina und Bardonec-
chia, in denen so mancher eine behütete, sichere, nicht enden wol-
lende Kindheit oder Jugend verbracht hatte, schon eine gewisse
Befriedigung versprachen. Jeden Morgen und jeden Abend holten
lange bunte oder kurze schwarze Autos eine Familie, ein Paar, eine
einzelne Frau oder einen einzelnen Mann ab, und dazu lederne
Schrankkoffer und handschuhweiche Koffer und schneeweiße Kul-
turbeutel; sie nahmen auch den Hund der Herrschaften mit, elegant
und melancholisch wie die Herrschaften selbst, den sanften Kopf
leicht zur Seite geneigt oder mit feierlich erhobener Schnauze den
starren Blick auf den Horizont gerichtet; und nach kurzer Zeit, kaum

waren sie auf der Autobahn, hatten sie den abscheulichen Gürtel aus heißer Luft, Staub und Ruß, diese schreckliche bleierne Haube, die auf der Stadt lastete und den Atem der Menschen bedrängte, erreicht, durchbrochen und überwunden: hinter ihnen lag Italiens Hauptstadt der Arbeit.

Immer mehr Leute reisten ab; die Industriellen brachen mit ihren euphorischen, prächtigen Familien auf; die wohlhabenden Kaufleute und Freiberufler mit ihren verkrampft blickenden Frauen und den leicht gierigen und selbstsicheren Töchtern. Die VIPs reisten ab, die bedeutenden Persönlichkeiten, und sie verbargen hinter einem müden Lächeln und einem Schulterzucken ihre kindliche Freude; mit ihnen, unzufrieden beim schmerzlichen Gedanken an ein schöneres Ziel, ihre Frauen, Töchter, Eintags- oder Jahrhundertfreundinnen. In einer zweiten Phase, als die Regenbogenpresse bereits die ersten rührseligen Berichte über ihr Erscheinen an irgendwelchen Stränden oder Luftkurorten lieferte, mit bisweilen aus der Luft gegriffenen Indiskretionen über die Vergnügungen und infantilen Unterhaltungen, mit denen diese Größen des Stadtlebens versuchten, ihren sommerlichen Aufenthalt weniger langweilig zu gestalten, setzte der Aufbruch der Arbeiterklasse ein, der Männer und Frauen, die in den Fabriken und Büros Mailands mit den unangenehmsten und simpelsten Aufgaben betreut sind und die nach elf Monaten Atemnot ihren Arbeitsplatz verließen und sich auf den Weg in die Ebene, zum Fuß der Berge, zum Meer machten. Alterslose Männer und Frauen, die Gesichter noch blaß von den Überstunden, die den Urlaub möglich gemacht hatten, fuhren mit sechzig- oder siebzigtausend Lire in der Tasche zu den zweitrangigen Bergen oder Stränden: nach Rimini oder Comacchio oder in ein einsames Dörfchen in der Gegend von Trient; für fünfzehn, zwanzig Urlaubstage, die sie in zwei oder drei Wochen körperlich so weit wiederherstellen sollten, daß sie der Fabrik oder dem Büro sicher und zuverlässig weiterhin zur Ausbeutung zur Verfügung stünden. Sie zogen los wie freigelassene Kälber, wie Pferde oder Maultiere, auf den Gleisen einer äußerst schmalen Ökonomie, mit einem Gepäck von unmittelbaren und oft drückenden Sorgen und sozusagen mit der Rückfahrkarte bereits in der Hosentasche: für die Rückkehr ins Büro, in die Fabrik, die Werkstatt, die für diese Männer und Frauen soviel bedeuten wie ein Stall, ein sauberer, duftender, sicherer Hundezwinger.

Und fort sind sie, mit langen Zügen, aus denen Hände und Arme wie Blüten sprießen, und auf leichtsinnigen und brutalen Motorrollern, die des öfteren ihre Ladung vom Straßenrand in die Ewigkeit schicken; über sie wurden von der Regenbogenpresse und auf den dritten Seiten der Zeitungen keine Nachrichten verbreitet, und auch nicht vom Fernsehen und vom Radio; auf billigen Postkarten mit dem Bild von irgendeiner Sehenswürdigkeit und irgendeinem Platz brachte sie der Postbote den zu Hause gebliebenen Familienmitgliedern: »Viele Grüße. Es geht uns gut.«

Für die zu Hause gebliebenen Familienmitglieder, oft eine alte Mutter, ein Vater, der vor der Werkstatt am Stadtrand Pfeife raucht; für die Töchter, die noch nichts verdienen und keinen Freund oder Verlobten haben; für den noch arbeitslosen Sohn oder die Kinder des arbeitslosen Sohnes: Schweigen.

Und der Gürtel aus heißer Luft, den man aus mehreren Kilometern Abstand sieht, drückt auf die Stadt wie ein böser Traum.

Die Familien dieser Leute haben wir gesehen und auch die Familien derer, die nie wegfahren und immer in der Umklammerung des heißen Gürtels bleiben.

Leute von jener verschlossenen Würde, die für den ganzen Norden typisch ist, von denen man keine Klagen hört, so sehr sind sie daran gewöhnt, sich selbst für ihr Leben verantwortlich zu fühlen, sei es nun von Glück oder von Pech gezeichnet.

Die Frau unseres Hausmeisters arbeitet seit wohl dreißig Jahren, sie ist sehr krank, und sie ist nicht verreist. Auch ihr Mann ist nicht verreist und auch nicht die älteste Tochter, zehn Jahre alt, ein blondes Mädchen, das jeden Abend anstelle ihrer Mutter die Treppe putzt. Sechs Stockwerke, drei für jedes Treppenhaus, das ist viel für ein Mädchen mit schmalen Schultern und einem blütenzarten Nacken; und doch blicken ihre großen, ernsten, von einem kalten blauen Licht erfüllten Augen nicht gereizt oder bittend. Vom Staub sind sie gereizt, das schon, und von roten Ringen umgeben, aber sie bleiben immer wach und nachdenklich. An einen riesigen Besen geklammert, der unendlich viel größer ist als sie, streicht sie sich mitunter mit der zarten, schmutzigen Hand über die Stirn: dieses Mailänder Mädchen scheint nur darauf bedacht zu sein, auf jeder Stufe ordentlich den Staub zusammenzufegen und mit dem Fuß den großen schwarzen Küchenschaben auszuweichen, die rücklings auf dem Marmor liegen und mit den Beinen zappeln. Manchmal habe ich sie, wenn ich ihr begegnet bin, gegrüßt, und sie hat mir nicht geantwortet. Da habe ich den Grund für viele stumme Momente der kleinen Leute Mailands verstanden, für viele ausgebliebene Grüße und Erwiderungen: hier herrscht eine für die Kraft eines einzelnen Geschöpfes unnatürliche Spannung.

Auch die junge Bedienung aus der Imbißstube, in die ich manchmal gehe, ist nicht verreist. Sie hat ihren Urlaub in einem möblierten Zimmer am Corso Ticinese verbracht. Ich sah sie nicht mehr hinter der Theke und dachte schon, sie sei fort, da traf ich sie zufällig an der Piazza del Duomo: rundlich und gelassen wie immer, aber mit einem weißen Gesicht und einem unruhigen, gequälten Flackern in den Augen: der Verlobte hat kein Glück mit seinen Geschäften, die Wohnung, die sie dieses Jahr mieten wollten, ist zu einem Traum geworden, der immer ferner rückt. Sparen, das ist jetzt die Parole, sparen. »Außerdem wird das Wetter sowieso bald schlecht«, sagt sie und hebt die unruhigen Augen über die leeren Häuser, zum verhangenen Himmel.

»Bald ist es September«, sagt in gelassenem Ton der Nachtwächter eines großen Pelzgeschäftes im Zentrum zu mir. Er lächelt auf eine unangenehme Weise, das knappe, müde Lächeln der Menschen, die auf nichts mehr warten. »Im Geschäft«, sagt er, »ist es ziemlich kühl, und am Tag schlafe ich ja. Deshalb ist die Hitze für mich kein Problem.« Aber sie ist es für seine beiden Kinder und für seine Frau, die nicht wissen, wohin, die an der Kette der tausend Lire pro Tag hängen (zwanzig sind für die Miete in einer Gemeinschaftswohnung), und das alles steht in einer schwarzen Zeile in den blauen Augen des Mannes. Er grüßt mich und geht wieder auf und ab, vor und zurück vor dem Schatz, der ihm anvertraut ist: auf und ab, immer bereit zu bellen, sobald ein Schatten in der Julinacht zu nah an den großen, leuchtenden Schaufenstern vorbeihuscht.

Keine geringere Verbitterung und kein geringerer Schmerz stand in den Augen des distinguierten Beamten, der vor drei Tagen in der Nähe der menschenleeren Porta Venezia seinen kleinen Sohn, der ebenso distinguiert und verzweifelt aussah wie er, in eine Eisdiele führte. Das Kind hatte das Gesicht eines Erwachsenen, wie die, die in einfachsten Verhältnissen zur Welt gekommen sind und denen die Feen bei der Geburt die Stirn mit dem Weihwasser der Beamten benetzt haben: ein hartes, weißes Gesicht, empfindungslos, in dem nur der Mund durch ein leichtes Beben einen Ausdruck hatte, während die stumpfen Augen ansahen, was sie sehen konnten, soweit sie reichten: bis zur gegenüberliegenden Hauswand, wo es drei oder vier Läden gab, bis zu einem kümmerlichen Baum. Sie hatten ein ziemlich schmerzliches Gespräch hinter sich, Vater und Sohn, das las man in den erbosten und grollenden Augen des Sohnes und in den traurigen Augen des Vaters, und ich konnte mir ihre Worte vorstellen: »Nie fahren wir weg ... nie! – Ich habe es dir versprochen, nächstes Jahr, ganz bestimmt, Luigino! – Aber fahren wir doch wenigstens einen Sonntag weg! – Gut, nächsten Sonntag, Luigino!«

Die Nachtschwärmerinnen dagegen sagen so etwas auf keinen Fall mehr. Viele von ihnen haben Karriere gemacht und sich in vornehme Damen mit Pelzmantel, Juwelen, Auto, Bankkonto und gutmütigem Ehemann verwandelt, oder sie sind dabei, es zu tun. Die einfältigeren, ungeschickten, von Natur aus zum Vorausdenken unfähig, sind alle hiergeblieben, sie bieten ihre Reize unter dem alten Licht der Straßenlaternen feil, zwischen dem Kaufhaus Rinascente und San Babila, oder aber sie gehen gesenkten Hauptes nach Hause, innerlich schluchzend, durch die ehrwürdigen, abgelegenen und schlechtbeleuchteten Gassen in der Nähe des Corso. Eine von ihnen, die den ganzen Winter über auf einem Straßenabschnitt hinter dem Justizpalast beschäftigt war, hat seit Anfang des Sommers Ferien: ich sah sie mit einigen ältlichen Verwandten und einem kleinen Jungen, der Tante zu ihr sagte, in meinem Stammcafé etwas trinken. Dünn und abgeklärt wie eine müde Katze, mit einem Wollrock und einem leichten Pullover, die gebleichten Haare von einer schlechten Dauerwelle gekräuselt, wirkte sie genau wie eine perfekte Angestellte. Aus dem kleinen, vom Leben zerstörten Gesicht blickten zwei durchaus nicht schöne, aber in diesem Moment scharfe und durchdringende Augen mit einem undefinierbaren Ausdruck, der irgendwo zwischen Neugier, Verachtung und Verständnis lag. Und in dieser entspannten Haltung breitete sich langsam ein Lächeln auf ihrem traurigen Gesicht aus; ein schmaler Fuß befreite sich unter dem Tisch von zu hohen Absätzen. Ausruhen, ausruhen! Es macht nichts, wenn gar nichts mehr da ist! Einen Augenblick lang ausruhen.

»Gar nicht so übel, um diese Zeit in Mailand zu sein!« sagte sie mit einer kaum vernehmlichen Stimme, aus der die Härte wich, zu den alten Leuten und zu dem aufgeregten Kind: auf liebenswürdige Weise. Für eine Menge Leute haben die Ferien überhaupt nicht stattgefunden.

Junge Mädchen, Kinder, alte Leute, Männer und Frauen, Jugendliche und Erwachsene, viele weiße Gesichter haben, hinter dem sittsamen Vorhang eines Fensters versteckt, jeden Tag darauf gewartet, daß die brütende Hitze sich in der nächtlichen Abkühlung verliert, haben mit der Verzweiflung eines Tieres in den ebenso plötzlichen wie seltenen Windstößen, in der ebenso plötzlichen wie herrlichen Frische vor oder nach einem Gewitter versucht zu erkennen, ob der Ruf der Strände und der Berge zu- oder abnahm und wann sich der sommerliche Scheiterhaufen in die ersten herbstlichen Wolkenbänke verwandeln würde. Für diese Stadtbewohner war der Sommer kein Sommer, war er nicht die Zeit der Erholung, der Rückkehr zur Natur, zu freierem Durchatmen, zu einem einfachen, freudigen Schritt, sondern eine harte, qualvolle Zeit, und Mailand war nicht das große Mailand, sondern eine der vielen Stationen ihrer menschlichen Reise als Italiener, als arme Leute.

Für diese Stadtbewohner wird allerdings aus irgendeinem mysteriösen Grund der Winter trotzdem ein richtiger Winter sein, und sie werden wie die Wölfe (da sie, wie die Wölfe, außerhalb des Gesetzes stehen) gegen jede Härte und Gefahr kämpfen müssen, mit denen die Berge, das Meer, der Himmel, ja die ganze Natur, die für andere eine zärtliche Mutter ist, sie großzügig bedenken; vielleicht um ihre Widerstandskraft zu testen, vielleicht, wer weiß, um im Einverständnis mit den Eigentümern der Erde irgendeine subtile Form von anregendem Vergnügen daraus zu gewinnen.

MAURO COVACICH

Taliàn

W̄as nun solche Sachen wie Nationalismus, Irredentismus, Lokal-
patriotismus angeht und ihre besonders komplexe Vielschichtigkeit
in Triest, kann ich mir vielleicht mit einer Anekdote weiterhelfen.
Seit einigen Jahren wohne ich im Stadtteil San Giacomo. San Giacomo ist eines der schönsten Viertel, aber es wird kaum passieren, dass
euch jemand dorthin führt: Es gibt keine nennenswerten Museen
oder Denkmäler, es gibt kein Meer und nicht einmal einen Park wie
in San Luigi. Ihr könnt natürlich auf eigene Faust herkommen, mit
der Linie 1, oder indem ihr den Möwen folgt, die von der Küste wie
satellitengesteuert zwischen den Mietshäusern hindurchfliegen, aber
ich warne euch, in San Giacomo spricht niemand Italienisch. Und
jetzt die Anekdote.

Auf einem meiner Erkundungsgänge durch das neu bezogene
Wohnviertel laufe ich immer weiter, der Via dell' Istria folgend, und
entdecke eine Vinothek. Neugierig geworden und auch ein wenig
entsetzt, in dieser Gegend, wo es vor alten Osterien nur so wimmelt,
auf einen hippen Slow-Food-Laden zu stoßen, beschließe ich hineinzugehen. Drinnen entspanne ich mich: An den Tischen sitzen die
üblichen *bobe* (gealterte Lausbuben) und am Tresen zwei *babe*
(Schwatztanten, zugleich aber auch die Bezeichnung für Frauen allgemein), deren Zungen nur stillstehen, wenn sie an ihrem Spritz nip-
pen oder sich einen Mortadella-Würfel vom Aperitif-Tellerchen in
den Mund schieben. Auch wenn die gemauerten Wände unverputzt
sind und in den Regalen der eine oder andere kostbare Tropfen steht,
ist dies nur dem Namen nach ein Weinlokal, zum Glück. Während
auch ich einen Spritz und etwas zum Knabbern bestelle – es ist bald
Mittagszeit –, kommen zwei Riesen in der Kluft der italienischen
Telekom herein. Der Wirt heißt sie lautstark willkommen, stellt
ihnen Getränke hin, schallendes Gelächter und nicht enden wollen-
des gegenseitiges Schulterklopfen. Dabei ist es nebensächlich, was

bei der Begegnung genau gesagt wird. Wichtig ist, dass die Unterhaltung auf Triestinisch abläuft, obwohl der Wirt seinem Akzent nach eindeutig Süditaliener ist, und noch wichtiger, dass der Wirt den einen Telekom-Mann, der die Rechnung begleichen will, mit folgender Bemerkung abserviert: »Ach, geh mir doch weg, *taliàn*!«, woraufhin das ganze Lokal in schallendes Gelächter ausbricht.

Cosimo – so heißt der Wirt – bringt uns zum Lachen, weil er in diesem Moment in seinem Weinlokal der einzige *taliàn* ist. Als gebürtiger Kalabrier aus Vibo Valenzia hat er fünfzehn Jahre lang in Turin gearbeitet, bis ihn 1975 die sogenannten Schicksalsfälle des Lebens nach Triest führten, wo er seine Abfindung aus der Fabrik einbrachte, um dieses Lokal zu eröffnen. In dem Wort *taliàn* schwingt durchaus eine sympathische Note mit, auch wenn es erst einmal abwertend konnotiert ist (wie *boba* und *baba*), und Cosimo gebraucht es in seinem fast perfekten Triestinisch mit unwiderstehlich charmanter Selbstironie.

Anders als man denken würde, ist taliàn nicht gleichbedeutend mit *terrone*, wie die Norditaliener ihre südlichen Landsmänner gerne abwertend betiteln, *Taliàni* sind alle Einwohner der Halbinsel, die nicht Triestiner sind, alle, die sich zur Verständigung des Standarditalienischen bedienen oder im an sich löblichen Versuch, Triestinisch zu sprechen, einen fremdländischen Akzent aufweisen. Die *taliàni* sind die anderen, die da drüben, jenseits der Küste. Auch die Friauler sind *taliàni*, vielleicht sind sie – die *furlani* – in der triestinischen Psychologie sogar noch taliànischer als alle übrigen Bewohner ein paar Breitengrade tiefer im Land. Ich lege so viel Wert auf diesen Begriff, weil er so erhellend ist für die nationale Frage und sie aus einem anderen Blickwinkel beleuchtet. Jahrzehntelang war die *Italianità*, das Italienisch-Sein, ein Wert, mit dem sich die Rechte die Mehrheit der Stadt sicherte, indem sie den Menschen ein Bedürfnis nach Identität einredete – als ob es den Triestinern je an Identität gemangelt hätte –, um damit einen sehr deutlichen antislawischen Tenor zu rechtfertigen. Dabei ist es so, dass diejenigen unter uns, die familiengeschichtlich und kulturell am stärksten im Italienischen verankert sind, ihre *Triestinità* als essentielles Unterscheidungsmerkmal empfinden, das aus den anderen *taliàni* macht.

Eines Abends vor dem Ende der Welt

Ich hörte die Geschichte einer Frau, die als Sekretärin bei einem Transportunternehmen in der Nähe von Taglio di Po arbeitete. Es war eine schöne Frau mit einem großen Busen, die immer schwarze Strümpfe und enganliegende Kleider trug. Nachdem ihr Mann gestorben und ihr Sohn nach Venezuela gegangen war, um in einem Restaurant bei einem Magnesit-Bergwerk zu arbeiten, hatte die Frau immer allein gelebt.

Sie freundete sich mit einer nicht mehr ganz jungen Lehrerin an, die in Contarina arbeitete und auch allein lebte. Mit der Zeit sahen die Frauen einander jeden Tag, aßen jeden Abend miteinander und schliefen häufig auch zusammen. Sie hingen so sehr aneinander, daß sie vorhatten, im Lauf von ein paar Jahren gemeinsam in Pension zu gehen und zusammenzuziehen.

Da geriet die Lehrerin durch die Nachricht von einer bevorstehenden Katastrophe völlig durcheinander, sie hatte nämlich irgendwo gelesen, daß die gesamte Kohlensäure aus den Dünsten aller Städte der Welt sich in der Atmosphäre aufstaute.

Ein so massiver Stau von Kohlensäure in der Atmosphäre, wie er sich im Moment bildete, so erklärte sie ihrer Freundin, könnte eine unerträgliche Erhöhung der Temperaturen auf dem ganzen Planeten hervorrufen, wodurch das Polareis schmelzen und Teile von Kontinenten untergehen würden. Die einzigen Gebiete, so erklärte sie ihr weiter, wo man wenigstens für einige Zeit Zuflucht vor der Katastrophe finden könnte, seien hochgelegene Orte in Polnähe, beispielsweise die norwegischen Berge, denn dort werde es nicht so heiß und wegen der Höhe sei auch die Gefahr des Untergehens geringer.

Die beiden Frauen müssen wohl viel über diese Dinge gesprochen und sich schließlich eingeredet haben, die Katastrophe stehe unmittelbar bevor, es handle sich nur noch um Monate.

Eines schönen Tages beschlossen sie also, ihren Sommerurlaub in den norwegischen Bergen zu verbringen, denn sie dachten sich, wenn in diesem Sommer etwas passierte, wären sie schon in Sicherheit.

Im August reisten sie ab und blieben bis Mitte September in Norwegen. Als sie dann sahen, daß nichts passierte, kehrten sie nach Hause zurück und nahmen wieder ihre Arbeit auf.

Im nächsten Sommer gingen sie in dieselben Berge in Ferien und warteten – mehr oder weniger – wieder auf die Katastrophe. Während der Ferien lernte die eine von den zwei Frauen, es war die Lehrerin, einen steinreichen Schweizer kennen, der sich dort oben niedergelassen hatte; die beiden beschlossen zu heiraten, und die Lehrerin kehrte nur nach Italien zurück, um ihre Angelegenheiten zu regeln, dann fuhr sie sofort wieder ab, um den Schweizer zu heiraten.

Anfang Oktober war also die Frau aus Taglio di Po wieder allein. Sie hatte vor, sobald wie möglich in Pension zu gehen und ebenfalls für immer nach Norwegen zu ziehen, um in der Nähe ihrer einzigen Freundin leben zu können.

Sie hätte noch drei Jahre warten müssen, bis sie das Mindestalter für die Pension erreicht hätte. In Taglio di Po fühlte sie sich aber so allein, daß sie ihr Leben ändern wollte.

Sie fand Arbeit in einem Speditionsbüro in Sottomarina in der Nähe von Chioggia. Sie wurde Vegetarierin und kaufte sich einen Apparat, mit dem sie sich Säfte aus Tomaten, Karotten, Äpfeln und Zitrusfrüchten machen konnte. Sie verzehrte viele Hülsenfrüchte, Linsen, dicke Bohnen, Kichererbsen, Vollreis und Sojasprossen; und bei der Arbeit aß sie Maiskekse.

Sie schrieb sich in einen Abendkurs für Yoga ein, den ein paar ehemalige Studenten in einem alten venezianischen Haus in Chioggia hielten. Auch einen Abendkurs für Englisch fing sie an, und sie las Bücher über Diät, ein Buch über die natürliche Heilung von Kreislaufkrankheiten und ein Buch über die Verschmutzung der Atmosphäre.

Mit einem der zwei Studenten, die den Yogakurs hielten, fing sie ein Liebesverhältnis an, sie begeisterte sich auch für barocke Musik, die ihrem Liebhaber so gut gefiel. Als der Yogakurs zu Ende war und ihr Liebhaber, ohne ein Wort zu sagen, von der Bildfläche verschwand, fing sie an, lange abendliche Spaziergänge mit einem Mineralwasserlieferanten zu machen, der verheiratet war und drei Kinder hatte.

Und damit wären wir nun im Juni, dem Monat, in dem sich die Frau vor ein paar Jahren umgebracht hat.

Man muß sagen, daß in dem Speditionsbüro, wo sie arbeitete, häufig Anspielungen gemacht wurden auf ihre Zusammenkünfte mit dem Mineralwasserlieferanten, was sich in wiederholten Witzen über das Mineralwasser niederschlug. Auch waren die abendlichen Besuche des Lieferanten, der vergeblich versucht hatte, ihr das norwegische Vorhaben und den Gedanken an die Katastrophe in der Atmosphäre auszureden, immer seltener geworden, bis er schließlich ganz wegblieb, auch er ohne ein Wort zu sagen.

Da war aber der Yogalehrer wieder aufgetaucht. Die Frau bemühte sich öfter um ihn, aber er gab ihr zu verstehen, daß er nichts mehr von ihr wissen wolle.

Eines Abends im Juni bei Büroschluß überraschte die Frau zwei Angestellte, die kichernd von dem Glück der Mineralwasserverkäufer sprachen und von der »Gottesgabe«, die einer von ihnen in Händen hätte. Da forderte sie die Frau heraus: »Wollt ihr auch davon kosten?« und begann ihre Bluse aufzuknöpfen und ihren Rock aufzuhaken. Und sie zog sich weiter aus, bis man sie festhielt, mit Gewalt wieder anzog und hinausbrachte.

An jenem Abend ging sie nicht sofort nach Hause, sondern spazierte ein wenig auf der Piazza von Chioggia herum. Sie ging bis zum Hafenbecken, um aufs Meer hinauszublicken, blieb dann bei einer venezianischen Säule stehen, um die die Jungen mit ihren Mofas kreisten. Gegen halb neun waren nicht mehr viele Leute auf dem Platz, hauptsächlich noch Touristen und junge Leute in Unterhemden vor den Bars im Freien, längs der alten Laubengänge.

In einer dieser Bars stand der Yogalehrer und diskutierte über Fußball. Die Frau ging zu ihm und sprach mit ihm, sagte, sie fühle sich einsam und liebe ihn. Der Yogalehrer antwortete ihr in aller Offenheit, sie deprimiere ihn, denn jemanden zur Seite zu haben, der immer an die Weltkatastrophe denke, sei deprimierend. Da kehrte ihm die Frau den Rücken und ging weg.

Sie machte noch einen Rundgang am Hafen, wo dicht gedrängt die Fischerboote lagen, Autos und Mofas am Kanal standen, die älteren Leute in der Abendkühle vor den Eingängen saßen und jüngere in und vor einem Videospielsaal herumschwärmten. Einer, der die Frau kannte, rief ihr so gegen neun Uhr etwas zu, aber sie antwortete nicht.

Sobald sie zu Hause war, versiegelte sie Türen und Fenster mit feuchten Handtüchern, öffnete den Gashahn und legte eine Platte mit Barockmusik auf. Zwei Bekannte, ein Ehepaar, die gerade vorbeikamen, klingelten, als sie im Erdgeschoß Licht sahen und die Musik hörten. Aber die Frau drinnen antwortete nicht; sie war damit beschäftigt, die Pflanzen, die sie im Haus hatte, zu gießen und ihnen Nylontüten überzustülpen.

Während die zwei Bekannten an die Tür zu klopfen begannen, setzte sich die Frau auf den Fußboden, umwand ihren Kopf ganz mit einem weißen Pullover und ihren Körper mit einer Nylonplane, wie man sie zum Warentransport benutzt. So eingebunden streckte sie sich dann auf dem Boden aus.

Der Abend war noch hell, ein paar Wolken standen am Horizont. Eine Stunde vorher war der Himmel noch ganz bedeckt gewesen, dann war von Osten her Bewegung in die Luft gekommen, und jetzt flogen Wolkenfetzen über die Lagunenbrücke. Die beiden Bekannten hatten sich etwa hundert Meter entfernt und wollten gerade ins Auto steigen, um auf ein Eis nach Chioggia zu fahren, als es im Haus der Frau den großen Knall tat.

Die Frau starb, kaum daß sie im Krankenhaus eingeliefert war; aus welchem Grund sie sich von Kopf bis Fuß eingewickelt hatte wie ein Paket, sich den Mund mit einem Klebestreifen verschlossen, und auch die Augen, die Nase und das Geschlecht zugeklebt hatte, konnte sich niemand erklären.

Es ist das Schicksal aller Menschen, daß sie, was die Beschaffenheit ihrer eigenen Vorlieben angeht, sich selbst betrügen, um den Schmerz über die Enttäuschungen zu mildern, die das Leben für jedermann mit sich bringt. ITALO SVEVO

FEDERICO FELLINI

Mein Rimini

»Jetzt gibt es hier 1500 Hotels und Pensionen, mehr als 200 Bars, 50 Tanzlokale, einen 5 Kilometer langen Strand. Jedes Jahr kommt eine halbe Million Menschen hierher, die Hälfte Italiener, die Hälfte Ausländer. Die Flugzeuge, die jeden Tag ankommen, bedecken den Himmel ...«

Ich bin für dieses Buch (›La mia Rimini‹, Capelli, Bologna 1967) nach Rimini zurückgekehrt. Diese Auskunft hat mir der Sohn eines Schulkameraden gegeben. Jetzt sind es die Söhne, die sich treffen. »Meine Bauern«, sagt Titta, »haben ihr Land verlassen, um in der Barafonda vier Hotels mit Restaurant aufzustellen.« – »Hast du den Wolkenkratzer gesehen?« – »Einer von hier hat eine ganze Hotelkette aufgebaut – für Herbst und Frühling auf den Hügeln und für den Winter in den Bergen – weil er seine Sommergäste das ganze Jahr nicht mehr loslassen will.«

Was ich hier sehe, ist ein Rimini, das nicht mehr aufhört. Früher gab es rund um die Stadt viele Kilometer Dunkelheit, die Küstenbahn, eine holprige Straße. Man sah nur die gespensterhaften Umrisse von faschistischer Architektur: die Gebäude der Ferienkolonien am Meer. Im Winter, wenn man mit dem Rad nach Rivabella fuhr, hörte man den Wind durch die Fenster dieser Gebäude pfeifen, weil man die Fensterläden abgenommen hatte, um daraus Brennholz zu machen.

Jetzt ist die Dunkelheit verschwunden. Dafür gibt es fünfzehn Kilometer lang Lokale, Lichtreklamen und jenen endlosen Zug von blitzenden Automobilen, eine Art Milchstraße, die von den Scheinwerfern gezeichnet wird. Überall Licht: die Nacht ist verschwunden; sie hat sich in den Himmel und ins Meer zurückgezogen. Auch auf dem Land, auch in Covignano, wo ein märchenhafter Nightclub eröffnet wurde, wie man ihn nicht einmal in Los Angeles, nicht einmal in Hollywood findet: er steht dort, wo einst die Tennen der Bauern standen, wo man nur Hundegebell hörte. Jetzt gibt es hier orientalische Gärten: und Musik, Jukeboxes, überall Menschen, eine Fülle von funkelnden Bildern, ein Spielzeugland, Las Vegas.

Ich habe Hotels aus Glas und Kupfer gesehen und hinter den Fenstern Leute, die tanzten, Leute, die auf Terrassen saßen. Läden, riesige, taghell erleuchtete Geschäfte, die die ganze Nacht geöffnet sind, mit Kleidern, Moden, die sich bis hierher verlaufen haben, Carnaby Street, die Gegenstände der Pop-art; nächtliche Supermärkte mit den unglaublichsten Konserven, vorgekochter Risotto alla milanese, mit Safran …

Ich wußte nicht mehr, wo ich war. War hier nicht die Neue Kirche? Und wo ist die Via Tripoli? Sind wir noch in Rimini? Der Eindruck von damals, als ich kurz nach dem Krieg nach Rimini zurückgekehrt war, wiederholte sich. Damals hatte ich ein Meer von Trümmern gesehen. Jetzt sah ich mit demselben Schrecken ein Meer von Licht und Häusern.

Der Photograph Minghini lachte vergnügt über mein Staunen und fuhr mich in seinem Wagen, in Eile, um mir alles zu zeigen: das Aquarium, Hotels, die schöner waren als das ›Grand Hotel‹, die neuen Quartiere. Minghini sagte immer wieder: »Vor drei Monaten stand das noch nicht, und jetzt hat einer sogar ein Grundstück jenseits des Flusses gekauft. Man hat ein Projekt für vier Wolkenkratzer am Marecchia entworfen, die durch einen Betonring, in dem Garagen für 2000 Autos Platz haben, verbunden sind.« Dieser Ring um die Wolkenkratzer soll eine Art Krone werden, eine Hochpromenade mit Bäumen: eine Zeichnung von Flash Gordon, der Palast von Rebo, dem König der Marsbewohner.

Die Leute gingen mitten in der Nacht in den Läden ein und aus, sie kamen aus allen Teilen der Welt mit gelben, roten, grünen Gesichtern, beleuchtet vom Licht der Reklamen, kauften Eis in künstlichen Farben, Fisch aus Spanien, mißratene Pizza; Leute, die nie schlafen, weil sie selbst unter dem Bett eine Jukebox haben; ein fortwährendes Dröhnen von geheulten Schlagern, elektrischen Gitarren. Ohne Unterbrechung, durch die ganze Saison. Der Tag geht in die Nacht, die Nacht in den Tag über, ohne eine Pause. Ein unendlich langer Tag von vier Monaten, wie am Nordpol. Minghini sagte mit Augen, die vor Genugtuung glänzten: »Du bist nach Rom gegangen, aber hier …« Er hatte recht. Ich fühlte mich fremd, getäuscht, hintergangen. Ich nahm an einem Fest teil, zu dem ich nicht mehr gehörte.

Zumindest hatte ich nicht mehr die Kraft, die Gier, daran teilzunehmen. Und es war überflüssig zu warten, bis es dunkler würde, um ein paar Winkel der Erinnerung aufzusuchen. Das lärmende Fest nahm kein Ende. Weit oben, in den obersten Geschossen der Häuser, über den Blättern der Bäume sah man erleuchtete Fenster; Grammophonmusik drang herab. An der Mole, wo es einst wirklich dunkel war und ein paar Verliebte sich hinter den Granitblöcken umarmten: auch hier gab es Musik, schwedische Gesellschaften auf den Terrassen der Fischrestaurants. Auf der andern Seite der Mole, wo einst ein paar Fischerlampen flimmerten, sah man nun eine Art Riesenschlange aus Lichtern.

Am Ende saßen wir auf der Terrasse des Stadtklubs von Rimini. Titta, der mit uns gekommen war, verhielt sich merkwürdig schweigsam. Mir kam in den Sinn, daß Titta und ich vor dem Krieg im Klub der Laienspieler die Manteltaschen der Mitglieder ausraubten. Einmal erwischten wir 73 Lire, was uns erlaubte, einen ganzen Winter hindurch Kuchen und Schokolade zu essen. Bis wir eines Tages den Besitzer des Mantels sagen hörten: »Wenn ich die beiden erwische, die mir 73 Lire gestohlen haben, reiße ich ihnen die Eier ab.« Und wir versteckten uns, einen Schritt von ihm, hinter den Seiten der ›Illustrazione Italiana‹.

Titta, der nun das Meer von Menschen betrachtete, das die Nacht endlos bevölkerte, erwachte plötzlich und fragte mich ironisch: »Herr Fellini, Sie haben über so viel nachgedacht, können Sie mir nicht sagen, was das alles bedeutet?«

Gleich darauf wollte er zu Bett gehen, weil er am andern Morgen einen Prozeß in Venedig hatte. Minghini begleitete ihn.

Ich blieb draußen. Nur in der Altstadt war es ruhig und das Licht gedämpfter. Ich fuhr ganz langsam in meinem Wagen, sah das Unterhemd eines Mannes, der in einem kleinen Café saß und rauchte. Es war Demos Bonini, der Teilhaber der ehemaligen Firma ›Phoebos‹, der nun schöne Kupferstiche machte. Neben ihm saß Luigino Dolci, ›der Rossebezähmer Hektor‹. Beide hielten ihre Limonade zwischen den Beinen. Demos hatte offensichtlich gerade etwas Komisches gesagt, denn Luigino lachte, schüttelte den Kopf und preßte sich die Tränen mit den Fäusten aus den Augen, wie in der Schule.

Ich fuhr langsam weiter. Ich kam zwei- oder dreimal an meinem Hotel vorbei. Ich hatte keine Lust, schlafen zu gehen. Ich überließ mich einem leeren, friedlichen Wiederkäuen meiner Gedanken. Ich empfand auch ein unbestimmtes Gefühl der Demütigung: etwas, was ich schon eingeordnet und archiviert hatte, war plötzlich ins Gigantische gewachsen, ohne daß ich etwas dazu gesagt oder beigetragen hatte. Vielleicht war ich auch beleidigt, wer weiß! Jetzt kam mir Rom tröstlicher, kleiner, gezähmt und vertraut vor. Es gehörte mehr zu mir. Ich war von einer komischen Form von Eifersucht ergriffen. Ich hätte all diese Leute, die Schweden, die Deutschen, fragen sollen: »Was findet ihr hier denn so besonders schön? Wofür seid ihr hergekommen?«

In diesem Augenblick machten zwei Jungen mir das Autostoppzeichen. Ich öffnete die Wagentür. Sie waren sehr gesittet, höflich, zurückhaltend. Einer hatte lange blonde Locken. Der andere Stirnfransen, die ihm bis zur Nase reichten, ein Hemd mit alten Spitzen und eine Hose aus orangefarbenem Samt.

Da sie den Mund nicht öffneten, gelang es mir nicht festzustellen, ob sie aus Stockholm oder Amsterdam kamen oder Engländer waren. Endlich fragte ich sie: »Woher seid ihr?« – »Aus Rimini«, sagten sie. Und das ist außergewöhnlich: sie sind alle gleich, sie haben alle ein gemeinsames Vaterland.

»Können wir hier aussteigen?« fragten sie auf einmal. Als ich die Wagentür öffnete, war die Musik, die man von fern gehört hatte, sehr laut geworden. Sie kam von den Wiesen, von einem Leuchtschild ›Die andere Welt‹. Die beiden Jungen bedankten sich und traten ein. Nach einem Moment der Unentschlossenheit bin auch ich ausgestiegen und eingetreten. Das Lokal, das auf einer Seite zur Straße hin offen war, erstreckte sich auf der andern Seite über einen riesigen Platz aus gestampfter Erde ins offene Land, wo sich der Geruch des Heus mit der Musik vermischte. Unter einem Zirkuszelt war ein Nightclub. Tausende von jungen Leuten tanzten.

Sie sahen mich nicht, sie sahen uns nicht, die wir heute nicht viel mehr als entlassene Garibaldi-Soldaten sind, mit unseren Problemen, die sie nicht interessieren. Während wir über den Übergang vom Neorealismus zum Realismus und über Fettleibigkeit diskutierten, sind diese jungen Leute in der Stille gewachsen, um plötzlich unter unseren Augen ihre Zelte aufzuschlagen, unerwartet, geheimnisvoll, wie ein Meer von einem andern Planeten, das von uns nichts wußte.

Ich habe mich an einen Tisch gesetzt. Neben mir liebkoste ein Junge ein Mädchen, er küßte es, rieb ihm zärtlich die Nase. Es war offensichtlich sein Mädchen. Dann kam ein anderer Junge, ein Freund, und setzte sich an seinen Platz, weil jener aufgestanden war, um sich ein Stück Wassermelone zu kaufen. Zu meiner Überraschung liebkoste auch der Freund das Mädchen auf dieselbe Weise. Als der andere zurückkam, blieb er stehen und schaute zu, wie sein Freund das Mädchen küßte, und aß dabei seine Wassermelone. Dann ging der Freund weg, verschwand unter den Tanzenden. Da näherte ich mich dem Jungen und sagte, um mir diesen offenen Verrat erklären zu lassen: »Ist das denn nicht dein Mädchen?« – »Es ist nicht mein Mädchen«, antwortete er. »Es ist ein Mädchen, das gern mit mir zusammen ist.« In seinen Augen war nichts als Unschuld, Klarheit, Sicherheit.

Vielleicht lag es an dem Getöse, das nach Weltende oder Verkündigung klang, vielleicht an meiner Müdigkeit oder Unkenntnis dieses vorher nie gesehenen Rimini; am Schauspiel von Tausenden von jungen Leuten, die aus den Wiesen, aus den Straßen, aus dem Meer hervorkamen: in jenem Augenblick habe ich in der Luft ein neues Lebensgefühl wahrgenommen, das wie ein Neuanfang war.

Im Sommer, beim ›Chez-Vous‹, spähten wir hinter den Hecken ins Innere des Lokals. Schon eine Frau im Abendkleid brachte uns damals zum Zittern. Jetzt sah ich, daß alle offen tanzten, der ›Kavalier‹ getrennt von seiner ›Dame‹, wie wir uns damals ausdrückten, in einem innigen Rhythmus, in einer Art Trance.

Ich war von widerstrebenden Gefühlen erfüllt. Ich war beeindruckt vom theatralischen Aspekt, vom Klang der Orchester, der zum Himmel aufstieg, von diesem geheimnisvollen neuen Geschlecht. Während der Himmel sich zum Morgengrauen öffnete und die Flugzeuge darin auftauchten, tanzten sie mit unbekannter Anmut.

Und warum bin ich gerührt? Vielleicht weil ich spüre, daß es hier etwas gibt, was ich nie hatte in unserer gehemmten Jugend unter der Vormundschaft der Kirche, des Faschismus, des Vaters und der Mutter, die wie zwei Denkmäler verehrt wurden.

Ich möchte jetzt jung sein. Sie schauen auf die Dinge, ohne Urteile abzugeben, ohne zu versuchen, sich auf andere zu berufen. Viele unter ihnen, die nichts wissen, wenden sich dem Zen-Buddhismus zu, der versucht, einen Menschen zu verwirklichen, der fähig ist, den Augenblick sphärisch, vollständig zu leben.

Es war der Reflex einer authentischen Lebenserfahrung, jenseits jedes Versuchs, sie zu beurteilen oder einen ihnen übergeordneten Gesichtspunkt zu finden. Die Neigung zur Gewalttätigkeit ist so tief in uns verwurzelt, daß es ihr gelingt, auch ein Symbol der Freiheit, wie es diese jungen Leute mit ihren farbigen Renaissance-Kleidern sind, als hassenswert erscheinen zu lassen. Und mit wie viel ruhiger Tapferkeit treten sie jeden Tag der Lynchjustiz entgegen, die ihnen in den Blicken der Leute droht, die sie am liebsten wie die SS rasiert sähen.

An einem Nachmittag saßen einige von ihnen auf der Piazza di Spagna am Brunnenrand und hörten einer Gitarre zu, als die Polizei erschien und eine Razzia machte. Sie regten sich nicht auf, sie leisteten keinen Widerstand, sie machten keine Geste der Herausforderung oder der Anmaßung. Sie ließen sich in die Polizeiwagen laden und setzten sich ruhig mit verschränkten Armen hin. Da ich bei diesem unglaublichen Schauspiel anwesend war (es ist nicht einzusehen, warum sie eine so beliebte Zielscheibe beschämender Aktionen sein müssen), ging ich zum Unteroffizier und sagte zu ihm: »Warum verhaftet ihr sie?« – »Wir verhaften sie nicht«, antwortete der Unteroffizier, der begriff, was in mir vorging, mit Verachtung. »Wir nehmen sie fest. Das ist ein kleiner Unterschied!«

Wir verbringen die Hälfte unseres Lebens damit, uns über das lustig zu machen, woran andere glauben, und die andere Hälfte damit, an das zu glauben, worüber andere sich lustig machen. STEFANO BENNI

GIORGIO MANGANELLI

Die Uffizien

In Florenz wimmelt es von Museen, Sammlungen und Galerien. Viele habe ich nicht besichtigt, denn ich war der symbolischen Maschinerie ins Netz gegangen, und steinerne Rätsel und Dogmen bedrängten mich aus nächster Nähe. Die Uffizien aber, diesen zarten Leviathan, in dessen Bauch die italienische Malerei und ein paar erlesene Exotika versammelt sind, die Uffizien habe ich wiederholt gekostet. Die Uffizien haben jetzt ihr vierhundertstes Lebensjahr vollendet. Ihr Erfinder ist ein unruhiger, extravaganter Alchimist, ein Mann von manieristischem Lebenswandel: Francesco I. de' Medici. Ihr Geburtsdatum ist das Jahr 1581.

Das 16. Jahrhundert hatte eine Vorliebe für die tyrannischen Dimensionen des totalen Museums. Der Anfang des Jahrhunderts sieht die Geburtswehen der Vatikanischen Museen, und noch in der ersten Hälfte ist der Louvre startbereit. Ich mißtraue den Museen, besonders wenn es sich um Institutionen handelt, die dazu neigen, »alles« zu sammeln und zu katalogisieren. Eine Bibliothek ist pedantisch, doch ehrbar. Sie erhebt nicht den Anspruch, einmalig zu sein. Das Museum pocht auf sein solitäres, exemplarisches Wesen, seine Unwiederholbarkeit. Es besteht aus lauter einmaligen Objekten. Jedes Exemplar ist eine Beute: gekauft, ergattert, verschleppt, aufgestöbert, ausgegraben, gestohlen, verdorben, eingetauscht, heimlich entwendet. Voraussetzung für ein Museum ist eine Leidenschaft, die vor dem Verbrechen nicht zurückscheut, ist eine düstere Konzentration und die mythologische Einbildung, man könne einen flachen, abgeschlossenen ptolemäischen Raum aus der kopernikanischen Welt herausschneiden. Hinter dem Museum stecken Machenschaften, Frechheit und Betrug. Es nimmt so zweideutige und unheilvolle Dinge wie Meisterwerke in seine Mauern auf: es sammelt Kunstwerke im Namen der Schönheit und gibt schließlich vor, es sei bildungsfördernd. Auf jeden Fall wirken Museen einschränkend; das

Werk in der Vitrine eines Museums ist ein Gefangener in einem Lager von Erlesenheiten, es wird für ewig erklärt, wenn es nur von seiner magischen Eigenschaft und der ihm innewohnenden Gewalt abläßt und akzeptiert, »schön« zu sein.

Die Uffizien sind noch einmal ein Florenz innerhalb von Florenz; ein verlockendes, bestürzendes, magisches Netz. Es gibt Säle, in denen sich derselbe allegorische Entwurf in archaischer Größe wiederholt, und auch die Spuren jener geometrischen Rauferei, die Florenz zusammenhält und auseinanderreißt, scheinen hier vorhanden zu sein; in diesem Zusammenhang sei nur der erste Saal mit den drei *Thronenden Madonnen* zitiert. Ein machtvolles, dunkles Numen wirkt in diesen Gemälden; das Wort Perspektive bezeichnet eine Maltechnik und eine rituelle Geste. Während wir in den Sälen dieses beunruhigenden Bauwerks herumgehen, gelangen wir zu der Überzeugung, daß wir, die Betrachter, nur vergängliche und vorläufige Bewohner des Museums sind, das wirkliche Volk des Museums aber die vorgeblich verschwiegenen Gemälde, Statuen und Wandteppiche ausmachen. Während der öffentlichen Besuchszeiten mögen sie sich wohl in die Grenzen ihrer Rahmen flüchten, aber während der langen Stunden der Einsamkeit betrachten sie einander und lernen einander kennen. Wenn wir dann wieder durch die Säle gehen, werden wir kaum wahrnehmen, daß ein gewisses Blau, ein rascher Lichtstrahl von einem Bild abgewandert ist, um sich einem anderen anzubieten, das ihm dafür ein Stück seines wissenden Schattens überlassen hat.

Ich möchte gern von einem kleinen Gemälde mit ein wenig verblaßter Farbe sprechen, das, wie ich bemerkt habe, fast keiner anschaut, da es neben der goldfunkelnden *Anbetung der Heiligen Drei Könige* von Gentile da Fabriano hängt. Als Schöpfer des Bildes, von dem ich reden möchte, wird ein »Norditalienischer Künstler aus der ersten Hälfte des 15. Jahrhunderts« angegeben: welch lange Namen haben doch die Namenlosen! Das Bild zeigt ein Wunder des heiligen Benedikt, aber nicht des bejahrten Heiligen, den wir gewohnt sind, sondern eines heiligen Knaben. Mich fasziniert vor allem das Wesen des Wunders. Es ist ein Wunder, das sich auf dem vorgeblich kleinen Raum eines Gemäldes erzählen läßt; um des eigentümlichen Mißverhältnisses willen, das in diesem Wunder enthalten ist, möchte ich es als künstlerisches Wunder bezeichnen. Wir sehen also den kleinen heiligen Benedikt knien, und vor ihm steht eine große, beinahe hagere Frauengestalt: das ist die Amme. Ihr ist eine Schale, ein bescheidenes, alltägliches, irdenes Gefäß, aus den Händen geglitten und zerbrochen. Und nun, seht nur, greift der heilige Benedikt ein und wirkt ein Wunder für den zerbrochenen Topf. Das Gefäß wird geheilt, wie ein Aussätziger oder ein Blinder geheilt oder ein totes Kind wieder zum Leben erweckt wird, das vom Giebel eines Hauses gestürzt war.

Ganz in der Nähe hängen andere Bilder, die andere Wunder des heiligen Benedikt erzählen: Teufelsaustreibungen und ausgelaufene Gifte. Dieses Wunder aber scheint mir von merkwürdiger Vollkommenheit, denn es ist, Wunder im Wunder, nicht allein eine Wundertat, sondern es steht scheinbar jenseits jeglicher Proportion. Und genau das erzählt uns insgeheim das Bild: daß das Numen, die Macht, der Weltenherrscher von einem Kind und einer Amme wegen eines kleinen Kummers, eines zerbrochenen Topfes gerührt und gerufen werden kann. Das Numen tritt nicht nur dort ein, wo Todkranke, Verzweifelte und sinnlos beweinte Tote weilen. Alles, insbesondere alles, was einen Bruch erlitten hat, zieht seinen wundertätigen Eingriff an. Das Wunder kennt keine Hierarchie, weder in Taten noch Gegenständen, noch Situationen. Das Heilige dringt überall ein, alles ist ununterbrochen in ein Gespräch mit der Schöpfung vertieft. Dieses listigerweise abseits hängende, alles andere als exhibitionistische Bild mit dem leicht schmachtenden Beigeschmack einer Votivtafel erscheint mir als eine Zusammenfassung des Wunders in jedem Werk, das wir Kunstwerk nennen: durch ein paar Zentimeter Farbe und Schatten etwas zustande zu bringen, das die Wirkung des Numinosen hat und gleichzeitig spielerisch und unmöglich ist; dasselbe dramatische Wunder beseelt die Masse des Baptisteriums wie die flinke Grazie von Santo Spirito. Auch in den Uffizien umfängt mich ein dichtes Gewebe von Bildern, die noch etwas anderes bedeuten als das, was sie darstellen.

Mit diesem zweifachen Zauber bezaubern mich in einem der letzten Säle zwei Bilder von Chardin, auf denen ein Junge und ein Mädchen, zwei unschuldige Zauberlehrlinge, in verwickelte Spiele versunken sind. Und sollte es Ihnen beim Anblick von Botticellis *Geburt der Venus* einen Ruck geben, vergessen Sie nicht zu bemerken, wie dieses Bild eines Numens, das nackt aus den Wassern geboren wird, ein Bild des Flamen van der Goes betrachtet oder sich von ihm betrachten läßt: von einer großartigen Zeremonie bis an die Zähne bekleideter Menschen, die um den winzigen Jesus in der dürftigen Glorie seiner Geburtsszene versammelt sind. Diese beiden, auf verschiedene Art heiligen Bilder mustern einander in uralter Zaghaftigkeit. Ob sie einander zu lieben imstande sind, weiß ich nicht, aber vielleicht kann oder will Botticellis Venus gar nicht lieben.

An einer bestimmten Stelle der Uffizien zweigt ein eigentümlicher Gang ab, zuerst führt er abwärts, dann lange Zeit in Windungen weiter. Es ist der Korridor von Vasari, den Francesco I. erbauen ließ, dessen alchimistisches Herz die Heimlichkeit und das Geheime liebte. Für den Bau des Korridors brauchte man nur wenige Monate; kürzlich hat man ihn restauriert, und jetzt beherbergt er eine weitere Galerie mit wertvollen Beständen der Uffizien – von Gherardo delle Notti bis zu Magnasco. Aber das eigentümlichste Werk ist doch der Korridor selbst. In verschlungenen Windungen führt er, stets hermetisch abgeschlossen, bis auf das Niveau der Straße hinunter, dann in der Höhe eines ersten Stockwerks über den Ponte Vecchio – hier tun sich geistreich Fenster auf – und erreicht schließlich die andere Arnoseite und den Palazzo Pitti, den Wohnsitz der Großherzöge, wo er sich teilt: rechts geht man hinauf zum Palast und links hinunter in den Boboli-Garten. Da eine kurze überdachte Passage den Palazzo Vecchio und die Uffizien verbindet, konnte der Großherzog ohne Unterbrechung und ohne gesehen zu werden von seinem zauberhaften und geheimnisvollen Studierzimmer, dem Studiolo im Palazzo Vecchio, in dem er seinen alchimistischen Studien nachging, über die Uffizien, wo auch die Verwaltungsbüros untergebracht waren, zum Palast oder in den Garten der Großherzoglichen Residenz gelangen. Wer den ganzen Gang entlanggeht und im Boboli-Garten herauskommt, wird dort etwas völlig Unerwartetes entdecken. Links neben dem Ausgang erscheint eines der eigentümlichsten Denkmäler von Florenz, wo es an Eigentümlichem wahrlich nicht mangelt. Es ist die dreifache Grotte von Buontalenti – an der auch Vasari mitgearbeitet hat: eine künstliche Grotte, in der Säulen mit künstlichen Stalaktiten und Statuen mit Kalkverkrustungen wechseln, zwischen denen man Bilder von Herden und Hirten erblickt. Und zwischen diesen ausgeklügelt unvollkommenen Objekten hatte Francesco I. die auf gewaltige Weise unvollendeten Sklaven des Michelangelo aufstellen lassen, so daß die Grotten einen Urzustand, eine Dämmerung der

Welt abbildeten. Gegenwärtig werden die Grotten restauriert, und von außen kann man nur die untere Grotte und ein Stück der oberen erkennen; dafür läßt sich ein Katzenvolk bewundern, das zwischen den listig ausweichenden Bildern dieser wunderbaren Erfindung hockt und geradezu hexenhaft lärmt, was gut zu diesen trügerischen Zeichen paßt; ich kann nur hoffen, die Grotten werden binnen kurzem wieder zugänglich sein; denn ein Traumgebilde wie dieses ist eine rein florentinische Kostbarkeit; und mit dem Bild der künstlichen Stalaktiten, der Hirtengestalten, dem fernen Widerhall des Wassers und dem Delirium des Kalksteins kann man wohl einen Weg durch Florenz enden lassen, auf dem man in keinem Augenblick der magischen, halluzinierten, symbolischen Maschinerie entkommt, die in der verschlungenen, eigensinnigen, alchimistischen Phantasie von Francesco I., dem neugierigen und nimmermüden Betrachter und Beweger der Essenzen der Welt, modellhaft enthalten ist.

Kurz nach 1340 erklärte der englische König seinen Bankrott und ließ seine florentinischen Bankiers wissen, daß er seine Schulden nicht zu tilgen gedächte. Für die Florentiner war das ein vernichtender Schlag und mehr noch als das. Vom psychologischen Standpunkt aus erlitten sie einen wirklichen und wahrhaftigen Schock. Wenn man in der Geschäftswelt schon einem englischen Gentleman nicht mehr vertrauen konnte, wem, zum Teufel, konnte man dann überhaupt noch vertrauen? Die Florentiner zogen daraus die logischen Konsequenzen: Sie machten Schluß mit dem Handel und dem Bankgewerbe und widmeten sich fortan der Malerei, der Kultur und der Dichtkunst.   CARLO M. CIPOLLA

MARIO LUZI

Der Monte Amiata

Von Siena her gesehen, ist der Monte Amiata eine gewaltige und zarte, aschgraue Form, die in die leeren und windzerzausten Räume einsinkt, die die Stadt umgeben. Die Mädchen in den Internaten, die Schüler in den Klassenzimmern der Schulen, die fast alle an den äußersten Rändern des Wohngebietes liegen, treten oft ans Fenster, lehnen die Stirn an die Scheiben und verweilen, um ihn zu betrachten. Manche sind von dort, und für sie wimmelt seine ferne, massige Gestalt, einsam im Blau der tiefen Region, von alten Dorfgeschichten; für andere ist er ein Geheimnis. Nicht umsonst liegt dazwischen das riesige und unwirkliche Orcia-Tal mit seinem urbar gemachten Lehmboden, den weiten Saatfeldern, dem Brachland, mit der ständigen Bewegung der Anhöhen, die den Himmel einnehmen und freigeben: während die Farbe der Erde von allerfeinstem, verbranntem bläulichem Grau ist, so daß das nicht absorbierte Licht sich in violetten Schwingungen darauf ausbreitet, die sich jenseits der letzten, fernen Silhouetten verlieren und das Gefühl von Weite und Einsamkeit verstärken. Eine Erde, die wirkt wie der tiefe Grund des Gedächtnisses oder ein Ort des Traums, wo ein dunkel erregter Sinn den Schauer eines geheimnisvollen Lufthauchs verspürt.

Doch der Monte Amiata ist ein viel irdischeres Reich: sein überaus hoher Kegel, dicht bestanden mit Buchen und ganz unten mit Kastanien, läuft aus in sanften und steil gekrümmten Abhängen, die in ihrer Bewegung Mulden und enge, tiefe kleine Täler formen, wo sich, bei Wasserreichtum, dichte, frisch sprießende Pflanzungen einschleichen oder, bei Trockenheit, Weinstöcke und Olivenhaine gedeihen; im Süden läuft er in unfruchtbare Wälle aus, die die Maremma überblicken, und dort herrscht die große Eiche vor, zwischen Fleckchen bescheidenerer Kastanienhaine, und auch wieder der Olivenbaum, der Weinberg und in den schattigen Erdfalten der Gemüseanbau. Dort, wo der Blick begrenzt ist, kann man nichts

Lieblicheres finden: die vollkommene Frische des grünen Gewirrs von kleinen Tälern, wo der Landmann die Pergola richtet, Selleriestauden und Salatköpfe gießt mit dem Wasser des Brunnens oder der primitiven Wasserleitung, während weiter oben der große mediterrane Sommer auf den Steilhang der ganz mit einem Gespinst aus Sonnen- und Schattenflecken überzogenen Straße brennt, dieser Anblick nimmt deutlich Sinne und Seele gefangen und erneuert das uralte Thema von Seligkeit und ländlichem Müßiggang. Wo der Horizont offener ist und der Blick sich in den blauen Breiten des Sieneser Landes verliert, oder auf der anderen Seite in den trostlosen, so weit wie das Auge reichenden Ausläufern zur Maremma, zwischen denen sich die mageren Gebirgsbäche Albegna und Fiora schlängeln, da ruft die bedrohliche Nähe von soviel Raum eine gewisse Schwermut in der Seele wach.

Es gibt nur wenige Bauernhäuser dort; selten ist das wenige bebaubare Land, im allgemeinen den Kastanien oder den Eichenwäldern abgerungen, in Höfe aufgeteilt. Öfter handelt es sich um kleine Stücke, denn da, wo es fruchtbar ist, möchte jeder ein eigenes haben und es mit Sorgfalt und großer Liebe bebauen, mit dem Gefallen an Eigentum und der Leidenschaft für Land, die Leuten eigen ist, denen es an Land mangelt. Sie wohnen alle in den Dörfern, die auf sechs- bis achthundert Metern Höhe den Berg wie einen Ring umschließen oder auf seinen äußersten Hängen in vorderster Front stehen: manche haben auch einen Beruf, sie sind Schuster, Schneider oder Barbier, doch wenn es Zeit ist für die Landarbeit, kommen auch sie, rittlings auf dem Esel sitzend, zu ihrem winzigen Grundstück herunter und kehren bei Anbruch der Nacht mit Körben und Grasbüscheln beladen zurück. Dann hallt das Pflaster der alten Dörfer vom Hufgetrappel wider, während wenige schroffe Grußworte ausgetauscht werden, wie unter Leuten, die der gleichen Familie angehören und demselben Schicksal unterworfen sind. Erst später, beim abendlichen Treffen in den großen verräucherten Küchen auf dem Dorfplatz oder in der Schenke wird die Unterhaltung reger, in jener klaren und starken Sprache, die dennoch in ihrer rituellen Weise den Ausdruck eines lebhaften und scharfsinnigen Geistes gestattet, der ebenfalls rituell ist, mehr dem Volksstamm als dem einzelnen eigen. Aus ihren Unterhaltungen entsteht das Dorf wie ein Universum im dichten Netz seiner Verwandtschaften, in der Tiefe der Generationen, die in seinen grauen Häusern aufeinander gefolgt sind, in der Geschichte der Besitztümer, in den Schwankungen des Glücks der Familien, in den Krankheiten, den Geburten, den Toden, seinen sagenhaften Greisen; und alles wird als Ritus betrachtet, als Tribut, der dem Leben und der Zeit zusteht. Und wieviel bedeutet zum Beispiel die Pflege der Kranken, die Totenwache, wenn alle, die Gevatterinnen, die Männer und sogar die Kinder, die richtigen Worte des Ritus zu finden wissen, die rituell mit jenem innigen Mitleid trösten, das nicht aus dem Herzen kommt, sondern aus der uralten und kummervollen Religion der Gattung.

Am Morgen oder um die Mittagsstunde herrscht großes Schweigen, nur unterbrochen vom Hämmern des Schmiedes, vom Kreischen des Sägewerkes, vom Gesang einer Frau; im dichten Schatten, den das unverputzte Haus aus nachgedunkeltem Stein wirft oder der Kastanienbaum oder die darüberliegende kleine Anhöhe aus jener mit Pflaumenbäumen und jungen Eichen dichtbestandenen roten Erde, könnt ihr die Alte am Spinnrad sehen, und daneben den an den Ring oder den Pflock gebundenen Esel, während der Brunnen beständig Wasser speit: in der Sonne die Roste mit den zum Trocknen ausgelegten Feigen, die Gefäße mit den Konserven, die Maiskolben auf der Matte oder dem Leinentuch.

Der in der Stadt aufgewachsene Junge ist bezaubert in dieser Welt, wo ihm nichts fremd ist, wo ihm alle Häuser gleichermaßen offenstehen; und er sieht, daß die Taten des Menschen einen Sinn, klar und umrissen eine Ursache und ein Ende haben zwischen wenigen atavistischen Gegenständen und Bildern, zwischen wenigen wesentlichen Leidenschaften, die stets lebendig bleiben: und er möchte gar nicht mehr fort: nie zuvor schien ihm die Erde so wahrhaftig Erde, der Wein Wein, die Freundschaft, die Verwandtschaft so wahrhaft Freundschaft und Verwandtschaft in der gemeinsamen Bescheidenheit aller, wo sogar Armut ohne Bitterkeit sein kann. Der Junge aus dem Dorf dagegen träumt davon, in die Stadt zu entkommen, wie es schon viele vor ihm getan haben, manchmal mit einem gewissen Gewinn; doch auf jeden Fall wird er sich nicht wirklich lösen können, er wird auch weiterhin Teil der lebendigen Gemeinschaft sein, wird sie in seinen Gedanken tragen, wird im ununterbrochenen Gedächtnis des Dorfes bleiben, das alles überliefert, ohne irgend etwas zu verlieren. Bis jetzt erleben der eine wie der andere ihre vollkommene Erdverbundenheit: sie erforschen die Steilhänge, verbergen sich im Laub des Unterholzes oder schlüpfen durch winzige Holztore in den Weinberg, in das Gärtchen, wo das Wasserbecken unter den grünen Zweigen hervorlugt und Früchte sie zur Mahlzeit verlocken. Wenn dann die tiefen Schatten in Bewegung gekommen und dunkelblau geworden sind, kehren sie zurück und machen auf dem Platz halt, reihen auch sie sich ein in den Kreis um die feierlichen Alten, die, unter dem noch entflammten Himmel auf dem Mäuerchen oder auf den Stufen der Freitreppe sitzend, Geschichten aus anderen Zeiten erzählen und die alte und ewige Weisheit des Menschengeschlechtes weitergeben.

Toskanisches Landleben, 1513

Ich stehe mit der Sonne auf und begebe mich in ein Wäldchen, das ich ausholzen lasse. Dort verbringe ich zwei Stunden, indem ich die Arbeiten des vorigen Tages nachsehe und mir die Zeit mit den Holzhauern vertreibe, die immer ihre Späße mit den Nachbarn oder untereinander haben.

Von meinem Wäldchen aus gehe ich zu einer Quelle und weiter zu einem meiner Vogelherde, ein Buch in der Tasche, Dante oder Petrarca oder eines von den kleineren Dichtern, Tibull, Ovid oder so. Ich lese von ihren Liebesleiden und -freuden, erinnere mich der eigenen und ergötze mich eine Weile an solchen Gedanken. Dann aber kehre ich zur Straße zurück in ein Wirtshaus, rede mit denen und lerne, wie verschieden die Ansichten und Einbildungen der Menschen sind. Unterdessen wird es Essenszeit, wo ich dann mit meinem häuslichen Verein das verzehre, was mein armseliges Gütchen und mein geringes Erbteil erbringen. Hab ich gegessen, gehe ich zurück ins Wirtshaus, wo der Wirt und gewöhnlich ein Metzger, ein Müller und zwei Ziegelbrenner anzutreffen sind. Mit denen spiele ich hingegeben Cricca oder Trictrac, was zu unendlichen Streitereien und Beleidigungen führt, und wenn es auch meist nur um einen Quattrino geht, so hört man uns doch mindestens bis San Casciano brüllen.

Ist es Abend geworden, gehe ich nach Hause und kehre in mein Arbeitszimmer ein. An der Schwelle werfe ich das schmutzige, schmierige Alltagsgewand ab, ziehe mir eine königliche Hoftracht an und betrete passend gekleidet die Hallen der Großen des Altertums ... Und weil Dante sagt, es gibt keine Wissenschaft ohne Bewahrung des Durchdachten, habe ich die Essenz von dem, was ich durch die Gespräche mit ihnen gelernt habe, niedergeschrieben.   NICCOLÒ MACHIAVELLI

GIULIA CAMINITO
Die Schwäne

Ende der sechziger Jahre haben die Deutschen den alten Ortskern von Anguillara Sabazia entdeckt.

Den hoch gelegenen Teil beim Wehrturm, dem Turm und den Gärten, die einst die Anlagen des Castello Odescalchi bildeten, ein Wachposten über dem See Lago di Bracciano.

Die Straßen mit Kopfsteinpflaster gehen bis hinauf zur Stiftskirche, der Kirche für die wichtigen Hochzeiten, die mit dem Priester, der die Trauzeuginnen ausschimpft, wenn sie zu tief ausgeschnittene Kleider tragen, die, bei denen man beträchtliche Summen spenden muss, um sich hier trauen lassen zu dürfen, denn wenn du den Pfarrer nicht bezahlst, streicht er die Musik, und die Braut betritt die Kirche begleitet von Stille, vom *klick klick* der Fotografen und dem Gekicher der Kinder.

Den alten Ortskern, wo es noch ein paar wenige Geschäfte gibt, Bars mit Plastikstühlen, die von den Alten bewohnt werden und von denen, die im Rathaus arbeiten, der Ortskern, in den man durch ein riesiges, fast immer offenstehendes Tor aus Holz gelangt. Es gibt dort drei Restaurants, das Studio einer Glasschmuckkünstlerin, einen Tabakladen, vorübergehend gab es Tattoostudios und Geschäfte für Windsurf-Equipment, aber gehalten haben sich die Schuhhändler und der Brunnen mit den Aalen und ihren offenen Mäulern.

Den Deutschen gefielen diese zusammengedrängten Häuschen mit den Schlafzimmern in den unteren Stockwerken und den Küchen gleich beim Eingang, den Terrassen zum See und den steinernen Säulchen, dem Geruch des alten Mauerwerks.

Sie kauften Häuser und Geschäfte und fingen mit Unternehmungen an, die sie aber bald wieder aufgaben, im Ort mag man nichts, was von außen kommt, man liebt es, zu konservieren, zu bewahren, die klebrige Flüssigkeit in einer Konservendose zu sein, Fässer und Tonnen zu verschließen.

Die Deutschen suchten Arbeit in Rom, gingen nackt hinunter zu den Stränden unterhalb des Ortskerns und streckten sich in der Sonne aus, aßen Panini mit Hering und kauften sich Strohhüte, im Ort hasste man sie, verabscheute sie wie Metastasen, sie waren eine Krankheit und mussten bekämpft werden.

Die Deutschen meinten, der See sei wunderschön, er ziehe die Sonne und die Farben an, er vermähle sich mit dem Himmel, also brachten sie aus ihrer Heimat zwei weiße Schwäne mit, um den See aufzuhübschen.

Zwei prachtvolle Tiere, auf den ersten Blick zähmbar, mit königlichem Gefieder, harmlos.

Den Leuten im Ort war es unerträglich, dass Fremde die Fauna des Sees veränderten, jedes Ding war dazu bestimmt, genauso zu bleiben, gemalt und an die Wand gehängt zu werden.

Die Fischer fingen an zu erklären, Schwäne seien schädlich, sie übertrügen Krankheiten, fräßen alle Fische, töteten andere Vögel, Schwäne seien dreckig und mörderisch.

So kam es, dass sich eines Tages zwei Fischer von denen, die mit Ruderbooten und kleinen Netzen unterwegs sind, statt fischen zu gehen, die Schwäne schnappten, sie erwürgten und brieten, der Rauch stieg von den Bäumen unter dem Ort auf, von dem Streifen Erde, wo das Spazierengehen verboten war, weil die Strandpromenade weit vorher aufhörte.

Die Deutschen beweinten ihre Kinder mit den weiten Flügeln und dem spitzen Schnabel, aber sie gaben nicht auf: Um etwas Neues einzuführen, muss man dickköpfig sein, um vom Wandel zu überzeugen, braucht man Beharrlichkeit, ein bisschen Manie.

Es kamen neue Schwäne, und wieder wurden sie gebraten, und noch welche und noch welche, die Einwohner sahen sie planschen und sich vermehren, und unmerklich begannen ihnen diese großen Tiere zu gefallen, die die Enten und Gänse in Schach hielten, diese kaiserlichen Tiere.

Und so blieben die Schwäne, sie sind vom einen Ufer ans andere gewechselt, es gibt auch einen schwarzen, er wurde am Ufer von Bracciano unter dem Schloss gesehen, es ist der Einzige, der sich den Menschen nie nähert, denn jetzt, dreißig Jahre später, suchen die Kinder am Ufer nach den Schwänen, um ihnen altes Brot zu geben und ihr Gefieder zu streicheln.

Aber bekanntlich sind Schwäne keine Vögel für Teiche, sie sind nicht dafür gemacht, Regeln zu befolgen, sie geraten schnell in Wut, wenn du einen siehst, musst du wissen, welchen Abstand du halten musst.

Eine der ersten Sachen, die ich gelernt habe, als ich hierherkam, war dies: Gänsen kannst du dich unbesorgt nähern, Schwänen nicht. Schwäne packen die Biberratten am Rücken und verfolgen sie im Wasser mit ausgebreiteten Flügeln, Schwäne machen keinen Unterschied zwischen Kindern und erwachsenen Frauen, wenn du ihnen unsympathisch bist, sind sie stets bereit, dich zu verletzen. Ich war ein Schwan, man hat mich von außen hierhergebracht, notgedrungen wollte ich mich anpassen, dann habe ich gefaucht, getreten, Streit angezettelt, auch mit denen, die sich mir mit einem Stück harten Brots, mit ihren milden Gaben näherten.

Jetzt beobachte ich sie an der Strandpromenade, auf der Suche nach Nahrung tauchen sie ins Wasser, über Wasser bleibt nur ihr Bürzel, der Kopf ist verschwunden, wenn sie ihn heraufziehen, schauen sie mich an, als wollten sie sagen, die Algen auf dem Grund des Sees sind nicht mehr so gut wie früher, es wäre eigentlich an der Zeit, wegzugehen.

Seiner Geburt in einem dunklen, schneebedeckten Ärmel habe ich zugesehen, *por entre una quebrada de la sierra*, einer richtigen Vulva aus schwarzem Fels, und die Schneeschmelze gibt ihm sofort Auftrieb und läßt ihn stark wie einen Chiron werden. Der Po ist heilig, er ist der Vater-Fluß Italiens, und er ist auch ein Bildnis für den leidenden Christus durch die Art und Weise, wie er das Schlechte, das ihm auf seiner langen Reise begegnet, auf sich nimmt. Die Reinheit seines Ursprungs ist absolut und transzendent: jene Höhlung hat Verbindung zu den Höheren Wassern, und dort nimmt, mit Kleidern aus geschmolzenem Schnee, der Himmlische Abgesandte den Zustand des Flüssigen an und beginnt, nach der prähistorischen Unterbrechung, seine Reise durch die Greueltaten der Menschen. GUIDO CERONETTI

LUIGI MALERBA

Rom: Der tägliche Untergang

DIE FORTUNA. Um das Jahr Tausend stieß eine Flotte normannischer Schiffe von der kalten skandinavischen Küste aus ins Meer und machte sich den Kontinent entlang auf nach Süden. Die wagemutigen Schiffer aus dem Norden gingen ab und zu an Land, um ein Küstendorf zu plündern und sich mit Lebensmitteln und Frauen zu versorgen, und nach langer Fahrt hielten sie schließlich Einzug ins Mittelmeer, streiften die Küsten Siziliens und Kalabriens und schifften die Halbinsel empor, bis Rom in Sicht war. Die Stadt wurde im Sturm genommen, geplündert, angezündet, dem Erdboden gleichgemacht. Die Normannen kehrten mit ihrer Beute und der glorreichen Nachricht in ihre Heimat zurück, sie hätten Rom zerstört, die Hauptstadt des Römischen Reiches. Diese Episode aus der Geschichte, die nicht sehr verbreitet, aber schriftlich belegt ist, beweist zuerst einmal die mangelhaften Kenntnisse dieses Kriegervolkes. Geschichtliche Unkenntnis, denn zu dieser Zeit war das Römische Reich bereits seit fünf Jahrhunderten untergegangen, Unkenntnis der geographischen Verhältnisse, da sie die Stadt Luni, eine ehemalige römische Kolonie in voller Blüte, Hauptstadt der Lunigiana, für Rom gehalten hatten, und auch sprachliche Unkenntnis, denn hätten sie ein paar Worte Latein gekonnt, wäre ihnen der Irrtum sogleich aufgefallen. Wenn man diesen Vorfall aber aus römischer Sicht betrachtet, zeigt er uns, ähnlich wie der bekanntere von den Gänsen auf dem Kapitol, die Rom vor den Galliern retteten, welch große Rolle das Glück, die Fortuna – für die alten Römer war sie eine Gottheit erster Klasse – in der geschichtlichen Entwicklung dieser Stadt gespielt hat.

Rom ist also zuallererst einmal eine von der Fortuna begünstigte Stadt. Ihr Glück fängt bei der Gründung an, weil Romulus imstande war, sich auf dem Tiber in einem Korb aus Weidengeflecht über Wasser zu halten (probieren Sie einmal, ob es Ihnen gelingt, einen Korb aus Weidengeflecht, einen leeren, nicht untergehen zu lassen), dann wurde er, auch das ein ziemlich einmaliger Fall, von einer Wölfin gesäugt. In der Legende und der Geschichte Roms wimmelt es nur so von Ereignissen – man könnte eine lange Liste machen –, die sich im Zeichen der Göttin mit der Augenbinde vollziehen.

DAS PAPSTTUM. Es ist nicht klar, ob die Tatsache, Sitz des Christentums und somit des Papsttums zu sein, für Rom ein Glück oder ein Unglück bedeutet. Sicher ist, daß die Stadt vom Untergang des Römischen Reiches an direkt unter den Einfluß der Kirche geriet, die sie abwechslungsweise verwüstete und dann wieder mit erlesenen Kunstwerken ausstattete, die ihren wissenschaftlichen Horizont einschränkte, sie aber auch zum geistigen Mittelpunkt Europas machte, die quer durch das römisch-byzantinische Reich eine gewaltige Barriere gegen die Zudringlichkeit der Türken errichtete, die die Stadt zu einem mächtigen Finanzzentrum werden ließ, indem sie mit dem Ablaß, das heißt mit dem Paradies, ihr Geschäft trieb, und die mit Bestechung und Nepotismus ein krankes Modell politischen Verhaltens geschaffen hat, an das sich diesseits des Tiber die italienische Politik bis heute hält.

DIE TOLERANZ. Eigentlich sollte die Toleranz eine christliche Eigenschaft sein, aber tolerant waren seltsamerweise die alten Römer, sie hatten Achtung vor den Gebräuchen der eroberten Gebiete, ihren Festen, ihrer Sprache, ihren Traditionen. Auf diese Art ist es ihnen gelungen, ohne grobe Eingriffe ihre Kultur zu verbreiten. Als viel weniger tolerant hat sich die Kirche erwiesen. Kaum hatte sie die Zeit des Untergrundes und der Märtyrer hinter sich, fing sie an, andere zu verfolgen und Scheiterhaufen zu errichten. Nachdem die Exkommunizierung der Kommunisten gescheitert und die Kämpfe um Scheidung und Abtreibung verloren sind, läßt die Kirche heute ihre Intoleranz in theologischen Fragen walten und hält dem Vergleich mit dem Fanatismus des Islam glanzvoll stand.

Als Hauptstadt Italiens ist Rom heute die toleranteste Stadt der Halbinsel. Sie gewährt einer unverhältnismäßig großen Anzahl von Landsleuten des polnischen Papstes Gastfreundschaft, die sich trotz dessen Segen mit bescheidenen Arbeiten zufriedengeben. Leider gilt diese Toleranz auch für eine korrupte und anmaßende politische Klasse, die weder die Ambitionen der antiken Kaiser noch die barocke

Pracht der Päpste hat, sondern von kleinlicher Gaunerei, Schmarotzertum und der Ausbeutung der Städte lebt, in denen gearbeitet und produziert wird. Die Mitglieder der Regierung, die die Stadt mit Polizeieskorten durchqueren, den Verkehr aufhalten und die Bewohner mit ihren Sirenen belästigen, sind eines der deprimierendsten täglichen Schauspiele der Hauptstadt. In solchen Fällen könnte Intoleranz zu einer Qualität werden.

DIE KORRUPTION. Die Historiker erzählen, daß Marcus Licinius Crassus ein Feuerwehrunternehmen besaß und jedesmal, wenn im republikanischen Rom Feuer ausbrach, mit seinen Leuten anrückte und die brennenden Häuser für lächerliche Beträge aufkaufte. Nach dem Kauf, nie zuvor, setzte er seine Feuerwehr ein, um den Brand zu löschen und das erworbene Haus zu retten. Auf diese Art wurde er steinreich.

Die römische Korruption hat eine lange Gaunertradition, ob es darum geht, brennende Häuser zu erwerben oder das Paradies zu verkaufen, wie es die Päpste machen. In Rom sind selbst die Rotlichter korrupt und die Beamten bei der Einwohnerkontrolle, und die korruptesten Politiker raffen hier, wider alle Demokratie, eine unglaubliche Stimmenzahl zusammen.

Seit kurzem hat sich zwar die Situation ein wenig geändert, und so manche Hoffnung wurde geweckt, doch wissen wir noch nicht, ob die vielen Versprechungen, die vom Campidoglio kommen, auch gehalten werden.

DIE DENKMÄLER. Daß die Römer Rom gebaut haben, daran ist nicht zu zweifeln, auch wenn man, in Kenntnis ihrer Trägheit, nicht versteht, wie sie das fertiggebracht haben. Man weiß jedoch nicht, ob die Römer besser sind im Bauen oder im Niederreißen. Noch fragt man sich: Ewige oder ewig provisorische Stadt? Rom hat im Lauf der Jahrhunderte verschiedentlich das Gesicht gewechselt, die Barbarei hat ihre Spuren in Stein und Marmor hinterlassen, Schutt und Trümmer haben das Straßenniveau um vier oder fünf Meter gehoben. Die Verkleidung des Kolosseums wurde abgerissen, um Bausteine für den Palazzo Barberini zu gewinnen (»Quod non fecerunt barbari fecerunt Barberini«), im 18. Jahrhundert hat man das Marcellus-Theater mit dem Palazzo Savelli-Orsini aufgestockt, Peruzzis Palazzo Altempo erhielt ebenfalls einen Aufbau, Häuser, Kirchen, Straßen und Plätze wurden entstellt, umgebaut, modernisiert.

Spaziert man durch die Straßen des alten Stadtkerns, sieht man überall in den Mauern Teile von Säulen oder römischen Tempelfriesen, die als Baumaterial verwendet wurden. Am Eingang der Via dei Coronari gibt es einen kleinen Trödelladen, dessen Decke von zwei ägyptischen Säulen gestützt wird. Die alten Römer waren nämlich große Erbauer von Denkmälern, aber auch, wie alle Eroberer, große Diebe. Die Obelisken, die in der Mitte der römischen Plätze aufragen, hat man aus Ägypten hergebracht, außer dem von Axum, den die Faschisten in Äthiopien gestohlen haben.

Aufbauen und wieder niederreißen ist eine uralte und unverbesserliche Manie der Römer. Die wunderschönen Terracotta-Statuen der italienischen Gottheiten, vor ein paar Jahren ausgegraben und heute im kapitolinischen Museum zu sehen, hatte man in der Nähe von Lavinium in einen Graben geworfen. Die Republik hat etruskische Monumente zerstört, das Kaiserreich hat viele republikanische Monumente abgetragen, das päpstliche Rom hat den Marmor der heidnischen Denkmäler benutzt, um seine Palazzi und Kirchen zu bauen. Heute hat man die Stirn, den abscheulichen Palazzo di Giustizia, zu recht »Palazzaccio« genannt, zu restaurieren, während gleich daneben wilde Feigenbäume und Gras zwischen den kostbaren Travertinblöcken der Engelsbrücke wachsen.

Das Liktorenbeil der Faschisten und der Beton der Christdemokraten haben mehr Schaden angerichtet als fünfzehn Jahrhunderte Geschichte. Mit dem 17. Jahrhundert und dem Barock ist die große römische Baukunst zu Ende, und was heute zerstört wird, ersetzt man nicht durch neue Bauwerke, sondern durch abscheuliche Häuserblöcke aus Beton. Werden wir der Nachwelt nur das Viertel der Appia Nuova, Quadraro, Centocelle oder die genauso häßlichen Viertel der Via Nomentana, des Parioli oder des Monte Mario hinterlassen?

Die Römer brachten es fertig, daß man Rom für die Ewige Stadt hielt, aber das Ewige von Rom vermittelt uns, wie Mario Soldati sagt, lediglich ein Gefühl des Nichts. Das Nichts ist laut und, zugegeben, noch voller Leben. Die Hauptstädte der frühen Hochkulturen sind endgültig tot oder haben die Spuren ihrer ehemaligen Pracht verwischt, während man auf den Plätzen von Rom seine tausendjährige

Geschichte noch lesen kann. Doch der italienische und romantische Hang zu den »atrii muscosi e fori cadenti« (»moosigen Hallen und bröckelnden Stätten«) ist nicht weniger zerstörerisch als das faschistische Beil und der christdemokratische Beton. Es genügt, einen Blick in die Alben mit Stichen aus dem 19. Jahrhundert zu werfen, um festzustellen, wie die Ruinenromantik den römischen oder mittelalterlichen oder barocken Monumenten geschadet hat. Vielleicht träumen ein paar romantische Nekrophile bereits von den Ruinen des Petersdoms mit dem Efeu, der über seine Säulenreihen und die verfallene Kuppel wuchert. Solche Vorstellungen mögen zwar den Reiz des Unheimlichen haben, doch von den Ruinen zum Nichts ist ein kleiner Schritt.

Ferdinand Gregorovius vermerkt in seinen Römischen Tagebüchern am 12. Januar 1873 zum Bauen und Niederreißen, von dem die Römer besessen sind: »Man baut mit Furie: die Viertel, die Monti werden ganz umgewühlt. Gestern sah ich die hohe Mauer der Villa Negroni fallen; auch dort legt man Straßen an; im prätorianischen Lager wächst schon ein neuer Stadtteil empor, nicht minder auf den Abhängen des Coelius bei Santi Quattro Coronati. Man baut selbst bei S. Lorenzo in Paneperna. Fast stündlich sehe ich ein Stück des alten Rom fallen.«

DIE TOURISTEN. Ich habe verschiedentlich vorgeschlagen, das Denkmal für Vittorio Emanuele II. auf der Piazza Venezia und den Palazzo di Giustizia auf der Piazza Cavour in zwei große Steinbrüche zu verwandeln. Ich gebe zu, daß dies ein Fehler war. Der Tourismus ist einer der wenigen aktiven Posten in der Buchhaltung des italienischen Staates, und man braucht nur zu Fuß zur Piazza Venezia oder zur Piazza Cavour zu gehen, um einzusehen, daß diese beiden Monumente zu den am meisten fotografierten von ganz Rom gehören, vor allem von den japanischen Touristen, die reiche Inhaber hochwertiger Währung sind. Den Touristen muß man Verständnis entgegenbringen. Ich habe Amerikaner und Japaner in der Galleria Borghese gesehen, die staunend vor einem berühmten Bild des Caravaggio standen, die Sonnenbrille auf der Nase. Der Kunst des Caravaggio hat es nicht geschadet: Die Touristen gehen vorüber und die Kunst bleibt.

DER DIALEKT. Dante Alighieri kommt in seiner Schrift *De vulgari elo-quentia* zu einem vernichtenden Urteil über den römischen Dialekt, dem scheußlichsten (»turpissimum«) aller Dialekte auf der italienischen Halbinsel. Der große Florentiner konnte ja nicht vorhersehen, daß fünfhundert Jahre später Giuseppe Gioacchino Belli den glänzenden Gegenbeweis erbringen würde, und zwar mit seinen *Sonetten*, einem Meisterstück der dialektalen Literatur und zugleich einer bissigen Aufzählung der Laster der Hauptstadt und ihrer Bewohner. Doch was bleibt von der phantasiereichen Ausdrucksweise Bellis im täglichen Sprachgebrauch von heute? Die Ausländer, die nach Rom kommen und das Glück haben, den einen oder anderen »Römer aus Rom« kennenzulernen, der den Ansturm der »Zugereisten« aus allen Teilen Italiens überlebt hat, überrascht der gedehnte, etwas müde Dialekt, und sie können sich nicht vorstellen, welche verheerende anthropologische Mutation die stolzen Eroberer eines gewaltigen Reichs, die Hervorbringer einer großen Kultur zu diesen schlafmützigen Plebejern gemacht hat, die sich nur noch für ihre Spaghetti und ihr »Nickerchen« interessieren. Dennoch überlebt in den seltenen Exemplaren von Römern, die in den Gassen der Altstadt oder in den *Borgate* herumlaufen, etwas aus alten Zeiten: eine Arroganz und eine Rüpelhaftigkeit, die heute in keiner Weise mehr gerechtfertigt sind, und eine Unflätigkeit, wie sie kein anderer italienischer Dialekt hervorgebracht hat.

Die Blütezeit des Neorealismus im Film hat den römischen Dialekt in der ganzen Welt bekanntgemacht. Jetzt ist der italienische Film verkümmert, er ist trostlos und klaustrophobisch geworden, und auf den Straßen von Trastevere – vor Zeiten einmal das Lebenstheater des plebejischen Rom – ist es leichter, die Sprachen der Touristen zu hören, Englisch, Französisch, Deutsch und Japanisch, als den römischen Dialekt. Auch für uns Wahlrömer, die wir in Belli verliebt sind, ist das Römische längst zu einem Museumsdialekt geworden, zu einem archäologischen Fund, zu einem Stück Schrott vom Schiffbruch der Hauptstadt Rom.

DIE STRASSEN. Rom entwickelt sich zu einer unwirklichen Stadt, einer Geisterstadt. Man spaziert durch die Straßen Roms, ohne die Palazzi zu sehen, die Denkmäler, die Brunnen, die Obelisken, die schönsten Plätze der Welt, man sieht nicht einmal den Himmel. Ich wohne in der Nähe der Piazza Navona, in einem Stadtteil, der bis vor ein paar Jahren die Züge des volkstümlichen Rom der Handwerker trug. Jetzt verschwinden die Werkstätten und die alten Osterie nach und nach und machen vulgären Pizzerien und Paninotheken mit französischen Namen und Neonleuchtschildern Platz, im Stil des verkommenen Marseille. Spazierengehen ist sozusagen unmöglich geworden, nicht nur wegen der auf den Trottoirs geparkten Autos und den Tischen der Cafés und Pizzerien, die öffentlichen Grund und Boden unerlaubt in Anspruch nehmen, sondern auch wegen der Abfallhaufen, die diese Lokale produzieren. Jeden Morgen schreitet man über ein Meer von leeren Flaschen, Büchsen, Papiertellern und -bechern und Abfällen aller Art. Die ausländischen Touristen, die in die Gegend der Piazza Navona kommen, erschrecken über den Unrat und die Verwahrlosung, und anstatt die Sehenswürdigkeiten anzuschauen, müssen sie aufpassen, wohin sie die Füße setzen.

Früher traf man sich in den römischen Bars mit seinen Freunden. Heute werden sie von zwielichtigen Gestalten heimgesucht, die in Autos und auf Motorrädern, die zu kostspielig sind, um nicht den Verdacht unrechtmäßiger Geschäfte zu erwecken, vom Stadtrand kommen. Es sind Moden, die diese Erscheinungen bestimmen und die ein Viertel vorübergehend zum obligaten Treffpunkt küren, aber die Moden sind nie unschuldig, und am Schluß bringen sie Drogen und Gewalt mit. Die schauerliche Geschichte jenes Somali hat sich den Römern als trauriges Andenken tief eingeprägt, der, während er unter dem Säuleneingang der Kirche Santa Maria della Pace schlief, von ein paar Rowdies mit Benzin übergossen und lebendig verbrannt wurde.

DIE PIAZZA. Die verstopften römischen Straßen haben die Piazze als Treffpunkte der Menschen wiederbelebt, die in der Umgebung wohnen. Es ist eine uralte und ländliche Art des Lebens in der Großstadt. Die kürzliche Wiederentdeckung der Piazza durch die moderne Urbanistik hat in Rom wegen des Verkehrs schon vor einer Weile stattgefunden, und jede Piazza mit ihren Brunnen oder Obelisken oder Palazzi oder Kirchen ist wie ein kleines Dorfzentrum.

LEBEN IN ROM. Trotz seiner unzähligen Nachteile übt Rom eine unwiderstehliche, irrationale, unausweichliche Anziehung aus auf jene, die hier wohnen. Vielleicht erlaubt gerade das Fehlen einer römischen Gesellschaft, das Nicht-Vorhandensein einer autochthonen Gemeinschaft jenen Bewohnern, die Rom sich dann erworben hat – ich könnte sagen seinen »Gästen«, die die überwiegende Mehrheit der Bevölkerung ausmachen –, gleichzeitig Akteure des Schauspiels zu sein und sozusagen Kritik von außen zu üben.

Durch das Kino ist das Vergängliche in der Ewigen Stadt zur bleibenden Ideologie geworden. Das italienische Kino entstand und entwickelte sich in der Stadt Rom, die in Cinecittà ihr Pappmaché-Denkmal hat. Aber in Rom sind nicht einmal die Steine fest, jeden Tag bröckeln sie weiter ab, und die Straßen erzittern, wenn die Straßenbahn darüberfährt, und lassen Vermutungen über die Existenz von unbekannten Schluchten und Abgründen unter unseren Füßen aufkommen, die vielleicht die Stadt samt ihren Bewohnern eines schönen Tages verschlucken werden.

Man kann in Rom leben und Rom lieben, vorausgesetzt, man verläßt die Stadt immer wieder einmal, ist immer mit einem Fuß auf der Flucht und kann dann mit neuer Liebe zurückkommen und sich dieser Ideologie anpassen, die es ihr möglich macht, sich jede Kritik großzügig einzuverleiben und in ständigem Widerspruch zu leben, Giordano Bruno auf dem Scheiterhaufen zu verbrennen und ihm dann ein Denkmal zu errichten.

Viele Bücher, die ich geschrieben habe, spielen in Rom, in einer so großen und ausgefallenen Szenerie, die vielleicht gerade wegen ihrer Mängel und Widersprüchlichkeiten jedesmal die Geschichte, an der ich arbeite, zu dominieren droht. Ich werde nie eine friedliche Beziehung zu Rom haben – aber dieses Geständnis ist schon ein Zeichen von Liebe.

ERRI DE LUCA
Nach dem Erdbeben

Es kommt im Leben nicht zweimal vor, daß man stehend ein Buch von fünfhundert Seiten liest. Stehend: in der bescheiden bekundeten »Vorsicht« eines Menschen, der sich mit der einen Hand am Griff der Metropolitana festhält und mit der anderen die Seiten wendet und verschlingt.

Es war in den Wintermonaten des Jahres 1981, der Staub des Erdbebens hatte sich noch nicht gelegt. Leer die Stadt an vielen Stellen, an anderen vollgestopft mit Behelfsunterkünften. Ich war nach Neapel zurückgekommen. Überall wimmelte es von Baueinsatztruppen, die erste Hilfsmaßnahmen ergriffen. Ich hatte Arbeit auf einer Baustelle gefunden, war Handlanger, »schwarz« eingestellt. Unter den Gewölben, den Bögen, den Decken alter Palazzi errichteten wir einen Wald von Stützstempeln aus frisch geschlagenen Pinien. Wir versorgten Steine, die stärker von der Zeit als von Bewegungen aus dem Erdinneren erschüttert worden waren, mit Krücken.

Um es schnell zu machen, entluden die Lastwagen den Wald der Stämme mit der Ladefläche: Sie schlugen rauh und dumpf auf, der Boden zuckte zusammen, irgend jemand kam die Treppe heruntergesprungen, bereit, bei jedem Donnern aus dem Haus zu stürzen. Dann Flüche.

Mit der Hand sägten wir nach Augenmaß sowohl gerade Schnitte als auch Fünfundvierzig-Grad-Winkel. Wir stiegen in die Keller hinunter, um die Stempel dort aufzurichten, und beendeten unsere Arbeit auf dem Dachboden. Ratten schossen zwischen unseren Beinen über die Treppen nach oben und nach unten. Der Ekel der ersten Tage legte sich, und wir lachten über die Abordnung der Stadtverwaltung, die in die Keller stieg, um die Arbeit zu kontrollieren, gleich darauf aber wieder heraufstürzte und dabei die Papiere in die Luft warf. An den Händen blieb der hartnäckige Harzgeruch haften, der einen an die Berge erinnerte. Ein Baum ist so lebendig wie ein Volk, jedenfalls lebendiger als ein einzelner Mensch, und ihn zu fällen sollte ausschließlich dem Blitz vorbehalten bleiben.

Auf den Straßen, auf den Plätzen des Stadtviertels Sanità, wo die Baustelle war, zogen wir kleine Mauern aus Tuff oder Beton hoch, als Absperrung, als Labyrinth, einem geheimnisvollen Gesetz folgend, das Hindernisse aufrichtete. Das Leben der Stadt spielte sich unter Gerüsten, zwischen den von Strebebalken geschaffenen Serpentinen und abgesperrten Gassen ab.

Wie damals, als man auf den bourbonischen Schiffen den Befehl gab: »Facite ammuina! – Macht ein bißchen Zirkus!«, was bedeutete, daß einer, der am Heck stand, zum Bug lief und umgekehrt einer, der unter Deck war, nach oben stieg, und der an Deck hinunterging, um vor dem zerstreuten Blick des Königs den Eindruck von stattfindenden Manövern zu erwecken: So schien es, daß hier ein absurder, allerdings wirksamer Befehl auf dem Festland ausgeführt wurde, und er überzog die Stadt an jenen Stellen mit Krücken und Binden, wo kurz vorher noch Wäsche geflattert hatte oder Stände mit Waren aufgestellt waren.

Ich habe auf Baustellen im Norden gearbeitet, aber ich habe nirgendwo sonst eine Kälte wie in jenem Winter in Neapel erlebt. Die Tramontana fegte in die Gassen, in die Innenhöfe, peinigte die Nerven, färbte die Handrücken blauviolett, und nur dort, wo man die Hand fest an die Schaufel drückte, wurde sie warm. Unsere Gesichter wurden stundenlang von diesem Wind gefegt und verschlossen sich zu Fratzen. Es gab keine Stelle, an der man zu Atem gekommen wäre. Warm wurde mir erst wieder im Schacht der Metropolitana, auf der Strecke zwischen Piazza Cavour, wo die Baustelle war, und den Campi Flegrei, wo ich wohnte. Da nahm ich aus meiner Tasche die *Reise ans Ende der Nacht* von Louis Ferdinand Céline. Und las.

»Noch nie hatte ich mich zwischen all den Gewehrkugeln und dem Licht jener Sonne so nutzlos gefühlt. Zu diesem Zeitpunkt war ich erst zwanzig Jahre alt.«

Es gibt Bücher, denen man in schwierigen Zeiten begegnet. Man erwirbt sie an einem Bücherstand unter dem Vorwand, eine alte Ausgabe vor dem Verfall zu bewahren. Dann setzt man sie den eigenen Unbilden aus, und sie zerfleddern unter der Intensität, mit der man sie Stück für Stück liest, die Seiten umblättert. Im Dunkel der Metropolitana von Neapel, im trockenen Winter von 1981, entluden die Menschen die Kälteschauer in ihrem Atem, sie schnoben durch die Nase und hatten glänzende Augen. Sie dünsteten den Geruch aus, den ein Leser der *Reise ans Ende der Nacht* braucht, um das Buch einatmen zu können. Die Seiten entsprachen dem Atem des Waggons, und aus den trockenen Achselhöhlen der Blätter stieg der andere Geruch auf, der Moder eines Schriftstellers, der sich in diesem Werk ganz und gar verausgabt hatte, verströmt, bis er nichts mehr zu sagen wußte, wie es bei wenigen vorkommt, ob sie Schriftsteller sind oder nicht, ob sie's wissen oder nicht.

Ein hagerer Handlanger hielt die *Reise* fest in seiner Faust und nutzte die Zeit der Hin- und Rückfahrt. Céline hielt die Umklammerung aus und antwortete, indem er Menge, Zug und Leser mit sich fortzog.

Ich las ihn nirgendwo sonst, nur dort. Wenn das Kapitel nicht mit der Haltestelle zusammentraf, las ich es auf dem Bürgersteig zu Ende. Ich hatte keine Eile, in die Küche zurückzukehren, keine Eile, die Stollen der Züge zu verlassen, Lagerstatt, die Minenleger und Verminte zutage förderte, Männer, die das Hellgrün des Schwefels ausschwitzten, zerbröckelt wie von der Spitzhacke zurückgelassene Schlacke, verräuchert, erloschen im Abend.

Zu Hause las ich die Zeitung, bereitete das Abendessen vor. Der Schlaf der Knochen kroch mir in die Augen, aber ich blieb wach. Ich wartete auf das Mädchen, das ich liebte, auf ihre Rückkehr am Abend. Ich verlor sie jeden Tag ein Stückchen mehr unter meinen verschwielten Handflächen, die ihr die Haut aufscheuerten, ohne daß ich sie spüren konnte. Im Bett nahm ich sie mit geballten Fäusten in meine Arme. Ich senkte mich auf sie, ein nach unten gedrückter Baumstamm, der gleich wieder nach oben schnellen wird. Dann rollte ich auf die Seite und stürzte in den Schlaf wie ein Stück Holz auf einem Stapel.

Der Schmerzpfropfen raubte Céline den Verstand: »Bald schon wird es nur noch ungefährliche, erbarmungswürdige und unbewaffnete Menschen rings um unsere Vergangenheit geben, nichts anderes als stumm gewordene Fehler.« Das wurde ich für sie.

Die Risse der Jahrhunderte hatten ihren Tribut gefordert. Putz und Gesimse, die immer so langsam abgebröckelt waren, daß sich die Passanten noch rechtzeitig in Sicherheit bringen konnten, brachen jetzt schlagartig herunter. Die Stadt durchlebte den Rausch der Sanierung. Die großzügige Ausschüttung öffentlicher Gelder verleitete den Besitzer jeder Mietskaserne dazu, kostenlose Restaurierungsarbeiten durchzuführen.

Der Notfall, die innere Bedingung und Lebensvoraussetzung der Menschen an den südlichen Küsten des Tyrrhenischen Meeres, die über eine seismische und vulkanische Zone verstreut leben, wurde jetzt kostengünstig verwaltet. Die Gelegenheit, sich zu bereichern, brachte die sensible Ordnung der Schiebergeschäfte zu Fall. Banden traten auf und dezimierten sich wegen der Kontrolle über ein paar Meter Bürgersteig. Im Gefängnis machten andere Stöße es den Männern, die sich haßten, möglich, sich bis in die Krankenstation hinein zu zerfleischen. Die Höhe des Fiebers, die Temperatur am Boden war in den Mitteilungen über die zu Boden Gegangenen im Lokalteil der Zeitung ablesbar. Ein frischer Reichtum prasselte als Regen herab und verteilte sich als Blut. Die Stadt war gezeichnet. Wolken, Kaffeesatz, Tätowierungen, Einschußlöcher, Austrittslöcher, Kugelhagel schrieben auf der Haut der Umgebrachten. Der Wind ritzte mit einer Feder aus Eis Falten in die Gesichter. Niemand verstand diese Zeichen zu lesen.

Ich ging durch die Straßen, mit der *Reise* unter dem Arm wie mit einem Schutzbrief. Ich nahm nicht teil an der Aufgeregtheit, am Beben der Stadt, es war nicht mein Krieg. Ich stand auch dem dumpfen Mitleid Célines fern, der zwischen den Wunden herumstreunte und die Gesten eines verrückt gewordenen Arztes beibehielt. Das Buch ging mir auf die Nerven: es suchte nach zuviel Jargon bei der Erzählung vom Leid der Leute, vom Krieg und den Trümmerfolgen.

Jetzt weiß ich, daß ich die Stadt und die Seiten des Buchs gegeneinander schlug. Sie kamen aus dem gleichen Staub, der noch herumschwebte und schon mit Blut durchsetzt war, sie fühlten sich wohl, wenn sie, Aug in Aug, einander gegenüberstanden. Aber es waren keine Gegenmittel, ich erwartete keinen Ausweg. Ich blieb müde von anderem, schmutzig von anderem. Ein von Husten warmer Zug übergab mich abends der Endhaltestelle des Dunkels, bei geschlossenem Buch. *Reise ans Ende der Nacht*: dieser Begriff bedeutete für mich nur den Anbruch des folgenden Tages, und ich hatte keine Eile, dort anzukommen. Ich schloß vor Erschöpfung die Augen neben dem zarten Mädchen.

Eines Morgens waren wir, ein alter Maurer und ich, bei der Arbeit auf einem Platz des Sanità-Viertels. Wir mischten mit der Hand die Kubikmeter des Tages zusammen, Sand und Kies, beides mit Wasser und Zement vermengend. Die Arme bewegten sich von allein, unser Blick war auf das Gemisch gerichtet, aber auch weit weg. Der Atem folgte dem Rhythmus der Schaufel. Da kamen zwei Jungen auf einem Motorrad vorbei, protzig angezogen. Sie hielten an und sahen zu, dann sagte der eine zum anderen: »Das sag ich dir: so was mach ich nie.«

Mein Kumpan hob die Augen vom Betonbrei auf, versuchte, sie scharf einzustellen, so, als würde er sie von weit entfernt herbeirufen, aus einem Buch, langsam. Sie lagen auf mir. Sie suchten nach Antwort, nach heller Entrüstung, sie klopften an mein Blut. Ich antwortete nicht. Ich spürte, daß die Verachtung dieser Halbstarken für uns ein längst überschrittenes Verfallsdatum hatte, etwas Verbrauchtes war, nichts im Vergleich zu dem gegen sie gerichteten frischen Zorn Célines: »Sie sind nur so jung wie der Eiter ihrer Furunkel, der ihnen innerlich Schmerzen bereitet und sie aufbläht.«

Ich beantwortete diesen Blick nicht. Es waren Jahre zerfallener Empörung damals, jeder war allein mit seiner eigenen, es gab keine gemeinsame Wut mehr. Ich stürzte mich mit größerer Kraft auf das Betonmischen, beschleunigte die Schaufelstöße: Mein Freund, das ist noch gar nichts. Selbst wenn sie uns das Doppelte aufhalsen, halten wir durch. Laß sie doch den Gashebel endlos weiterdrehen, der ihren Motor in Fahrt bringt, die Waffe in der Revolvertasche wird ihren Achselschweiß aufsaugen. Die, die sich einen Weg durch eine enge Welt bahnen, sind viele, während wir zu denen gehören, die niemandem den Platz wegnehmen. Und niemand würde kommen, um ihn uns wegzunehmen.

Doch ich redete nicht, ich sagte kein Wort. Manchmal kam mir bei der Arbeit während des ganzen Tags nur der Atem aus dem Mund.

In anderen Städten war ich einfach nur einer aus Neapel, für die anderen und für mich genügte diese Herkunft. In Neapel galt sie nichts. Unter den Arbeitern meiner Sprache wurde ich wie ein Fremder aufgenommen. Für sie war ich einer aus anderen Städten, bei mir hatte die Schufterei andere Haltungen hinterlassen, andere Bräuche.

Wenn die Arbeitszeit vorüber war, ließ ich die Arbeit so, wie ich sie beendet hatte, während die anderen der schon verkauften Zeit noch ein paar Armbewegungen schenkten. Damals genügte ein ruppiger Gruß, und ich ging mich waschen. Man ist ein Fremder gerade an dem Ort, wo man geboren ist. Nur dort ist es möglich zu erkennen, daß es kein Land der Rückkehr gibt.

In einer unterirdischen Höhle war Müll zusammengehäuft worden, er brannte tagelang zwischen den alten Stadtvierteln.

Es gibt Städte, die sind auf Wasser gebaut, andere auf Luft. Neapel steht auf einer Tuffkrume, von Höhlen unterbrochen, von unterirdischen Grotten, weit verzweigten Kanälen. Das Erdbeben, das sich unter ihr entlädt, trifft auf Luftkammern, in denen es wellenartig dröhnt, singt, knurrt. Der Johannes der Apokalypse, des letzten der Heiligen Bücher, hat versucht, diesen Klang niederzuschreiben.

Hin und wieder geben die steinernen Hohlräume an einer Stelle nach, und das Innere der Erde atmet aus. Der Müllhaufen brannte tagelang. Die Rauchwolke stieg zum Himmel, ich sah sie von der Piazza Cavour aus, ich schnupperte sie. In dunklen Flocken ließ sie Asche gewordenen Müll herunterfallen, den ich zu unterscheiden versuchte. »Nichts zwingt die Erinnerungen mehr hervor als Gerüche und Flammen«, schrieb Céline, während sein Zimmer in Afrika brannte und er sich an ein Feuer in Paris erinnerte.

Bei mir war es nicht so: ich habe nachts eine Raffinerie explodieren sehen und tags die Benzinfeuer in den Straßen, ich habe die Felder in Flammen gesehen, aber dieses Feuer hatte keine Ähnlichkeit mit irgend etwas. Ich spürte, wie unter der Erde ein Friedhof brannte: Knochen, Schuhe, Rosenkränze, Blumen, Grablichter, Kreuze. Ich schnupperte, um dem Katalog des Brennbaren Gerüche hinzuzufügen. Der Rauch stieg aus dem zerborstenen Schacht auf, aus den Kanaldeckeln, aus den Röhren und von einer allgemein stattfindenden Einäscherung. Ich wollte sie meinem Geruchssinn einprägen, ich glaubte und glaube noch immer, daß die Stadt an dieser Stelle ihre Seele aushauchte, wenn sie denn eine Seele hatte.

Der Winter dauerte bis weit in den Frühling hinein. Zu Hause, am Abend, wenige Sätze, was denkst du, wo bist du morgen, erwarte nicht, daß ich wach bin. Weck mich nicht, warte, der Sommer wird kommen, den wir diesmal beiseite gestellt haben. Schon war am Fenster das offene Haar: sie trocknete es in der Sonne, es war Mai. Sie wusch sich von mir ab, vom Harzgeruch, vom hölzernen Schlaf, sie nahm ihre Sachen aus dem Zimmer. Dann bleib auch ich nicht, wenn du gehst. Sie weinte in meine trockenen Handhöhlen, kein Tropfen fiel zu Boden.

Die Reise war zu Ende. Das Ich des Romans kehrte nach Paris zurück, in den Lärm eines Stadtteilfestes. Die Seiten waren Fetzen geworden, ich hatte die Stücke verloren, als ich das Buch zwischen den Leuten hin- und herstieß. Die letzten zwanzig behielt ich gefaltet in der Jackentasche und las sie wie einen Brief. Sie hatte keinen hinterlassen. Außerhalb des Bahnhofs warf ich sie auf einen Abfallhaufen. Ich hob keine Post auf.

»In der Ferne pfiff ein Schlepper«, der letzte Absatz des Buchs meinte einen Flußkahn auf der Seine. Mir blieb der Ton im Gehör, der sich in meiner Vorstellung gebildet hatte, während ich den Platz überquerte. Ich wartete auf einen Pfiff, auf die Sirene eines vorüberfahrenden Zugs, der rechtzeitig auf diesen Ruf antworten würde. Damals wollte ich, daß auf der Welt Bücher wie Schutzengel über die Abschiede wachen sollten. Die Stadt gab keine Antwort.

Die Pizza

Die Pizza ist so rund, wie der Golf von Neapel, umfaßt von der sorrentinischen Küste, von Capri, Ischia und Procida, eine Mulde bildet. Ihr angesengter Rand gleicht dem verkrusteten Küstenstrich. Die Mozzarella, würfelig auf die Pizzawiese gestreut, erinnert an das Weiß der Segelschiffe, so wie die Tomaten an die roten Segel der Piraten erinnern, und das grüne Basilikum deutet das Lächeln des Schaums auf den Wellen an, wenn das Meer ruhig ist. Aber hiermit hören die Ähnlichkeiten der Pizza mit Neapel noch nicht auf.

Die Pizza ist ein Schnellgericht, das man in zwei, drei Minuten zubereitet, denn die Neapolitaner – man weiß nicht warum oder wozu – haben es immer eilig. Um die Pizza zu essen, braucht man keinen Tisch zu decken. Man braucht keine Gabel, weder Messer noch Löffel. Bis vorgestern haben die Neapolitaner die Pizza immer mit den Händen gehalten, so wie man, ohne sich von seinen Gedanken abbringen zu lassen, eine zusammengefaltete Zeitung in der Hand hält. Aber der eigentliche Grund ihrer Verbreitung ist ihr geringer Preis. In einem Land, das berühmt ist für seine Armut, gibt das den Ausschlag. DOMENICO REA

ELSA MORANTE

Die Insel

Die Inseln unseres Archipels dort unten im Meer von Neapel sind alle schön.

Ihr Boden ist zum großen Teil vulkanischen Ursprungs, und besonders in der Nähe der einstigen Krater sprießen Tausende von Blumen wild empor, wie ich sie ähnlich niemals auf dem Festland wiedersah. Im Frühling bedecken sich die Hügel mit Ginster: du erkennst seinen scheuen und schmeichelnden Duft, sobald du dich unseren Häfen näherst, wenn du im Monat Juni vom Meere herüberkommst.

Die Hügel hinan zu den Feldern führen auf meiner Insel einsame Wege, eingebettet zwischen altertümlichem Gemäuer; dahinter erstrecken sich Obstgärten und Weinberge, die kaiserlichen Gärten gleichen. Auf meiner Insel gibt es verschiedenartigen Strand mit hellem und weißem Sand und andere kleinere Ufer mit Kieseln und Muscheln bedeckt und zwischen großen Felsenklippen verborgen. Auf diesen Klippen, welche wie Türme aus dem Wasser ragen, bauen die Möwen und die Wildtauben ihr Nest, und besonders am frühen Morgen sind ihre Stimmen zu vernehmen, bald klagend, bald wieder heiter. Dort ist an ruhigen Tagen das Meer sanft und frisch und benetzt das Gestade wie Tau. Ach, ich begehre ja nicht, eine Möwe zu sein, auch nicht ein Delphin; ich wäre es zufrieden, eine Stachelkrake zu sein, welche der häßlichste Fisch des Meeres ist, wäre ich nur wieder dort unten, mich zu tollen in jenen Gewässern.

Um den Hafen herum sind alle Wege nur enge, sonnenlose Gäßchen zwischen den bäuerlichen, jahrhundertealten Häusern, welche streng und traurig aussehen, wenngleich sie in den schönen Farben der Muscheln rosa und aschgrau getönt sind. Auf der Brüstung der kleinen, fast wie Schießscharten schmalen Fenster sieht man hin und wieder eine Nelkenpflanze, die aus einer Blechbüchse wächst; oder auch einen winzigen Käfig, der, man könnte meinen, für eine Grille geeignet wäre, aber eine gefangene Turteltaube einschließt. Die

Kaufläden sind tief und finster wie Räuberhöhlen. In der Kaffee-stube am Hafen gibt es einen Kohlenherd, auf dem die Inhaberin den Kaffee nach türkischer Art kocht, in einer türkisblauen, email-lierten Kaffeekanne. Die Wirtin ist seit etlichen Jahren Witwe und trägt noch immer das schwarze Trauerkleid, das schwarze Umschlag-tuch und schwarze Ohrringe. Die Photographie des Verstorbenen hängt an der Wand neben der Kasse, mit einer Girlande staubiger Blätter umkränzt.

In seiner Schenke, dem Standbild Christi als Fischer gegenüber, zieht der Gastwirt einen Uhu auf – mit einer kleinen Kette ist er an eine Stange gebunden, die oben aus der Wand hervorspringt. Der Uhu hat schwarze und graue weiche Federn, ein elegantes Häub-chen auf dem Kopf, azurblaue Lider und große, schwarzumrandete Augen von goldroter Farbe. Einer seiner Flügel blutet beständig, weil er selber ihn fortwährend mit dem Schnabel zerfleischt. Wenn du die Hand ausstreckst und ihn leicht an der Brust kitzelst, neigt er das Köpfchen mit einem verwunderten Ausdruck zu dir herab.

In der Kirche am Hafen, der ältesten auf der Insel, sind Heilige aus Wachs aufgestellt, knapp drei Spannen groß, in Glaskästchen ein-geschlossen. Sie tragen Gewänder aus vergilbter echter Spitze, verbli-chene Mantillen aus leichtem Brokat, echte Haare, und von ihren Handgelenken hängen winzige Rosenkränze aus echten Perlen her-ab. Auf ihren leichenblassen kleinen Fingern sind die Nägel durch fadendünne Zeichen rot angedeutet.

In unserem Hafen legen fast niemals jene eleganten Sport-oder Segelboote an, welche die anderen Häfen des Archipels so zahlreich bevölkern; du wirst hier außer den Fischerbooten der Inselbewoh-ner nur kleine Nachen und schwere Lastkähne finden. Der weite Hafenplatz erscheint zu vielen Stunden des Tages nahezu verlassen; zur Linken, bei der Statue Christi als Fischer, wartet eine einzige kleine Mietdroschke auf die Ankunft des Kursdampfers, der wenige Minuten bei uns anhält und höchstens drei oder vier Passagiere an Land bringt, meistens Leute von der Insel. Niemals, auch nicht in der schönen Jahreszeit, sind unsere einsamen Strandufer von dem Lärm der Badenden erfüllt, die aus Neapel und aus allen Städten, aus allen Teilen der Welt an den anderen Strandplätzen der Umgebung zusammenströmen. Und wenn zufällig ein Fremder in Procida aus-steigt, so wundert er sich, hier nicht jenes buntgemischte, heitere

Leben zu finden, Feste und Lustbarkeiten auf den Straßen, Gesang, Mandolinen- und Gitarrenklänge, derentwegen die Gegend von Neapel auf der ganzen Erde berühmt ist. Die Procidaner sind unzugänglich, schweigsam. Die Türen sind stets verschlossen; niemand zeigt sich an den Fenstern; eine jede Familie lebt innerhalb ihrer vier Wände, ohne sich um die anderen Familien zu kümmern. An Freundschaften findet man wenig Gefallen bei uns. Und die Ankunft eines Fremden erweckt nicht Neugier, sondern eher Mißtrauen. Wenn er Fragen stellt, antwortet man ihm nur ungern; denn die Leute auf meiner Insel lieben es nicht, ausgehorcht zu werden in ihrer eigenen Verschwiegenheit. Sie sind von kleiner Rasse, dunkel, mit schwarzen, länglichen Augen wie die Orientalen. Und man könnte meinen, sie seien alle untereinander verwandt, so ähnlich sind sie einander. Die Frauen leben nach altem Brauch in einer Klausur wie die Nonnen. Viele von ihnen tragen das lange Haar noch aufgesteckt, ein Tuch um den Kopf geschlungen, lange Kleider und, im Winter, Holzpantoffeln über den groben schwarzen Baumwollstrümpfen, während im Sommer manche barfuß gehen. Wenn sie auf bloßen Füßen eilig und geräuschlos vorüberlaufen und den Begegnungen ausweichen, dann sind sie wie wilde Katzen oder wie Marder. Sie gehen niemals zum Strand hinunter; für die Frauen ist es Sünde, im Meer zu baden, und selbst andere baden zu sehen, ist Sünde.

Oft werden in den Büchern die Häuser der altertümlichen Feudalstädte, die in kleinen Gruppen im Tal und an den Abhängen des Hügels verstreut liegen, alle in Sichtweite der Burg, welche sie von der höchsten Kuppe aus beherrscht, mit einer Herde verglichen, die sich rings um ihren Hirten schart. So erscheinen auch in Procida die Häuser – von jenen zahlreichen und dichtgedrängten unten am Hafen bis hinauf zu den vereinzelt dastehenden oben auf den Hügeln und zu den abgelegenen Gehöften in den Feldern – von weitem wirklich einer Herde ähnlich, verstreut zu Füßen der Burg. Diese erhebt sich auf dem höchsten der Hügel, der zwischen den anderen Hügelchen wie ein Berg aufragt, und da sie im Laufe der Jahrhunderte durch überlagerte und hinzugefügte Bauten erweitert wurde, hat sie nun den Umfang einer gigantischen Zitadelle angenommen. Von den Schiffen aus, die auf offener See vorüberfahren, ist von Procida, besonders des Nachts, allein dieser düstere, wuchtige Bau zu sehen; deshalb erscheint unsere Insel wie eine Festung mitten im Meer.

ANTONELLA LATTANZI

Tanti auguri

Im Oktober '91 war Bari kein Ort für kleine Kinder. Denn hier wohnten eine Menge *topini*. Mit ihren höchstens siebzehn Jahren waren sie, die Kinder, Enkel, Stiefkinder von *mafiosi*, die Könige. Die *topini*. Wenn du sie ansahst, was zum Teufel gaffst du, schossen sie dir in die Beine und brachen dann in Gelächter aus, mit ihren zugekoksten Freunden und ihren frisierten Motorrollern: »Hey Bruder, ich bin hier im Krieg …«

Schulterzucken, die Freunde lachten sich kaputt.

Die Gegend mit den absolut meisten topini pro Quadratmeter war Japigia. Japigia schien gar nicht zu Bari zu gehören, das Viertel bestand lange Zeit nur aus der Via Caldarola, einer großen Straße inmitten einer unbewirtschafteten trockenen Landschaft, die zur einen Seite in die richtige Stadt führte, zur anderen in Richtung Tangenziale. Mit der Zeit sollten an den Ufern der Via Caldarola Häuser entstehen, Riesenkästen, zwei Kirchen, ein Supermarkt, ein multifunktionales Schulzentrum, das Teatroteam-Kino, und die Montagnola, der Berg von Japigia (für die Gemeinde: Ecopoli-Park), ein Hügel aus gepresstem Müll, nur notdürftig mit Grün bepflanzt, der für ewig seinen Gestank verbreiten würde, sobald sich ein Lüftchen erhob: der größte Müllplatz Apuliens. Unter der Vegetation und den Tonnen von Abfall, der hier beerdigt war, aber eben doch nicht ganz, schließlich dann der Asbest, der beste Freund von Japigia. Natürlich vorkommender Asbest, weiß, braun oder blau, mit den kristallenen Sternspitzen ähnelt er einer Schneeflocke. Der Berg würde langsam bröckeln, jeder Erdrutsch ein Furz, womöglich sogar radioaktiv, direkt vor der Nase der höheren Schulen. Aber es war nicht nur die Montagnola, die bröckelte.

In ganz Japigia herrschte diese Unsitte. Jedes Projekt, jedes Gebäude, so es nicht ein Einkaufszentrum war, wurde binnen Kurzem dem Verfall preisgegeben, verlassen oder erst gar nicht fertiggestellt. Das war gewiss bestimmend für die Geschichte des Viertels, aber leider nur, um es noch trostloser aussehen zu lassen. Es hätte einen Anstoß gebraucht, eine Hilfe, eine Palme, wie im Zentrum, dort, wo das Leben brodelt. Von den gebührenpflichtigen Parkplätzen kannte es auch Michela: Wenn man bezahlt, ist es was wert. Aber nein. Mit den Jahren gewann Japigia ganze Gruppen von Prostituierten einfach so. Fast nackt, gigantisch, kamen vor allem Trans-Nigerianerinnen als Prostituierte nach Japigia. Sie standen alle an der gleichen Stelle, als hätte jemand auf dem Boden mit einem x einen Punkt markiert wie auf einer Bühne: am Rand der Straße, die auf die Tangenziale führt, direkt vor einem Kreisverkehr, wo man verlangsamen muss. Es gab keinen anderen Hintergrund als den Asphalt, hier und da ein kranker Baum, ein Lichtmast, und, wenn es kalt war, ein Benzinkanister, in dem ein wenig Papier brannte, um zu wärmen.

Michela war die Tochter eines Zahnarztes und einer Bankangestellten, die nach Japigia gezogen waren – genauer gesagt in die Via Salapia –, weil in Japigia die Sonne scheint. Sie war auch die jüngere Schwester eines Mädchens, das sich nicht einmal mit einer an den Kopf gehaltenen Pistole zwingen ließe, die Schule des Viertels zu besuchen, und sie war die beste Freundin von Marianna, die aus Brindisi kam und wie sie in Japigia gelandet war.

Daher spielte im Oktober '91 – während die Gestalten des Malavita von Japigia auf ihren Gefährten thronend die Straßen des Viertels unsicher machten, während die Bewohner der sozialen Wohnbauten in der Nachbarschaft bei jedem Geburtstag, Namenstag, ersten Freitag des Monats Feuerwerke in den Himmel schossen, wie sie nicht einmal am Nationalfeiertag zu sehen waren, während sich in Japigia Heroin, Kokain, Gras, Waffen, Genehmigungen, Zigaretten mit einer Nonchalance verkauften, als ginge es um Kaugummi (man kann nicht einmal sagen, es wurde gedealt), während für die sozialen Wohnbauten in der Via Gentile ein Windhauch genügt hätte, um sie umzublasen und ihr Innerstes nach außen zu kehren – Michela mit ihren knapp elf Jahren *Gira la Moda*, ging zum Konfirmationsunterricht, schrieb Tagebuch, wechselte im September Schultasche, Federmappe und Schürzenkleid; so raste man auf den 26. Oktober jenes Jahres zu.

Am 26. Oktober '91 wurde Michelas Onkel vierzig. Um ihn zu feiern, gab es eine große Einladung in die Via Salapia, in einen rostbraun eingezäunten Gebäudekomplex mit dem lächerlichen Namen HEIM (jedes Mal, wenn sie ihn beim Betreten las, sah sich Michela ihren Weg bahnen durch eine Masse von Alten in einem großen weißen Saal, Krankenhauseinrichtung, Rollstühle, Tropf, dunkle Flecken auf den Armen). Jenseits des Zauns ein anderer Bau mit Sozialwohnungen und nackten Ziegelsteinen. Er wurde von jeher von allen die Ises genannt.

Am Geburtstagstisch spielten die Eltern von Michela, ihre Schwester, die Großeltern mütterlicherseits, Onkel Pasquale (der Gefeierte, Bruder ihrer Mutter), Tante Rachele (seine Frau) und Michela den ganzen Nachmittag lang *Sette e mezzo* und *Mercante in fiera*. Diese Kartenspiele spielten andere Familien zu Weihnachten; sie hingegen immer. Auch am 15. August: *Sette e mezzo* liebte der Großvater, *Mercante in fiera* der Onkel.

An einem gewissen Punkt brach die Dunkelheit herein. Mit der Dunkelheit, das Rauchen. Aber der Onkel wollte noch eine letzte Runde spielen. Und das, obwohl die Augen von Michela schon zu Boden fielen, die von Angela senior gelangweilte Blitze schickten, die von Papa Gianni wie Vögel gegen die Zimmerwände flatterten, die von der Großmutter und der Frau des Onkels schon geschlossen waren und mit ihren Körpern auf dem Sofa lagen. Nur die von Angelajunior waren sehr lebhaft, aber entgeistert, und die des Großvaters hielten sich offen für noch eine Partie *Sette e mezzo* und noch eine, eine letzte: Keiner von ihnen bemerkte den Gestank nach Verbranntem, der schon ganz Bari erfüllte.

Sie bemerkten auch nichts, weder Gestank noch Rauch, als die Großmutter plötzlich aufsprang und flötete: »Wunderkerzen!« Das war ihre Macke, so wie die des Onkels der *Mercante*. Sie bemerkten noch immer nichts, weder Rauch noch Gestank, als Angela senior sich beim Ertönen der Stimme ihrer Mutter erhob und ins Schlafzimmer ging, um die Wunderkerzen zu holen. Vater schleppte sich zum Kühlschrank, in die gelbe Küche mit dem abgenutzten, ebenfalls gelben Boden, und kam mit der Spumanteflasche zurück, dem Brachetto, weil bei den Cipriani trinkt man nur Brachetto, es ist der einzige gute, behaupteten sie, obwohl er Michela nur an einen Hund erinnerte und an sonst nichts. Sie brachten die Torte, sangen *Tanti auguri* und stießen an, der Spumante war aus der Flasche übergelaufen, lachend hielten sie die Zeigefinger aufs nasse Tischtuch und fassten sich an die Ohrläppchen, weil das brachte Glück. Dann entzündeten sie die Wunderkerzen, so schön anzusehen in ihren feinen eisernen Haltern, mit dem Kopf, der im Begriff stand, zu Feuer zu werden.

Und keiner bemerkte den Brand, noch immer nicht. Keiner von der Familie Cipriani. Bari hingegen erwachte Schritt für Schritt. Der Reihe nach erwachten sie, in Carassi, Libertà, Poggiofranco, beim Murattiano, beim Cep, vielleicht sogar in Carbonara: wegen des Gestanks nach Verbranntem; wegen des Rauchs. Sie erwachten, zeigten sich an den Fenstern, streckten ihre Köpfe durch die Türen, schauten mit ihren Augen auf die Straße hinaus. Und sie hoben den Kopf. Da sahen sie eine Art Nordlicht in Richtung Meer. Hinter der Unterführung auf der Höhe der Via Capruzzi. Es drohte sogar die Via Cavour und Via Sparano zu umzüngeln. Eine einzigartige Morgenröte in der Mitte der Nacht. Und es gab Leute, die trotz der prickelnden Nachtluft im Auto Sex hatten, genau vor dem Petruzzelli. Manche von ihnen waren am Abend da gewesen: im Petruzzelli drinnen. Um zu sehen, was sich im Nachhinein als die letzte Aufführung vor dem Desaster erweisen würde: *Norma* von Vincenzo Bellini. »Dieser Fall, dieser Zufall, das Schicksal ... die Norma, *Norma*, die Oper, die mit einem Scheiterhaufen endet und das Theater, das zum Scheiterhaufen wird«, erklärt der Tenor Nicola Martinucci. Von dem antiken Theater Petruzzelli in Bari ist nichts übrig geblieben. Ein Brand, kurz nach, nein, kurz vor der Dämmerung hat es hinweggerafft. »Vorsätzliche Brandstiftung gilt zu diesem Zeitpunkt als eine nicht sehr wahrscheinliche Vermutung«, sind die ersten Worte in den Nachrichten. Ein Zischen, ein Knall, dann schlagen die Flammen aus der Kuppel, »wie bei einem ausbrechenden Vulkan«. Bari ist eine einzige Sirene, das Petruzzelli brennt.

LEONARDO SCIASCIA

Das weinfarbene Meer

Der Zug, der im Sommer um 20.50 von Rom abfährt – *Schnellzug nach Reggio Calabria und Sizilien*, tönt aus dem Lautsprecher eine Frauenstimme –, führt einen Wagen erster Klasse Rom–Agrigent mit: Ein unerhörtes Privileg, auf Drängen von drei oder vier Abgeordneten aus Westsizilien eingerichtet und beibehalten. Von den Zügen nach Süden ist dieser eigentlich am wenigsten voll: In der zweiten Klasse finden nur wenige Reisende keinen Sitzplatz; und in der ersten, besonders in dem Wagen nach Agrigent, kann man sogar ein Abteil ganz für sich allein haben – es genügt, das Licht zu löschen, die Vorhänge zuzuziehen und Gepäck und Zeitungen auf den Sitzen zu verteilen: Mindestens bis Neapel, und wenn ihr umsichtig vorgeht, bis Salerno. Hinter Salerno könnt ihr euch schlafen legen. Aber für diese Bequemlichkeit bezüglich der Plätze büßt man im Übermaß, was die Fahrzeiten angeht: Darum ziehen die Sizilianer den D-Zug vor, der zwei Stunden früher abfährt und in Agrigent, der letzten Station, wenigstens sieben Stunden vor dem Schnellzug eintrifft.

Doch dem Ingenieur Bianchi, der zum ersten Mal eine Reise nach Sizilien antreten wollte – nach Gela, genauer gesagt, und nicht zum Vergnügen – und keinen Platz im Flugzeug mehr hatte bekommen können, riet man zum Schnellzug und zum Wagen Rom–Agrigent: Und einen Platz zu reservieren, da sonst Gefahr bestünde, daß er eine Nacht auf dem Gang verbringen müsse. Ratschläge, von denen keiner schlechter war als der andere, insbesondere jener der Reservierung: Denn in einem Abteil mit reservierten Plätzen findet man stets so viele Leute vor wie Plätze, während in anderen Abteilen ohne Reservierung größte Aussicht besteht, allein zu bleiben. Wie es eben so ist, gerade dank der Ratschläge hatte der Ingenieur Bianchi eine unbequeme Reise: In Gesellschaft von fünf Personen, drei Erwachsenen und zwei Kindern; die Erwachsenen überaus redselig, die Kinder ungezogen.

Von den drei Erwachsenen waren zwei Vater und Mutter der ungezogenen Kinder; und der kleinen Familie angeschlossen hatte sich, aufgrund von Verwandtschaft, Freundschaft oder zufälliger Bekanntschaft, ein Mädchen von etwa zwanzig Jahren, auf den ersten Blick farblos und in mönchisches, weißgesäumtes Schwarz gekleidet. Die Kinder hingen an ihr: Der Größere lehnte sich wie schlaftrunken an sie, der Kleinere kletterte an ihr hoch, bis er die Arme um ihren Hals legen und ihr die Haare ausreißen konnte, dann krabbelte er wieder hinunter auf den Boden, um sich hinzusetzen, er war ständig in Bewegung. Der Große hieß Lulú, der Kleine Nenè: Abkürzungen, wie Ingenieur Bianchi, kurz bevor sie Formia erreichten, erfuhr, von Luigi und Emanuele. Doch bevor sie Formia erreichten, wußte der Ingenieur fast alles über die vier Familienmitglieder und über das Mädchen, das mit ihnen reiste. Sie stammten aus Nisima, einem Dorf in der Provinz Agrigent: einem großen Bauerndorf, reich an Land und mit reichen Gutsbesitzern; luftig; von den Sozialisten und Kommunisten verwaltet; Heimat eines großen Tiers des faschistischen Regimes; ohne Bahnhof, mit einer alten Burg. Mann und Frau unterrichteten an der Grundschule; und auch das Mädchen, aber noch nicht verbeamtet, sondern vertretungshalber. Die Familie war nach Rom gekommen, weil ein Bruder der Ehefrau, Verteidigungsministerium, Gruppe A, ein Machtfaktor im Pensionsbereich, eine aus Rom geheiratet hatte: ernsthaftes Mädchen aus bester Familie, der Vater Kultusministerium, Gruppe A; die Braut promovierte Literaturwissenschaftlerin, Lehrerin an einer Privatschule; schönes Mädchen, groß, blond. Sie hatten gerade an diesem Tag geheiratet, in San Lorenzo in Lucina: schöne Kirche; nicht so schön wie die von Sant' Ignazio, aber schön. Trauzeugen Gruppe A. Das Mädchen hingegen, das ihnen für die Rückreise anvertraut worden war – von einem Bruder, Justizministerium, Gruppe A –, war nach Rom gekommen, um sich zu zerstreuen: Sie hatte eine schwere Krankheit überstanden, das schwarze, weißgesäumte Kleid trug sie wegen eines Gelübdes zum heiligen Calogero, der Schutzpatron von Nisima war, ein ganz besonders wundertätiger Heiliger. In Rom, wo es doch so viele Kirchen gab, war keine einzige dem heiligen Calogero gewidmet: »Wie ist das bloß möglich?« fragte die Frau, »nicht eine Kirche, nicht ein Altar.« Und er war doch wirklich ein großer Heiliger.

Der Ehemann lächelte leicht skeptisch über den heiligen Calogero. Das Mädchen sagte, daß sie sich als Kind vor dem heiligen Calogero gefürchtet hatte: schwarz das Gesicht, schwarz der Bart, schwarz der Mantel; und, um die Wahrheit zu sagen, das Gelübde für den Heiligen hatte nicht sie abgelegt, sondern ihre Mutter; es war jedoch, als hätte sie es getan: Noch einen Monat lang, den sechsten, mußte sie das schwarze, weißgesäumte Kleid tragen.

»Ausgerechnet im Schmelztiegel des Jahres: Diese Hitze schmilzt ja Steine«, sagte der Mann.

»Was für ein Gelübde wäre es denn sonst?« empörte sich die Frau. »Kein Gelübde ohne ein bißchen Leiden.«

Das Mädchen schnitt eine leicht höhnische Fratze. Und mit einem Schlag sah der Ingenieur sie anders. Sie hatte einen schönen Busen unter dem düsteren Kleid, einen schönen Körper. Und leuchtende Augen.

»Ich erlöse mich von einem Gelübde«, sagte das kleinere Kind, während es sich die Schuhe aufband und strampelte, um sie in die Luft zu werfen. Ein Schuh blieb dran, der andere traf den Ingenieur an der Brust.

»Nenè!« heulten Vater und Mutter warnend und drohend auf. Sie baten den Ingenieur um Entschuldigung, und dieser sagte, den Schuh zurückgebend: »Macht doch nichts, so sind Kinder eben, man weiß ja …«, und es war wirklich nichts gewesen, er wußte noch nicht, was Nenè und Lulú ihm auf der langen Reise noch alles bieten würden: Von Neapel, wo sie endgültig jede Hemmung fallen ließen, bis Canicattí.

»Sie sind nicht verheiratet«, bemerkte die Signora nach einem raschen Blick auf die linke Hand des Ingenieurs.

»Leute, die ihren Kopf gebrauchen, heiraten nicht«, scherzte der Mann.

»Das ist wahr, wenn man dich ansieht«, sagte die Frau.

»Ich hingegen denke«, sagte der Ingenieur, »daß die Leute, die ihren Kopf gebrauchen, früher oder später heiraten: Ich werde es etwas später tun, aber ich tue es.«

»Hörst du das?« sagte die Frau vorwurfsvoll zu ihrem Mann. »So reden vernünftige Leute.«

»Ich mache doch nur Spaß … Aber ernsthaft – im allgemeinen, objektiv gesehen, ist die Ehe ein Fehler … Subjektiv, persönlich, habe ich keinen Grund zur Klage: Meine Frau, ich sage das nicht nur so, oder weil sie anwesend ist, ist wirklich ein Engel«, die Signora neigte, plötzlich strahlend, den Kopf, »und dann sind da diese beiden Engelchen …« Er streichelte Nenè, der neben ihm saß, den Kopf.

»Ich will Mortadella«, sagte Nenè.

»Sag' noch einmal Mortadella, und es kommt der Wachtmeister und nimmt dich fest«, drohte der Vater.

»Ich sag' es nicht: ich will welche«, sagte Nenè, schlagfertig das Verbot umgehend.

»Nein, nein und noch mal nein«, sagte der Vater.

»Wenn wir zu Hause sind«, sagte Nenè, »werde ich gleich Tante Teresina erzählen, daß ihr schlecht über sie geredet habt.«

»Wir haben schlecht über sie geredet?« sagte die Mutter und legte sich dabei die Hand auf die Brust, sorgenvoll und betrübt.

»Du und Papa: ihr habt zu Onkel Totò gesagt, daß die Tante geizig ist, daß sie sich nicht wäscht und daß sie bösartige Sachen macht …«, präzisierte Nenè mit eisernem Gedächtnis.

»Ich geb' ihm die Mortadella«, sagte der Vater.

»Gib sie ihm«, stimmte die Mutter zu, »und wenn er dann vor Nesselfieber ganz rot ist und es ihn überall juckt, dann wird er zur Tante Teresina gehen, um sich kratzen zu lassen.«

»Ich kratze mich an der Wand«, sagte Nenè, während er siegreich nach der Mortadella griff, die der Vater ihm reichte.

Im Schleier stummer Sorge, der sich über Nenès Eltern breitete, sah der Ingenieur das Gesicht von Tante Teresina vor sich, spitz und beweglich wie das eines Frettchens. Um sie von dem Kummer abzulenken, sagte er: »Wir sind schon in Neapel.«

Die Ankündigung schreckte Lulú auf, der wie im Halbschlaf schmachtend an die Seite des Mädchens gelehnt war: Er schrie, daß er Limonade wolle.

Während der Zug den Bahnsteig entlangglitt, erregte der Schrei »Sfogliate, Sfogliate« Nenès Neugierde. Der Vater erklärte ihm, daß es sich um kleine Kuchen aus Blätterteig mit Cremefüllung handle. Mit Begeisterung, und mit der gewohnten Liebenswürdigkeit, bettelte er um einen solchen Kuchen. Der Ingenieur kaufte Lulú die Limonade und Nenè die Sfogliata. Soviel Freundlichkeit den Kindern gegenüber löste eine Welle von Danksagungen und eine förmliche Vorstellung aus: Professor Miccichè, Ingenieur Bianchi.

Nenè, der schon beim ersten Bissen unüberwindlichen Ekel gezeigt hatte, warf, wie beim Stapellauf eines Schiffes die Flasche Champagner, zur Feier der Vorstellung die Sfogliata: Offensichtlich zielte er dabei auf den Kopf seines Vaters und verfehlte ihn nur knapp.

»Flegel«, sagten Vater und Mutter zugleich.

»Das ist eine Schweinerei«, sagte Nenè, »ich will ein Cannolo« [sizilianisches Gebäck].

»Ein Cannolo?« sagte Professor Miccichè. »Und wo soll ich am Bahnhof von Neapel ein Cannolo herkriegen?«

»Das ist mir scheißegal: Ich will ein Cannolo«, sagte Nenè, wobei er eine Neigung zu starken Ausdrücken an den Tag legte, von der der Ingenieur bis zu jenem Augenblick nichts geahnt hatte.

Das Mädchen lachte. Professor Miccichè und Frau tobten vor Verzweiflung, drohten mit der augenblicklichen Ankunft des Wachtmeisters mit Peitsche und Ketten und baten den Ingenieur, im Gang nachzusehen. Der Ingenieur sah auf den Gang hinaus und bestätigte die Anwesenheit des Wachtmeisters.

»Der Wachtmeister ist ein verdammter Hahnrei«, sagte Nenè leise: Er hatte Angst, wollte aber nicht nachgeben.

Ein Streit entbrannte zwischen Mann und Frau, wo und von wem Nenè die Schimpfwörter aufgeschnappt habe. Der Klub, wohin der Vater ihn gewöhnlich nachmittags mitnahm, war der Signora zufolge ein Höllenpfuhl an Unflätigkeit; und ein gewisser Calogero Mancuso und ein gewisser Luigi Finisterra waren die direkt Verantwortlichen für die sprachliche Verderbtheit von Nenè: Junge Leute, die nichts zu tun hatten und sich zum Zeitvertreib an der Unschuld eines Kindes vergriffen. »Sie können sich gar nicht vorstellen«, sagte die Signora zum Ingenieur gewandt, »was für Sachen sie ihm beibringen: über die Hölle, sogar über die Heiligen, sogar über den Papst … Zum Glück vergißt das Kind sie wieder.«

Doch nach Meinung des Professors lagen die Dinge ganz anders: Nicht dem Klub, Schule edler Gefühle und keuscher Redeweise, seien die lebhaften Ausdrücke Nenès zu verdanken, sondern dem Hof, von zotigen Leuten bewohnt, auf den ein Balkon ihrer Wohnung hinausging: und es sei Schuld der Signora, wenn Nenè stundenlang auf diesem Balkon herumlungere.

Nenè verkündete, um dem Streit ein Ende zu setzen, ganz lapidar: »Im Klub«. Der Professor sank in sich zusammen, aber die Signora mißbrauchte den Triumph nicht: Sie wechselte einfach das Thema; da der Zug anfuhr, stürzte sie sich in Erinnerungen an ihre Hochzeitsreise, deren zweite Station, nach Taormina, Neapel gewesen war.

Es war schon Mitternacht. Aus dem Schlafen wird hier nichts, dachte der Ingenieur, und ob er nicht das Abteil wechseln sollte, da es welche gab, die fast leer waren. Doch eigentlich war er nicht müde: die Gereiztheit darüber, unter Leute von so unbändiger Redseligkeit geraten zu sein, und dann noch zusätzlich mit zwei so schrecklichen Kindern, hatte erst der Belustigung Platz gemacht und nun, da er drauf und dran war, das Abteil zu verlassen, etwas Vagem und Undefinierbarem, das man nicht Zuneigung nennen konnte, das aber der Zuneigung glich. Nie hatte er vertrauten Um-gang mit Kindern gehabt, und immer hatte er geglaubt, er könne ihre Gesellschaft nicht ertragen, stets hatte er es sich bei Reisen zur Regel gemacht, nicht in Abteilen mit Kindern Platz zu nehmen; aber Nenè gefiel ihm entschieden. Und ihm gefiel das Mädchen: Bei jeder Geste, die sie machte, bei jedem Wort, das sie sagte, wurde sie lebendiger und begehrenswerter. »Es ist so«, dachte der Ingenieur, »daß jede Reise eine gedrängte Darstellung des Lebens ist, gerafft in Raum und Zeit; kurz, ein wenig wie Theater: auf einem unmerklich fiktiven Hintergrund stellen sich in intensiver Weise alle Elemente, Gründe und Beziehungen unseres Lebens wieder her.« Er beschloß, dem Professor seine Absicht mitzuteilen, in ein anderes Abteil umzuziehen: Um ihnen mehr Freiheit zu lassen, sagte er, um den Kindern etwas mehr Raum zu geben.

»Auf gar keinen Fall«, sagte der Professor, »bemühen Sie sich nicht! Wenn überhaupt jemand geht, dann wir.«

Sie tauschten Komplimente und überhöfliche Proteste aus: Und schließlich beschlossen sie, niemand werde das Abteil verlassen.

Lulú sagte, er sei müde; und er wolle das Licht aus haben.

»Das Licht bleibt an: Ich muß mich vor dem Wachtmeister in acht nehmen«, sagte Nenè, der kein reines Gewissen hatte.

»Macht das Licht aus!« schrie Lulú. »Ich will schlafen.«

Blitzartig schritt Nenè, um es in der Sprache des Wachtmeisters zu sagen, zur Tat: Er rutschte von seinem Platz, stürzte sich auf Lulú und biß ihn oberhalb des Knies. Lulú brüllte, wütend krallte er sich in den Haaren des Bruders fest. Sie trennten sie, indem sie Nenè die Nase zuhielten, damit er den Biß lockern mußte, und Lulú einen nach dem anderen die Finger aufbogen. Nenè erhielt vom Vater eine leichte Ohrfeige und Lulú einen leichten Verweis.

»Du kommst in die Hölle«, schrie Lulú auf Nenè ein.

»In die Hölle kommen die Wachtmeister«, sagte Nenè.

Alle lachten, auch seine Mutter.

»Teufel, ein Teufel bist du«, sagte sein Vater, ihn sanft liebkosend. Und zum Ingenieur gewandt, mit vor Stolz strahlenden Augen: »Haben Sie das gehört? Ist Ihnen je so ein Kind begegnet?«

Der Ingenieur antwortete: »Noch nie«. Und das war die Wahrheit.

Das Licht wurde gelöscht, das Fenster ein paar Zentimeter geöffnet und die Vorhänge zugezogen. »Hoffentlich können wir ein wenig schlafen, wir haben ja noch fünfzehn Stunden Reise vor uns: gute Nacht«, sagte Professor Miccichè. Alle sagten gute Nacht, auch Lulú, schon schlaftrunken. Es war zwei Uhr.

Der Ingenieur hatte das Mädchen neben sich, und neben dem Mädchen saß auf der anderen Seite Lulú; die Plätze gegenüber wurden vom Professor, von Nenè und der Signora eingenommen. Nenè schlief unruhig, vielleicht erschien der Wachtmeister peitschenschwingend und mit Handschellen klappernd auf der Schwelle seines Schlafes. Er war nicht eigentlich ein schönes Kind, zweifellos war Lulú schöner; aber er war ein außergewöhnliches Kind, er öffnete eine Dimension von Zuneigungen, Gedanken, Beziehungen, die der Ingenieur noch nie bedacht hatte. Das Leben, auch sein Leben als Techniker, vor allem sein Leben als Techniker, bestand letztendlich aus der Tatsache, daß Nenè vier Jahre alt war und er achtunddreißig. Man kann nicht an die Technik glauben, so dachte er, ohne an das Leben zu glauben: Man kann nicht im Weltraum um die Erde fliegen, außer weil es Kinder gibt. Doch unsere Gesellschaft beginnt, die Kinder nur noch als Problem zu sehen, wie in den Vereinigten Staaten schon üblich, mit all dem Studium der Pädagogik und der Medizin, das bezüglich der Frage ihrer Freiheit betrieben wird. Faktum ist: Die Kinder sind kein Problem. Eine Gesellschaft, die sie zum Problem macht, löst sie von sich ab, zerstört die Kontinuität. Es gibt keine Regeln, Techniken, Gewohnheiten der Erziehung; es gibt Zuneigungen: und sie glauben, die Griechen, die Sizilianer, daß es kein Problem im Leben gebe, das Zuneigung nicht lösen könne. So lösen sie auch das Problem des Todes, dachte er, während leise Schlafwellen seinen Geist durchzogen.

Die Hitze weckte ihn. Im Schlaf war der Kopf des Mädchens von der Lehne auf seine Brust gerutscht: Sie schlief einen tiefen Schlaf, ihr Atem war nicht zu hören. Der Ingenieur empfand Zärtlichkeit, undefinierbare Freude: wegen jener Haare, die fast seinen Mund streiften, wegen des Busens, der auf seinen Handrücken drückte. Sein Körper, nun vom Schlaf entspannt, lauschte.

Alle schliefen, der Professor schnarchte sogar. Sie waren schon in Kalabrien; wenn der Zug hielt und sich unvermutet die nächtliche Stille ausbreitete, hörte man Sätze im Dialekt. Einmal hielt der Zug am Meeresufer, das Geräusch des Meeres wurde zum Bild, wie bei den Vorgaukelungen im Kino, eine jener Überblendungen, bei denen sich menschliche Figuren in herannahenden Wellen auflösen; der Ingenieur fühlte sich davon durchdrungen, aufgelöst: Und das war, unergründet, sein Gefühl des Einklangs mit der Welt, mit der Natur, mit der Liebe.

Als der Zug anfuhr, hörte der Ingenieur, wie Lulú sich regte: Ein paar Augenblicke später sah er ihn plötzlich vor sich. Das Kind sah ihn mit stummer Verwunderung vorwurfsvoll an: dann nahm es das Gesicht des Mädchens zwischen die Hände, hob es mit Anstrengung auf und drückte es gerade gegen die Lehne. »Er ist eifersüchtig«, dachte der Ingenieur, »er ist eifersüchtig: Er hat sich an das Mädchen gehängt wie ein Verliebter; deshalb war er so ruhig, immer neben ihr.« Das Mädchen erwachte, begriff: »Entschuldigen Sie«, sagte sie zum Ingenieur, und zu Lulú: »Schlaf weiter, Liebling, es ist noch Nacht; ich gebe dir meinen Platz, dann kannst du dich ausstrecken und ruhig schlafen.«

Sie rückte ihn auf den beiden Plätzen zurecht, strich ihm übers Haar. Lulú sprach nicht: er sah sie gekränkt und zugleich flehentlich an, vielleicht gequält von namenlosem Schmerz. Das Mädchen ging auf den Gang hinaus.

Bevor er ihr folgte, wartete der Ingenieur, bis Lulú wieder eingeschlafen war. Sie stand am Ende des Gangs, das Gesicht im Profil ans Fenster gepreßt, als wäre sie noch im Spiegel dem Schlaf hingegeben. Der Ingenieur naherte sich ihr mit den Worten: »Er ist wieder eingeschlafen«, und dann, nach einer langen Pause: »Er ist eifersüchtig.«

»Er hat mich gern«, sagte das Mädchen.

»Er ist nicht wie Nenè: Er ist verschlossener, schwermütiger … Nenè ist außerordentlich«, sagte der Ingenieur.

»Schrecklich ist Nenè: Sie haben noch nicht all das gesehen, wozu er fähig ist ... Die arme Lucia wird ganz verrückt darüber.«

»Die Signora heißt Lucia? Mir scheint, ihr Mann nennt sie anders.«

»Er nennt sie Etta, Lucietta ... Ich heiße Gerlanda, aber sie nennen mich Dina, Gerlandina ... In Sizilien gibt es niemanden, der mit seinem richtigen Namen gerufen würde, selbst wenn es ein schöner Name ist.«

»Gerlanda ist ein schöner Name.«

»Es ist kein schöner Name: er ist schwerfällig, es steckt eine *gerla* [Kiepe] drin ...«

»Ich habe ihn noch nie in anderen Teilen Italiens gehört.«

»Man findet ihn nur in der Provinz Agrigent: Der heilige Gerlando ist der Schirmherr der Stadt, der erste Bischof.«

»War der heilige Calogero auch Bischof?«

»Nein, der heilige Calogero war Einsiedler ... Es waren sieben Brüder, sagt die Legende, alle sieben hießen Calogero: Einer ist aufs Land von Nisima gekommen. Sieben schöne alte Männer: Calogero bedeutet auf griechisch schöner alter Mann. Aber ich kann kein Griechisch. Und Sie?«

»Ich habe es gelernt, aber ich kann nicht behaupten, daß ich es beherrsche.«

»Ich hätte es gern gelernt: Aber ein Mädchen, das aufs Gymnasium geht, sagten meine Eltern, muß dann auf die Universität gehen; und wie kann man ein Mädchen allein losschicken, in eine Stadt wie Palermo?«

»Denken in Sizilien alle Familien so?«

»O nein, nicht alle.«

»Ist Ihre eine besonders strenge Familie?«

»Nicht besonders: Es gibt in Sizilien noch viele Familien, die das Leben auf gewisse Art sehen, die mißtrauisch sind ...«

»Weswegen?«

»Der Welt gegenüber, sich selbst gegenüber ... Und sie haben ja nicht ganz Unrecht ... Mir scheint, als habe das Leben an Ernsthaftigkeit verloren, als sei jeder bereit, die anderen zu verraten, alle anderen zu verraten ... Ich kann mich nicht recht ausdrücken, stimmt's?«

»Sie haben sich bestens ausgedrückt.«

»In Rom, in Ostia, als ich im Café saß und einen Strom von Leuten an mir vorüberfließen sah, habe ich gedacht, daß keiner mit anderen zusammen war, auch wenn sie sprachen, scherzten, Arm in Arm gingen: hinter dem Leben her wie hinter einem Leichenwagen, jeder denkt: ›Ich bin lebendig, es hat den anderen getroffen, ich sterbe nicht‹, und daß alle anderen, und die Welt selbst, vor ihm sterben würden … Waren Sie je auf einer Beerdigung?«

»Gelegentlich.«

»Ich ein paar Mal … Also verstehen Sie, was ich meine, auch wenn ich es verworren sage: Man läuft der Freude nach, so …«

»Sie sagen sehr wahre Dinge.«

»Vielleicht sind es einfache Gedanken, von einer, die gerade eine Krankheit hinter sich hat. Aber scheint es Ihnen nicht auch, als habe das Leben an Ernsthaftigkeit verloren?«

»Nicht überall auf der Welt«, sagte der Ingenieur.

»O nein, nicht überall auf der Welt: Ich glaube, daß das Leben in meinem Dorf noch ernst ist … Aber äußerlich gesehen wirkt es beschränkt, unerträglich … Aber Sie denken wohl, daß ich auch beschränkt bin, altmodisch, und dann noch in diesem Kleid …«

»Nein, nein«, protestierte der Ingenieur, »das denke ich überhaupt nicht.«

»Mir gefällt das Leben: Mir gefallen schöne Dinge, schöne Kleider … Und ich würde mir gern die Lippen rot schminken und zu rauchen versuchen.«

»Sie sind das zauberhafteste Mädchen, das mir je begegnet ist: auch so, nach dem Gelübde zum heiligen Calogero gekleidet und ohne rotgeschminkte Lippen.«

Sie schlug die Augen nieder, begann den Zeigefinger auf dem Zugfenster zu bewegen, als würde sie schreiben. »Schreiben Sie etwas?« fragte der Ingenieur.

»Wie?«

»Ich meine, auf die Scheibe: Mir schien, als schrieben Sie etwas.«

»O ja, meinen Namen: Wenn ich in Verwirrung bin, schreibe ich unwillkürlich meinen Namen.«

»Sie müssen sich nicht verwirrt fühlen, wenn ich Ihnen sage, daß Sie ein schönes Mädchen sind und daß ich gern mit Ihnen spreche: Denn es ist die Wahrheit.«

»O«, sagte das Mädchen. Und sie faltete die Hände, als wolle sie sich daran hindern, erneut ihren Namen auf die Scheibe zu schreiben.

»Vielleicht ist es nicht weise, zu versuchen, eine Begegnung wie die unsere über das Reiseziel hinaus zu verlängern, aber ich will Ihnen sagen, daß ich Sie gern wiedersehen würde.«

Der Kopf von Professor Miccichè kam auf dem Gang zum Vorschein: Zwischen den gekreuzten Vorhängen schien er vom Rumpf abgetrennt, tropfte, wie jener des Täufers von Blut, von Schlaf und Mißtrauen. »Warum seid ihr denn weggegangen?« fragte er mit einem gewissen Unmut.

Der Zug fuhr in Paola ein: Und kaum hatte das Kreischen der Bremsen aufgehört, erhoben sich die Schreie »Erdbeeren!«, auf die Professor Miccichè mit sechshundert Lire in der Hand wartete: einen Becher Erdbeeren für jeden, den Ingenieur eingeschlossen.

Die Kinder wachten auf: Mit noch geschlossenen Augen streckten sie die Hände nach den Erdbeeren aus.

»Du und Erdbeeren!« sagte die Signora. »Du hast sie aufgeweckt.«

»Ich war's nicht: Sie sind von den Schreien der Verkäufer aufgewacht«, entschuldigte sich der Professor.

»Du bist vor den Schreien aufgestanden«, sagte die Signora.

»Ich bin aufgestanden«, erklärte der Professor, »weil ...«

Er unterbrach sich, verwirrt: Und mit den Augen blinzelte er, unmerklich, zu dem Mädchen und dem Ingenieur hinüber. Doch in ihr regte sich, statt der bevormundenden Sorge ihres Mannes, die Berufung jeder verheirateten Frau, andere Frauen der Ehe zuzuführen: in diesem besonderen Fall noch genährt durch die romanhaften Umstände einer Zugreise, eines Ingenieurs vom Festland, eines braven Dorfmädchens.

Nenè, der mit seinen Erdbeeren gerade erst angefangen hatte, sagte: »Ich will noch mehr Erdbeeren.«

»Du kannst meine haben, ich esse sie nicht«, sagte die Signora.

»Ist er ungezogen oder nicht?« fragte der Professor, allerseits Zustimmung heischend.

»Er wird nicht mal seinen Becher aufessen; er redet, weil er einen Mund hat wie du«, sagte die Signora: Und wollte damit ihrem Mann den kleinen Fauxpas vorwerfen, der ihm einen Augenblick zuvor unterlaufen war, als er sich unterbrochen hatte.

»Ich werde meinen und deinen essen: Und noch zehn, noch hundert Becher Erdbeeren«, sagte Nenè.

»Uh, uh, uh«, spottete Lulú.

»Geh' mir nicht auf den Wecker«, warnte Nenè.

»Er redet nicht, weil er einen Mund hat«, hielt sich der Professor schadlos. »Er redet, weil er ein Flegel ist …«

Sie erreichten Villa San Giovanni, nachdem sie mehrfach die Lebhaftigkeit Nenès kommentiert und ein paar jählings zwischen Nenè und Lulú aufgeflammte Raufereien geschlichtet hatten: Und zur Erinnerung an die friedensstiftenden Eingriffe waren die Hemden des Professors und des Ingenieurs nun erdbeerfarben gesprenkelt.

Euphorisch schlug der Professor vor, man solle geschlossen an Deck gehen, auf dem Fährschiff, um einen Kaffee zu nehmen.

»Und die Koffer?« fragte die Signora.

»Ach ja, die Koffer …«, sagte der Professor bestürzt. Und mit der dem Sizilianer eigenen Lust an Selbstbezichtigung erklärte er dem Ingenieur, daß es, näherte man sich Sizilien, guten Grund gebe, die Koffer nie unbewacht zu lassen: Denn es sei etwas ganz anderes als im Norden, wo sich die Koffer, so glaubte der Professor, wie Hunde nur mit ihren gesetzlichen Eigentümern bewegen.

Die Signora, die einen eigenen Plan im Kopf hatte, schlug eine Lösung vor: Erst sollten Diana und der Ingenieur hinaufgehen, und dann, bei ihrer Rückkehr, aber sie sollten sich nur gemütlich Zeit lassen, würden sie und ihr Mann mit den Kindern hinaufgehen.

Die Proteste der Kinder, die ungeduldig waren, an Deck zu gelangen, wurden gebieterisch unterdrückt. Der Professor schien nicht überzeugt: Er war zerrissen zwischen der Verantwortung, die er gegenüber dem Bruder des Mädchens übernommen hatte, und dem Vergnügen, einer Idylle Vorschub zu leisten. Aber die Entschlossenheit der Signora riß ihn mit …

So fanden sie sich allein wieder, das Mädchen und der Ingenieur, im Angesicht der in der ersten Sonne funkelnden Meerenge von Messina. Sie tranken rasch einen Kaffee und setzten sich dann schweigend hin – vor sich Messina: blendendweiß und klar.

Von der schlaflosen Nacht ins Morgenlicht über dem Meer, ihre Gedanken waren wie geblendet. Als sich die Fähre in Gang setzte, sagte das Mädchen: »Gehen wir hinunter: Die Kinder werden ungeduldig sein, sie wollen hinauf.«

Sie waren mehr als ungeduldig. Lulú wimmerte, und Nenè lag, in stummem Protest, auf dem Boden des Wagens.

Der Professor machte ihn vor dem Mädchen und dem Ingenieur zum Gespött: »Schaut ihn an: Besteht ein Unterschied zwischen ihm und einem Hund?« Aber Nenè war schon hinausgesprungen, gefolgt von Lulú und der Signora.

Der Professor stand schon fast auf dem Gang, als ihn der Gedanke durchfuhr, daß er im Begriff war, das Mädchen mit einem Mann in einem fast menschenleeren Waggon alleinzulassen. Er kehrte um und fragte, um sein Gewissen, wenn nicht seine Sorge zu erleichtern, das Mädchen, ob sie in ihrer Gesellschaft nochmals hinaufgehen wolle. Das Mädchen sagte nein, sie sei müde.

»Der Professor ist mißtrauisch«, sagte der Ingenieur.

»Er möchte mich wohlbehalten nach Hause bringen«, lächelte das Mädchen.

»Ich hoffe, das gelingt ihm nicht«, sagte der Ingenieur, »ich hoffe, daß Sie …« Er fand keine Worte mehr.

»Ja«, sagte das Mädchen errötend.

Sie sprachen nicht mehr. Daß er sie bei seiner Rückkehr so schweigsam vorfand, stürzte den Professor in Zweifel: Entweder war der Ingenieur ein solcher Gentleman, daß er es während des Professors Abwesenheit nicht einmal gewagt hatte zu sprechen; oder er war es, ganz im Gegenteil, so wenig, daß er etwas versucht hatte und zurückgewiesen worden war. Mit der stummen Sprache der Augen erlöste ihn die Signora: die Idylle ging weiter, aber über die Maßen korrekt, man brauchte den beiden nur ins Gesicht zu sehen.

Der Professor wurde wieder heiter: doch schien ihm, da die Signora versicherte, daß sich da eine Idylle abspiele, der Zeitpunkt gekommen, zu erfahren, mit wem er es zu tun hatte: Ingenieur, nun gut; Junggeselle, zumindest bezeichnete er sich so; Alter, über den Daumen gepeilt, fünfunddreißig; sympathisch, anscheinend von gutem Charakter … Doch man mußte etwas tiefer schürfen. Er fragte: »Sie stammen aus dem Veneto, nicht wahr?«, denn in Marostica hatte der Professor den Offizierskurs besucht.

»Vicenza«, antwortete der Ingenieur.

»Schöne Stadt, anständige Stadt«, sagte der Professor.

»Vicenza, Vincenza, Vincenzina: Tante Vincenzina«, spielte Lulú.

»Der Bisquitkuchen von Tante Vincenzina«, sagte Nenè, während er sich die Reste einer Tafel Schokolade von den Fingern leckte.

»Und Sie haben Ihren Wohnsitz in Vicenza?« fuhr der Professor mit seinem Verhör fort.

»Nun, melderechtlich sozusagen; aber es kommt nur selten vor, daß ich vorbeischaue: Meine Mutter lebt dort, meine Geschwister ... Ich war lange Zeit außerhalb Italiens: in Amerika, in Persien ... jetzt in Sizilien, in Gela.«

»Erdöl?«

»Erdöl.«

»Anic?*«

»Anic.«

»Dann sagen Sie mir: gibt es nun Erdöl in Gela oder gibt es keines?« fragte der Professor, die Stimme zu einem Flüstern senkend.

»Natürlich gibt es welches.«

»Es sind nämlich, sehen Sie, Gerüchte im Umlauf, daß alles, wie soll ich sagen, nur ein Bluff sei: daß es so wenig Erdöl gebe, daß sich die Mühe gar nicht lohne.«

»Es ist kein Betrug«, versicherte der Ingenieur.

»Wenn Sie das sagen ...«, sagte der Professor, die Hände hebend, als wolle er sich ergeben. Und die Spur der Anic verlassend, kehrte er zu der unmittelbar interessanteren des Ingenieurs Bianchi zurück. »Und werden Sie lange in Gela bleiben?«

»Ich glaube schon: Wenn nicht gerade in Gela, so doch in Sizilien ... in Troina, in Gagliano ...«

»Gefällt Ihnen Sizilien?«

»Ich glaube, daß es mir sehr gut gefallen wird: Ich bin aber noch nie dort gewesen«, sagte der Ingenieur und schaute dabei das Mädchen an.

»Hört ihr das?« sagte der Professor, zu seiner Frau und dem Mädchen gewandt. »Er ist um die halbe Welt gefahren und kennt Sizilien nicht! Herrgott, alle gleich, diese Leute vom Festland!«

»Aber ich habe mir immer gewünscht, eine Reise nach Sizilien zu machen«, entschuldigte sich der Ingenieur.

»Gewiß, gewiß: das Land, wo im dunklen Laub die Goldorangen glühn«, zitierte der Professor mit Ironie, mit Bitterkeit.

»So geht es immer«, sagte die Signora, um dem Ingenieur zu Hilfe zu kommen, »man verschiebt es von einem Jahr aufs andere, und die

---

* Anic = Azienda nazionale idrogenazione combustibili; staatliche Gesellschaft für Brennstoffhydrierung. (A.d.Ü.)

Dinge, die wir am liebsten sehen möchten, sehen wir schließlich nie, oder nur durch Zufall ...«

»Das ist wahr«, pflichtete der Mann bei, »so geht es immer. Aber ich, wenn ich höre, daß einer, im Alter des Ingenieurs... Entschuldigen Sie, wie alt sind Sie? ...«, denn er verlor nicht das Ziel aus den Augen, so viel wie möglich über seinen Reisegefährten zu erfahren.

»Achtunddreißig.«

»... daß einer mit achtunddreißig Jahren Sizilien nicht kennt: nun gut, ich mache es nicht absichtlich, aber ich bekomme eine gewisse Wut ... Denn dann (ich spreche selbstverständlich im allgemeinen), ohne sich auszukennen, ohne zu wissen, von der Höhe ihres Bum oder wie das heißt, ihres Wirtschaftswunders eben, zerschneiden und rösten sie dieses arme Sizilien, wie es ihnen gerade paßt ...«

Lulú und Nenè taten so, als hielten sie eine Waffe und beschossen sich gegenseitig heftig mit bum, bum, bum. »Er war Separatist«, sagte die Signora, um die Leidenschaft ihres Mannes zu erklären.

»Unabhängigkeitsverfechter«, berichtigte der Professor, »und ich bin es immer noch.«

»Jetzt habt ihr das Erdöl«, sagte der Ingenieur, um ihn zu trösten.

»Das Erdöl? ... Glauben Sie mir: sie saugen es auf«, sagte der Professor, »sie saugen es auf ... Ein langes Rohr von Mailand nach Gela ...«

»Aber wenn das geschieht, oder geschehen wird, glauben Sie nicht, daß die Sizilianer dann auch daran schuld sind?«

»Gewiß: So sind wir, wir warten, bis die Frucht uns vom Baum in den Mund fällt, wenn sie reif ist.«

»Aber, entschuldigen Sie, wenn ihr so seid, sehe ich nicht, was ihr zu gewinnen habt, wenn ihr's allein macht.«

»Wir sind nicht so«, sagte das Mädchen. »Es gefällt uns bloß, die schlimmsten Dinge von uns glauben zu machen: Wie die Leute, die sich einbilden, alle Krankheiten zu haben, und Erleichterung spüren, wenn sie davon sprechen.«

»Das ist wahr«, sagte der Professor, leicht niedergeschlagen. Doch gleich begeisterte er sich wieder angesichts des Meeres von Taormina. »Welch ein Meer! Wo gibt es sonst so ein Meer?«

»Es sieht aus wie Wein«, sagte Nenè.

»Wein?« sagte der Professor perplex. »Ich weiß nicht, wie dieses Kind die Farben sieht: Als würde er sie noch nicht kennen. Sieht es für euch weinfarben aus, dieses Meer?«

»Ich weiß nicht: Aber mir scheint, als sei es ein wenig rötlich durchzogen«, sagte das Mädchen.

»Das habe ich schon gehört, oder ich hab's irgendwo gelesen: das weinfarbene Meer«, sagte der Ingenieur.

»Irgendein Dichter mag das vielleicht geschrieben haben, aber ich, ich hab' noch nie ein weinfarbenes Meer gesehen«, sagte der Professor; und Nenè erklärte er: »Siehst du: hier unten, an den Klippen, ist das Meer grün, weiter weg ist es blau, dunkelblau.«

»Für mich sieht es aus wie Wein«, sagte das Kind.

»Er ist farbenblind«, beschloß der Professor.

»Ach was, farbenblind!« sagte die Signora. »Starrköpfig ist er.«

Sie versuchte ebenfalls, ihn vom Grün und vom Blau des Meeres zu überzeugen.

»Es ist Wein«, sagte Nenè.

»Siehst du, wie starrköpfig er ist?« sagte die Mutter. »Jetzt behauptet er sogar, es sei Wein.«

»Einen Augenblick«, sagte der Professor. Er zog aus dem Gepäcknetz seine Krawatte hervor, grün mit schwarzen Streifen, zeigte auf sie und fragte das Kind: »Welche Farben hat diese Krawatte?«

»Wie Wein«, sagte Nenè unerbittlich: und lächelte boshaft.

»Lassen wir's besser: er ist starrköpfig«, sagte die Signora.

»Vielleicht ist er auch farbenblind«, beharrte ihr Mann, aber nunmehr ohne Überzeugung.

Der Zug fuhr am wundervollsten Meer entlang, das er je gesehen hatte: Für Augenblicke schien es die Neigung eines abhebenden Flugzeugs einzunehmen, die Landschaft auf der einen Seite gekippt, in Flugrichtung.

»Ist es schön oder nicht?« fragte der Professor, der immer extreme Alternativen aufzustellen pflegte: Und er wies auf die Küste und das Meer von Aci wie auf ein Bild, das er soeben vollendet hatte.

»Wunderschön«, stimmten alle zu. Außer Nenè, beschäftigt wie er war, aus den Sitzen die großen Nadeln herauszuziehen, mit denen die weißen Stoffstreifen festgemacht sind, die als Kopfstütze dienen.

»Liegt Nisima am Meer?« fragte der Ingenieur.

»O nein!« sagte der Professor melancholisch. »Inneres Sizilien, dürres Sizilien … Aber verstehen wir uns recht, es hat auch seine Schönheit: nicht wie diese, die einem den Atem nimmt; eine Schönheit, die dich langsam ergreift, oder mehr noch, wenn man weit weg ist, in der Erinnerung ... Hier braucht es wenig, um zu sagen, daß es schön ist, auch ein Trottel ist sofort davon geblendet; in Nisima dagegen braucht es Zeit, Einsicht ... Es ist einfach etwas anderes.«

»Gibt es Mafia?« fragte der Ingenieur.

»Mafia?« sagte der Professor, erstaunt, als wäre er gefragt worden, ob man in seinem Dorf Polenta esse und Grappa trinke. »Was für eine Mafia? Quatsch!«

»Und das hier?« fragte der Ingenieur und wies in der Zeitung vom Vortag auf eine Überschrift: *Die Mafia will die Staudämme nicht.*

»Quatsch«, sagte der Professor, wiederum kurz angebunden.

Der Ingenieur dachte: »Ein gebildeter, höflicher Mann, ein guter Familienvater: Und will nicht von der Mafia reden, wundert sich sogar, daß man davon spricht, als erhielte, wenn man davon spricht, eine geringfügige Sache Gewicht; Kindereien, Quatsch. Ich fange an, die Mafia zu verstehen.«

Sie waren im Bahnhof von Catania. »Catania«, verkündete der Professor. »Für diesen Zug ein Grab: er fährt nicht weiter.«

»Ich steige aus: Ich muß mir die Beine vertreten«, sagte Nenè.

»Jetzt verschieben sie den Wagen auf ein anderes Gleis, gerade jetzt solltest du nicht aussteigen«, sagte der Vater.

»Ich will eine Granita: Granita und Kekse«, sagte Nenè.

»Ich auch: Granita und Hörnchen«, sagte Lulú.

Sie bekamen Granita, Kekse und Hörnchen.

»Was ist das denn für eine Granita?« sagte Nenè angeekelt: aber erst nachdem er den letzten Schluck geleert hatte, zum Teil auf seine Kleider. »Die echte Granita ist die von Don Pasqualino: Sowie ich in Nisima ankomme, werde ich eine ganze Schüssel voll essen.«

»Die hier ist besser als die von Don Pasqualino«, sagte Lulú, um ihm zu widersprechen, aber ohne Überzeugung.

»Du kapierst überhaupt nichts: Die hier ist aus Wasser, Zitronenpulver und Zucker; Don Pasqualino dagegen macht sie mit Zitrone und tut auch Eiweiß hinein«, erklärte Nenè mit Sachverstand.

»Er weiß alles«, sagte die Mutter. »Er ist immer neugierig, fragt einen über alles aus ...«

»Ich bin nicht neugierig: neugierig ist Tante Teresina.«

»Jetzt sprichst du schlecht von ihr«, triumphierte der Vater.

»Das sagst du doch immer: ›Neugierig ist sie, die alte Hexe‹.«

Der Professor, nun geschlagen, drohte ihm entsetzliche Prügel an.

Keineswegs beeindruckt erklärte Nenè den beiden Uneingeweihten: »Tante Teresina ist reich, sie wird uns ihre Ländereien hinterlassen: aber mir sind ihre Ländereien sch …«

Eine Ohrfeige von der Mutter.

»Die Ländereien wird Tante Teresina mir hinterlassen«, sagte Lulú.

»Genug jetzt«, brüllte der Professor.

»Tante Teresina mit der Perücke, Tante Teresina mit dem schiefen Auge …«, sang Nenè vor sich hin.

»Tante Teresina wird dir keine Kringel mehr geben«, sagte Lulú.

»Die verschimmelten Kringel: Mir wird übel, wenn ich nur daran denke«, und so perfekt ahmte er das Erbrechen nach, daß er sich eine weitere Ohrfeige einhandelte.

Um ihn zu trösten, forderte ihn das Mädchen zu einem Spaziergang auf dem Gang auf. Nenè nahm an, mit den Worten: »Ich gehe besser: hier kann man nicht vernünftig reden.«

Doch einen Augenblick später kam er allein wieder, im Laufschritt, und blickte sich noch mal um, als würde er verfolgt; er setzte sich auf seinen Platz und hielt sich eine Zeitung vor; es wirkte, als läse er, nur daß er die Zeitung verkehrt herum hielt. Ein Carabinieri-Wachtmeister, korpulent, riesig, mit finsterer Miene, die die Hitze und der Schweiß noch wilder machten, füllte die Tür zum Abteil. Nenè schielte über die Zeitung. Der Wachtmeister fragte, ob das der Wagen nach Agrigent sei, dankte, ging weiter. Nenè nahm die Zeitung herunter, kam zum Vorschein wie hinter einem Vorhang, unter dem Spott Lulús und dem Gelächter aller. Er weinte vor Beschämung, vor Wut; er biß Lulú, biß sich selber in die Hände, strampelte; dann fiel er, langsam und schluchzend, in Schlaf.

Nun entbrannte eine Unterhaltung über Kindererziehung, über die eines Kindes wie Nenè im besonderen. Vater und Mutter behaupteten, daß Nenè ungezogen sei, und gaben sich selbst die Schuld daran, gaben auch der südlichen Gesellschaft die Schuld daran: Denn auf dem Festland wüchsen die Kinder anständiger auf, wohlerzogener. Das Mädchen und der Ingenieur dagegen behaupteten, daß Nenè zwar keine erbauliche Sprache und auch heftige Reaktionen habe, aber seine Intelligenz sei zweifellos lebhaft, seine Gefühle hochherzig. Die Signora und der Professor beharrten auf ihrem Standpunkt, aber wie aus Koketterie: Und schließlich ergoß sich die Fülle ihrer Zuneigung über den schlafenden Nenè.

Während der Zug eine sonnenglühende, menschenleere Landschaft durchquerte, waren sie rund um den Schlaf des Kindes wie Krippenfiguren: Mit ihren guten Gefühlen, mit ihrem Glauben an das Leben; und daß alles, Freundschaft und Liebe, über die zufällige Begegnung, die Reise, hinaus dauern müßte. Der Ingenieur dachte, endlich das Rechte im Leben berührt zu haben und die Begegnung mit jenem heiteren, aufmerksamen Mädchen, das wenige Worte machte und von intensivem Gefühl war, fürs Leben verlängern zu müssen, unter Wahrung aller bewährten Regeln der meridionalen Familie; und daß es gelte, etwas Endgültiges zu sagen, bevor man sich trennte, sie gar ins Dorf zu begleiten, mit den Eltern zu sprechen. Doch als der Professor begann, die Koffer herunterzuholen, da sie gleich in Canicattí ankommen würden, sagte er sich: Du bist kein Junge mehr, und daß jedes Ding seine Zeit habe, und daß er seinen ersten freien Tag einer kurzen Reise nach Nisima widmen würde.

Ausgiebig verabschiedeten sie sich, noch bevor sie aus dem Zug ausstiegen; und dann erneut auf dem Bahnsteig, wo der Triebwagen nach Campobello-Licata-Gela bereitstand. Sie waren alle gerührt, außer Lulú, der alles tat, um das Mädchen von den Abschiedsgrüßen abzulenken. Nenè lud den Ingenieur ein, mit ihnen zu fahren, nach Nisima; er versprach ihm Granita von Don Pasqualino und einen Abend im Klub. Der Ingenieur, das Mädchen anblickend, versprach ihm, daß er ihm bald einen Besuch abstatten würde. Das Kind wollte ihn umarmen. Der Professor gab ihm seine Visitenkarte.

Vom Triebwagen aus, in dem er am Fenster Platz nahm, sah der Ingenieur ihnen nach: ein Häuflein Koffer und Taschen, das sich dem Ausgang zubewegte. Bevor es verschwand, drehte sich das Mädchen um und sah ihn an.

Am Sonntag fahre ich nach Nisima, beschloß der Ingenieur.

Doch während der Triebwagen anfuhr, geronnen seine Gefühle, seine Schwermut und seine Liebe unvermittelt zu Schlaf. Über dem aufsteigenden Bild dessen, der ihm zu jenem Zug, zu jenem Wagen geraten hatte, einem zufriedenen, sadistischen Gesicht, verlöschte sein letzter Gedanke: Mein Gott, was für eine Reise.

Sitten, Gebräuche

CARLO FRUTTERO & FRANCO LUCENTINI

Demütigungszulage

Wir wünschen uns, daß künftige Auflagen des *Großen Wörterbuchs der italienischen Bürokratie* nicht von einem Lexikologen, Semiologen oder Soziologen kompiliert werden, sondern von jemandem, der in erster Linie Dichter ist. Denn nur ein Dichter wird in der Lage sein, gewisse tollkühne Höhenflüge der Imaginationskraft, gewisse phantasmagorische Verzerrungen, gewisse exquisite Dunkelheiten, die hermetischen Lyrizismen bei Anspielungen und Querverweisen und das beinah sinnliche Flechtwerk aus Graumäusigkeit und Überdrehtheit, bleierner Gewichtigkeit und luftiger Leere angemessen zu würdigen, von denen die bürokratische Nationalliteratur so viele leuchtende Beispiele geliefert hat.

Und offenbar weiterhin liefert, wenn es stimmt, daß die Totengräber von Trient eine staatliche Entschädigung in Gestalt einer »Demütigungszulage« fordern, weil sie sich aufgrund ihres traurigen Berufs ausgegrenzt, schief angesehen, verachtet und verspottet fühlen.

Die Genialität dieses Begriffs darf uns nun allerdings nicht übersehen lassen, daß das Unbehagen an ihrer düsteren Tätigkeit real und begründet ist. Es ist unserer Zivilisation im Laufe der Zeit gelungen, den Tod nicht nur zu vergessen oder zu ignorieren, sondern ihn buchstäblich das Gesicht verlieren zu lassen. Was hat der knöcherne Sensenmann mit dem schwarzen Umhang noch zu schaffen mit Statistiken über Krebs, AIDS, Drogen, allwochenendlichen Verkehrskatastrophen, mit Kongressen über Hochdruck und Unterernährung oder gar mit den Schrecken atomarer Vernichtung? Wer ist heute imstande, die feierliche und vertraute, bebende und kecke und manchmal sogar scherzhaft-burschikose Beziehung mit ihm zu pflegen, die bis vor wenigen Generationen noch natürlicher Bestandteil unserer Tradition war? Heute hat der Tod kein Antlitz und kein Prestige mehr, und seine demütigsten Diener – eben die Totengräber – sind nur noch anachronistische Figuren wie Hufschmiede oder Hofschreiber.

Mit dem Unterschied allerdings, daß an ihnen stets und auf Dauer Bedarf besteht. Was kann man also tun? Vielleicht eine von einer renommierten Werbefirma durchgeführte Imagepflegekampagne, der Sarg hochglanzpoliert zwischen Babywindeln, Shampoos, Enthaarungscremes, Waschpulver und sonstige unverzichtbare Gegenstände des täglichen Lebens drapiert. Oder einen technologischen Sprung nach vorn, der das komplett dehumanisierte Begräbnis möglich macht, ferngesteuert aus einer unsichtbaren Kabine voller Schalter und Monitore, ein Vorgang wie Erbsen- oder Bonbonsverpacken. Aber vielleicht genügt es ja auch, sie einfach nur nicht allein zu lassen, die bedauernswerten Totengräber, sondern sie spüren zu lassen: Wir sind bei euch und solidarisch mit euch und fühlen dasselbe wie ihr – auch wir mit all unseren trostlosen Berufen hätten gern die »Demütigungszulage« im Tal der Tränen.

Da er niemanden mehr hatte, dem er einen Befehl erteilen konnte, hatte Simone Lampo seit einer Weile die Gewohnheit angenommen, sich selber Befehle zu erteilen: So befahl er sich, das Stöckchen in der Hand:
»Simone, daher! Simone, dorthin!«
Seinem Stand zum Trotz erlegte er sich die lästigen Pflichten auf. Bisweilen tat er so, als rebellierte er, um sich dann zum Gehorsam zu zwingen; er stellte also gleichzeitig zwei Gegenspieler auf dem Theater dar und erklärte etwas wütend:
»Nein, das tu ich nicht!«
»Simone, ich prügle dich windelweich! Ich hab' dir gesagt, fahre den Mist ein! Nein? Päng …!« Damit versetzte er sich selber eine mächtige Ohrfeige und fuhr dann den Mist ein.   LUIGI PIRANDELLO

PRIMO LEVI

Auf die Stirn geschrieben

Um neun Uhr morgens, als Enrico eintrat, warteten bereits sieben
weitere Personen; er setzte sich, wählte aus dem Stapel auf dem
Tisch eine Zeitschrift aus, die am wenigsten zerfledderte, die er finden konnte; aber es war eine jener elend nutzlosen und langweiligen
Publikationen, die sich, niemand weiß, wieso, just dort ansammeln,
wo Menschen zum Warten genötigt sind. Es ist unbegreiflich, wer
sich die Mühe macht, sie dem Nichts zu entreißen; sie zu lesen könnte keinem denkenden Menschen je einfallen: noch leerer, noch käuf-
licher und noch abgeschmackter als die Filmzeitschriften. Die er da
vor sich hatte, berichtete von regionalem Handwerk, wurde unter
dem Zeichen irgendeiner nie gehörten Institution herausgegeben,
und auf jeder Seite war ein Staatssekretär zu sehen, der bei einer Ein-
weihung das Band durchschnitt. Enrico legte die Zeitschrift weg und
schaute sich um.

Zwei sahen aus wie Rentner, sie hatten derbe, knotige Hände;
dann war da eine Frau um die Fünfzig, einfach gekleidet, mit mü-
dem Ausdruck; die übrigen vier schienen Studenten zu sein. Eine
Viertelstunde war verstrichen, als die Tür am Ende des Raumes aufging und ein aufgedonnertes Mädchen in gelbem Kittel fragte: »Wer
ist der erste?« Es vergingen nur drei oder vier Minuten, und das Mädchen tauchte erneut auf; Enrico wandte sich an seinen Nachbarn,
einen der Studenten, und meinte: »Es scheint schnell zu gehen.« »Ist
nicht gesagt«, gab der andere zurück, brummig und mit der Miene
des Sachverständigen. Wie gern, wie leicht und wie schnell übernimmt man doch die Rolle des erfahrenen Sachverständigen, und sei
es auch nur in einem Wartezimmer! Aber der Sachverständige vom
Dienst mußte wohl recht haben: ehe der dritte wieder draußen war,
verstrich eine gute halbe Stunde, und inzwischen waren zwei weitere
»Neue« hinzugekommen. Enrico empfand sich ihnen gegenüber als
eindeutig erfahren und sachverständig, und sie blickten überdies mit

der gleichen verstörten Miene um sich, die Enrico eine halbe Stunde zuvor auch gezeigt hatte.

Die Zeit verging langsam. Enrico spürte, wie sich sein Herzschlag unangenehm beschleunigte und seine Hände kalt und schweißig wurden. Es kam ihm vor, als warte er beim Zahnarzt oder habe eine Prüfung vor sich, und er dachte, jedes Warten sei unerfreulich, wer weiß, wieso, vielleicht weil die erfreulichen Ereignisse seltener sind als die ärgerlichen. Aber unerfreulich ist auch das Warten auf erfreuliche Ereignisse, weil es dich in Unruhe versetzt und weil du niemals so recht weißt, wen du vorfinden wirst, mit welcher Miene er dir entgegentritt und was du ihm sagen sollst; und außerdem, was auch immer dabei herauskommt, es ist stets Zeit, die nicht dir gehört, Zeit, die dir von dem Unbekannten jenseits der Wand gestohlen wird. Kurz, es ließ sich keine durchschnittliche Zeit für eine Unterredung bestimmen. Das Mädchen tauchte in unregelmäßigen Abständen auf, zwischen zwei Minuten (bei einem der Rentner) und drei viertel Stunden (bei einem der Studenten, einem sehr gut aussehenden Mann mit blondem Bart und einer Brille mit Metallgestell); als Enrico hineindurfte, war es schon gegen elf.

Er wurde in ein Arbeitszimmer von kühlem, prätentiösem Flair geführt; an den Wänden informelle Bilder sowie Photos, die menschliche Gesichter darstellten, aber Enrico hatte keine Zeit, sie näher zu betrachten, weil ein Angestellter ihn aufforderte, vor dem Schreibtisch Platz zu nehmen. Es war ein junger Mann mit Bürstenhaarschnitt, braungebrannt, groß und athletisch; am Revers trug er ein Schild mit dem aufgeprägten Namen »Carlo Rovati«, und auf der Stirn stand ihm in deutlich lesbaren Druckbuchstaben geschrieben: »FERIEN IN SAVOYEN«.

»Sie haben sich auf unsere Anzeige im *Corriere della Sera* gemeldet«, informierte er ihn jovial. »Ich nehme an, Sie kennen uns nicht, aber Sie werden uns bald schon kennenlernen, ob wir uns nun einig werden oder nicht. Wir sind offensive Leute, die sofort auf den Kern der Sache kommen und keine langen Umstände machen. In unserer Anzeige war von einer leichten Arbeit mit guter Bezahlung die Rede; jetzt kann ich dazusagen, daß es sich um eine so leichte Arbeit handelt, daß man von Arbeit eigentlich gar nicht sprechen kann: es ist viel eher eine Bereitstellung, eine Konzession. Und was die Bezahlung betrifft, so urteilen Sie selbst.«

Rovati unterbrach sich für einen Augenblick, beobachtete Enrico mit professioneller Miene, wobei er ein Auge schloß und den Kopf zuerst nach links und dann nach rechts legte, dann fuhr er fort: »Sie würden sich wirklich gut eignen. Sie haben ein offenes, positives Gesicht, nicht häßlich und doch nicht gar zu regelmäßig: ein Gesicht, das man nicht so leicht vergißt. Wir könnten Ihnen bieten …« Und hier nannte er eine Summe, die Enrico von seinem Stuhl auffahren ließ. Man muß wissen, daß dieser Enrico demnächst heiraten sollte, wenig Geld besaß und wenig verdiente und daß er einer jener Leute war, die nicht gern über ihre Verhältnisse leben. Rovati fuhr fort: »Sie werden es schon verstanden haben: es handelt sich um eine neue Methode der Promotion« (und hier wies er mit ungezwungen-eleganter Geste auf seine Stirn). »Wenn Sie akzeptieren, werden Sie zu nichts verpflichtet sein, was Ihr Verhalten, Ihre Entscheidungen und Ihre Meinungen angeht; ich beispielsweise war selbst noch nie in Savoyen, weder in den Ferien noch sonstwie, und ich habe auch keineswegs vor, dahin zu fahren. Wenn die Leute Bemerkungen machen, so antworten Sie darauf, was Sie wollen, meinetwegen auch im Widerspruch zu Ihrem Werbetext, oder Sie antworten gar nicht: kurz und gut, Sie verkaufen oder vermieten uns Ihre Stirn und nicht Ihre Seele.«

»Verkaufen oder vermieten?«

»Sie haben die Wahl: wir bieten Ihnen zwei Vertragsformen an. Die Summe, die ich Ihnen genannt habe, gilt für eine dreijährige Verpflichtung; Sie brauchen lediglich unser Grafisches Atelier unten im Erdgeschoß aufzusuchen, bekommen Ihre Aufschrift, gehen zur Kasse und nehmen den Scheck entgegen. Oder aber, falls Sie ein kürzeres, sagen wir, dreimonatiges Engagement vorziehen, dann ist die Prozedur dieselbe, aber es wird eine andere Tinte verwendet: sie verschwindet von selbst, in ungefähr drei Monaten, ohne Spuren zu hinterlassen. Bei dieser Variante ist die Vergütung selbstverständlich bedeutend geringer.«

»Und im ersten Fall hält die Tinte drei Jahre?«

»Nein, so kann man es nicht sagen. Unseren Chemikern ist es noch nicht gelungen, eine dermografische Tinte zu entwickeln, die genau drei Jahre hält und dann verschwindet, ohne vorher zu verblassen. Die Dreijahrestinte ist farbecht; nach Ablauf des dritten Jahres kommen Sie auf einen Sprung bei uns vorbei, unterziehen sich einem kurzen, absolut schmerzlosen Eingriff und haben wieder Ihr Gesicht wie früher; es sei denn natürlich, unser Auftraggeber und Sie werden sich einig, den Vertrag zu erneuern.«

Enrico war unschlüssig, nicht so sehr seinetwegen, sondern wegen Laura. Vier Millionen sind vier Millionen, aber was würde Laura dazu sagen?

»Sie müssen sich nicht hier auf der Stelle entscheiden«, warf Rovati ein, als ob er seine Gedanken gelesen hätte. »Gehen Sie nach Hause, überlegen Sie es sich, beraten Sie sich mit wem Sie wollen, und dann kommen Sie her und unterschreiben. Aber bitte innerhalb einer Woche: Sie können sich denken, wir müssen unsere Operationspläne genau erarbeiten.«

Enrico fühlte sich erleichtert. Er fragte: »Kann ich den Text auswählen?«

»Innerhalb gewisser Grenzen, ja: Wir geben Ihnen eine Liste mit fünf oder sechs Wahlmöglichkeiten, und Sie entscheiden. Aber es wird sich in jedem Fall nur um wenige Worte handeln, eventuell gekoppelt mit einem Warenzeichen.«

»Und ... das wüßte ich gern noch: Wäre ich der erste?«

»Sie meinen, der zweite«, erwiderte Rovati lächelnd und zeigte wieder auf seine eigene Stirn. »Aber nein, Sie sind auch nicht der zweite. Allein in dieser Stadt haben wir bereits abgeschlossen ... warten Sie: ja, hier hab ich's, achtundachtzig Verträge; also haben Sie keine Angst, Sie werden nicht allein sein damit und werden auch gar nicht allzuviel erklären müssen. Nach unseren Vorausschätzungen wird die Stirnwerbung binnen eines Jahres zu einer prägenden Erscheinung in allen Städten werden, vielleicht sogar zu einem Zeichen von Originalität und persönlichem Prestige, wie das Abzeichen eines Klubs. Stellen Sie sich vor, in diesem Sommer haben wir in Cortina d'Ampezzo zweiundzwanzig Saisonverträge geschlossen, und dazu fünfzehn in Courmayeur, und zwar nur für Kost und Logis im Monat August!«

Zu Enricos Verwunderung zögerte Laura auch nicht eine Minute, und das verstörte ihn wiederum ein wenig. Sie war ein praktisches Mädchen und machte ihm klar, daß mit den vier Millionen das Wohnungsproblem gelöst wäre, aber nicht allein das, aus den vier konnten ja auch acht oder vielleicht sogar zehn Millionen werden, und dann ließe sich auch die Frage Möbel, Telefon, Kühlschrank, Waschmaschine und 850er Fiat auf die Reihe bringen. Wieso zehn? Na, das war doch klar! Sie würde sich auch eine Aufschrift verpassen lassen, und ein junges, gutaussehendes Paar mit zwei Werbetexten, die sich gegenseitig ergänzten, würde doch garantiert mehr bringen als die Summe für zwei Einzelstirnen: diese Leute würden das mühelos einsehen.

Enrico zeigte sich nicht sehr begeistert: erstens, weil er nicht selbst auf die Idee gekommen war; zweitens, weil er, auch wenn er darauf gekommen wäre, nicht gewagt hätte, es Laura vorzuschlagen; und drittens, weil drei Jahre schließlich eine lange Zeit sind und ihm schien, daß eine Laura, markiert, wie man Kälber markiert, und noch dazu auf ihrer so sauberen, so reinen Stirn, nicht mehr dieselbe Laura sein würde wie zuvor. Doch er ließ sich überzeugen, und zwei Tage darauf begaben sich beide zusammen zu der Agentur und fragten nach Rovati; sie mußten ein bißchen feilschen, aber nicht allzu verbissen, Laura legte liebenswürdig und selbstsicher ihre Argumente dar, ihre Stirn mußte es Rovati gar zu sehr angetan haben, kurz und gut, es wurden neun Millionen. Was den Text anging, gab es keine große Auswahl: die einzige Firma, die ein Produkt anbot, das sich für eine Partnerwerbung eignete, war ein Kosmetikunternehmen. Enrico und Laura unterschrieben, empfingen den Scheck, bekamen einen Schein ausgehändigt und begaben sich nach unten ins Grafische Atelier. Ein Mädchen in weißem Kittel pinselte ihnen eine scharf riechende Flüssigkeit auf die Stirn, setzte sie einige Minuten dem blendenden blauen Licht einer Lampe aus und stempelte ihnen beiden dann, senkrecht über der Nasenwurzel, eine stilisierte Lilie auf; danach schrieb sie auf Lauras Stirn in eleganter Kursivschrift: »Lilywhite für Sie« und auf Enricos Stirn »Lilybrown für Ihn«.

Zwei Monate später heirateten sie, diese beiden Monate aber waren für Enrico eine recht schwere Zeit. Im Büro mußte er eine Menge Erklärungen abgeben, und ihm fiel nichts Besseres ein, als die reine Wahrheit zu sagen; genauer gesagt, fast die reine Wahrheit, denn er erwähnte nichts von Laura und schrieb sämtliche neun Millionen seiner eigenen Stirn zu. Die Summe verschwieg er nicht, weil er den Vorwurf fürchtete, er habe sich billig verkauft. Einige hießen sein Handeln gut, andere nicht; Sympathien schien er sich dadurch nicht zu erwerben, und das von seiner Stirn angepriesene Parfüm schien erst recht keine Aufmerksamkeit zu erwecken. In seinem

Innern war er abwechselnd von gegensätzlichen Impulsen bedrängt: einmal wollte er allen Leuten die Adresse der Agentur weitersagen, damit er nicht allein blieb; dann wieder sie geheimhalten, um keine Werteinbuße zu erleiden. Seine Gefühle von Ratlosigkeit verminderten sich erheblich, als er ein paar Wochen darauf Molinari erblickte, wie immer ernst und konzentriert hinter seiner Zeichenmaschine, und auf seiner Stirn die Aufschrift »Gesunde Zähne mit Alnovol«.

Laura hatte oder machte sich weniger Probleme. Bei ihr zu Hause hatte niemand etwas einzuwenden gehabt, ja, ihre Mutter hatte sich sogar selber schleunigst bei der Agentur gemeldet, aber sie war abgelehnt worden, man hatte ihr offen gesagt, ihre Stirn sei für eine Verwertung zu runzlig. Laura besaß nur wenige Freundinnen, sie studierte nicht mehr und arbeitete noch nicht, und so fiel es ihr nicht schwer, den Leuten aus dem Weg zu gehen. Sie durchstreifte der Aussteuer und der Möbel wegen die Geschäfte und spürte, daß man sie ansah, aber niemand stellte ihr Fragen.

Sie beschlossen, die Hochzeitsreise mit Auto und Zelt zu machen, mieden dabei aber die regulären Campingplätze, und auch nach ihrer Rückkehr waren sie sich einig, daß sie sich so wenig wie möglich in der Öffentlichkeit zeigen wollten: was einem jungen Ehepaar, überdies damit beschäftigt, sich ein Heim einzurichten, nicht gar zu schwerfällt. Doch ihr Unbehagen schwand innerhalb weniger Monate fast ganz: Die Agentur mußte gute Arbeit geleistet haben, oder vielleicht hatten andere Agenturen es ihr nachgetan, jedenfalls war es keine Seltenheit mehr, daß man auf der Straße oder im Obus Menschen mit markierter Stirn begegnete. Zumeist waren es gutaussehende junge Männer oder Mädchen, viele offensichtlich Zugewanderte; auf ihrem Treppenaufgang trug ein anderes junges Paar, die Massafras, auf der Stirn den für beide Partner gleichlautenden Werbespruch für das Fernstudium an einer Gewerbeschule. Sie schlossen binnen kurzem mit ihnen Freundschaft und gingen öfters zu viert ins Kino und Sonntag abends zum Essen in die Trattoria; stets war für sie ein Tisch reserviert, immer derselbe, hinten rechts vom Eingang. Sie bemerkten bald, daß noch ein weiterer Tisch neben ihnen meist von gezeichneten Leuten besetzt war, und sie knüpften untereinander wie selbstverständlich Gespräche an und tauschten vertrauliche Einzelheiten aus über ihre Verträge, über frühere Erfahrungen, die Beziehungen zur Öffentlichkeit und ihre Zukunftspläne. Auch im Kino wählten sie möglichst die Plätze rechts vom Eingang, weil ihnen aufgefallen war, daß sich andere Gezeichnete, Männer und Frauen, vorzugsweise auf diese Plätze setzten.

Um November herum rechnete Enrico aus, daß einer von dreißig Bürgern eine Aufschrift auf der Stirn trug. Meist waren es Werbetexte wie bei ihnen, aber manchmal stieß man auch auf andersgeartete Appelle oder Bekenntnisse. In der Passage sahen sie eine elegante junge Frau, die auf der Stirn den Text »Johnson – Henker« trug; in der Via Larga verkündete ein Junge mit eingedrückter Boxernase »Ordnung = Zivilisation«; vor einer Verkehrsampel bemerkten sie am Lenkrad eines Minimorris einen Dreißigjährigen mit Koteletten, dessen Stirn »Wahlenthaltung!« forderte; im Obus der Linie 20 waren zwei hübsche Mädchen, Zwillinge, der Kindheit entwachsen, die »Hoch der FC Milan!« und »Zilioli nach vorn!« plakatierten. Am Ausgang eines Gymnasiums hatte sich eine ganze Schulklasse die Losung »Sullo go home!« aufgepinselt; und eines Abends begegneten sie im Nebel einer undefinierbaren Gestalt, auffällig und geschmacklos gekleidet, der Mann mochte betrunken sein oder unter Rauschgift stehen, und im Licht einer Straßenlaterne wurde seine Aufschrift sichtbar: »INNERE ANGST«. Jeden Tag konnte man auf der Straße Kindern begegnen, die auf der Stirn, mit einem Kugelschreiber hingekritzelt, irgendwelche »Es lebe!« und »Nieder mit!«, Flüche und Schimpfworte spazierenführten.

Enrico und Laura fühlten sich somit weniger allein, ja sie begannen sogar Stolz zu empfinden, weil sie sich gewissermaßen wie Pioniere und Stammväter vorkamen; sie hatten auch erfahren, daß die Preise der Agenturen ins Bodenlose gestürzt waren. In den Kreisen der Altgezeichneten kursierte das Gerücht, für eine normale Aufschrift, einzeilig und auf drei Jahre, würden jetzt nicht mehr als 300 000 Lire geboten, und für einen Text bis zu dreißig Wörtern plus Firmenzeichen auch nur das Doppelte. Im Februar erhielten sie als Freiexemplar die erste Nummer des *Magazins der Stirnbotschafter*. Man begriff nicht recht, wer es herausgab; natürlich war es zu drei Vierteln vollgepfropft mit Werbung, und auch das verbleibende Viertel war verdächtig. Ein Restaurant, ein Campingplatz und verschiedene Geschäfte boten den Stirnwerbern bescheidene Preisnachlässe an; die Existenz eines Klubs in einem Vorortsträßchen wurde vermeldet, die Stirnbotschafter wurden eingeladen, ihre Kapelle, geweiht dem heiligen Sebastian, zu besuchen. Enrico und Laura gingen eines Sonntagvormittags dorthin, aus Neugier: Hinter dem Altar hing ein großes Plastik-Kruzifix, und dem Christus war das INRI auf die Stirn statt auf die Schriftrolle geprägt worden.

Kurz vor Ende des dritten Jahres der Laufzeit stellte Laura fest, daß sie ein Kind erwartete, und sie freute sich darüber, obwohl sie sich nach den kürzlichen Steigerungen der Lebenshaltungskosten nicht gerade in einer glänzenden finanziellen Lage befanden. Sie gingen zu Rovati, um ihm eine Erneuerung des Vertrages vorzuschlagen, aber sie fanden ihn weitaus weniger jovial vor als seinerzeit: Er bot ihnen eine lächerliche Summe für einen langen und zweideutigen Text an, in dem gewisse dänische Filmstreifen angepriesen wurden. Sie lehnten ab, einhellig, und stiegen hinunter ins Grafische Atelier, um ihre Schrift löschen zu lassen; doch Lauras Stirn blieb danach, trotz der Zusicherung des Mädchens im weißen Kittel, uneben, körnig, wie nach einer Verbrühung, und außerdem war, wenn man genau hinschaute, die stilisierte Lilie noch zu erkennen, so wie an manchen Häusermauern in ländlichen Gegenden noch die Inschriften der Faschisten durchscheinen.

Das Kind kam termingemäß zur Welt, und alles verlief glatt: es war kräftig und hübsch, doch auf der Stirn trug es unerklärlicherweise die Aufschrift »BABYNAHRUNG CAVICCHIOLI«. Sie nahmen es in die Agentur mit, und Rovati erklärte ihnen, nachdem er die notwendigen Erkundigungen eingezogen hatte, eine solche Firma sei in keinem Handelsregister verzeichnet und bei der Handelskammer unbekannt: deswegen konnte er ihnen dafür rein gar nichts anbieten, nicht einmal eine Entschädigung. Immerhin stellte er ihnen einen Gutschein für das Grafische Atelier aus, damit sie die Aufschrift bei dem Kleinen gratis entfernen lassen konnten.

CARLO LUCARELLI

Blauer Bravo
Linke Spur

Rote und gelbe Hecklichter, die aufleuchten, näher kommen, nach und nach verlöschen. Die Autobahn wird zu einer Schlange mit funkelndem Schuppenpanzer; sie wartet reglos in der glühenden Sonne und atmet gleichmäßig.

Er murmelt *so ein Mist* und läßt dabei das S zwischen den Schneidezähnen zischen, denn es ist noch keine Minute her, da hat er den Termin mit zwei Kunden abgesagt, um noch rechtzeitig da zu sein, und selbst das hätte er nur auf den letzten Drücker geschafft.

Denn wenn er nicht ruckzuck an seinem gewohnten Tisch hinten rechts Platz nimmt, macht Luisa das Restaurant dicht und fährt nach Hause zu ihrem Mann, und das wäre verdammt schade.

Denn natürlich ist nicht er Luisas Mann.

Schrittempo: Solange sich etwas bewegt, kann man noch hoffen. Die Autos ziehen an den Seitenfenstern vorbei, es sieht aus, als führen sie rückwärts, dann holen sie im Schneckentempo wieder auf.

Rechts: die blaue Flanke eines Reisebusses.

Links: Soeben taucht ein Herr mit Schnurrbart auf, dank seiner Klimaanlage alle Schotten dicht, der Glückliche.

Rechts: Der Reisebus fällt zurück, jetzt nähern sich die riesigen Reifen eines LKW und blasen ihm einen Schwall von warmem Gummi ins Gesicht.

Links, rechts. Schrittempo auf Asphalt, der in Flammen zu stehen scheint, noch dreihundert Meter bis zum Tunnel, nach einem Kilometer dann die Ausfahrt, und endlich zu Luisa. Solange sich etwas bewegt, kann man noch hoffen.

Ein Griff zum Handy auf dem Armaturenbrett. Die Nummer kennt er auswendig.

Hier ist der automatische Anrufbeantworter des Restaurants Piero e Luisa ... Er legt wieder auf. Als Piero noch Boxer war, nannten ihn alle Carnera della Bassa, und daher ist es alles andere als opportun, eine

Nachricht für seine Frau zu hinterlassen. Da er aber schon mal dabei ist, fragt er auch gleich den eigenen Anrufbeantworter ab: Marangoni, der wegen der Nachbestellung auf ihn wartet, Longaretti, der die Rechnung fertig hat – und Luisa: *Du hast dich schon lange nicht mehr blicken lassen … Was ist los, hast du jetzt ein anderes Revier?* Aber nicht doch, um Himmels willen, er muß sie unbedingt benachrichtigen.

Rechts und links im Schrittempo. Wieder hundert Meter bis zum Tunnel geschafft. Das Hemd klebt auf der Haut. Ein Geistesblitz: Coloretti. Coloretti geht doch jeden Samstag zum Mittagessen zu Luisa. Und Coloretti weiß auch, wie die Dinge liegen: Er war es ja, der ihm Luisa damals vorgestellt hatte, an dem Tag, als er in Pension ging und ihm sein Revier überließ. Sein Finger fliegt über die Tastatur, weil er die Nummer aus dem Gedächtnis wiederzufinden hofft, das schweißnasse Handy rutscht an seinem Ohr ab. Wieder hundert Meter bis zum Tunnel geschafft. Links ein roter Fiesta mit einer halbnackten Blondine … *der automatische Anrufbeantworter …* rechts das ohrenbetäubende Rumpeln der Lastwagenreifen … *nach dem Signalton können Sie uns eine Nachricht hinterlassen, danke.*

»Coloretti? Es brennt. Wenn du diese Nachricht hörst, sag Luisa, sie soll ihren Schlappschwanz von Ehemann vergessen und am üblichen Ort auf mich warten, ich bin im Anmarsch. Danke.«

Schrittempo, endlich der Tunnel. Solange sich etwas bewegt, kann man noch hoffen. Er dreht den Kopf zur Seite, will gerade der Blondine zulächeln, als sein Blick auf das Display des Handys fällt.

Die Kurzwahlnummer für den letzten Anruf: die 12.

Coloretti hat die 11.

Das darf nicht wahr sein! Er hat zum zweitenmal im Restaurant angerufen! Coloretti … Er muß dringend Coloretti erreichen, damit der was unternimmt! Schnell, die Nummer …

Schrittempo. Weit klaffend und heiß wie ein Hochofen verschlingt ihn der Tunnel wie ein riesiges Maul. Die Schrift auf dem Display des Handys verschwindet augenblicklich unter der im gelben Neonlicht unsichtbaren Dunstglocke aus Kohlenmonoxyd.

Vor ihm, hinter ihm, rechts und links gelbe und rote Autolichter, die erneut aufleuchten, es ist hoffnungslos, denn nichts bewegt sich mehr.

GIANNI RODARI

Am Strand von Ostia

Wenige Kilometer von Rom entfernt liegt der Strand von Ostia, und dorthin fahren die Römer im Sommer zu Tausenden und Abertausenden, und am ganzen Strand bleibt nicht einmal so viel Platz frei, daß man mit einer Kinderschaufel ein Loch graben könnte. Und wer als letzter kommt, weiß nicht, wo er seinen Sonnenschirm aufpflanzen soll.

Eines Tages tauchte am Strand von Ostia ein bizarrer, wirklich witziger Herr auf. Er kam als letzter, hatte seinen Sonnenschirm unter dem Arm und fand keinen Platz, wo er ihn hätte aufpflanzen können. Da öffnete er ihn, rückte am Stock etwas zurecht, und sofort erhob sich der Schirm in die Lüfte, und über Tausende und Abertausende von Sonnenschirmen hinweg gelangte er ans Meer und pflanzte sich direkt davor auf, aber zwei oder drei Meter über den Spitzen der anderen Sonnenschirme. Der witzige Herr nahm seinen Liegestuhl auseinander, und auch der blieb in der Luft stehen; er legte sich in den Schatten seines Sonnenschirms, zog ein Buch aus der Tasche und begann in der vor Jod und Salz prickelnden Meeresluft zu lesen.

Anfangs merkten die Leute nicht einmal etwas. Sie lagen oder saßen unter ihren Sonnenschirmen, versuchten zwischen den Köpfen ihrer Vordermänner ein Stück Meer zu sehen oder lösten Kreuzworträtsel, und niemand schaute in die Luft. Aber auf einmal hörte eine Dame etwas auf ihren Sonnenschirm fallen, dachte, es wäre ein Ball, trat heraus, um die Kinder zu schimpfen, schaute um sich und in die Luft, und da sah sie den witzigen Herrn über ihrem Kopf schweben. Der Herr schaute hinunter und sagte zu der Dame:

»Entschuldigen Sie, mir ist mein Buch hinuntergefallen. Könnten Sie es mir bitte wieder heraufwerfen?«

Die Dame fiel vor Überraschung rücklings in den Sand, und da sie sehr dick war, kam sie nicht mehr hoch. Ihre Verwandten eilten ihr zu Hilfe, und die Dame zeigte, ohne ein Wort zu sagen, mit dem Finger auf den fliegenden Sonnenschirm.

»Ach bitte«, sagte der witzige Herr noch einmal, »könnten Sie mir mein Buch wieder heraufwerfen?«

»Aber sehen Sie denn nicht, wie Sie unsere Tante erschreckt haben?«

»Das tut mir sehr leid, aber das war wirklich nicht meine Absicht.«

»Dann kommen Sie herunter, das ist ja verboten.«

»Keineswegs, am Strand war kein Platz mehr, da habe ich mich hier niedergelassen. Ich zahle auch meine Steuern, wissen Sie?«

Einer nach dem anderen beschlossen dann alle Römer, die am Strand waren, in die Luft zu schauen, lachend zeigten sie einander den bizarren Badegast.

»Siehst du den?« sagten sie. »Der hat einen Sonnenschirm mit Düse.«

»Heh, du da oben, Gagarin«, riefen sie hinauf, »laß mich auch mit rauf!«

Ein kleiner Junge warf ihm das Buch hinauf, und der Herr blätterte nervös, um die Seite wiederzufinden, und dann las er schnaubend weiter. Allmählich ließen sie ihn in Ruhe. Nur die Kinder schauten ab und zu neiderfüllt in die Luft, und die mutigsten riefen:

»Sie, Herr!«

»Was wollt ihr denn?«

»Warum zeigen Sie uns nicht, wie das geht, so in der Luft zu schweben?«

Doch der Herr schnaubte unwirsch und las wieder weiter. Bei Sonnenuntergang flog sein Schirm mit einem leichten Zischen davon, der witzige Herr landete auf der Straße neben seinem Motorrad, er schwang sich auf den Sattel und fuhr davon. Wer weiß, wer das war und wo er seinen Sonnenschirm gekauft hatte.

FABRIZIA RAMONDINO

Die verfluchte Sonne

»Schon wieder da, verfluchtes Ungeheuer!« tönte die Stimme der Großmutter im Morgengrauen gegen das hohe Deckengewölbe des Zimmers. Es war ein dunkler, langsam feierlicher Gesang, der uns im Halbschlaf keine Furcht einflößte, da wir an religiöse Zeremonien gewöhnt waren und daran, die Welt in zwei Farben einzuteilen, Weiß und Schwarz. Weiß war die Farbe der Kinder – mit Vorliebe wurden wir weiß gekleidet, weiß nannte man unsere Stimmen, weißer als die der Erwachsenen waren unsere Zähne; weiß waren die Särge der früh Gestorbenen; weiße Handtücher wurden uns nach dem Bad gereicht, wir ruhten zwischen weißen Laken, alle auf demselben Bett, das uns die Großmutter in jenem schwülen Sommer abgetreten hatte, während sie selbst es vorzog, auf dem Boden zu unseren Füßen, inmitten des Luftzugs, zu schlafen, in eine schwarze Kutte gehüllt, weil sie ein Gelübde abgelegt hatte. Und ausgestreckt auf einem schwarzen Tuch auf dem nackten Stein – ein Laken anstelle des groben Tuchs zu benutzen wäre ihr wie ein Luxus erschienen; es gab nämlich kein Wasser, die Zisternen waren trocken, fast versiegt die Quellen im Eßkastanienwald. Die grauen Haare, zwischen denen sich hartnäckig jugendliche, kräftige schwarze Strähnen behaupteten, waren immer naß, wir wußten nicht, ob von Schweiß oder von Essigwasser, denn neben ihr Lager pflegte sie abends eine Tonschale zu stellen, in die sie einen Lappen eintauchte, um sich Gesicht und Schläfen zu erfrischen.

Die melodischen Verwünschungen richteten sich nicht gegen ihren Ehemann, der schon seit dreißig Jahren tot war, auch nicht gegen den Sohn, von dem man nichts mehr gehört hatte, seit er an die Front in Albanien gereist war, nicht gegen den ältesten der Enkel, der in Afrika an der Front war, nicht gegen den Pächter, der immer Körbe voller Feigen brachte, obendrauf gute, große und reife und darunter schlechte, kleine oder faulige, und auch gegen keines von uns Kindern. Auch nicht gegen die Katze, die nachts kam und ihren Schlaf störte. Man konnte nämlich, wegen der Schwüle, die erst im Morgengrauen nachließ, nur bei weit geöffneten Balkon- und Zimmertüren schlafen; und bevorzugte nächtliche Beute der Katze waren die Haare der Großmutter, die dicht waren und ihr bis zur Taille reichten – sie pflegte sie beim Zubettgehen aufzumachen, damit sie atmen können, sagte sie; außerdem waren sie elektrisch und sprühten oft Funken an Tagen mit Schirokko und in jenen Nächten, in denen eine unnatürliche Hitze herrschte, wie vor einem Erdbeben, sagte sie. Wenn sie es, in den wenigen Stunden, die sie Schlaf fand, versäumte, ihre Haare mit dem Lappen zu befeuchten, wurden sie trocken und knisterten, so daß sie im Mondschein, der ins Zimmer flutete, aussahen wie ein großer Weißdornbusch, in dem das geheimnisvolle Tier ihres Atems verborgen war.

Sie eiferte also gegen keinen Mann, kein Kind oder Tier der Familie, sondern gegen den unerbittlichen Feind jener Jahreszeit, die Sonne, und so fuhr sie fort in ihrem Klagelied oder Stegreifgesang, der einem eigenen Rhythmus folgte: »Du verleitest mich zur Sünde! Den ganzen Tag und die Nacht kocht das Blut mir im Körper! Zorn und Zuchtlosigkeit rufst du in mir wach! Oder machst mich träge, bringst alle Lebensgeister und die Kraft in mir zum Erliegen! Oder läßt Flüche über meine Lippen kommen! Immer noch bist du des Schauspiels nicht überdrüssig, zu dem du mich zwingst: dich zuerst zu verfluchen und hinterher Gott um Vergebung zu bitten für meine Flüche!« Dann kniete die Großmutter, ihre Litaneien singend, nieder – oft wiederholte sie diese Geste im Laufe des Tages, wenn sie wußte, daß sie nicht von Erwachsenenblicken gesehen wurde.

Im Halbschlaf bemerkten wir an dem leichten Knistern ihrer Haare, daß sie sich kämmte. Sie hatte unterdessen Fenster und Fensterläden bis auf einen kleinen Spalt geschlossen, um unseren Schlaf vor dem Licht zu schützen und die aufgehende Sonne, die schon voll Eitelkeit ins Zimmer züngelte, daran zu hindern, es ganz in ihre Gewalt zu bringen. Sie erschien ihr einmal wie ein Drache, dann wieder wie ein Meeresungeheuer, dann wie ein sarazenischer Krieger; dann, als hätte sie sie vergeblich zum Knobeln herausgefordert, wie eine glühende Schere, ein feines Goldpapier, ein weißglühender Meteoritenstein, der mit schwindelerregender Kraft und Schnelligkeit im Vorüberrollen alles niederwalzte.

Während sie sich die Haare auf dem Kopf feststeckte, verwandelte sich der feierliche Singsang in eine leise, süße Totenklage, nur von zärtlichen Küssen unterbrochen, wie es schien – so klang das Knistern ihrer Haare in jenem plötzlichen, willkommenen, noch kühlen Schatten, der unsere nackten Körper leicht erschauern ließ. Alles wirkte darin kristalliner, als bestünde es nur aus Geräuschen, aus bunten Visionen unter geschlossenen Augenlidern, einem schwindelerregenden Gefühl von Aufsteigen oder Fallen, und entbehrte gänzlich der Gerüche, des Geschmacks, der Tastempfindungen. Die Großmutter wandte sich an den Mond, der ihr während der Nacht mehrmals überaus bleich und leuchtend im Rahmen der weitgeöffneten Balkontür erschienen war, als lobte sie in einer zärtlichen Aufwallung eine junge Tochter.* Immer wieder sagte sie ihr, wie frisch und klar sie sei, wie bescheiden noch, wie mildtätig und barmherzig, denn in jener Nacht habe sie ihr die Sinne und die Glieder erfrischt mit ihrem jungfräulichen Schein; und daß sie nicht verstehe, absolut nicht verstehe, wie sie daran denken könne, einen Hausstand zu gründen, sich mit einem Ehemann zusammenzutun, einem Säufer oder Kriegstreiber oder Versager, der sogar noch mit dem Kleingeld knausern werde, obgleich er doch so viele Goldmünzen besitze, mit der Erstbesten werde er sie betrügen, einerlei ob Stern, Bestie oder Hure. Den Refrain zwischen den Strophen, die gewöhnlich aus vier Versen bestanden und in einer literarischen Sprache gehalten waren, sang sie im Dialekt (einer Mischung aus mittel- und süditalienischem Dialekt): »Non ti sposare, nenna mia, non ti sposare! / Ca è meglio sula ca cu isso stare« – Heirate nicht, meine Kleine, heirate nicht! / Denn besser lebst du alleine als in seinem Licht.

Mit atemberaubender Geschwindigkeit stürzten wir durch einen Brunnenschacht, in dem man nie den Grund zu erreichen schien, bis wir auf ein weiches Lager aus Luft fielen. Wir waren wieder eingeschlafen, kaum daß die Großmutter das Zimmer verlassen hatte. Unter dem Deckengewölbe hallten noch ihre letzten Worte nach, mit denen sie dem Mond dankte, ihr in jener Nacht einen Augenblick lang geholfen zu haben, das Grauen und die Last des Körpers zu vergessen und die Meute ihrer unablässigen Gedanken und Obsessionen auf die Himmelsweide geführt zu haben, denn diese

---

* Im Italienischen ist der Mond, *la luna*, weiblich, und die Sonne, *il sole*, männlich. (A.d.Ü.)

drangsalierten sonst unaufhörlich ihr Gehirn, so daß manchmal Blutstropfen hervortraten – oft flehte die Großmutter in der Speisekammer, dem geheimsten Ort des Hauses, kniend darum, die Wundmale Christi zu empfangen, damit, so klagte sie, die ihrem Geist geschlagenen Wunden wenigstens allen sichtbar würden. Wenn sie jedoch leisen Schrittes aus dem Zimmer ging, schien sie Last und Grauen, Ungeheuer und tierische Meuten mit fortzunehmen, als seien sie ein Kreuz, das auf ihren schmächtigen, eleganten Schultern ruhte: Und uns ließ sie nur das Echo ihrer Klagelieder und Wehgesänge zurück, so deutlich, als würde es unendlich wiederholt von dem hohen, weißen Gewölbe. Und zu unseren Füßen blieb die Katze, die uns in unserer Verwirrung riesig wie ein Tiger vorkam, aber ein harmloser, gezähmter. Und vielleicht war es ein Übermaß an Schrecken, das uns wieder einschlafen ließ, wie es Kindern manchmal im Boot bei Gewitter geschieht; oder ein Übermaß an Wollust, oder an Wollust und Schrecken zugleich, so wie sie manchmal im Karussell, in den Armen eines Erwachsenen, auf der Achterbahn einschlafen.

Der Serenadensänger

Gerühmt sei Turi Murruzzu, Gitarrist von Rang! Die feurigsten und behaartesten jungen Männer, die sich dann oft als die schüchternsten erwiesen, heuerten ihn für eine Nacht an, damit er ihnen helfe, mit der Musik die eigensinnigen Schönen im Schlafe zu verführen. Und wie viele Romanzen und Stornelli stiegen unter seiner mageren, flinken Hand von den kupplerischen Saiten auf; wieviel Melodien beunruhigten im Schatten des Alkovens die Jungfrau wie die Jungvermählte, die Weise wie die Verrückte!

Herzklopfen und durchwachte Nächte und Delirien ohne Zahl besang jene zarte und ungefüge Stimme; sie machte geneigt zu Hochzeiten, Entführungen, schuldhaften Bündnissen des Fleisches und des Herzens. Denn wenn zuweilen Wasser oder Schlimmeres schimpflich von oben auf ihn niederprasselte, hörte man eine Minute später seinen Gesang sich stärker und sicherer und spöttischer in der Nacht erheben, eine Häusergruppe weiter drüben, zum unaufhörlichen Schimpf der zu alten Ehemänner und eifersüchtigen Wächter.   GESUALDO BUFALINO

ALESSANDRO BARICCO
Mailand – San Remo

Um einen Mythos vorbeikommen zu sehen, bin ich an einen Ort gefahren, der bei uns auch ein Mythos ist. Genaueres gleich:

Hundertvierzig Kilometer nach dem Start und hundertvierundfünfzig vor dem Ziel führt die Strecke *Mailand – San Remo* an einem Ort namens Masone vorbei. In meiner Ecke Italiens ist das ein berühmter Name. Wenn einem wirklich alles schiefgeht, so richtig daneben, sagt man bei uns: Es hätte schlimmer kommen können, ich könnte in Masone geboren sein. Daran ist auch etwas Liebevolles, müssen Sie mir glauben, aber so sagt man eben. Tatsache ist, daß Masone unmittelbar vor dem Turchino liegt, zwischen Piemont und Ligurien, wo die ländliche Gegend aufhört und das Meer noch nicht angefangen hat. Alle Nebel und Wolken Italiens kommen dorthin, stoppen vor dem Berg und unfähig, sich mit einem Nierenstoß zu retten, der sie ans Meer bringen würde, bleiben sie dort hängen und lassen sich dort vergehen: genau über und in Masone. Drei Kilometer und einen Tunnel weiter ist schon Sonne und Meer und Frauen und Glück. Masone aber ist das Fegefeuer. Eine verlassene Fabrik, ein paar Häuser, die an den Hängen des Berges kleben, und eine traurige Kirche: Masone tut nicht einmal so, als wäre es ein glücklicher Ort. In Wirklichkeit hätte es sein meteorologisches Unglück mit großer Würde ausleben können, in aller Ruhe in seinem kleinen einsamen Tal liegend, ohne daß jemand etwas von ihm weiß. Aber auch das blieb ihm versagt: Die Autobahn mußte an Masone vorbeiführen, vierspurig vom Meer und zum Meer, immer voller Leute, die hin- und herfahren, auch eine Ausfahrt mit Mautstelle wurde angelegt, so daß es jetzt ein Asphaltkarussell ist, das sich dreht, und drüber die Wolken, und man schaltet den Scheibenwischer ein und denkt sich, es hätte schlimmer kommen können, ich könnte in Masone geboren sein. Vielleicht geht es dort auch allen bestens, aber wir aus der Gegend haben diese Vorstellung von Masone: ein Ort von absurdem Trübsinn. Es schien mir der ideale Platz für etwas, dem es seinerseits nicht an Absurdität fehlt: Dorthin bin ich gegangen, um mir das Radrennen Mailand–San Remo anzusehen.

Sich ein Radrennen ansehen gehen ist etwas, das man gar nicht glauben kann, wenn man sich's recht überlegt. Man steht am Straßenrand, wartet und wartet, dann kommen auf einmal, wie ein bunter Windstoß, die Rennfahrer und streifen einem durch die Augen. Wenn man nicht gerade auf dem Stilfser Joch steht, ist es eine Sache von dreißig, vierzig Sekunden. Eine kompakte Gruppe. Man kann gerade sagen, sie kommen, und schon sieht man sie von hinten. Es kostet zwar nichts, aber Sie werden zugeben, es ist ein paradoxes Schauspiel. Aber trotzdem: Die Straßen sind voll, wenn sie vorbeikommen, ganze Dörfer sind unterwegs, um zuzuschauen, mit Decken auf der Wiese, Thermosflaschen, Kofferradios, Anoraks und die rosa *Gazzetta dello sport* vor sich, die richtige Seite aufgeschlagen, um die Nummern der Rennfahrer zu lesen und zu wissen, wer sie sind. Ein Fest. Zu der Gelegenheit habe ich mir eine leicht ansteigende Kurve mit Gegenkrümmung ausgesucht, um sie zu erwischen, wo sie nicht gerade mit fünfzig pro Stunde vorbeiflitzen. Natürlich grauer Himmel und eine Feuchtigkeit, die einem durch und durch geht. Um mich herum warten haufenweise Radtouristen. Sie fahren auf und ab, wobei sie mit großem Ernst in die Pedale treten, vor und hinter dem echten Rennen: Sie sind wie die Möwen, die um die Fischerboote fliegen, wenn sie abends zurückkommen. Respektable Herren, auch nicht mehr die jüngsten, in knallengen schwarzen Beintrikots und Astronautenschühchen, mit einem komischen Helm auf dem Kopf. Nachdem ich sie immer wieder hin und her fahren sah, wurde mir schließlich klar, worin das Spiel bestand. Sie können jeden Tag die Pedale treten, aber nur an diesem Tag, auf dieser Straße und um diese Zeit können sie es zwischen den zwei Flügeln einer Menschenmenge tun. Das ist wohl nicht ganz übel. Nächstes Jahr miete ich mir ein Rad und probiere es aus. Wenn man Glück hat, findet man sogar einen, der einem vom Straßenrand aus zuruft: »Zeig's ihnen, Bartali!« Das sind Genugtuungen.

Wenn dann Polizei und Sponsoren immer zahlreicher und hektischer herumschwirren, stellen sich die Fahrradmöwen an die Leitplanken, und eine irreale Stille senkt sich über das anormale Parkett. Eine liturgische Vorbereitung auf die vierzig Sekunden Emotion.

Ideologisch zerfallen nun die Leute in zwei Gruppen: die einen werden zuschauen, die anderen werden ein Photo machen; es ist undenkbar, in der Handvoll Sekunden beides zu tun. Ich schließe mich stillschweigend denen an, die beschlossen haben zuzuschauen. Und ich schaue. Schaue. Schaue. Schaue, schaue, schaue. Aus. Zwei sind zurückgeblieben. Eine Art kleine Dreingabe. Ich schaue. Sie verschwinden hinter der Kurve. Wirklich aus.

Nachher besteht das Spiel darin zu sagen, wen man gesehen hat. Der hat Bugno gesehen, der hat Cipollini gesehen, der hat Gimondi (aber wo denn!) gesehen. Ich habe Chiappucci gesehen, ich schwöre es. Auf den Pedalen stehend, wie ein Raubtier auf der Lauer, halb zurückgedreht, warf er Blicke wie Krallen um sich, er wirkte wie ein wildes Tier im Käfig dort mitten im Trupp: El diablo, garantiert wird er sie oben auf der Kuppe alle verschlingen.

Vielleicht war es gar nicht Chiappucci, aber ist doch scheißegal, für mich war er's und wird es immer gewesen sein.

Der pfeifende Bäckerjunge

Früher war der Bäckerjunge einmal eine Gestalt, die stets fröhlich war: eine Fröhlichkeit, die ihm förmlich aus den Augen sprühte. Er machte pfeifend seine Runde durch die Straßen. Niemand konnte sich seiner Lebensfreude entziehen. Er war sehr viel ärmlicher gekleidet als heute: die Hosen voller Flicken, das Hemd oft nur noch ein Fetzen. Doch all das gehörte zu einem kulturellen Modell, das in seinem Milieu einen Wert, einen Sinn hatte. Und er war stolz darauf. Der Welt des Reichtums hatte er seine Welt, mit eigenen Werten, entgegenzusetzen. Vor allem: Dieser Junge war fröhlich.

Das, was wirklich zählt – ist das etwa nicht das Glück? Wofür macht man denn die Revolution, wenn nicht um glücklich zu sein? Das bäuerliche und subproletarische Leben vermochte noch eine Art »realen« Glücks in den Leuten auszudrücken. Heute ist dieses Glück der »Entwicklung« zum Opfer gefallen; was bedeutet, daß diese Entwicklung nicht im mindesten revolutionär ist, selbst da nicht, wo sie reformistisch vorgeht. Sie schafft nichts als Angst.

Der Ernst, das würdevolle Benehmen sind widerwärtige Normen, die sich die Kleinbürger selbst auferlegen; und deshalb sind sie froh, wenn sie sehen, wie auch die Jugendlichen aus dem Volk sich »ernst und würdevoll« benehmen. Sie sind überhaupt nicht fähig, sich vorzustellen, worin deren wahre Degradierung besteht: Diese Jugendlichen sind traurig, weil sie – nachdem ihre Werte und ihre kulturellen Modelle zerstört wurden – sich ihrer gesellschaftlichen Unterlegenheit bewußt geworden sind.

PIER PAOLO PASOLINI

GIANNI RODARI

Der Mann, der das Kolosseum stehlen ging

Einmal setzte sich ein Mann in den Kopf, das Kolosseum von Rom zu stehlen, er wollte es nämlich ganz für sich allein haben und mochte es nicht mehr mit den anderen teilen. Er nahm eine Tasche, ging zum Kolosseum, wartete, bis der Aufseher wegschaute, füllte seine Tasche keuchend mit alten Steinen und trug sie nach Hause. Am nächsten Tag tat er dasselbe, und jeden Vormittag, außer am Sonntag, ging er zweimal oder auch dreimal hin und zurück, wobei er immer gut aufpaßte, daß ihn die Aufseher nicht erwischten. Am Sonntag ruhte er sich aus und zählte die gestohlenen Steine, die sich im Keller anhäuften.

Als der Keller voll war, begann er den Dachboden zu füllen, und als der Dachboden voll war, versteckte er die Steine unter den Sofas, in den Schränken und im Korb für die schmutzige Wäsche. Als er wieder einmal zum Kolosseum kam, betrachtete er es gründlich von allen Seiten und kam dann bei sich zu diesem Schluß: »Es sieht immer noch gleich aus, aber einen winzigen Unterschied bemerkt man doch. Dort vorne ist es schon ein wenig kleiner.« Und während er sich noch den Schweiß abwischte, kratzte er ein Stückchen Ziegel von einer Treppe, löste ein Steinchen von einem Bogen und machte seine Tasche voll. Immer wieder gingen begeisterte Touristen an ihm vorbei, denen vor Staunen der Mund offenblieb; und er kicherte vergnügt, wenn auch im Verborgenen: »Ihr werdet Augen machen, wenn ihr eines Tages kein Kolosseum mehr seht.«

Wenn er im Tabakladen die bunten Ansichtskarten sah, auf denen das grandiose Amphitheater abgebildet war, wurde er lustig, und er mußte so tun, als würde er sich mit seinem Taschentuch die Nase putzen, um nicht zu zeigen, daß er lachte. »Hihi, die Ansichtskarten. Es wird nicht mehr lange dauern, und ihr müßt euch mit den Ansichtskarten zufriedengeben, wenn ihr das Kolosseum sehen wollt.«

So vergingen Monate und Jahre. Die gestohlenen Steine stapelten sich schon unter dem Bett, füllten die Küche, wo nur noch ein enger Durchgang zwischen dem Gasherd und der Spüle offengeblieben war, sie füllten die Badewanne bis zum Rand und hatten den Flur in einen Schützengraben verwandelt. Aber das Kolosseum stand immer noch an seinem Platz, es fehlte ihm kein einziger Bogen: Und es stand noch so intakt da, wie wenn an seiner Demolierung nur die Beinchen einer Mücke gearbeitet hätten. Der arme Dieb aber wurde älter, und es packte ihn die Verzweiflung. »Sollte ich mich denn verrechnet haben? Vielleicht hätte ich lieber die Kuppel des Petersdoms stehlen sollen? Laß den Mut nicht sinken: Wenn man sich für etwas entschieden hat, muß man durchhalten bis zum Schluß«, dachte er.

Jeder Gang zum Kolosseum kostete ihn nun immer mehr Mühe und Schmerzen. Seine Arme brachen ihm beinahe ab, und seine Hände bluteten, so schwer war jetzt die Tasche. Als er den Tod nahen fühlte, schleppte er sich ein letztes Mal zum Kolosseum, und er schaffte es kaum, Treppe über Treppe bis zur höchsten Plattform hinaufzuklettern. Die untergehende Sonne tauchte die antiken Ruinen in goldenes, purpurnes und violettes Licht, aber der arme alte Mann konnte nichts mehr sehen, weil ihm die Tränen und die Erschöpfung die Augen verschleierten. Er hatte gehofft, allein zu sein, aber es stand schon eine Schar Touristen auf der engen Plattform, die in allen Sprachen vor Begeisterung kreischten. Und da hörte der alte Dieb unter den vielen Stimmen die silberhelle Stimme eines Kindes heraus, das schrie: »Das gehört mir, mir allein!«

Wie falsch, wie häßlich klangen diese Worte dort oben im Angesicht einer solchen Schönheit. Das begriff der alte Mann erst jetzt, und er hätte es dem Kind sagen mögen und hätte ihm beibringen mögen, »uns« zu sagen statt »mir«, aber die Kräfte schwanden ihm.

LUCIANO DE CRESCENZO

Geschichte einer Verwarnung

»Dottore, wir müssen Strafe zahlen!« sagt der Taxichauffeur.

»Was meinen Sie mit ›wir‹? Daß auch ich sie zahlen muß?«

»Das ist doch wohl klar, oder?«

»Das verstehe ich nicht. Finden Sie das normal, daß der am Steuer verkehrt fährt und der, der hinten sitzt, die Strafe zahlen soll?«

»Also nein, da verstehen wir uns nicht richtig! Zuerst sagen Sie: Fahren Sie schnell, und dann wollen Sie nicht die Folgen zahlen.«

»Was heißt hier ›schnell‹? Was hat das damit zu tun?!«

»Und wie das was damit zu tun hat. Was haben Sie denn zu mir gesagt, als Sie am Bahnhof eingestiegen sind? Haben Sie da gesagt: ›Fahren Sie schnell zu den Tragflügelbooten nach Capri?‹«

»Hören Sie, abgesehen davon, daß ich lediglich gesagt habe: ›Zu den Tragflügelbooten nach Capri‹, ja und selbst, wenn ich auch noch gesagt hätte ›schnell‹, dann ist es immer noch so, daß für das Auto einzig und allein Sie zuständig sind.«

»Ja, und was soll ich davon gehabt haben, daß ich bei Rot rüberfuhr? Wenn ich das gemacht habe, dann doch nur, um Ihnen einen Gefallen zu tun, damit Sie schneller zur Fähre kommen! Soll ich jetzt noch draufzahlen, statt bei der Arbeit etwas zu verdienen?«

»Fahren Sie eben nicht bei Rot rüber!«

»Also ich bin ja übrigens bei Gelb rübergefahren! Was Sie gemacht haben, weiß ich nicht. Aber da kommt ja die Polizei, da werden wir hören, was die sagt.«

»Was soll die denn sagen? Vielleicht daß der Fahrgast seinen Führerschein abgeben muß, wenn der Fahrer bei Rot rüberfährt?«

»Was weiß ich, wir werden ja sehen.«

Die Polizistin kommt langsam heran, grüßt militärisch und sagt: »Führerschein und Fahrausweis.«

»Entschuldigen Sie, Frau Wachtmeisterin«, sagt mein Taxifahrer, während er die Ausweise hervorzieht. »Sie sind doch eine Person, die arbeitet, nicht? Auch ich arbeite, der Herr hier dagegen fährt nach Capri. Wer muß also nun Ihrer Meinung nach die Strafe bezahlen?«

»Na!« sagt die Polizistin lachend. »Wenn der Herr spontan einen Beitrag leisten will, finde ich da nichts dabei.«

»Was heißt hier Beitrag leisten! Keine Lira ziehe ich aus der Tasche.« »Eigentlich hat der Herr recht«, sagt einer der vielen Schaulustigen, die sich um unser Taxi versammelt haben. »Die Strafe muß der Fahrer zahlen, aber der Herr sollte natürlich auch verstehen, daß er ihm anschließend ein angemessenes Trinkgeld geben muß.«

»Das ist ein Familienvater«, mischt sich eine Alte ein, die den Kopf zum Taxifenster hereinsteckt. »Er arbeitet, um zu sehen, wie er tausend Lire verdienen kann, und wie soll er die jetzt alle dafür ausgeben, diesem Herrn, der nach Capri muß, die Strafe zu bezahlen?«

»Frau Wachtmeisterin«, sagt mein Taxifahrer und steigt aus, »wissen Sie, daß ich, bevor ich diese Fahrt machte, drei Stunden in der Schlange auf der Piazza Garibaldi gewartet habe, und als ich dann diesen Herrn sah, dachte ich, das ist ein Ausländer. Wenn ich gewußt hätte, daß das ein Neapolitaner ist und dann auch noch knickerig, da hätte ich den gar nicht erst einsteigen lassen …«

»Hören Sie«, sage ich und sehe auf die Uhr, »entweder fahren Sie jetzt oder ich gehe. Auf diese Weise verpasse ich noch meine Fähre.«

»Da sehen Sie ja, daß Sie schnell hinkommen wollten«, sagt der Taxifahrer triumphierend.

»Meinetwegen«, sagt die Polizistin. »Diesmal lasse ich Sie noch durch. Aber merken Sie sich, das nächste Mal kommen Sie mir nicht so davon, dann müssen Sie zahlen. Wenn einer zum Vergnügen herumfährt, kann er sich doch Zeit lassen. Ich frage mich, was das sonst für ein Vergnügen sein soll.«

So also fuhr mein Taxi inmitten einer lächelnden und zufriedenen Menschenmenge davon.

»Das ist ja nochmal gutgegangen, Dottore«, sagt der Taxifahrer bei der Ankunft. »Ich schwöre Ihnen bei diesem Heiligenbild, es hätte mir wirklich furchtbar leid getan, wenn die Polizistin verlangt hätte, daß Sie die Strafe zahlen.«

»Wieviel?« frage ich lakonisch beim Aussteigen. »Nach Ihrem Belieben.«

GIUSEPPE MAROTTA

Spaghetti

Wer das Paradies durch eine Tür betritt, ist nicht in Neapel geboren; wir halten unseren Einzug in den Palast der Paläste, indem wir einen dünnen Vorhang aus Spaghetti behutsam beiseite schieben. Wir wurden in Eile gestillt, während die Spaghetti kochten; rasch nahmen unsere Mütter uns von der Brust und steckten uns ein abgebrochenes Spaghettistück in den Mund; vorher hatten sie den Sugo abgeleckt oder es auch nur geküßt. Was hinterlasse ich wohl meinen Kindern, wenn nicht die Spaghetti, die ich erbte? Die Hauptsache ist, sage ich, daß ihr sie stets dem Gemütszustand und den Umständen anpaßt. Macht keinen Schritt weiter, als die Beine lang sind. Spaghetti, ja, aber Hand aufs Herz: wer seid ihr denn, um sie auf Genueser Art oder »alle vongole«, mit Muscheln, zu wollen, oder gar mit Wurst durchsetzt, oder bläulich mit Oliven aus Gaeta, oder silbrig von Sardellen, oder gesprenkelt mit Mozzarella, oder (der Herr sei mir gnädig) »al gratin«, überbacken? Die Spaghetti, die ich euch hinterlasse, sind blitzschnell und bescheiden, sind gerade und zugleich nachdenklich, sind eine Improvisation und eine Maxime: sie sind die ideale Speise für jemanden, der vom frühen Morgen bis zum Abend geschuftet hat: Spaghetti mit Knoblauch und Öl. Jedermann, mit Hut auf dem Kopf oder dem Mantel über dem Arm, kurzsichtig oder schwerhörig, zufrieden oder verzweifelt, ist imstande, sie zuzubereiten. Während das Wasser siedet, brutzelt das Öl um den Knoblauch, ein grausames Gelächter, das ihr mit mitleidigen Blättchen Petersilie zudecken müßt; nehmt ein leichtes Anbrennen dieser im Handumdrehen hingezauberten Sauce in Kauf, es lohnt sich, denn der Geschmack, den sie den Spaghetti verleiht, übertäubt und beseitigt ganz andere Bitternisse; ein Keil treibt den anderen, erinnert euch daran: Don Barletta, der am Ponte di Tappia Kreisel herstellte, ließ den Knoblauch in der Pfanne schwarz werden, es gelang ihm dadurch, sogar die Untreue seiner Frau zu ertragen, er konnte sich damit abfinden wie mit einer Steuer. Ja, meine Kinder, ihr sollt niemals einen Toten beweinen (mich am allerwenigsten) ohne Spaghetti, die jeden Kummer besänftigen, ohne den fern erahnten Duft von Spaghetti, der den Dunst brennender Kerzen erreicht und erträglich macht. Keine Saucen, keinerlei Fett: richtet sie bei Trauerfällen in der Familie nur mit Ricotta an. Auf den Wink der alten Tante, die sich unter der Türe zeigt, wischt der bejahrte Verwandte sich die feucht gewordenen Augen, erhebt sich, geht ganz leise in den Hausflur und huscht in die Küche. Auf dem wohlgeformten Berg der Spaghetti leuchtete hellweiß und keusch das Dreieck des Ricotta; der Mann zerbröselt es mit der Gabel, alles wird weiß auf seinem Teller und in seinem Herzen, er sagt danke, sagt »Friede den Seelen im Fegefeuer«, und dann ißt er, lächelnd über seine Tränen, das Land, auf dem das Korn wuchs, das die Spaghetti lieferte, die Sonne, die sie nährte, die frische Brise, die sie mit sanfter Geduld kämmte und zerteilte: er ißt sogar, dieser gebenedeite Don Carmine oder Don Vincenzo, den Eimer, in dem die widerstrebende Milch gerann, um sich in Ricotta zu verwandeln; der Anblick des Todes schärft ganz außerordentlich unser Empfindungsvermögen, und jener denkt jetzt, daß aus Holz ebenso eine Bahre wie auch ein Schemel für die Magd zum Melken gemacht wird, oder er denkt überhaupt nichts. Inzwischen hat die Alte einen zweiten Teller gefüllt – der Rangordnung nach und für einen weiteren Anverwandten des armen Don Peppino. Ich habe mich selbst als Beispiel genommen und betone nochmals: bei Todesfällen und Geburten verordne ich euch, meine Kinder, ausschließlich Spaghetti. Spaghetti aß mein Vater in unserer großen Küche, während ich im Begriff war, zur Welt zu kommen (er strich sich nachdenklich den Bart, spitzte die Ohren und rief von Zeit zu Zeit »nun, nun, wie weit ist es?«), Spaghetti werdet ihr essen, einer nach dem anderen, damit ich euer Fehlen nicht bemerke und in Ruhe zwischen den Blumen und Kerzen weiter erstarren kann. Seid stark, Kinder; das bedeutet: kocht sie mit viel Wasser, die Trauerspaghetti, bringt sie »al dente« auf den Tisch, gerade soweit gar, daß die Zähne noch leichten Widerstand spüren, und guten Appetit!

Die Leute in Neapel meinen, daß Spaghetti uralt sind, daß es sie seit eh und je gibt, das Volk glaubt, sie erfunden zu haben. Und irrt. Wem hätten sie auch einfallen können, wenn nur die Könige und der Hofstaat beim Erwachen wußten, daß man gegen ein Uhr essen werde? So hatten die Spaghetti ihren Ursprung in Sizilien oder in

Sardinien oder im Kirchenstaat. Indessen ernährten die Neapolitaner sich von Gemüsen,vom zarten Kraut der Rüben, »cime di rape«, mit Brot. Auch ich verspüre manchmal Lust darauf und verlange es, es muß irgendein ferner Vorfahr sein, der mich ruft, um mir Vorwürfe zu machen: Denk daran, sagt er zu mir, daß vor dreihundert Jahren die Spaghetti bei uns ein unerhörter Luxus waren, wir konnten sie uns ein paarmal im Jahr leisten; bei den ersten Anzeichen von Hungersnot wurde ihre Herstellung verboten; ein trauriges Sprichwort mahnte: Seid auf der Hut, die Spaghetti richten Familien zugrunde. Dies wurde mir von dem Freund mitgeteilt, der mich eine große Teigwarenfabrik in Genua besichtigen ließ; man wußte in jener komfortablen Hochschule alles über Leben, Tod und Wundertaten der Spaghetti. (Ich sah in den Lagerhallen eine unendliche Landschaft von langen blauen Verpackungshüllen; mich für immer hierher flüchten, mit einem Kochtopf und dem entsprechenden Vorrat an Tomatenmark, dachte ich, ach, weshalb entschließe ich mich nicht, die Welt verachtend, Mönch in Klausur beim Orden der Spaghetti zu werden?) Meinem Freund antwortete ich errötend, daß, wenn Neapel erst spät die Spaghetti kennenlernte, dies Bescheidenheit vor der Geschichte war, und nicht Trägheit; nach Überwindung ihrer Schüchternheit machten sich Neapels Bewohner mit Eifer und Hingebung ans Werk, ich wurde noch in der Zeit geboren, als es von Capodimonte bis zum Posillipo mehr Spaghetti als Krankheiten oder nicht eingelöste Wechsel gab. Ich sehe die großen Messingwaagen noch vor mir, deren mächtige Waagschalen an drei Ketten hingen: sie forderten auf, zentnerweise Spaghetti zu kaufen, waren aber auch imstande, nur wenige Halme abzuwiegen. Eine Waagschale senkt sich mit ihrem Bündel Spaghetti, und ein Menschenalter ist vergangen, vielleicht ein ganzes Leben. Wieviel braucht ihr für eure Mahlzeit? Wir waren eine Familie für »dreiviertel«, siebenhundertfünfzig Gramm; den Ausdruck »dreiviertel« müßte ich auf mein Wappen schreiben lassen, wenn ich eines hätte, er klassifizierte uns in den Läden und vor Gott; wir hörten ihn jahrelang zwischen Tisch und Herd wiederholen; oft enthielt meiner Mutter Herz nichts anderes als diese Worte und eine Faust voll schwarzblauem Salz.

Ja, die Spaghetti kennzeichneten das Panorama Neapels mehr als der Vesuv und das Meer. Der Winkeladvokat kehrte heim und trug sie unterm Arm, in amtliches Steuerpapier gewickelt; jede Gasse schien eine Speisehalle zu sein, voller Geschöpfe Gottes, die unter der Tür ihrer Bassi einen Teller auf dem Schoß hielten; auf den kleinen Plätzen in den Ventaglieri, in Sant' Eligio, im Cavone, in Foría, in den Tribunali, in Port'Alba wurden auch zubereitete Spaghetti verkauft, es gab da riesige Garküchen im Freien, mit Töpfen, die den Louvre hätten enthalten können; »un due!«, »un tre!« riefen die Kellnerjungen, wenn sie dem Koch die Teller hinhielten, und verstanden darunter Portionen zu zwei oder zu drei Soldi, den Fünfpfennigstükken der damaligen Lira. Wer sich nicht an Spaghetti sättigen konnte, sog deren Duft ein, und die Kräfte kehrten ihm gleichwohl wieder; die Kunden aßen, den glühendheißen Teller in der einen Hand und die Zinngabel in der anderen, gegen uralte Mauern gelehnt, und sahen Schatten vor Erregung schwanken, jenseits des Feuers und der Lichter, wie die Kleider einer geliebten Frau, die wartet. Welch schlichter Erdenfleck, was für leicht ins Dasein sich fügende Menschen! Spaghetti oder keine Spaghetti, das war die Frage. Die zahllosen heutigen Alternativen quälen uns doch nur, machen den Irrtum verhängnisvoll und zwangsläufig. Wir müssen uns wieder den Spaghetti nähern, mit der Geduld und Liebe von damals. Verlassen wir die verworrenen gewölbten Kathedralen modernen Trachtens, mit ihren Symbolen, ihren Ansprüchen, ihrer Angst; kehren wir zur sanften Wirklichkeit der Spaghetti zurück. Sie sind vielleicht die einzige Frage, die wir stellen, auf die Gott antworten kann und immer geantwortet hat: ja, Spaghetti, nein, Spaghetti.

Jahrhundertelang war die Pasta rigoros weiß: Käse (verfeinert mit Butter und Gewürzen, für jene, die es sich leisten konnten) war der übliche Begleiter. Ebenfalls verbürgt ist die Verwendung von Speck und zuweilen Öl. Die Farbe bleibt aber Weiß. Erst spät sollte die Tomatensoße dies ändern, nicht vor dem 19. Jahrhundert jedenfalls.

MASSIMO MONTANARI

Karneval (Catering)

Auf dem Campo stehen Verkaufsstände mit Afrika-Armbändern, die von Italienern in Afrika-Outfits verkauft werden. In dem unangenehmen Nieselregen sind nur wenige Kostümierte unterwegs. Einer fällt besonders auf, er hat sich als Hülsenfrucht verkleidet und ist dafür in eine aufwendige Pappmaché-Konstruktion geklettert. Vor ein paar Jahren, daran können sich hier alle noch erinnern, hat er in einem Pacman-Kostüm gesteckt. Es ist Karneval, und heute Abend wird auf dem Campo Musik gemacht. Die Jungs auf der Bühne singen von einer Liebe, die keinen Anfang hat, aber ein Ende, weil er es nicht ertragen kann, dass sie Elefantenpantoffeln trägt und Schuhkartons hortet. Norman nimmt die Angelegenheit an dem Punkt persönlich und ist beleidigt.

Wir trinken mitgebrachtes Bier und rauchen vertrockneten Tabak, wir haben keinen Regenschirm dabei, um uns besser in unserem Selbstmitleid suhlen zu können, wir denken, wie gerne würde ich was Originelles sagen, aber es regnet und regnet, regnet und regnet, regnet und regnet, regnet und regnet.

Letzte Nacht stand ich in goldenen Lurex gehüllt in einem venezianischen Palazzo vor dem Spiegel, hinter mir meine spanisch-italienische Freundin, die meine eher grenzwertige Korsage zuschnürte und mir »Meine Liebe, wir sind Frischfleisch« zuraunte. Zusammen mit den anderen eingeschnürten Mädels, die Gesichter hinter goldenen Halbmasken verborgen, sind wir in unseren goldenen Paillettenballerinas in den großen Saal gelaufen. Wie in jedem anständigen venezianischen Palazzo entdecken wir auch hier überall hohe Decken, Stuck, Marmor, dorische Säulen und Installationen aus Rokoko-Kostümen, die als Bäume verkleidet sind (ich sage es noch einmal, damit es auch wirklich verstanden wird: Installationen aus Rokoko-Kostümen, die als Bäume verkleidet sind). Der Flurfunk vermeldet, sogar zwei Prinzessinnen seien vor Ort. Auf jeden Fall gibt es hier viele gewaltige Röcke und Tüll und Krinolinen und Perücken und langstielige und kurzstielige Federn. Die Gäste kommen nach und nach über den Kanal, werden von grünen Rauchwolken empfangen, gehen über den roten Teppich, werden immer mehr und füllen doch tatsächlich den riesigen Saal, sodass man kaum Luft bekommt und sein eigenes Wort nicht mehr versteht. Plötzlich Getöse, eine Trommel, zwei Trommeln, viele Trommeln, und die Treppe herab schreitet zu den Klängen der Carmina Burana ein Tross von Kandelaber-Trägern mit griechischen Masken und langen roten Tuniken. Ein Tablett mit Lachs-Canapés in der Hand, denke ich, dass ich, als ich mich für Vergleichende Indoeuropäische Sprachwissenschaft eingeschrieben habe, im Leben nicht auf die Idee gekommen wäre, eines Tages als Kaltmamsell im Ferrero-Rocher-Look bei ein paar durchgeknallten Millionären zu enden.

Der Job ist auf zwölf Stunden angelegt und wird ausschließlich bar bezahlt, aber bitte sagt das nicht dem Finanzamt, denn die Zeiten sind hart, und Schwarz arbeit lohnt sich bekanntlich für alle. Ich möchte noch die folgenden Details festhalten, um sie später mit ins Grab nehmen zu können: Cembalomusik; Metallica-Songs, die für Cembalo transkribiert wurden; das Model im Meerjungfrau-Kostüm mit dem festgefrorenen Lächeln und dem Blick eines Auftragskillers; sogenannte Tischdamen (Mädels, vergesst nicht, ihr seid hier, weil ihr gut aussseht); ein als Zwergpage verkleideter Zwerg, der einen halbnackten Heiratsshow-Kandidaten an der Leine spazierenführt; die Lady in Grün, die in den Champagnerkübel kotzt; der Moment, wo du deinen Kollegen fragst, ob er in der Branche arbeitet, und er sagt: »Ich studiere Chemie«; der Moment, wo du einem riesigen Reifrock ausweichst und einen von deinen zu großen Ballerinas verlierst, obwohl du ihn extra mit einer Sohle und vier Kleenextüchern ausgestopft hast, die sich jetzt im Raum verteilen, woraufhin das Fräulein mit dem Reifrock den Kopf neigt, dich ansieht und »Oh, Aschenputtel!« sagt.

Gegen Ende der Zwölfstundenschicht treten drei kleine russische Schlangenfrauen mit perfekten Körpern auf. Die kleinste von ihnen verbiegt sich ganz oben auf der menschlichen Pyramide, als wäre sie ein Origami-Papier. Wieder unten angekommen, schaut sie sich um und verzieht ihr Gesicht vor Abscheu. Als ich ihr eine Cola bringe und sie mir zulächelt, denke ich ernsthaft darüber nach, mein Leben zu ändern, mein Land und meine sexuelle Orientierung, und nach Moskau zu ziehen, um ihre Agentin zu werden. So beweglich wie du werde ich zwar nie sein, denke ich, aber in Anbetracht der Situation hier bin ich zumindest auf intellektueller Ebene rege genug, zwischen uns kann es also gar nicht schiefgehen.

Mit Norman neben mir im inzwischen strömenden Regen denke ich, ob es zwischen uns schiefgehen würde oder nicht, werde ich wohl nie erfahren, aber wenn ich weiter Cateringjobs annehme, schaffe ich es vielleicht, das Geld für eine Weltreise zur Seite zu legen, immer geradeaus von Ost nach West, ich bereise die Welt in der Horizontalen und durchschneide sie, vielleicht öffnet sie sich ja, und ich finde in ihr, was mir fehlt.

Nächtliche Ruhestörung

Wir verbrachten häufig die Nächte damit, die verschiedenen Stadtviertel zu durchstreifen und alle erdenklichen Unverschämtheiten zu ersinnen und auszuführen. Wir vergnügten uns damit, an der Wasserseite der Häuser die Gondeln loszubinden, die dann leer mit der Strömung des Wassers von einem Ufer des Canal Grande zum anderen getrieben wurden, und lachten im voraus über die Verwünschungen, mit denen die Gondolieri uns am Morgen bedenken würden, wenn sie ihre Gondeln nicht dort fanden, wo sie diese festgemacht hatten.
Häufig weckten wir Hebammen, ließen sie sich ankleiden und mitkommen, um Frauen zu entbinden, die sie bei ihrem Erscheinen für verrückt halten mußten. Den gleichen Streich spielten wir den berühmtesten Ärzten; wir störten ihre Nachtruhe, um sie zu Adligen zu schicken, die angeblich einen Schlaganfall erlitten hatten. Wir trieben auch die Priester aus ihren Betten, um durchaus gesunden Personen die letzte Ölung bringen zu lassen, weil sie angeblich im Sterben lagen.
Wenn wir in einen Glockenturm eindringen konnten, war es uns ein großer Spaß, die ganze Pfarrei durch die Sturmglocke zu alarmieren, die bei einem Brand geläutet wird, oder auch alle Glockenseile abzuschneiden.　　　GIACOMO CASANOVA

ALDO PALAZZESCHI

Die Frau am Fenster

Unbegreiflich erscheint unserm beschränkten Geist die unendliche
Vielfalt der Schöpfung; zugleich nehmen wir in unserer Beschränkt-
heit von dieser Vielfalt nicht Kenntnis, wie es doch natürlich wäre,
und wirken ihr sogar, vielleicht aus Furcht oder Verzagtheit, bewußt
entgegen. Dabei sind wir noch sicher, durchaus richtig zu handeln –
mit dem Erfolg, daß unser Leben immer langweiliger, eintöniger und
grauer wird. Wir geraten in die ärgste Verwirrung, wenn wir daran
denken, wie es unter Milliarden von Menschen, die auf dieser unregelmäßigen Erdoberfläche umherwimmeln, nicht zwei vollkommen gleiche Wesen gibt, nicht einmal, wenn sie von derselben Frau zur selben
Stunde geboren wären. Immer ist da etwas im Ausdruck des Gesichts,
in Stimme oder Blick oder im Gang – eine Geste, eine Linie, ein Tüp-
felchen, ein Wärzchen, woran man den einen vom andern unterscheiden kann. Und ich bin ganz sicher, daß selbst die Blätter eines Bau-
mes, die uns zum Verwechseln ähnlich scheinen, die Möglichkeit
haben, sich untereinander eindeutig zu unterscheiden.

So kann also jemand, der dieses Wunder in seiner ganzen Größe
begriffen hat, leicht verstehen, wie man seine Aufmerksamkeit auf
jenen Menschen richten muß, der in einer so großen Vielfalt das
repräsentative, um nicht zu sagen einzigartige Musterbeispiel ist, der
Exponent, wie man es in der Mathematik bezeichnen würde, der
Champion im Jargon des Sports.

Beobachtet nur, wie verschieden sich die Menschen vor einem Glas
Wein verhalten: wir sehen, wie der eine es packt und in einem Zug
hinuntergießt, glücklich, wenn er spürt, wie diese belebende, köstliche
Flüssigkeit in die Kehle und durch die dunklen Mäander des Körpers
rinnt. Ein anderer hingegen läßt den Wein in abgewogenem Abstand
fünf-, sechsmal hinabgleiten, er kostet ihn weise, ruhig, diskret. Und
wieder einer nimmt ihn tropfenweise, in winzigen Schlückchen zu
sich, mit einer Langsamkeit, die einen Holzwurm verblüffen könnte;

hinter jedem Tropfen schnalzt er fünfzigmal mit der Zunge gegen den Gaumen, so daß ihr noch nach zwei Stunden auf dem Grund des Glases ein Schlückchen sehen werdet.

Signor Fiorello hingegen machte es anders. Wenn er ein Glas Wein vor sich hatte, schlürfte er einen Schluck und schob dann das noch fast volle Glas beiseite. Ausnahmsweise kam es vor, daß er zwei Schlucke nahm; daß er sich gar drei Schlucke erlaubte, geschah in seinem ganzen Leben so selten, daß man es an den Fingern einer Hand herzählen konnte. Der Wein hatte ihm immer weniger geschmeckt, je mehr er davon trank; mit der Quantität schien die Qualität abzunehmen, wenn nicht geradezu ins Gegenteil umzuschlagen: in Mengen genossen, war der Wein ein widerwärtiges Abführmittel. Wenn er aber nur einen Schluck kostete und das noch volle Glas wegschob, dann schien ihm der Wein eine Wonne, ein wahrer Göttertrank, ein Geschenk des Herrgotts.

Das Erstaunlichste jedoch ist dies: wäre ihm in Kenntnis seiner Mäßigkeit ein halbvolles Glas angeboten worden, so hätte er wütend Einspruch erhoben: er verlangte ein vollgeschenktes Glas.

Genauso verhielt sich Signor Fiorello vor einem Teller Suppe: nach zwei, drei Löffeln schob er den Teller zurück, aber wehe, wäre er nicht bis zum Rand gefüllt gewesen! Hätte der Diener ihm einen Teller vorgesetzt, bei dem nur eben der Boden bedeckt war, so hätte er den Mann sofort entlassen.

In anderen Lebenslagen pflegte er sich ebenso zu verhalten.

Von einer Orange oder einem Apfel aß er jeweils nur eine Scheibe – eine Angewohnheit, die ihn dazu befähigte, zu jeder Stunde, in jedem Augenblick mit einem ungeheuren Appetit zu essen; statt wie die andern zwei-, dreimal zu speisen, konnte er wie ein Vogel zehn-, zwanzig-, dreißig-, hundertmal am Tag essen, ohne sich jemals satt zu fühlen.

Ging Signor Fiorello ins Theater, um ein Drama, eine Oper oder ein Konzert zu genießen, so verließ er das Haus in der Regel nach dem ersten Akt oder dem ersten Stück. Von einem Drama von fünf Akten hatte er sich einmal zwei angesehen, aber das war schon ein außergewöhnliches Ereignis, und als er eines Abends durch irgendeinen verdammten Zufall bis zum dritten Akt festgehalten worden war, hatte er das Theater in heller Wut verlassen, hatte seinem Unmut in unwürdigster Weise Luft und sich selbst die heftigsten Vorwürfe gemacht, daß er sich ein solches Machwerk ohne Sinn und

Verstand angehört habe, das nur dazu geschaffen schien, harmlose Unwissende zu täuschen. Sooft er aber nach dem ersten Akt fortging, hob er die Augen verzückt zum Himmel und hatte ein verklärtes Lächeln auf den Lippen, war heiter und zufrieden – was für ein kraftvoll aufgebautes Stück! Ein Meisterwerk.

Hier nun müssen wir uns fragen, wie sich ein solcher Mann in der Liebe verhielt. Ging er den Frauen möglichst aus dem Wege, weil er fürchtete, er könnte bei jeder Annäherung wie in Treibsand bis zum Hals einsinken? War er überzeugt, er müsse die Frau, diesen schlimmsten Feind des Mannes, fliehen wie die Pest? War er ein wütender, unverbesserlicher, wilder Frauenhasser? Ach wo – er war in die Frauen vernarrt, ein unersättlicher, nimmersatter Liebhaber, besessen von Leidenschaft und lyrischen Gefühlen, unübertrefflich, von niemandem je übertroffen: Don Giovanni und Casanova zusammen haben nicht so viele Frauen geliebt wie er.

Seine Liebe galt grundsätzlich der Frau am Fenster: in dieser Gestalt hielt er sie für erhaben, ideal, göttlich, absolut vollkommen. Ging er durch eine Straße und bemerkte eine Frau am Fenster, so blieb er sofort wie vom Blitz getroffen stehen und starrte sie an, als habe er einen geheimnisvollen Ruf vernommen oder als sei ihm eine übernatürliche Vision zuteil geworden. War er endlich seiner Verwirrung Herr geworden, ging er ein paar Schritte weiter, nur um gleich darauf, wie von einer unwiderstehlichen Macht oder einem Magnet angezogen, zum Fenster zurückzukehren. Und wieder blieb er staunend stehen und sah unverwandt auf die geliebte Frau, entzückt, in ihren Anblick verloren; das konnte er ins Unendliche fortsetzen.

Am Tag danach war er wieder dort. Wer hätte ihn von einem so geweihten Platz fernhalten können? Dieses Fenster bedeutete für ihn eine Öffnung ins Paradies.

Er sah zu der vergötterten Frau auf in einer müßigen, ein wenig gelangweilten Haltung, ins Leere blickend wie jemand, der auf wer weiß was wartet, worauf wußte er selbst nicht genau, denn alles, was geschieht, kann in einem solchen Seelenzustand Eindruck machen: die auf die Fensterbrüstung gestützten Arme, deren Finger womöglich auf das Fensterbrett trommeln, um einen nicht in Worten ausdrückbaren Gedanken zu begleiten. Er sah diese Frau, wie sie die großen Dichter des »dolce stil novo« und die Künstler der Renaissance

gesehen hatten: als die schönste Blume, die man in einem Zauber-
garten pflücken kann. Und immer erregter ging er auf und ab und
genoß Augenblicke eines erhabenen seelischen Gefühls.

Wie aber verhielten sich die Frauen einem solchen Menschen
gegenüber?

Zunächst müssen wir vorausschicken, daß Signor Fiorello unzählige dieser Fensterpromenaden unternommen hatte; freilich fällt
bekanntlich nicht alles nach Wunsch aus, und die Liebe schon gar
nicht. Aber zugleich darf man nicht vergessen, daß die Anteilnahme
und Bewunderung, die eine Frau in Männern erregt, von diesen auf
sie zurückstrahlt; dem kann sie sich nur schwer entziehen, denn das ist
ein so natürliches Geschehen wie der Aufgang der Sonne am Morgen
und ihr Untergang am Abend. In jedem solchen Fall wird eine Frau
neugierig, wenn sie nicht geradezu die Haltung einer verführerischen
Erwartung einnimmt, wie sich der Handel wohl entwickeln werde –
schon weil Signor Fiorello nicht nur ein schöner Mann war, sondern
in seiner ganzen Erscheinung seine Zugehörigkeit zur besten Gesellschaft erkennen ließ: kurz, ein wirklicher Herr war. Immer jedoch
mußten diese Frauen erleben, daß die Geschichte nicht um ein mil-
lionstel Millimeter voranging, die Lage blieb so wie am ersten Tag.
Manch eine hielt ihn daher für einen schüchternen Liebhaber. Sie hatte ihm mit Zeichen offenen Wohlgefallens, ja des Einverständnisses
geantwortet und sich am Fenster pünktlich zu der Stunde eingefunden, da er gewöhnlich unten stand; also nahm sie die Sache selbst in
die Hand. Aber kaum machte sie ihm ein Zeichen, heraufzukommen
oder auf sie zu warten, weil sie selbst hinunterkommen wollte, um
diese völlig festgefahrene Situation zu klären, verschwand Signor
Fiorello augenblicklich, mit einer so unnachahmlichen Leichtigkeit,
wie ein Nebelwölkchen vor der Sonne vorüberzieht. Auf dieser Straße
würde niemand ihn mehr zu Gesicht bekommen. Wie alles im Leben
ein Ende nimmt, wie die Blume, kaum ist sie erblüht, welkt und stirbt,
so war auch diese Liebe zu Ende, erloschen. Er ging in eine andere
Straße auf der Suche nach einer anderen Blume, unter ein anderes
Fenster, um eine neue Liebe zu finden.

Wieder war er einige Tage, von Leidenschaft entflammt, unter
einer dieser himmlischen Öffnungen hin und her spaziert, in denen
gewöhnlich ein Engel erschien; da fand er eines Tages neben dem
schönen Engel einen rohen Kerl, zweifellos den Ehemann, der mit

geballten Fäusten am offenen Fenster stand und den eifrigen Verehrer entschlossen fixierte. Für solche Fälle besaß Signor Fiorello geradezu wunderbare Beine; die setzte er rasch in Bewegung.

Andererseits war es ihm nie passiert, daß seine Glut mit einem Eimer Wasser über den Kopf gelöscht worden wäre; dazu kam es schon darum nicht, weil er sich immer auf dem Gehsteig gegenüber dem Gegenstand seiner Liebe aufzustellen pflegte. Manchmal zog sich die Frau, nachdem sie ihm deutliche Zeichen des Einverständnisses gegeben hatte, vom Fenster zurück und schloß es geräuschvoll, oder sie ließ vorher ein *billet doux* auf die Straße fallen. Signor Fiorello hütete sich sehr wohl, es aufzuheben, und entfernte sich, ohne sich noch einmal umzudrehen. Für seine Liebe bedeutete dieses Stückchen Papier rein gar nichts; was auch darauf geschrieben stand, es war für ihn das erste Anzeichen von Verderbtheit. Nur ein einziges Mal, in einem jener schwachen Augenblicke, in denen uns scheint, als handelten wir gegen unsern eigenen Willen, drehte er sich zufällig um und sah, wie ein Herr dieses Billett aufhob, es aber, sobald er den Umschlag geöffnet hatte, empört in viele Stücke zerriß. Weil es ihn auf einmal interessierte, was darin gestanden hatte, lief er hinter ihm her und sagte:

»Verzeihen Sie, Signore, Sie haben gerade ein Billett aufgehoben und es, nachdem Sie es gelesen haben, sofort weggeworfen.«

Der Herr sah ihn mit gerunzelter Stirn an, mißtrauisch, ja drohend.

»Der Brief war an mich gerichtet, ich möchte nur gern wissen, was darin stand.«

»Ach so? Nun, das ist schnell gesagt: es war eine Botschaft in höchst gedrängter Form, sie enthielt nur ein einziges abschließendes Urteil: Dummkopf!«

»Hört, hört ... Was ist es Großes um die Liebe, mein Herr, sie ist das Größte, das dem Menschen gegeben ist, ein Geschenk von der Gottheit: welche Schönheit und Begeisterung, welch erschütternde Tiefe in alledem, kein Mensch wird sie jemals ausschöpfen.«

Rasch drehte er sich auf dem Absatz um und entschwand. Die Miene jenes Herrn wurde noch finsterer als zuvor, mit gerunzelter Stirn begann er hinter ihm herzugehen.

Wir sind Balkonschwängerer. GIOVANNI VERGA

GIORGIO BASSANI

Die Passeggiata

Noch heute ist es in Ferrara nicht selten, daß man beim Herum-
stöbern in irgendeinem alten Kramlädchen Ansichtskarten findet,
die gut ein halbes Jahrhundert alt sind. Sie sind vergilbt und von
Feuchtigkeit fleckig geworden. Eine dieser Karten zeigt den Corso
Giovecca, die Hauptverkehrsader der Stadt, wie sie damals, gegen
Ende des vergangenen Jahrhunderts aussah. Um diese Aufnahme zu
machen, hatte sich der Photograph mit seinem Stativ auf dem Bürgersteig aufstellen müssen – gegenüber der im Bild sichtbaren
Straßenseite, wo im Schutz der großen Markisen mit ihren flattern-
den Fransen in Reihen die Tische und Korbsessel des nun schon seit
Jahren verschwundenen *Gran Caffè Zampori* standen. Weiter rechts,
im Schatten, erhebt sich, gleichsam als Kulisse, das Städtische Theater, während auf der linken Seite des Bildes alles Licht liegt – das
goldene Licht einer Abenddämmerung im Frühling. Hier sind die
Bauten niedrig, nur einstöckige Häuser mit braunen Ziegeldächern,
und im Erdgeschoß hier und da ein kleiner Laden (eine Lebensmit-
telhandlung, ein Kohlenlager und eine Roßschlächterei); es sind arm-
selige Häuser, die 1930, als man beschlossen hatte, an dieser Stelle
den gewaltigen Palast der *Assicurazioni Generali* aus römischem Tra-
vertin zu errichten, erbarmungslos abgebrochen wurden.

Auch der Corso Giovecca selbst, der wie ein breiter, in perspek-
tivischer Verkürzung gesehener Strom den mittleren Platz auf der
Ansichtskarte einnimmt, ist recht verschieden von seiner heutigen
Gestalt. Heute ist er, würdig einer großen Stadt, prachtvoll asphaltiert.
Er ist ein langer, imposanter Boulevard, so breit und sauber, daß er die
Farbe des Himmels zurückwirft. Von den Trambahnschienen und den
weißen Fahrdämmen, auf denen Kaleschen und Fahrräder fuhren, ist
schon lange keine Spur mehr zu sehen. Wer weiß, was aus dem Eisen
der Straßenbahnschienen geworden ist; vielleicht hat sie wie so vieles
andere der letzte Krieg verschluckt. Die großen Pflastersteine aber,

die als Markierung des Fahrwegs gedient hatten – zwei parallel verlaufende Doppelstreifen neben den Straßenbahnschienen –, wurden vor einigen Jahren auf eine Wiese vor der Stadt gebracht, wo sie liegenblieben und bald mit Moos bewachsen waren.

Die Ansichtskarte ist, wie gesagt, der Abzug einer Photographie, und als solcher gibt er uns nicht nur darüber Auskunft, wie der Corso Giovecca gegen Ende des 19. Jahrhunderts aussah (eine breite Fahrstraße, voll von Kieselsteinen und so uneben wie das Bett eines Gießbachs – vielleicht erscheint deshalb unsere *Main Street* auf der Karte so viel lebhafter und verkehrsreicher als heute), sondern auch über das Leben, wie es sich in dem Augenblick, als der Photograph knipste, überall auf dem Corso abspielte: von der Ecke rechts mit dem Caffè Zampori, nur wenige Meter vom Standort des Photographen mit seinem Stativ, bis dort hinten, wo die schrägen Strahlen der Nachmittagssonne in der Ferne die rosafarbene Fassade der aus dem 18. Jahrhundert stammenden *Prospettiva* deutlich hervorheben, an die sich nur noch, unsichtbar für den Betrachter, die grüne Böschung des Stadtwalls anschloß.

Eine geringfügige Figur im Bilde dieses Lebens, an das heute kaum eine Erinnerung geblieben ist (das Bild ist übrigens an Einzelheiten nur im Vordergrund reich: da ist der Friseurgehilfe, der in der offenen Ladentür steht und in den Zähnen stochert; da ein Hund, der vor dem Eingang zur Roßschlächterei den Bürgersteig beschnüffelt – wahrscheinlich hat er eingetrocknete Blutspuren gefunden –; ein Schuljunge läuft über die Straßenkreuzung, und ein Herr in mittleren Jahren, im Gehrock und mit steifem Hut, schiebt mit erhobenem Arm den Vorhang vor dem Caffè Zampori zurück; ein prächtiges Viergespann, das des Herzogs Costabili vielleicht, der sich vor ein paar Monaten mit seiner Familie aus Rom in die Provinz zurückgezogen hat, nähert sich und schickt sich an, hinter dem Rücken des Photographen in scharfem Trab die sogenannte *Salita del Castello*, die Auffahrt zum Kastell, zu nehmen; aber je weiter der Blick den Corso Giovecca verfolgt, desto mehr verlieren Menschen und Dinge, eingehüllt in eine Art leuchtenden Staubs, Umriß und Gestalt) – eine geringfügige Figur also im Bilde der Hauptverkehrsader unserer Stadt an einem Spätnachmittag irgendwann im Mai gegen Ende des vorigen Jahrhunderts ist das junge Mädchen von etwa zwanzig Jahren, das sich in dem Augenblick, da der Photograph seine Aufnahme machte, und natürlich danach, als die

Kamera sie nicht mehr einfing, auf dem linken Bürgersteig des Corso Giovecca mit raschen Schritten zum verschwimmenden Stadtrand hin entfernte.

Der Teil des Tages hatte begonnen, welcher der Stunde des Abendessens vorangeht. Es war jener köstliche Augenblick, in dem die Luft Abkühlung bringt und sich die Nerven entspannen, jener Augenblick, in dem es die Bürger der Stadt, Angehörige der verschiedensten Stände, seit undenklichen Zeiten gewohnt sind, ihr Haus oder ihre Arbeitsstätte zu verlassen und auf den breiten Bürgersteigen des Corso Giovecca zu flanieren, bis die Straßenlaternen angezündet werden. Wegen dieser Vielfalt und Mannigfaltigkeit der Passanten kann man annehmen, daß unser junges Mädchen auf seinem Wege nur mit einiger Mühe im Auge zu behalten war, selbst wenn ihm ein Blick aus größerer Nähe folgte, der nicht die Gleichgültigkeit einer photographischen Kamera hatte. Nichts an der Gestalt des Mädchens war besonders auffallend oder erhob sich auch nur über das bescheidenste Mittelmaß. Es handelte sich keineswegs um eine Schönheit, wie sie auch zur Zeit des größten Verkehrs auf einer Hauptstraße allgemein auffällt, nicht um eine jener jungen Frauen, meine ich, die durch die ausgesuchte Eleganz ihrer Kleidung und Frisur und die majestätische Lässigkeit, mit der sie ihre Schritte setzen, Blicke der Bewunderung auf sich ziehen. Ganz im Gegenteil. Auf einer Gruppenaufnahme zum Beispiel verschwand ihr Gesicht gern und erschien als kleines, unscharfes Oval, ganz wie auf jener Photographie, die sie gerade jetzt, in Papier gehüllt, eng an die Brust gepreßt, vom Krankenhaus nach Hause mitbrachte – eine Aufnahme, auf der sie recht verloren zwischen den Ärzten in ihren weißen und den Schwestern in ihren grauen Kitteln stand.

Das Gesicht Gemma Brondis – dies der Name der jungen Krankenschwester, ein in Ferrara und Umgebung sehr geläufiger Name – war von der Art, von der es viele gibt, weder schön noch häßlich, wenn möglich noch alltäglicher und unbedeutender durch den Umstand, daß damals jungen Mädchen ihres Standes die Verwendung von Lippenstift, Schminke und Puder untersagt war, kurz, von ihnen der Verzicht gefordert wurde auf all jene kleinen Listen, die heute auch die jüngste Krankenschwester in unserem modernen Städtischen Krankenhaus, das zwischen 1920 und 1930 unten am Corso Giovecca entstanden ist, unfehlbar und oft mit Raffinesse anwendet, sobald ihr Dienst beendet ist. Das im Nacken zu einem großen Knoten geschlungene kastanienbraune Haar Gemma Brondis gab eine gewölbte, allzu massive Stirn frei, die mächtige, knochige Stirn einer Bäuerin, die in einem nicht einmal unangenehmen Gegensatz zu ihrem weichen Mund stand. Ihre Augen, von der gleichen Farbe wie das Haar, strahlten nur selten und dann gleichsam wie verstohlen in jugendlichem Glanz. Zumeist hatten sie einen furchtsamen, melancholischen Ausdruck, wie man ihn ähnlich in den sanft und geduldig dreinblickenden Augen von Haustieren findet. In Wirklichkeit vermochte auch ihr grauer Schwesternkittel, eine Art grober Schürze, eng in der Taille, die ihren stark entwickelten Busen nur noch mehr hervortreten ließ, sie nicht so unscheinbar zu machen und so zu tarnen, wie sie es sich vielleicht wünschte. In dieser Hinsicht mochte ihr Gang aufschlußreich sein – wie sie, einmal schneller, einmal langsamer, dicht an der niedrigen Mauer entlangging, die das letzte Stück des Corso Giovecca links einfaßte. Ihr herausfordernd starker Oberkörper, aus dem sich, von einem schwarzen Samtbändchen umschlossen, ein zarter, fast schmächtiger Hals erhob, bereitete ihr gewiß ein unbestimmtes Gefühl von Verlegenheit und Scham.

Es bleibt noch anzudeuten, was für Gedanken einem jungen Mädchen wie Gemma Brondi in diesem Augenblick durch den Kopf gehen mochten, das vor mehr als einem halben Jahrhundert angehende Krankenschwester im Städtischen Krankenhaus von Ferrara war. Was für Gedanken oder, besser gesagt, unbestimmte Empfindungen, die kaum an die Oberfläche des Bewußtseins dringen und – anders als das Bild des Corso Giovecca einst, das uns durch eine einfache Ansichtskarte getreu überliefert ist – keine Spuren zurückgelassen haben. Und doch, wenn man die Ansicht des Corso Giovecca, zu dieser besonderen Stunde des Tages und in diesem Augenblick seiner Geschichte, ein wenig auf sich einwirken läßt, wenn man diesen Ausdruck von Glück und Zuversicht in sich aufnimmt, den das fröhliche Flattern der Markisen vor dem Caffè Zampori noch verstärkt und der zumal von dem spornartigen Vorsprung des Städtischen Theaters ausgeht, wie man ihn von der Mauerbrüstung über dem Kastellgraben aus sieht – wie den Bug eines Schiffes, das freudig der Zukunft und der Freiheit entgegenfährt –, dann möchte man glauben, daß etwas von den Träumen und

Gedanken jenes zwanzigjährigen jungen Mädchens, das am Ende seines Arbeitstages nach Hause geht, Eingang gefunden habe in das vor uns liegende Bild, auch wenn dessen Gestalt selbst nicht festgehalten wurde.

Soviel ist gewiß, daß Gemma nach einem in den tristen Krankensälen des ehemaligen Klosters verbrachten Tag, in dem das Städtische Krankenhaus nach der Einigung Italiens provisorisch unzulänglich eingerichtet worden war, vollkommen unberührt blieb von dem Leben und Treiben auf dem Corso, über den soeben, die allgemeine Aufmerksamkeit auf sich lenkend, die Herzogin Costabili in ihrem Wagen gefahren war. Gedankenverloren und ganz ihren Jungmädchenträumen hingegeben, bewegte sie sich vorwärts, ohne überhaupt etwas zu sehen, so daß sie, als sie bis zur *Prospettiva* gekommen war und wie allabendlich mechanisch zu den drei rosa Wölbungen des Triumphbogens emporblickte, daß sie also in diesem Augenblick die ihr ins Ohr geflüsterten Worte (»Guten Abend, mein Fräulein!« oder etwas Ähnliches) vollkommen unvorbereitet und wehrlos fanden, sie abwechselnd rot und blaß wurde und erschrocken, wie auf der Suche nach einem Ausweg, um sich blickte.

»Guten Abend, mein Fräulein«, hatte die Stimme geflüstert, »gestatten Sie, daß ich Sie begleite?«

Dies waren die Worte oder, wie gesagt, sie waren es ungefähr. Wie sie genau lauteten, hätte keiner der beiden sagen können, weder Gemma Brondi noch der, der sie ausgesprochen hatte. Und wer anders als diese beiden hätte sie aufnehmen und gar in der Erinnerung bewahren sollen? Zumal gerade in diesem Augenblick die Glocken der nahegelegenen Kirche von Sant'Andrea zu läuten begannen. Das Läuten drang auch, gedämpft, herübergetragen von dem nun frischer wehenden Wind, zu dem Photographen, der am anderen Ende des Corso über seinen Apparat und das Stativ gebeugt stand, um beides zusammenzupacken – drang auch zu ihm und sagte ihm, daß zumindest für diesen Tag seine Arbeit zu Ende war.

MICHELA MURGIA

Wir haben in derselben Straße gespielt

Auf diese Weise findet man in Crabas wahre Geschwister, denn von derselben Mutter geboren zu sein, hat noch niemals Zugehörigkeit gestiftet, nicht einmal unter Katzen. Geheiligt werde der Respekt für das Fleisch von unserem Fleische, doch die Straße und die Tatsache, zusammen gespielt zu haben, schmiedet die Kinder durch festere Bande zusammen, die bis ins Erwachsenenalter halten. Zeugung ist nichts, was sich von selbst versteht. Das Blut folgt verschlungenen Wegen, und darum glaubt kein Kind ernsthaft daran, dass ein gemeinsamer Familienname auch Garant für einen gemeinsamen Ursprung ist.

Wie man geboren wurde, das muss man sich mehrfach erklären lassen, und vermutlich deshalb versuchen viele Erwachsene ihr Leben lang, sich von der zufälligen Verwandtschaft zu befreien und sie durch eine andere, durch pure Willensakte angenommene, zu ersetzen. So werden Trauzeugen zu Brüdern. Patenonkel und Patentanten der eigenen Kinder werden zu Gelegenheitseltern. Gefährten und Gefährtinnen finden sich zu Beginn jedes Sommers, in der Johannisnacht, wenn die ganze Insel im Widerschein der vielen Feuer leuchtet, die man Hand in Hand überspringt, um eine Verwandtschaft zu stiften, die keiner Mutter etwas schuldig ist. Ganze Stammbäume sprießen aus Feuer und Wein, aus Schuld und Weihwasser. Doch nicht einmal diese uralten Rituale binden die Erinnerung des Herzens so sehr wie die gemeinsamen Kinderspiele auf der Straße.

Welche Familienbande könnten es mit gewissen Sommernachmittagen aufnehmen, an denen man zum ersten Mal unter dem Jubel der Spielkameraden einen Ball ins Tor schoss oder eine Riesenlibelle befreite, die sich in einem Schmetterlingsnetz verfangen hatte? Was kann der Ruf des eigenen Blutes ausrichten gegen das Bewusstsein, Auslöser für das erste blutige Knie eines Freundes zu sein? Kein Weihnachtsfest im Kreis der Familie behauptet sich in der Erinnerung gegen den Wind im Gesicht bei bestimmten freihändigen Abfahrten auf dem Fahrrad, gegen die Lichtreflexe auf dem dunklen Zopf des schönsten Mädchens im Dorf oder die glühende Scham, mit der man gemeinsam, sprachlos und schweigend, eine im Gebüsch gefundene Erwachsenenzeitschrift durchblätterte. Aus dieser verlorenen Unschuld entsteht der geheime Pakt der wahren Komplizenschaft, die maßgebliche Kraft der ersten gemeinsamen Gewissheiten, die keine Familie außer Kraft setzen kann.

In den Cafés hört man so tatsächlich manch Erwachsenen reden, Männer, die vom Leben schon tausendmal belohnt und enttäuscht worden sind und die sich gegenseitig noch immer der kindlichen Verbindungen von der Straße versichern wie einer gemeinsamen Geburt – *Wir haben zusammen gespielt.*

Alle am Meer, sagte die Zeitung. Ich ging ans Meer, ich langweilte mich, ich wußte, daß ich mich langweilte, und ging doch weiter ans Meer. Ich glaubte, mich zu amüsieren. Ich stand jeden Sonntag morgen gegen acht Uhr auf, legte den Bademantel, die Badehose, das Fläschchen mit dem Sonnenöl gegen die Verbrennungen ins Auto und machte, daß ich wegkam, bevor der Verkehr zum Stocken kam, aber er stockte immer schon, wenn ich beim Bahnhof von Trastevere war, wo die Autos von drei Seiten her zusammenkommen, von der Porta Portese, vom Viale Trastevere und von der Circonvallazione Gianicolense. Man brauchte eine halbe Stunde, bis man unter der Eisenbahnbrücke durch war. Ich schloß alle Fenster, um nicht die Auspuffgase der andern Autos einatmen zu müssen, und verging dann schier vor Hitze, dann öffnete ich die Fenster wieder und atmete die Auspuffgase ein. Meine Nachbarn in ihren Autos schienen mir alle zufrieden, und ich fühle mich in der Mitte zufriedener Leute wohl, weil ich sicher bin, daß sie nichts gegen mich haben. Alle am Meer, sagte die Zeitung.

LUIGI MALERBA

Geschichte ist immer da

LEONARDO SCIASCIA

Eine Stadtgründung

Anzio, am 12. Oktober 1925: »Wenn ich an der Feier einer Grundsteinlegung teilnehme, bin ich meistens bedrückt, weil ich festgestellt habe, daß manchmal das Gras über den ersten Stein wächst,
bevor der zweite gelegt wird.« Aber in den Archiven des Istituto
Luce gibt es sicher Tausende von Filmberichten, wo Mussolini bei
einer Grundsteinlegung alles andere als bedrückt wirkt, sondern in
Anspielung auf seine Erfahrung als Maurer in der Schweiz, von der
man in den Schulbüchern las, lustig und geschickt die Kelle hand-
habt, um das Loch im Stein zuzumauern, in das die Urkunde mit
seiner Unterschrift hineingelegt worden ist. Was veranlaßte ihn also
in Anzio zu jener so melancholischen und skeptischen Bemerkung?
Eine Vorahnung? Eine Nachricht?

Ein Mann mit Vorahnungen scheint er nicht gewesen zu sein.
Vielleicht hatte ihn die Nachricht erreicht, daß über dem Grundstein, den er ein Jahr zuvor im Gebiet von Caltagirone zur Gründung einer Stadt namens Mussolinia gelegt hatte, im Schatten der
Korkeichen üppig das Gras wuchs; und da sich diese Nachricht mit
der Erinnerung an die Zwischenfälle verband, die seinen kurzen
Aufenthalt in der Stadt von Don Sturzo[*] mehrfach gestört hatten,
erweist sich seine bedrückte Stimmung durchaus als gerechtfertigt.

---

[*] 1905–20 Bürgermeister von Caltagirone, gründete 1919 die katholische Volks-
partei Partito popolare italiano; Gegner des Faschismus (A. d. Ü.)

Zwischenfälle, die in Art und Rhythmus an die Schlußszenen der Komikerkurzfilme von damals erinnern: von der Vertauschung seiner Melone (einen Moment abgelegt und dann wieder aufgesetzt, und schon stand der Duce da mit einer schäbigen Clownsmütze auf dem Kopf) bis zu einem, wie man hier wirklich sagen kann, unerhörten Pfeifkonzert. Gepfiffen hatten die Ziegenhirten, eine damals unglaublich große Zunft mit einer derartigen Geschicklichkeit im Pfeifen, daß sie den Eisenbahnlokomotiven den Rang streitig machten. Der Vergleich kommt nicht von ungefähr. Denn die Ziegenhirten waren gekommen, um den Regierungschef auszupfeifen, weil die Regierung angeblich entschieden hatte, die Arbeiten am Bau der Eisenbahnlinie Gela—Caltagirone einzustellen. Warum die Ziegenhirten in dieser Hinsicht so empfindlich waren, ist ein Geheimnis. Vielleicht wünschten sie sich die grasbewachsenen staatlichen Böschungen herbei, um ihre gefräßigen Herden auf sie loszulassen. Vielleicht standen sie unter dem Einfluß von jemandem, der Mussolini zeigen wollte, wie wenig die örtliche Parteifraktion tauge, der er sein Vertrauen geschenkt, und wie stark dagegen die andere sei, die er zurückgewiesen hatte. Auszuschließen ist offenbar, daß die Ziegenhirten Anhänger Don Sturzos waren und deshalb Ressentiments hegten: Die Zukunft der Stadt und ihr künftiges Geschick waren nun dem anvertraut, der, als Giacomo Barone in Caltagirone geboren, durch die Heirat mit Camilla Paulucci di Calboli in Forlì zu Paulucci di Calboli Barone Giacomo, Marchese und Conte geworden war (so im Register des Standesamtes von Caltagirone). Giacomo Barone war zu der Zeit Kabinettschef im Außenministerium, das von Mussolini geführt wurde: *Il messaggero siciliano*, ein vierzehntägig erscheinendes Lokalblatt, veröffentlichte am Vorabend des Festes eine Photographie, auf der sich der berühmte Bürger der Stadt, hinter dem sitzenden Duce stehend, mit respektvoll vertraulichem Lächeln über das Blatt beugt, das der Duce gerade liest.

Überflüssig zu sagen, daß Giacomo Barone Verwandte in Caltagirone hatte, darunter einen Onkel, der in der siegreichen faschistischen Fraktion natürlich einen erheblichen Einfluß hatte. Doch kommen wir zum Ablauf des Festes.

Aus Catania kommend, traf der Zug des Duce am Abend des 11. Mai in Caltagirone ein. Erwartet wurde er von dem Polizeikommissar und Abgeordneten Benedetto Fragapane, Senator Gesualdo

Libertini, den Abgeordneten Pennavaria und Libertini, dem Ober-
offizier Silvio Milazzo, dem Grafen Gravina und den Baronen Libertini, Chiarandà und d'Urs … Es bildete sich ein Autokorso von sieben
Wagen, der, während es von den »vor Damen überquellenden Bal-
kons« Blumen und Handzettel in den Farben der Trikolore regnete,
die prächtig illuminierte Stadt durchquerte, vor dem Parteilokal der
Faschisten hielt und dann weiterfuhr zum Haus des Barons d'Urso,
wo »der Präsident verweilt und sich mit den Damen und Herren unterhält, die ihm ihre Ehrerbietung bezeugen, während ein üppiges
Festmahl serviert wird«. Später im Rathaus ernennt der Abgeordnete
Fragapane den Duce zum Ehrenbürger von Caltagirone; der Duce
dankt, setzt zu einer Rede an, heißt es in *Il messaggero siciliano*, die das
Publikum elektrisiert, und erntet aufrichtigen und wiederholten
Applaus. Nicht weniger aufrichtig und wiederholt ertönen vom Platz
die Pfiffe der Ziegenhirten. Die aber registriert der Berichterstatter
nicht. Dann folgen die Besichtigung einer Keramikausstellung und
eine Kranzniederlegung an der Büste von Giorgio Arcoleo, der sich
Verdienste erworben hat als Verfechter des staatlichen Wiederaufbaus
und weil er früher unter seinen Schülern Giacomo Barone bevorzugt
hat. Schließlich ein Abendessen, von dem das »Consommé in den
Farben der Trikolore« und das »Dessert nach Jahreszeit«, das heißt
Eistorte, erwähnenswert sind. Dabei entsprach letzteres offenbar gar
nicht so sehr der Jahreszeit, wo man doch auf den Photographien
Mussolini immer im Mantel sieht und am nächsten Morgen mit Pelz-
oder Samtmütze als Ersatz für die verschwundene Melone.

   »Die neue Gartenstadt«, schreibt die Zeitung, »erschien dem Präsi-
denten und seinem zahlreichen Gefolge in trikolorefarbenem Sonnenglanz.« Nicht, daß es die Stadt schon gegeben hätte: in der weiten,
dicht mit Eichen und Oliven bewachsenen Ebene (achtzigtausend Oli-
venbäume und noch mehr Eichen) standen erst zwei der sechzehn
Türme, die um den zentralen Platz herum errichtet werden sollten,
um einen kreisförmigen Säulengang zu akzentuieren. Die Stadt, so
wie sie der Architekt Saverio Fragapane konzipiert hatte, war auf
einer Medaille abgebildet, die dem Duce und den anwesenden Amts-
vertretern überreicht wurde. Es war gegen neun Uhr morgens, als
man zur Grundsteinlegung schritt. Von Hand zu Hand gereicht,
gelangte die Metallröhre mit der in Latein abgefaßten Urkunde, die
Mussolini unterschreiben sollte, bis zu dem Abgeordneten Fragapane.

Der Abgeordnete öffnete die Röhre: Die Urkunde war nicht mehr da. Auf die Bestürzung folgte eine fieberhafte Suche. Mussolini wurde nervös, riß ein Blatt aus irgendeinem Notizbuch und schrieb jene Sätze, die irgendwer noch rechtzeitig abschreiben konnte, bevor der Stein sie verschluckte: Man kann sie nachlesen auf Seite 269 des 20. Bandes in *Sämtliche Werke*. Um zehn Uhr fuhr Mussolini im Automobil nach Ragusa weiter: in ziemlich düsterer Stimmung, aber nicht, ohne den wunderschönen Strauß Rosen der Sorte *Remigia* mitzunehmen, den ihm die Baronin Grazietta di San Marco geschenkt hatte.

In der verschwundenen Urkunde hatte im Latein des Eisenbahninspektors Cavaliere Nicolò Vitale und eines gleichnamigen Lehrers gestanden, Santo Pietro, das Land, auf dem Mussolinia erstehen sollte, sei »den treuen Bürgern von Caltagirone« von König Roger geschenkt worden. Somit hätte schon der Grundstein eine Unwahrheit enthalten sollen. Denn die treuen Bürger hatten für jenes Stück Land vierzigtausend Tari bezahlt, plus die jährlichen Abgaben von weiteren fünftausend, plus zweihundertfünfzig Matrosen, die auf Anforderung des Königs bereitzustellen waren. Aber das Land, das sich über rund fünftausend Hektar fruchtbaren Bodens erstreckte, war den gewaltigen Preis wert. Wie Don Sturzo zu sagen pflegte, konnte sich Caltagirone im Verhältnis zur Zahl seiner Einwohner als die reichste Gemeinde Italiens betrachten; und das ist, trotz aller Aufteilung und Parzellierung, vielleicht noch heute so.

»Ein fröhlicher Anfang ist ein gutes Geleit«, würde Boiardo sagen. Die Fälschung, die Zwischenfälle, vorbereitet wie »Gags« in einem Komikerfilm, die Anwesenheit der Barone, die Breitseite der Pfiffe: alles führte hin zum krönenden Abschluß des Streichs einer Stadt, über deren Existenz allein Mussolini eine Zeitlang getäuscht und die in *Le cento città d'Italia* (Die hundert Städte Italiens) abgebildet wurde. Anscheinend lag Mussolini sehr viel an dieser nach ihm benannten Stadt, und ständig forderte er Meldungen und Berichte an, weshalb irgendwann zur Beschwichtigung des ungeduldigen Duce ein Album zusammengestellt wurde, das Mussolinia in seiner ganzen Pracht vorführte. Möglicherweise war Mussolini ein wenig überrascht, anstelle eines vorweggenommenen Piacenza, wie es dem Entwurf des Architekten Fragapane entsprochen hätte, eine Stadt aus lauter kleinen *Fin de siècle*-Häuschen zu sehen; aber die Befriedigung über das in seinem Namen vollbrachte Werk muß so groß gewesen sein, daß sie jede aufkommende Kritik oder jedes Mißtrauen besiegte. Doch da erreichte ihn aus Caltagirone von der verdrängten faschistischen Fraktion (die offenbar dem faschistischen Politiker Starace nahestand) eine Photographie, auf der die Stadt am Meer zu liegen schien, mit dem zarten Hinweis, Caltagirone besitze nun nicht nur seine Satellitenstadt, seine Gartenstadt, sondern außerdem schlage auch noch das Meer an seine Mauern.

Ein Ermittlungsverfahren unter Leitung des Anwalts De Marsico wurde eingeleitet, dessen Akten und Ergebnisse bis heute geheim geblieben sind. Die einzigen Opfer waren der Abgeordnete Fragapane, der mit seiner Entfernung aus dem öffentlichen Leben bezahlte, und die Gemeinde Caltagirone, die die aufgenommenen Kredite an den Banco di Sicilia zurückzahlen mußte. Aber offenbar war Fragapane, der offiziell als der Hauptschuldige an dem Streich galt, in Wirklichkeit gar nicht dessen Urheber und schon gar nicht dessen Nutznießer. Die tatsächlichen Nutznießer wurden nicht bestraft; man mußte die Sache einstellen und unter Schweigen begraben; von Mussolinia durfte nicht mehr die Rede sein. Und wer weiß, ob nicht in einigen Jahrhunderten ein Archäologe, wenn er auf das Heft über Caltagirone aus dem Verlag Sonzogno stößt, nicht im Wald von Santo Pietro anfangen wird zu graben, auf der Suche nach der Gartenstadt.

Wir werden nicht darauf verzichten, literarische Fiktionen zu lesen, denn sie sind es, in denen wir nach einer Formel suchen, die unserem Leben einen Sinn gibt. Im Grunde suchen wir unser Leben lang nach einer Geschichte unseres Ursprungs, die uns sagt, warum wir geboren sind und warum wir leben. Manchmal suchen wir nach einer kosmischen Geschichte unseres Ursprungs, der Geschichte des Universums, manchmal nach unserer persönlichen Geschichte (die wir unserem Beichtvater oder unserem Analytiker erzählen oder einem Tagebuch anvertrauen). Manchmal hoffen wir, unsere persönliche Geschichte mit der des Universums in eins zu bringen. UMBERTO ECO

ANTONIO TABUCCHI

Die hydraulische Gleichheitsmaschine

Es war ein gnadenloser Winter, das Feuer aus Schilfrohr rauchte zwar sehr, wärmte aber kaum und ging sofort wieder aus, und Holz war zu teuer. Seit einer Woche lag Borgo unter einer unerbittlichen, zähen, glänzenden Schneedecke. Der Campanile schwieg. Der Mesner mied die Glocken, weil die Seile so scharf wie Messer waren, und Don Milvio hatte aufgrund der Kälte darauf verzichtet, die Kommunion auszuteilen. Er hätte auch gern darauf verzichtet, die drei Sterbesakramente zu spenden, um die man ihn aus Aberglaube und widerwillig gebeten hatte, aber er konnte nicht nein sagen. Mit einer Wärmflasche unter der Soutane verbrachte er Stunden an den Fenstern des Pfarrhauses und wischte mit dem Ärmel die beschlagenen Scheiben ab, um ein Loch zum Durchschauen zu haben. Er beobachtete die wenigen Menschen, die, in schwere Wintermäntel gehüllt, vorbeigingen, und dachte an die Hydraulik und an den Heiligen Hieronymus, der wenigstens aus freiem Willen Heuschrecken gegessen hatte. Don Milvio hatte begriffen, daß die Ungläubigkeit bei den Reichen eine andere Bedeutung hat als bei den Armen: erstere sind ungläubig, weil sie es sich leisten können, zweitere aus Verzweiflung. Deshalb brachte er Stunden damit zu, eine »hydraulische Gleichheitsmaschine« zu entwerfen. Sie bestand aus einer zentralen Pumpe, die mitten in der gemeindeeigenen Kornkammer stand und alle Vorräte der *Fattoria* aufnahm. Die Pumpe verfügte über einen Verteiler, der das Korn, das durch die Öffnungen eindrang, zu anderen Pumpen weiterleitete, an denen Schläuche festgemacht waren, die durch die Fenster der Kornkammer quer durch ganz Borgo führten, wie die Beine einer riesigen Spinne. Von den Fenstern des Pfarrhauses aus konnte Don Milvio die Schläuche der Maschine, die sich auf Borgo herabsenkten, sehr gut sehen, und er hörte sogar, wie das Korn in den Metallschläuchen herumwirbelte und ein Geräusch verursachte, das klang wie Hagel auf Dachziegeln.

»Du bist heute zehn Minuten zu spät dran«, sagte Don Milvio mit gespieltem Vorwurf zum Mesner.

Beim ersten Glockenläuten kamen die Leute mit Säcken aus den Häusern, und Don Milvio lief zu den Seitenfenstern, um alle Stellen zu überblicken, an denen Korn verteilt wurde. Das Hauptrohr mündete auf die Piazza, wo sich bereits ein paar Leute anstellten, aber um die Verteilung zu beschleunigen, führten vier weitere Schläuche zu den wichtigsten Punkten des Dorfes. Don Milvio dachte bereits an eine ausgeklügelte Änderung; am zentralen Verteiler sollten Schläuche befestigt werden, die so dick wie Regentraufen waren und strahlenförmig direkt in die Fenster der Häuser führten. Gewiß, das war eine etwas zu luxuriöse Änderung, die sehr komplizierte Berechnungen erforderte: diesen Winter tat es auch noch die ursprüngliche Maschine. Und Don Milvio legte die Stirn an das mit Eis beschlagene Fenster und beobachtete die streunenden Hunde auf dem Kirchplatz, die versuchten, die Kirchentür mit der Schnauze aufzustoßen.

An dem kurzen Nachmittag des dreiundzwanzigsten Januar jedoch, genau in dem Augenblick, in dem die Vision der Maschine vom Anblick der streunenden Hunde abgelöst wurde, sah er unten auf der Straße Garibaldo vorbeigehen, und er konnte der Versuchung nicht widerstehen: Er riß das Fenster auf, auf die Gefahr hin, sich eine Lungenentzündung zu holen, und rief ihm eine Einladung zu, die keinen Widerspruch duldete und die sofort in der Luft kondensierte:

»Garibaldo, komm einen Augenblick herauf!«

Und da Garibaldo, verdutzt und argwöhnisch, sich nicht entschließen konnte hinaufzugehen, ließ Don Milvio alle Bedenken hinsichtlich seiner kirchlichen Würde fahren und ging selbst hinunter, in Pantoffeln und mit der Wärmflasche in der Hand, bis zum gefrorenen Schnee an der Schwelle.

»Worauf wartet ihr, warum nehmt ihr euch nicht Korn aus der gemeindeeigenen Kornkammer«, brach es aus ihm hervor, »wollt ihr an Hunger sterben wie ein Haufen Idioten?«

Und da Garibaldo, noch verdutzter, ihn mit offenem Mund anstarrte, ohne eine Antwort zu finden, zog sich Don Milvio hinter die Tür zurück, weil die Kälte größer war als seine Überzeugung, und sagte abschließend:

»Ihr seid alle Kinder Gottes, ihr seid alle gleich, also gehört das Korn euch allen.«

Garibaldo blieb ein paar Minuten unter der Regentraufe stehen, ohne die eisigen Tropfen zu spüren, die ihm in den Halsausschnitt fielen; dann stellte er den Mantelkragen auf und ging schnell zur Kornkammer. Als er nach Hause kam, war es bereits stockfinster, er schüttelte den gefrorenen Schnee ab und verkündete Esperia, die schon in Sorge auf ihn gewartet hatte:

»Unsere einzige Chance ist, die Kornkammer der Gemeinde aufzubrechen.«

»Sie haben Wachen davor aufgestellt«, gab Esperia zu bedenken.

»Es sind vier, und die Kornkammer ist zum Bersten gefüllt. Ich habe sie heute abend gesehen. Ich bin hineingegangen und hab' ein wenig davon mitgenommen, um es im Dorf herzuzeigen. Es stammt aus der *Fattoria*, schau, wie weiß es ist.«

Er nahm eine Handvoll aus der Tasche. Er hatte überall Korn eingesteckt, und wenn er sich bewegte, rieselte es aus seiner Hose.

»Jetzt gehe ich ins Dorf und zeige es allen. Sie wollen, daß wir an Hunger sterben, aber wir nehmen uns das Korn.«

Die ganze Nacht ging er von Haus zu Haus und verteilte Getreidekörner. Er betrat die Häuser, spreizte die Beine, schüttelte die Hosenbeine und pißte Korn. »Die Kornkammer der Gemeinde«, sagte er, »ist zum Bersten voll. Keine Rede von Hungersnot. Und wir können kein Brot kaufen, weil es sündteuer ist. Wir sind ein Haufen Idioten. Gute Nacht euch allen.«

Am Morgen hatte sich eine schweigende und blaugefrorene Menge auf der Piazza eingefunden. Sie hatten leere Säcke und Schaufeln mitgenommen, aber auch vielseitig verwendbare Mistgabeln, denn Garibaldos Getreidekörner hatten in der Nacht gegärt und Zorn hervorgebracht. Der erste, der Garibaldo folgte, war angeblich der Vater Guidones, der von den Umständen dazu gezwungen wurde, denn sein Sohn verschlang ein Kilo Brot am Tag, und wenn er es nicht bekam, spielte er verrückt und demolierte das Haus. Dann folgte ihm auch die Menge, die Menschen schrieen, *Nieder mit dem König*, traten die Türen ein, rannten die vier erschrockenen Wachen nieder und brachen in die Kornkammer ein. Sie deckten sich für den ganzen Winter ein. Garibaldo stand auf einem Bottich und überwachte die Plünderung, er achtete darauf, daß alle gleich viel bekamen. Als ein Trupp berittener Wachen mit Säbeln und Stöcken zur Verstärkung eintraf, gab er gerade ein paar Nachzüglern Anweisungen, und sie wurden auf frischer Tat ertappt, sie hatten nicht einmal bemerkt, daß Don Milvio, der sie warnen wollte, beide Glocken hatte läuten lassen.

Mitten auf der Piazza wurde eine Bühne in den Farben der Trikolore errichtet. Aus einem Lautsprecher, den man zwischen Italien und der Demokratie angebracht hatte, plärrten vier Tage lang die National-hymne und ein Schlager, in dem es um Frieden und Freiheit ging, während von einem blau gepolsterten Auto aus kleine weiße Plakate mit dem Konterfei dessen verteilt wurden, der hier demnächst eine Rede halten sollte.

»Hast du begriffen, wer hier eine Rede halten wird? Die Partei, die Italien regiert. Es wird Arbeit für alle geben, an der Straße, die durch die trockengelegten Sümpfe führt, wird eine Fabrik eröffnet.«

Am Abend war die Piazza dicht bevölkert. Die Carabinieri pa-trouillierten auf den Straßen, um Unruhen und Raufereien zu ver-hindern; das Grammophon der Obst- und Gemüsegenossenschaft, dessen Stecker jemand herausgezogen hatte, gab die letzten heiseren Töne von sich: *cicà, bebè, uè, uè, uè.*

Als der Redner auf die Bühne stieg, verstummten gerade die Glok-ken, die feiertäglich geläutet hatten wie nach der Auferstehung, und es herrschte Grabesstille. Er begann seine Rede mit den Worten, daß er sich besonders freue, in einem derart fleißigen und gottesfürchtigen Dorf sprechen zu dürfen, wo den Frauen die Bescheidenheit und den Männern der gute Wille ins Gesicht geschrieben stünde. Dann sagte er, daß sie den Industriellen, der die Fabrik an der Straße durch die trockengelegten Sümpfe gebaut hatte, als ihren Wohltäter betrachten müßten, weil er sich gerade *für diesen Ort* entschieden hatte, um den Menschen Arbeit zu geben. Sein Ton ließ durchblicken, daß sie, die *an diesem Ort* zur Welt gekommen waren, nichts anderes als Hungerlei-der waren. Und dann kam er auf die Situation zu sprechen: daß man Geduld haben müsse, daß Rom nicht an einem Tag erbaut worden sei, daß »wir einer schönen Katastrophe entronnen sind«, daß alle früher oder später Arbeit finden würden; und daß die Aufmüpfigen (hier hob er einen mahnenden Finger wie vor ungehorsamen Kindern) es mit dem Gesetz zu tun bekämen. Da erklang vom Rand der Menge laut die Stimme Garibaldos:

»Euer Gesetz könnt ihr euch in den Arsch schieben!«

CARLO EMILIO GADDA

Carraria

Die apuanischen Ligurier, aber wohl noch nicht die Etrusker, hatten bereits seit einigen Jahrhunderten die Berge von Luni ausgebeutet, zur Errichtung ihrer Bauten, und vielleicht hatten sie schon, zur Urbs, über den Hafen von Luni nach Ostia schiffend, manch ein bewundertes Musterstück ihres schneeweißen Marmors gesandt. Bis Rom sie dann überwand: und aus den Apuanischen Gebieten (die sie aber die Pisanischen nannten) wurde eine erste eingemeindete Kolonie – etwa um 180–177 v. Chr.

Die neuen Einwanderer dürften die ersten im großen arbeitenden Marmorbrecher gewesen sein, die ersten »Industriearbeiter« und »Handwerker« des Marmors, die sich mit der Zeit zu Zünften *(collegia)* verbanden, gegliedert in eine Hierarchie von Bauarbeitern *(edili)*, Vorstehern der Steinbrüche *(vilici)* und Truppenanführern *(decuriones)*, die alljährlich neu gewählt wurden.

Die Zünfte hatten ihre Rechnungsführer *(rationales)* für die Inventarien und die Buchhaltung, und im Hafen sowohl von Luni wie von Ostia ihre *tabularii portuenses ad rationibus marmorum*, also eigentlich ihre richtigen, speziellen Spediteure. Die handwerklichen Unternehmerfirmen schlugen den Marmor aus und betrieben sowohl den Transport wie den Verkauf; sie entrichteten auch den gebührenden Zehnten an den Staat und die Tribute an die Gemeinde.

In den Bergen von Luni bestimmte der Bauherr die Abgrenzung und die Dauer der Konzession, indem er am Felsabhang ein sichtbares Zeichen *(pittacium)* anbrachte, um die Grenze zu markieren. Von den vielen ist ein meterhohes Zeichen erhalten geblieben, in riesigen Lettern in einem Steinbruch bei Gioia in den Fels gehauen. Über dem römischen Flachrelief, der sogenannten »Fanti Scritti«, was wohl ein *pittacium* darstellte, hämmerten Jahrhunderte später andere ihre Signatur ein: Giambologna und Canova (Gio. Bolo. 1595 – Canova 1800).

Rom kleidete sich mit der Zeit in jene Pracht und in den Glanz, zu welchen mit Hilfe der asiatischen Siege des Sulla und Lucullus – und wenn ihr's durchaus so wollt, des Pompeius – die starkgliedrigen und bärtigen Quiriten der guten Zeit der Antike führten: »barbutos illos«, wie Cicero sie nannte. Es scheint, daß als einer der ersten Mamurra auf dem Celius, in seinem neuen, glanzvollen Kriegs-gewinnlerhaus einige Säulen aus dem schönen Luni-Marmor errich-tete: Mamurra, der Liebling Caesars und Zielscheibe des spöttischen Catull. Im dritten Jahr des Feldzugs vertraute Caesar, der ja immer-hin seine Hühnchen und Hähnchen gut kannte, ihm die – könnte man sagen – technische Marineleitung in Britannien an: und dieser Bursche hatte im Handumdrehen, innerhalb weniger Monate, die berühmte Flotte aufgestellt, mittels derer der Prokonsul die Veneter überwand. Catull, stinkewütend, wirft beiden die schamlosen galli-schen Raubzüge vor. »Wir müssen alle zusammen im Krieg verrek-ken«, zischt er den Caesar an, »weil dieser euer Viehkerl (ich übersetz-ze mit Schamgefühl, ad usum Delphini) sich die Millionen Galliens und Britanniens schnappte!« Vielleicht waren's ein wenig erfundene Millionen, oder vielleicht hat sie der impotente Neid des Burschen vom Gardasee mit tausend multipliziert: aber ein paar Bohrscharrer und etwas Marmor mußten wohl tatsächlich eingetroffen sein, dort an den Abhängen des Monte Celius.

Mit Marmor aus Luni wurde die Pyramide des Cajus Cestius ver-kleidet; aus Marmor von Luni waren die Konsolen der Agrippa-Ther-men (Pantheon), der Tempel des Jupiter auf dem Kapitol, die Trajans-säule, der Tempel der Venus Genetrix, die Ara Pacis. Außerdem die Grabmäler, angefangen von der letzten Republik, und so weiter.

Die Urbs wurde also die größte Kundin der apuanischen Marmor-brüche, und Augustus sagte bei seinem Abgang, daß er eine Marmor-stadt hinterlasse, die er als eine Ziegelstadt vorgefunden habe. (Nach Sueton.) Es scheint, als ob er, der in jeder Weise die Ausbeutung und Bearbeitung unterstützte, von dort die beträchtlichen Materialien bezog, die er benötigte, wobei er regelmäßig die Kosten und den Transport auch bezahlte.

Tiberius jedoch wollte die Kolonisten zugunsten des Profits für das Kaiserhaus ausheben, und folgte damit seiner eigenen Leitlinie, die er in vielen Gold- und Silberminen in den Gebieten seines Kaiser-reichs anwandte. Er verschonte jedoch die privaten Steinbrüche, und gab sich damit zufrieden, aus diesen nicht Marmor, aber Steuern herauszuholen. Tiberius-Steuern!

Das späte Mittelalter und die Renaissance, mit dem neuen Genius Italien, bringen die Marmorbrecher erneut auf die gleißende Alpe. Luni ist verschwunden, unterm Schutt der Jahrhunderte: über den Ruinen des Amphitheaters bergen dichte grüne Büschel den mittäglichen Trauergesang der Zikaden und das Rascheln und Blitzen des Salamanders.

Wenige Kilometer von Luni entfernt, wo das Tal des Carrione vom Berg sich hinabsenkt zur leuchtenden Ebene, entsteht und wächst Carraria (*fortitudo eius in rota*), die Stadt der Karrner und der Zugtiere, der neue Sitz der Steinbrucharbeiter und der Anbieter, der wichtigste »Umschlag«, also der größte Sammelplatz, also der Markt der Marmorware. Ligurien, so sagt man, ist das Herkunftsland dieser Leute, dem Rom sich verband für seine Werke und vielleicht auch seinem Geblüt. Die Sprache aber zeigt deutliche Einflüsse und Akzente aus der Emilia.

Ein hochwichtiger Akt ist das Handschreiben der Maria Teresa, Herzogin von Massa, Prinzessin von Carrara, Erbprinzessin von Modena, das die Bezeichnung trägt: »Bekanntgabe vom 1. Februar 1751«. Im Kern besagt es, daß die Ausschlachtung der Marmorbrüche betrieben wird von privaten oder von »nachbarschaftlichen« Bergwerksverbänden der verschiedenen Gemeinden, so genannt nach dem klassischen Ausdruck *vicini*, also von Bewohnern eines *vico*, also von Mitbürgern, Einheimischen, Nachbarschaften von Arbeitern, den sogenannten »Mannschaften«.

Sowohl diese wie jene zahlen dem Fürsten Rechte, Steuern und Wegegeld. Juristisch ist die Sache kompliziert und oft verwirrend; ein Gesetz gibt es bis in die Zeit der Maria Teresa nicht oder doch kaum; man richtet sich nicht so sehr nach einem bestehenden Gesetz, als vielmehr nach einem Brauchtum, nach einer technisch-ökonomisch-sozialen Praxis, die durch Erfahrung herangereift und seit langem überliefert ist.

Unter Elisa Baciocchi zeigt sich der napoleonische gute Wille in der fürsorglichen Behandlung der »Akademie der Schönen Künste«, aus einem Geist der Erneuerung im Künstlerischen, Baulichen und Wirtschaftlichen: – und der drückt sich, ganz natürlich, auch in den Steuern aus. Es hagelt Steuern, und »das kräftige apuanische Volk«

zahlt sie: man kann nicht umhin. – Neue Dekrete werden erlassen in den Jahren 1851/52 durch Francesco V., Herzog von Modena: für Straßenbau oder dergleichen, im Dienst der Marmorbrüche, die nun für öffentlich benutzbar erklärt werden: und folglich: Enteignungen, Abbau-Gebühren etc. etc.

Laut Marcello Betti, dem wir diese Tatsachen entnehmen, bilden sich um die Mitte des Jahrhunderts zwei Kategorien von Unternehmern heraus, die von dem Reglement von Modena profitieren: die adligen Grundbesitzer von Carrara, die sozial und politisch vermitteln zwischen dem herzoglichen Hof und dem Volk: die tüchtigsten und schlausten Marmorhandwerker, die oft ihre ergatterten Konzessionen und die Fähigkeit zur Abbaunutzung an ihre Söhne vererbten, woraus dann die kleinen Dynastien der »Marmorfürstchen« entstanden.

Das liberale Königreich Italien wollte, nach 1870, neben den eingesessenen Abbaufirmen auch ausländische Unternehmer und Gesellschaften zulassen: englische, französische, belgische, amerikanische, deutsche, die der jahrhundertealten Industrie von Carrara neues Kapital und neue Technik zubrachten und damit, im Wettstreit, eine moderne Abbaupraktik.

Nach der Mitte des Dampf-Jahrhunderts begannen und entwickelten sich die Studien und die Bauunternehmen der Eisenbahn, der »Ferrovia marmifera«, die, unter der Leitung der gleichnamigen Gesellschaft (1875), im folgenden Jahr, 1876, in Betrieb genommen wurde. Die Konzession durchlebte stürmische Rechtsstreitigkeiten, getragen von den Gerichten, einschließlich des Kassationshofes des neuen Königreichs.

Die Eisenbahnlinie ist gebaut für Pendelverkehr, mit normaler Spurbreite, mit engen Kurven und rabenschwarzen Tunnels, klettert jedoch tüchtig und tapfer über steile Abhänge und überwindet auf kühnen Viadukten die marmornen Senken und erreicht so die höchsten und verborgensten *poggi* (d.h. die Sammelflächen).

Weitere Einrichtungen, die nicht weniger der Entwicklung der Marmor-Industrie dienten, sind die Verladerampen oder *ponti caricatoi* am Hafen von Carrara: die erste wurde vom englischen Ingenieur Sir William Walton eingerichtet und ersetzte mit großem Vorteil die antiken Verladeboote. Die Rampen reichen heute weit ins Meer hinaus bis zu den Punkten, wo die Frachtschiffe anlegen können.

Vieles müßte ich sagen über die Technik des Abbaus; von den frühen Ligurern bis heute. Die Verwendung von Sprengpulver (16. Jahrhundert) brachte eine Revolution des Verfahrens, die nicht immer vorteilhaft war, vor allem nicht, seit anstelle des alten »Kanonenpulvers« die modernen, gewalttätigen Sprengverfahren traten. Die Epoche der Sprengmittel bedeutet einen rascheren und wirtschaftlicheren Abbau, sie bringt aber auch sehr viel mehr Vergeudung und Verheerung mit sich, eine Anhäufung von Abfall entlang der Rinnen in die Senken.

Und diese Senken kannten vielleicht den Tritt eines Dante, als der Verstoßene von den Malaspina aufgenommen ward; gewiß aber den Tritt vieler jener Architekten und Bildhauer der Renaissance, die von der »Alpe di Luni« ihr Material holten – um es in Schönheit zu verwandeln. Nach Carrara ging, mehr als einmal, zwischen 1497 und 1525, der Schöpfer der »Nacht« und des gefesselten »Sklaven«.

Er stritt sich mit manch einem betrügerischen Lieferanten, wollte persönlich seine »Klötze« aussuchen, er mühte sich, schwitzte, zankte, auch er einer der Leute, derjenige, der imstande war, den »Propheten« aus dem Stein zu hauen und die Gesetzestafeln, derjenige, der: »... zugleich formt und färbt, Michael, mehr als sterblich, Engel, göttlich«, wenn mir erlaubt ist, das devote Wortspiel des Ariost zu zitieren.

Europa und die Welt erwerben in Carrara die noblen Sorten des Marmors, vom weißen Statuenstein bis zum violetten *paonazzo*, vom gescheckten bis zum roten Werkstoff. Italien zog ihn aus dem Bruch und wird seine unsterbliche Schönheit daraus ziehen, »Fleisch der leuchtenden Figuren-Glorie der unsterblichen Tempel«. Mögen sie unsterblich sein, die Tempel, wie im Wunschwort des Poeten.

Wer beleidigt, schreibt in den Staub, wer aber beleidigt wird, schreibt in Marmor.
GIAMBATTISTA BASILE

FRANCESCA MELANDRI

Option

»Vofluicht no amol!«, machte sich Hermann mit lauter Stimme Luft. *»Vofluichtes Scheisszoig!«*

Ihm war der Korb umgefallen, den er für einen Bauern zum Markt transportieren sollte, und Graukäse-Laibe in den verschiedensten Formen waren über den Boden gerollt.

Weder *»Maledizione!«* noch *»Caspita!«* hatte er geflucht, wie es die nun geltenden faschistischen Gesetze, nach denen in der Öffentlichkeit nur noch die italienische Sprache verwendet werden sollte, eigentlich vorschrieben. Und erst recht nicht *»Ostia!«* (Hostie), was zwar nicht illegal, weil italischer Herkunft, aber Gotteslästerung gewesen wäre. Nein, auf Deutsch hatte er geflucht. Oder genauer, im Dialekt. Nun kam aber gerade ein Beamter des Katasteramtes vorüber, hörte Hermann und fühlte sich aufgefordert, die römische Kultur Südtirols oder besser des Alto Adige zu verteidigen, schlug ihm mit der tintenbefleckten flachen Hand mitten ins Gesicht und riss ihm die blaue Arbeitsschürze, den Tiroler Bauernschurz, vom Leib.

Kein Deutsch in der Öffentlichkeit, keine Tiroler Trachten, keine Dirndl oder Lederhosen: Alles, was daran hätte zweifeln lassen können, dass der heilige italische Boden bis zum Brenner, der neuen Staatsgrenze, reichte, musste verschwinden. So bestimmten es die Gesetze des faschistischen Italien. Und keiner der Bauern und Knechte auf dem Markt hob den Blick oder sprang Hermann gar bei.

Doch trotz der Ohrfeige und der Demütigung, oder vielleicht auch gerade deswegen, sah man nicht lange darauf an Hermanns Hemdkragen das *cimice*, Wanze, genannte faschistische Parteiabzeichen mit dem Rutenbündel blitzen, was man im örtlichen Parteibüro mit Wohlwollen zur Kenntnis nahm. Er bekam eine Arbeit, lernte Lastwagenfahren und war nun für den Holztransport zwischen den Tälern zuständig. Und dabei drückte man auch ein Auge zu, wenn er sich mit den Waldarbeitern auf Deutsch unterhielt. Denn so weit oben, zwischen den gottverlassenen Felswänden und Steilhängen, würde sie noch nicht einmal der Duce hören können.

Einige Jahre waren vergangen, als Hermann eines Tages auf der Hauptstraße der Provinzstadt eine Schar Goldfasane erblickte: So nannte man die von der SA. Ihre Blicke waren scharf wie Klingen, darauf ausgerichtet, alles, was ihnen beim Aufbau des glorreichen Tausendjährigen Reiches im Weg war, niederzustrecken. Wie sie da entlangmarschierten in ihren tadellosen Uniformen, aufrecht, arisch, grenzenlos deutsch, fand Hermann sie so schön wie Halbgötter.

Und er beschloss, einer von ihnen zu werden.

Mussolini hatte eine feinmaschige Italianisierung Südtirols begonnen, wobei ihm aber bald schon klar geworden war, dass es, um diese Gegend »urrömisch, südländisch, imperial« werden zu lassen, nicht genügte, den Bauern zu verbieten, Deutsch zu sprechen oder ihre landestypischen Trachten zu tragen. Und es genügte auch nicht, die Schüler in der Schule statt ihrer Muttersprache das Gedicht vom *pio bove*, dem ›frommen Ochsen‹, lernen zu lassen. Die armen jungen Lehrerinnen aus Caserta, Agrigento oder Rovigo, die man in den hohen Norden geschickt hatte, verzweifelten immer wieder an ihrer undankbaren Aufgabe, diese jungen Bauerntölpel die musikalischen Klänge der italienischen Sprache hervorbringen zu lassen. Außerdem gab es in ganz Südtirol mutige Lehrkräfte, die in den sogenannten »Katakombenschulen« trotz des Verbots heimlich weiter Deutsch unterrichteten. Es hatte auch nicht viel genutzt, alle Ortsnamen zu italianisieren. Jetzt schauten die Menschen eben auf die Kirchtürme und sahen so, wo sie waren: War es ein Zwiebelturm, wussten sie, dass Völs vor ihnen lag, war der Turm spitz, befanden sie sich in Blumau. Und Fiè, Prato Isarco und all die anderen Namen, die sich Ettore Tolomei in Mussolinis Auftrag hatte einfallen lassen, wurden außer von den Ämtern von niemandem verwendet.

Nein, wollte man dieses wunderschöne Land mit den hohen Bergen tatsächlich romanisieren, gab es nur eine Lösung: Allein Italiener durften dort noch leben. Und dazu reichte es nicht aus, wie bisher den Zustrom von Einwanderern aus anderen italienischen Regionen anzukurbeln und zu fördern, in der Hoffnung, dass die deutschsprachigen Südtiroler auf diese Weise mit der Zeit immer mehr zur Minderheit in ihrem eigenen Land würden. Nein, sie mussten wirklich fortziehen.

Hitler griff die Idee begeistert auf. Schließlich zählte es zu seinen Lieblingsbeschäftigungen, Völker zu »säubern«, indem er große Menschenmengen auf der Landkarte hin und her schob (oder vernichten ließ). Und so versprach er Mussolini, alle Südtiroler, die weiterhin deutsch bleiben wollten, würden in Großdeutschland als Brüder reinster arischer Abstammung mit offenen Armen empfangen. Jeder würde einen neuen Hof von der Größe des südlich des Brenners zurückgelassenen erhalten, Wiesen und Weiden von der gleichen Ausdehnung sowie Kühe nicht nur in der gleichen Anzahl, sondern, so behauptete die Propaganda, auch mit einem Fell in den gleichen Farben wie die Tiere, die in den Ställen ihrer Vorfahren zurückbleiben würden. Sudetenland, Galizien, Steiermark und sogar Burgund, weiter noch die endlosen Gebiete, die man den dort ansässigen slawischen Völkern abnehmen würde: die Tatra in Polen, die weite Puszta in Ungarn, bald schon auch die fruchtbare Krim. Wer Südtirol verlasse, werde fette Böden vorfinden, die nur darauf warteten, von männlich-deutscher Arbeitskraft kultiviert und so zu einem Paradies auf Erden zu werden.

Mussolini seinerseits drohte den »Dableibern«, wie sie genannt wurden, mit gewaltsamer Italianisierung: dem absoluten Verbot, Deutsch zu sprechen, selbst in den eigenen vier Wänden. Er kündigte Massendeportationen aller Südtiroler an, die sich weigerten, die italienischen, oder genauer »Römischen« (wie es großgeschrieben in den Flugblättern hieß), Sitten und Gebräuche anzunehmen – Deportationen etwa nach Sizilien, um Kaktusfeigen anzubauen, von denen kein Mensch wusste, was das für Früchte sein sollten. Die Alternative, vor die sie gestellt wurden, lautete nicht, zu gehen oder zu bleiben, sondern sich entweder zum *Walschen* oder zum *Daitschen* zu erklären, zum Italiener oder zum Deutschen. Auf italienischem Territorium deutsch zu bleiben war nicht möglich.

Fortziehen oder Dableiben wurde als freie Wahl hingestellt. Die Entscheidung zum Aufbruch aber, so verkündeten es die Flugblätter der Nationalsozialisten, würde belohnt werden als eindeutiger Beweis der Hingabe an die gewaltige Aufgabe, Großdeutschland zu schaffen. Wer seine Heimat liebe, müsse bereit sein, sie zu verlassen, um sie anderswo im Tausendjährigen Reich identisch wieder aufzubauen. Zu bleiben aber sei ein untrügliches Zeichen von Verrat, von Feigheit, von Ungehorsam gegenüber der nationalsozialistischen Idee.

So sah die Wahl aus oder genauer, die »Option«.

Kein Bauer ließ seinen Hof gern zurück, doch da sie sich als *Dait-sche* fühlten, beschloss die große Mehrheit, sich auf den Weg zu machen. Sie »optierten«, wie es genannt wurde. Doch immer noch gab es zu viele Bauern, die sich Fragen stellten, flüsternd, abends im Schlafzimmer mit der Ehefrau: Würden sie die Weiden, die ihr Urgroßvater hundert Jahre zuvor mit Säge und Axt gerodet hatte, jemals wiedersehen? Und diese Gebiete, wo sie Kühe von der gleichen Farbe wie hier erwarteten, Höfe von der gleicher Ausdehnung, Bäume in derselben Anzahl, waren die eigentlich unbewohnt? Und wenn nicht, wohin würden dann die Bauern ziehen, die jetzt noch dort lebten?

Der Druck auf die »Dableiber« wurde zu organisierter Verfolgung, an der Hermann mit Feuereifer teilnahm. Mit dem Segen der faschistischen Parteileitung verkrüppelte er Zugpferde, tötete Wachhunde. Beschmierte mit seinen Exkrementen die Türpfosten jener Hofbesitzer, die nicht fortzuziehen gewillt waren. Wenn er sich danach in einem Bach die Hände wusch, fühlte er sich erfüllt von einer Kraft, wie er sie noch nie erlebt hatte. In diesen Momenten waren die Scham und Verlassenheit des jungen Knechtes, der sich in der Eiseskälte vollgepinkelt hatte, fast vergessen.

Eine alte, seit vielen Jahren verlassene Glashütte war das erste Dach der Orlando in der Schweiz. Seit über zwanzig Jahren diente sie als erste Unterkunft der italienischen Emigranten, die keinen Platz zum Schlafen hatten. Der Boden war mit Glasscherben übersät, noch immer lagen sie bis in die hintersten Winkel der alten Fabrik verstreut. In der einzigen großen Halle ragten Trennwände aus Sperrholz und Wellblech auf, die hohe Decke aus Zinn und Asbest widerstand dem winterlichen Schnee und den langen, unablässigen Regenfällen, die die Nächte begleiteten. Sie widerstand dem Hagel, dem Wind, sie widerstand fast allem, nur der Kälte ergab sie sich augenblicklich. Die Kälte drang ein und setzte sich heimtückisch an den Gegenständen fest. Die Kälte der Dinge war am schwersten zu ertragen. Die Kälte der Betten, der Decken, der Stühle, die Kälte des ersten Schlucks Milch, der hart und bröcklig wie Geröll aus den Bergen die Kehle hinunterrann.   MARIO DESIATI

ANDREA CAMILLERI

Der falsche Arzt

Zur Zeit des Spanischen Bürgerkriegs war ich ungefähr zehn Jahre alt, und weit draußen auf dem Meer, vor meiner Heimatstadt Porto Empedocle fuhren oft sowjetische Handelsschiffe vorüber. Sie hatten Lebensmittel und Medikamente geladen, die sie zu den spanischen »Roten« transportierten. Gelegentlich gerieten sie in Seesperren der italienischen Kriegsmarine und mußten langwierige Durchsuchungen über sich ergehen lassen, bei denen festgestellt werden sollte, ob in den Laderäumen Waffen gehortet waren.

Eines Nachts brach ein Gewitter los, das nichts Gutes verhieß. Ein wütender Sturm peitschte die Wellen haushoch, offenbar in der Absicht, die gesamte Stadt mit sich ins Meer zu reißen. Im schrecklichsten Augenblick dieses Unwetters erreichte die Hafenkommandantur eine dringende Bitte, die von einem wenige Meilen entfernt ankernden sowjetischen Schiff kam: man hatte einen Kranken an Bord und bat um einen Arzt. Die Kommandantur ließ den Amtsarzt wecken, Gino M., und teilte ihm mit, man brauche ihn auf See. Der Arzt versteinerte, er fühlte sich völlig verloren: es war allgemein bekannt, daß er leicht seekrank wurde, und zwar in – wenn man so sagen kann – extremer Weise. Einmal nämlich, als sein Blick auf ein Bild »Stürmische See« fiel, mußte er sich auf der Stelle übergeben. Was tun? Er dachte hin und dachte her, schließlich fand er eine Lösung, die ihm äußerst geeignet erschien. Er ging meinen Vater wecken, der ein Verwandter und ein brüderlicher Freund war.

»Peppino, ich kann nicht, versuch' mich zu verstehen. Ich würde mehr tot als lebendig an Bord gelangen, und man müßte einen Arzt auch für mich rufen lassen.«

»Versteh' schon. Aber was kann ich in der Sache tun?«

»Du bist ein mutiger Mann, du hast keine Angst vor dem Meer. Fahr' du an meiner Stelle, sag' ihnen, du wärst der Arzt, schließlich kennen die ja weder dich noch mich. Das sind Russen.«

»Was heißt hier schon Russen? Auch wenn's Ostgoten wären, würde ich nicht fahren. Was versteh' ich denn von Kranken und Krankheiten?«

»Da gibt es nichts zu verstehen. Du untersuchst den Kranken …«

»Bist du verrückt geworden? Ich hab' dir doch gesagt, daß …«

»Laß mich ausreden. Du untersuchst ihn genau so, wie du es schon hundertmal bei mir gesehen hast. Dann schüttelst du den Kopf, breitest die Arme aus, sagst, daß du ihn auf dem Schiff nicht behandeln könntest, daß er ins Krankenhaus von Agrigent gebracht werden muß. Ihr bringt ihn aufs Boot, und am Kai findet ihr einen Wagen, der ihn abtransportiert.«

Der Gewittersturm hatte unterdessen noch zugenommen. Von der Straße her hörte man Rufe, daß im Hafen ein Schiff aus seiner Vertäuung gerissen worden sei.

»Ist dir bewußt, daß man bei so einem Meer draufgehen kann?«

»Draufgehen oder nicht, ich muß als Arzt meiner Pflicht nachkommen«, sagte Gino M. heiteren Mutes und mit beispiellos dreistem Gesichtsausdruck.

»Erklär' mir wenigstens, wie das Stethoskop funktioniert«, gab sich mein Vater daraufhin geschlagen.

Er packte das Ärztekofferchen, verließ fluchend das Haus und ging seinerseits den Freund Cicco Di Mare wecken, der, ganz seinem Namen entsprechend, ein hervorragender Seemann war und Eigner und Kapitän eines kleinen Motorfischerbootes. Cicco Di Mare wies lediglich darauf hin, daß die Sache ziemlich schwierig sei, schreckte aber nicht davor zurück. Sie stiegen ins Boot und lichteten die Anker: mein Vater am Ausguck des Bugs, der Maschinist unter Deck und Cicco am Steuerruder. Die Wucht des Meeres warf das Boot hin und her, Di Mare hatte Mühe, den Kurs zu halten. Das eigentlich Schwierige kam, als sie ungefähr eine Stunde später unterhalb des sowjetischen Schiffs eintrafen, und die Gefahr bestand, daß die Wellen das kleine Motorfischerboot gegen die Schiffswand schleuderten. Die russischen Matrosen standen allesamt an Deck und hatten eine Strickleiter heruntergelassen: nach ungefähr zehn Versuchen gelang es meinem Vater hinaufzuklettern, ohne sich den Kopf zu zertrümmern. Der Regen und das Meer hatten ihn völlig durchgeweicht. Der russische Kommandant stürzte auf ihn zu, umarmte ihn, küßte ihn dreimal und führte ihn in die Kabine des Kranken. Mein Vater brauchte kein Doktorexamen in Medizin, um auf der Stelle überzeugt zu sein, daß es dem armen Kerl wirklich schlecht ging, daher kürzte er die Theatervorstellung ab: er fühlte seinen Puls, schaute sich seine Zunge an, gab ihm das Thermometer. Vierzig und etwas. Nicht einmal eine halbe Stunde später wurde der arme Kerl, vollkommen in eine Wachsplane gehüllt, unter großen Schwierigkeiten auf das Fischerboot verfrachtet, das Cicco Di Mare mit Steuermanövern unter Kontrolle zu halten versuchte.

Die Rückkehr war noch schlimmer als die Hinfahrt, der Sturm wollte sich nicht legen. Endlich gelangten sie an den Kai, wo das Auto auf sie wartete.

Am nächsten Morgen ging Gino M. unter Gewissenszweifeln ins Krankenhaus und beredete sich mit seinen dortigen Kollegen, welche ihm, nachdem sie ihn zu seinem in der vorhergehenden Nacht bewiesenen Mut beglückwünscht hatten, mitteilten, daß der Kranke aufgrund seiner, Gino M.s, rechtzeitiger Untersuchung durchkommen würde.

Damit schien die Sache ihr Ende gefunden zu haben. Doch das Schlimmste sollte erst noch kommen.

Eine Woche später untersuchte der Arzt gerade einen Patienten, als die Krankenschwester hereinkam.

»Bitte entschuldigen Sie, Herr Doktor, aber da sind zwei Herren, der eine mit einem Photoapparat, der andere sagt, er sei Russe, der …«

Das Wort »Russe« wirkte wie eine Zauberformel. Der Arzt verschwand durch die Hintertüre, ohne seinen Kittel auszuziehen. Der Patient in Unterhosen blickte die Krankenschwester entsetzt an.

»Was ist, soll ich warten?«

»Wohl eher nicht.«

Mein Vater sah, wie die Türe zu seinem Büro aufflog und der Freund verwirrt und noch im Arztkittel auftauchte. Mein Vater war besorgt.

»Was ist los? Was ist passiert?«

»Wir sind verloren. Die Russen sind da!«

Um es kurz zu machen: eine Viertelstunde später sagte mein Vater, der durch die Hintertüre eingetreten war und den Arztkittel anhatte, zu der in den Zustand einer Nachtwandlerin versetzten Krankenschwester, sie möge doch die Besucher hereinführen. Der Russe stellte sich als der Italienkorrespondent der *Prawda* vor. Er wollte den Lesern über die heldenhafte Rettung des Landsmannes erzählen und erklärte, daß der Gerettete kein einfacher Matrose war, sondern ein politischer Kommissar, der in der Parteihierarchie ganz oben stehe. Mein Vater hörte still zu und nahm die entsprechende Haltung an, er ließ sich interviewen und photographieren, gab sich ein bescheidenes Auftreten, wie ein echter Held. Schließlich gingen die beiden fort, und mein Vater streckte sich erschöpft in einem Sessel aus: im Verlauf des Interviews war ihm nämlich eingefallen, daß er, wenn der Russe ihn nach Einzelheiten der Krankheit des Kommissars gefragt haben würde, nicht gewußt hätte, was er hätte sagen sollen.

Drohend kam die Krankenschwester herein.

»Entweder erklären Sie mir jetzt, was hier gespielt wird, oder ich hole auf der Stelle die Carabinieri.«

Glücklicherweise kam der Arzt dazu, der in der Nähe herumgeschlichen war, und ihm gelang es, sie zu beruhigen.

Plötzlich, einen Monat später, schien es wieder zu einer Katastrophe zu kommen.

»Da ist wieder so ein Russe«, sagte die Krankenschwester untröstlich zum Arzt. »Er hat mir zu verstehen gegeben, daß er der ist, dem Sie das Leben gerettet haben. Was mach' ich mit ihm?«

»Laß ihn warten«, sagte Gino, verschwand wie beim ersten Mal und materialisierte sich erst wieder im Büro meines Vaters.

»Peppino, der Russe ist da.«

»Heh, das geht einem nun wirklich über die Hutschnur!« platzte mein Vater heraus. »Wie viele Russen gibt es denn noch?«

»Peppino, kommen wir über den Hund, kommen wir auch über den Schwanz. Der hier ist der, den ich gerettet habe.«

Die Vorstellung – inzwischen immer wieder geprobt – gelang meinem Vater diesmal hervorragend: im Arztkittel ging er ins Vorzimmer, umarmte seinen Pseudopatienten, und dieser küßte ihn, mit Tränen in den Augen, dreimal. Auch die Krankenschwester war gerührt. Dann, einen Augenblick, bevor er wieder ging (er fuhr nach Rom und von da aus weiter nach Moskau), hinterließ er seine Adresse und sagte zu meinem Vater, daß er ihn gleich nach seiner Rückkehr ins Vaterland für einen Verdienstorden vorschlagen werde.

An diesem Punkt nun bekam die Angelegenheit etwas Gefährliches: die Sache würde bekannt und die Auswechslung der Personen könnte nicht weitergeführt werden. Nach zwei schlaflosen Nächten schrieb der Arzt dem Russen ein edelmütiges Brieflein (diesmal weigerte sich mein Vater allerdings mitzumachen), in dem er ihn anflehte, diese Auszeichnung seiner Regierung nicht vorzuschlagen.

»Getreu meinem Hippokratischen Eid«, so schloß er, »habe ich in aller Bescheidenheit nur meine Pflicht getan.«

In der Sowjetunion hatte die Sache keine weiteren Folgen mehr. In Italien dagegen schon.

»Sind Sie Dottor Giovanni M.?« fragte ein paar Tage später eine herrische Stimme am Telefon.

»Ja.«

»Ich bin der Verbandsführer. Kommen Sie morgen früh um sieben ins Faschistische Verbandshaus. Pünktlich.«

Dem Arzt brach der kalte Schweiß aus. Vor kurzem hatte er im Verein ein paar Witze über den Duce erzählt. Sollte es da ein so hinterhältiges Schwein geben, das es gleich weitergemeldet hatte?

Er verbrachte eine unruhige Nacht. Am nächsten Morgen präsentierte er sich, nach langem Hin und Her, in faschistischer Uniform, salutierte und blieb stramm stehen.

»Ihr habt einen kommunistischen Politkommissar gerettet?« fragte ihn der Verbandsführer und zeigte mit einem Finger auf ihn, und das sah aus, als wäre der Lauf eines Revolvers auf ihn gerichtet. Der Arzt, im Glauben, jetzt sei die Stunde der Buße angebrochen, nahm alle seine Kräfte zusammen.

»Ja«, flüsterte er.

»Das Pressebüro der Partei hat mir die Dokumentation zugestellt«, fuhr das hohe Faschistentier fort. »Erkennen Sie sich auf diesem Photo der *Prawda* wieder?«

Und er hielt ihm die Zeitung hin. Der Arzt sah es sich genau an: glücklicherweise war das Photo verschwommen, die Gesichtszüge konnte man nicht gut erkennen.

»Ja.«

»Großartig!« sagte der Verbandsführer. »Genau so verhält sich ein echter Faschist! Großherzig und der Gefahr trotzend! Ich werde Sie für eine bedeutende Auszeichnung vorschlagen!«

Aber weil es auch eine göttliche Gerechtigkeit gibt, hat den Arzt Gino M. diese Auszeichnung nie erreicht.

NATALIA GINZBURG

Winter in den Abruzzen

Deus nobis haec otia fecit

In den Abruzzen gibt es nur zwei Jahreszeiten: Sommer und Winter. Der Frühling ist schneereich und windig wie der Winter, und der Herbst ist warm und klar wie der Sommer. Der Sommer beginnt im Juni und endet im November. Die langen Sonnentage auf den niedrigen und ausgedörrten Hügeln, der gelbe Staub der Straßen und die Ruhr der Kinder nehmen ein Ende, und es beginnt der Winter. Dann ist es aus mit dem Leben auf der Straße. Die barfüßigen Kinder verschwinden von der Kirchentreppe. Im Dorf, von dem hier die Rede ist, verschwanden nach den letzten Ernten auch die meisten Männer. Sie suchten Arbeit in Terni, Sulmona und Rom. Es war ein Dorf von Maurern. Viele Häuser und Terrassen und kleine Säulen zeigten sich anmutig wie Villen. Man war überrascht, in große, dunkle Küchen mit aufgehängten Schinken zu kommen, in weite, düstere und leere Zimmer. Überall in den Küchen brannte das Feuer, und es gab verschiedene Arten davon: prächtige Feuer aus brennenden Buchenklötzen, Feuer aus Laub und dürren Zweigen, aus Wurzeln, die man unterwegs da und dort aufgelesen hatte. Es war leicht, die Armen und die Reichen nach ihren Feuern zu unterscheiden, leichter, als wenn man sie nach ihren Häusern hätte beurteilen müssen, nach ihren Kleidern oder Schuhen, die sich mehr oder weniger glichen. Als ich ins Dorf kam, von dem ich spreche, schienen in der ersten Zeit alle Gesichter gleich für mich. Alle Frauen sahen sich ähnlich, die reichen und die armen, die jungen und die alten. Fast alle hatten einen zahnlosen Mund. Die Frauen dieser Gegend verlieren ihre Zähne schon mit dreißig Jahren durch die harte Arbeit, die ungesunde Nahrung, die Anstrengung des Stillens und der Geburten, die sich unaufhörlich folgen. Nach und nach jedoch konnte ich Vicenzina von Secondina, Annunziata von Addolorata unterscheiden und fing an, in jedem Hause ein und aus zu gehen und mich an den verschiedenen Feuern zu wärmen.

Als der erste Schnee fiel, überkam uns eine tiefe Traurigkeit. Wir waren im Exil. Fern war unsere Stadt, und fern waren die Bücher, die Freunde und die wechselvollen Geschehnisse eines wirklichen Daseins. Wir heizten unsern grünen Ofen mit seinem langen Rohr, das die Decke durchbrach, und in diesem Zimmer mit dem Ofen versammelten wir uns alle. Hier wurde gekocht und gegessen, und hier, an dem großen, ovalen Tisch schrieb mein Mann. Auf dem Boden lagen die Spielsachen der Kinder herum, an der Decke prangte ein gemalter Adler. Ich betrachtete ihn und dachte: Das ist das Exil. Ja, das Exil war der Adler, der grüne, brummende Ofen, die unendliche Stille der Landschaft und der starre Schnee. Um fünf Uhr läuteten die Glocken der Kirche Santa Maria, und die Frauen mit roten Gesichtern und schwarzen Umhangtüchern begaben sich zum Abendsegen. Jeden Abend machten mein Mann und ich einen Spaziergang, jeden Abend wanderten wir Arm in Arm durch den tiefen Schnee. Die Häuser zu beiden Seiten der Straße waren von befreundeten und bekannten Menschen bewohnt. Alle traten vor die Tür und wünschten uns gute Gesundheit. Zuweilen fragte der eine oder andere: »Wann werdet ihr eigentlich nach Hause zurückkehren?« Und mein Mann antwortete: »Wenn der Krieg zu Ende ist.« »Und wann ist dieser Krieg endlich zu Ende? Du, der du alles weißt und ein Professor bist, wann wird er zu Ende sein?« Sie nannten meinen Mann »den Professor«, da sie seinen Namen nicht aussprechen konnten, und kamen von weit her, um ihn über alles mögliche zu befragen: in welcher Jahreszeit die Zähne gezogen werden sollten, über die Unterstützungen, die man von der Gemeindeverwaltung beziehen konnte, über Taxen und Steuern. Im Winter starb zuweilen ein alter Mann an einer Lungenentzündung, die Glocken von Santa Maria läuteten zum Begräbnis, und der Schreiner Orecchia verfertigte den Sarg ... Eine Frau wurde wahnsinnig; man brachte sie ins Irrenhaus von Collemaggio, und das ganze Dorf schwatzte noch eine Weile darüber. Es war eine junge, saubere Frau, die sauberste im ganzen Dorfe. Man sagte, ihr übertriebenes Reinemachen sei daran schuld gewesen ... Die Frau von Gigetto di Calcedonio schenkte ihrem Mann Zwillinge, Mädchen, und dabei hatten sie bereits ein männliches Zwillingspaar zu Hause. Der Mann vollführte im Gemeindehaus ein großes Geschrei, weil man ihm keine Unterstützung geben wollte, da er manches Stück Land besaß und einen Gemüsegarten, so groß wie sieben Städte. Rosa, der Schulwartsfrau, spuckte eine Nachbarin ins Auge. Nun ging sie mit verbundenem Auge herum, damit sie eine Entschädigung beziehen könne. »Das Auge ist empfindlich und die Spucke gesalzen«, erklärte sie. Auch darüber wurde eine Weile geklatscht, bis nichts mehr zu sagen war.

Mit jedem Tag wuchs unser Heimweh. Oft war es sogar angenehm, wie eine zärtliche und leicht berauschende Begleitung. Briefe kamen aus unserer Stadt mit Nachrichten von Hochzeiten und Todesfällen, von denen wir ausgeschlossen blieben. Zuweilen aber war das Heimweh stechend und bitter, es wurde zum Haß. Wir haßten dann Domenico Orecchia, Gigetto di Calcedonia, Annunziatina, die Glocken von Santa Maria. Den Haß aber verbargen wir, da wir ihn für ungerecht hielten. Unser Haus war immer voller Leute, die irgendeinen Liebesdienst verlangten oder uns einen erweisen wollten. Manchmal kam die kleine Schneiderin ins Haus, um uns Pfannkuchen zu backen. Sie band sich ein zerschlissenes Tuch um die Hüften, schlug die Eier schaumig und schickte Crocetta ins Dorf, um ausfindig zu machen, wer uns einen großen Kochtopf leihen könnte. Ihr rotes Gesicht hatte einen versonnenen Ausdruck, und aus ihren Augen strahlte ein gebieterischer Wille. Sie hätte das Haus in Brand gesteckt, damit ihre »Sagnoccole« gut gerieten. Ihr Kleid und ihre Haare waren vom Mehl bestäubt, und auf dem ovalen Tisch, an dem mein Mann schrieb, wurden Pfannkuchen ausgebreitet.

Crocetta war unser Dienstmädchen, erst vierzehn Jahre alt; die kleine Schneiderin hatte sie für uns gefunden. Diese Schneiderin teilte die Welt in zwei Gruppen; in jene, die sich kämmen, und in jene, die sich nicht kämmen. Vor denen mußte man sich hüten, denn natürlich hatten sie Läuse. Crocetta kämmte sich, und darum war sie auch bei uns im Dienst und erzählte den Kindern lange Geschichten von Toten und von Friedhöfen. Es war einmal ein kleiner Knabe. Seine Mutter starb, und der Vater nahm eine andere Frau. Doch die Stiefmutter liebte das Kind nicht. Eines Tages, als der Vater auf dem Felde war, tötete sie es und kochte eine Suppe davon. Der Vater kehrte heim und aß. Als er gegessen hatte, begannen die Knochen im Teller zu singen:

Meine böse Stiefmutter
hat im Topf mich gekocht;
verzehrt hat mich Vater
als leckere Kost …

Da griff der Vater zum Rebenmesser und tötete die Frau. Draußen am Türpfosten hing er sie an einem Nagel auf.

Zuweilen ertappe ich mich, daß ich diese Worte vor mich hin murmle. Dann ersteht vor meinen Augen wieder das ganze Dorf mit dem besonderen Geruch seiner Jahreszeiten, mit dem eisigen Hauch des Windes, dem Klang der Glocken.

Jeden Vormittag ging ich mit den Kindern aus. Die Leute wunderten sich und mißbilligten, daß ich sie der Kälte und dem Schnee aussetzte. »Was haben denn diese armen Geschöpfe verbrochen?« fragten sie. »Das ist doch kein Wetter zum Spazierengehen. Geh nach Hause!« Wir machten lange Wanderungen durch die weiße, einsame Landschaft, und die wenigen Menschen, denen wir begegneten, betrachteten die Kinder voller Mitleid. »Was haben sie denn verbrochen?« klagten auch sie. Wenn in jenem Dorf im Winter ein Kind zur Welt kommt, darf es bis zum Sommer nicht an die frische Luft getragen werden. Um die Mittagszeit kam mein Mann jeweils mit der Post nach. Dann kehrten wir alle zusammen nach Hause zurück.

Ich erzähle den Kindern von unserer Stadt. Sie waren noch sehr klein, als wir sie verlassen hatten, und vermochten sich an nichts zu erinnern. Ich schilderte ihnen die Häuser mit den zahlreichen Stockwerken, die vielen Straßen und all die schönen Läden. »Und wir? Haben wir hier nicht den Girò?« sagten die Kinder.

Der Laden von Girò befand sich gerade vor unserem Hause. Girò stand unter der Tür wie eine alte Eule und starrte mit runden, gleichgültigen Augen auf die Straße. Fast alles konnte man bei ihm kaufen: Lebensmittel, Kerzen, Karten, Schuhe und Orangen. Wenn die Ware eintraf und Girò die Kisten leerte, eilten die Kinder herbei, um die faulen Orangen zu essen, die er wegwarf. Zu Weihnachten gab es auch Torrone, Likör und Karamellen. Aber um keinen Soldo billiger gab Girò seine Waren. »Wie schlecht du bist, Girò, wie schlecht!« klagten die Frauen, und Girò antwortete: »Wer gut ist, den fressen die Hunde.« Zu Weihnachten kehrten die Männer von Terni, von Sulmona und von Rom zurück, um sofort wieder abzureisen, sobald sie die Schweine geschlachtet hatten. Für einige Tage wurden dann nur Grieben und scharfe Würste gegessen, und viel dazu getrunken. Und etwas später erfüllte das Quieken der Ferkel die Straße.

Der Februar machte die Luft feucht und weich. Graue, schwere Wolken zogen am Himmel hin. Es war ein Jahr, in dem während des

Tauwetters die Dachtraufen brachen. So regnete es in die Häuser, und die Zimmer wurden überschwemmt. Im ganzen Dorf blieb kein Haus verschont. Die Frauen leerten die Wasserkessel zu den Fenstern hinaus und fegten mit dem Besen das Wasser aus der Haustüre. Es gab Leute, die sich mit offenem Regenschirm zu Bett legten. Domenico Orecchia behauptete, das sei die Strafe für irgendeine Sünde. Und dieses Unwetter hielt länger als eine Woche an. Dann schmolz endlich auch das letzte Restchen Schnee von den Dächern und Aristide flickte die Dachtraufen.

Als der Winter zu Ende ging, regte sich in uns eine leise Unruhe. Vielleicht würde uns irgendwer besuchen. Vielleicht war doch endlich irgend etwas geschehen. Einmal mußte unsere Verbannung doch ein Ende haben … Die Straßen, die uns von der Welt trennten, erschienen uns jetzt kürzer; die Post kam häufiger. Langsam heilten auch unsere Frostbeulen.

Es gibt etwas eintönig Gleiches in den Schicksalen der Menschen. Unser Leben entwickelt sich nach alten, unverrückbaren Gesetzen, nach einem gleichmäßigen alten Rhythmus. Träume verwirklichen sich nie, und kaum haben sie sich verflüchtigt, erkennen wir jäh, daß wir die größten Freuden unseres Lebens außerhalb der Wirklichkeit zu suchen haben. Kaum haben die Träume sich verflüchtigt, verzehren wir uns vor Sehnsucht nach der Zeit, da sie uns erfüllten. Und in diesem Wechsel von Hoffnung und Sehnsucht verläuft unser Schicksal.

Einige Monate nachdem wir das Dorf verlassen hatten, starb mein Mann im Gefängnis von Regina Coeli. Beim Gedanken an diesen grauenvollen, einsamen Tod, an die Ängste, die ihm vorangingen, frage ich mich, ob dies wirklich uns passiert ist, uns, die wir Orangen bei Girò kauften und im Schnee spazierengingen. Damals glaubte ich an eine glückliche und frohe Zukunft, reich an erfüllten Wünschen, an gemeinsamen Erfahrungen und Unternehmungen. Und doch war jene Zeit die beste meines Lebens, und erst jetzt, da sie mir für immer entschwunden ist, erst jetzt weiß ich es.

CARLO LEVI
Stadt im Abgrund

Ich kam in Matera, erzählte sie, gegen elf Uhr vormittags an. Ich hatte in dem Führer gelesen, dass es eine malerische Stadt ist, die einen Besuch verdient, dass es dort ein Museum antiker Kunst und merkwürdige Höhlenwohnungen gibt. Aber als ich aus dem modernen und recht luxuriösen Bahnhof kam und mich umblickte, suchte ich mit den Augen vergebens die Stadt. Die Stadt war nicht da. Ich stand auf einer Art öder Hochebene, ringsum kahle Hügelchen aus grauer, mit Geröll besäter Erde. In dieser Wüste erhoben sich hier und dort verstreut acht bis zehn große Marmorpaläste, wie man sie jetzt in Rom baut, im Piacentinistil mit großen Toren, üppigen Architraven, feierlichen lateinischen Inschriften und in der Sonne leuchtenden Säulen. Einige waren noch nicht fertig und wirkten verlassen, monströs und paradox inmitten dieser verzweifelten Natur. Ein elendes Viertel von Häuschen für Angestellte, in aller Eile hergestellt und schon halb verfallen und schmutzig, lag zwischen den Palästen und schloss nach einer Seite den Horizont ab. Es erschien mir wie die ehrgeizige Anlage einer Kolonialstadt, die von ungefähr in Angriff genommen und gleich zu Beginn wegen irgendeiner Seuche unterbrochen worden ist, oder eher noch wie der geschmacklose Schauplatz eines Freilichttheaters für eine Tragödie im Stile D'Annunzios. Diese riesigen, imperialen, modernen Paläste waren die Quästur, die Präfektur, die Post, das Gemeindehaus, die Carabinierikaserne, das Haus des Fascio, der Sitz der Korporationen, die Opera Balilla und so weiter Aber wo war die Stadt? Matera war nicht zu sehen. Ich wollte sofort meine Angelegenheiten erledigen. Ich ging zur Quästur, die außen in Marmor erglänzte und innen schmutzig und unhygienisch war mit kleinen, schlecht gefegten Zimmerchen voller Staub und Kehricht. Ich wurde vom Vizequästor empfangen, der zugleich Chef der politischen Polizei ist und meine Besuchserlaubnis zu genehmigen hatte. Ich erhob dagegen Einspruch, dass man dich in eine Malariagegend geschickt hat, und fragte aus Sorge um dein Wohlbefinden, ob man dich nicht an einen gesunden Ort bringen könnte. Ein Kommissar, der mit im Zimmer war, unterbrach mich brüsk: »Malaria? Die gibt es nicht. Das ist alles Gerede. Es mag einen Fall im Jahr geben. Ihrem Bruder geht es ausgezeichnet, wo er ist.« Aber als er erfuhr, dass ich Ärztin bin, wurde er still; und der Vizequästor antwortete mir in einem anderen Ton. »Malaria«, sagte er, »gibt es überall. Wenn Sie es wünschen, können wir Ihren Bruder auch anderswohin versetzen; aber er würde überall die gleichen Bedingungen finden wie in Gagliano. Ein einziger Ort in der Provinz kann als malariafrei angesehen werden, und das ist Stigliano, weil es tausend Meter hoch liegt. Vielleicht können wir ihn später dorthin schicken, aber jetzt ist es aus vielen Gründen unmöglich.« (Ich begriff, dass nach Stigliano die abtrünnigen Faschisten geschickt werden.) »Ihr Bruder soll sich ruhig verhalten. Wir leben auch hier in Matera und sind nicht konfiniert. Und glauben Sie nicht, dass es hier mit der Malaria besser steht. Wenn wir hierbleiben müssen, kann er auch bleiben, Fräulein.« Gegen dieses Argument konnte ich natürlich nichts einwenden. Ich drängte also nicht weiter und ging weg. Ich wollte dir ein Stethoskop kaufen, das ich vergessen habe, dir aus Turin mitzubringen und das dir sicher in deiner Praxis nützlich sein würde. Da es keine Spezialgeschäfte gab, dachte ich, es in einer Apotheke zu finden. Zwischen den Palästen und den billigen Häuschen waren Läden, und ich fand denn auch zwei Apotheken, angeblich die einzigen in der Stadt. Sie hatten beide nicht nur keines, sondern die beiden Apotheker hatten auch nicht die leiseste Ahnung, was das für ein Ding sei. »Stethoskop? Was ist denn das?« Als ich ihnen erklärt hatte, dass es ein einfaches Instrument sei, zum Abhören des Herzens, das wie ein akustisches Horn, meist aus Holz konstruiert sei usw., sagten sie, so etwas könnte ich vielleicht in Bari finden, aber hier in Matera hätten sie nie davon reden hören. Es war Mittag, ich ließ mir ein Restaurant zeigen, das beste von allen, wurde mir gesagt. Und da saß denn auch schon melancholisch, mit sehr gelangweilter Miene, vor einem schmutzigen Tischtuch mit den Serviettenringen für die Stammgäste, der Vizequästor mit anderen Polizeibeamten. Du weißt, ich bin nicht anspruchsvoll, aber als ich wieder aufstand, war ich noch hungrig. Und dann ging ich endlich die Stadt suchen. In einiger Entfernung vom Bahnhof kam ich auf eine

Straße, die nur auf einer Seite von alten Häusern gesäumt war und auf der anderen an einem Abgrund entlangführte. In diesem Abgrund lag Matera. Aber von dort oben sah man fast nichts, weil der außerordentlich steile Hang beinah senkrecht abfällt. Als ich mich hinabbeugte, sah ich nur Terrassen und Pfade, die den Ausblick auf die darunterliegenden Häuser verdeckten. Gegenüber erhob sich ein kahler Berg von hässlicher, grauer Farbe ohne die Spur einer Anpflanzung und ohne einen einzigen Baum: nichts als Erde und Steine in der prallen Sonne. Ganz unten floss ein Gießbach, die Gravina, mit nur spärlichem, verschlammtem Wasser auf dem Kiesgrund. Fluss und Berg wirkten düster und böse, sodass es einem das Herz zusammenzog. Die Schlucht hatte eine merkwürdige Form: wie zwei halbe Trichter nebeneinander, die durch einen kleinen Vorsprung getrennt sind und sich unten in einer gemeinsamen Spitze vereinigen, dort, wo man von oben eine weiße Kirche, Santa Maria de Idris, sieht, die im Boden zu stecken scheint. Diese umgekehrten Kegel, die Trichter, heißen Sassi: Sasso Caveoso und Sasso Barisano. Sie sind so geformt, wie wir uns in der Schule die Hölle Dantes vorgestellt haben. Und auch ich begann, auf einer Art von Saumpfad von einem Kreis zum anderen in den Grund hinunterzusteigen. Dieses ganz schmale Sträßchen, das sich in Kehren hinunterwindet, führt über die Hausdächer, wenn man sie so nennen kann. Es sind Höhlen, die man in die verhärtete Lehmwand der Schlucht gegraben hat: Jede hat vorn eine Fassade; einige sind ganz hübsch, mit ein paar bescheidenen Ornamenten, im Stil des achtzehnten Jahrhunderts. Wegen der Neigung des Hanges beginnen diese fingierten Fassaden unten hart am Berg. Oben springen sie etwas vor. In dem engen Raum zwischen den Fassaden und dem Abhang liegen die Straßen; sie bilden zugleich den Boden für den, der aus den oberen Behausungen heraustritt, und die Dächer für die darunterliegenden. Die Türen standen wegen der Hitze offen, und ich sah in das Innere der Höhlen, die Licht und Luft nur durch die Türe empfangen. Einige besitzen nicht einmal eine solche; man steigt von oben durch Falltüren und über Treppchen hinein. In diesen schwarzen Löchern mit Wänden aus Erde sah ich Betten, elenden Hausrat und hingeworfene Lumpen. Auf dem Boden lagen Hunde, Schafe, Ziegen und Schweine. Im Allgemeinen verfügt jede Familie nur über eine solche Höhle, und darin schlafen alle zusammen, Männer, Frauen, Kinder und Tiere. So leben zwanzigtausend

Menschen. Kinder gab es unzählige. In der Hitze, im Staub, fliegenumschwärmt tauchten sie von allen Seiten auf, entweder ganz nackt oder mit ein paar Lumpen bekleidet. Ich habe noch nie ein solches Bild des Elends erblickt, und dabei bin ich doch in meinem Beruf gewöhnt, täglich sehr viele arme, kranke und schlecht gepflegte Kinder zu sehen. Aber ein Schauspiel wie das gestrige hätte auch ich mir nicht einmal vorstellen können. Inzwischen waren wir auf dem Grund der Schlucht bei Santa Maria de Idris, einer schönen Barockkirche, angelangt, und als ich aufblickte, sah ich endlich ganz Matera wie eine schräge Mauer. Von hier wirkt es fast wie eine richtige Stadt. Die Fassaden der Höhlen, die wie weiße, nebeneinanderstehende Häuser aussahen, schienen mich mit den Türlöchern wie schwarze Augen anzusehen. So ist es wirklich eine sehr schöne, malerische und eindrucksvolle Stadt.

Im Dezember 1863 war der älteste Enkel zur Marine einberufen worden. Damals war Padron 'Ntoni zu den Notabeln des Dorfs gelaufen, denn sie sind diejenigen, die einem helfen können. Doch Don Giammaria, der Pfarrer, hatte gesagt, es geschehe ihm ganz recht, und das sei das Ergebnis dieser teuflischen Revolution, bei der sie die Trikolore am Kirchturm aufgehängt hatten. Hingegen lachte Don Franco, der Apotheker, in seinen langen Bart und schwor ihm händereibend, wenn sie es schafften, ein Stück Republik einzuführen, würden alle, die die Einberufung und die Erhebung der Steuern betrieben, mit Fußtritten in den Hintern davongejagt, und Berufssoldaten werde es keine mehr geben, sondern alle miteinander würden, wenn nötig, in den Krieg ziehen. Da flehte ihn Padron 'Ntoni an, er solle sich doch um der Liebe Christi willen mit der Republik beeilen, bevor sein Enkel 'Ntoni einrücken müsse, so als hätte Don Franco das in seiner Hand. GIOVANNI VERGA

ELSA MORANTE

1943

In Wirklichkeit wusste sie nicht mehr, wohin mit sich. Ihr nächtlicher Verdacht, sie werde von den Deutschen gesucht, wuchs sich in ihrem geschwächten Verstand zu einer paranoiden Gewissheit aus und verwehrte ihr wie ein Ungetüm die Rückkehr in die Unterkunft von Pietralata. Dennoch folgte sie Useppes kleinen Schritten, die zur Bushaltestelle strebten, entschlossen und beflügelt, wenn auch ziemlich unbeholfen wegen der zu großen und noch harten Stiefelchen. Auf der Höhe des Piazzale delle Crociate wurden sie von einer Frau mittleren Alters überholt, die wie eine Irre in dieselbe Richtung rannte. Ida erkannte sie: Es war eine Jüdin aus dem Ghetto, Frau eines gewissen Di Segni Settimio, der hinter der Kirche Sant'Angelo in Pescheria einen kleinen Gebrauchtwarenladen betrieb. Bei verschiedenen Gelegenheiten hatte Ida in den letzten Jahren sein Geschäft aufgesucht, um ihm einen kleinen Haushaltsgegenstand oder etwas von ihren persönlichen Dingen zum Verkauf anzubieten, und ab und zu war es vorgekommen, dass sie mit seiner Frau verhandelt hatte, die ihn im Geschäft vertrat. Manchmal war sie in dem winzigen Lagerraum einem der vielen Kinder oder Enkel begegnet: Sie wohnten alle zusammen in ein paar Zimmern über dem Laden.

»Signora! Signora Di Segni!«

Ida rief sie, hinter ihr den Schritt beschleunigend, überrascht und fast jubelnd. Und da die Frau nicht zu hören schien, nahm Ida Useppe hastig auf den Arm und lief ihr aufgeregt nach, um sie einzuholen. Ohne eine bestimmte Absicht fürchtete sie, die Frau aus den Augen zu verlieren, und klammerte sich an diese fremde Begegnung wie ein Mensch, der sich in den Wüsten des Monds verirrt hat und unerwartet auf einen nahen Verwandten trifft. Die Frau aber wandte sich nicht um und hörte nicht auf sie; und als Ida neben ihr war, streifte sie sie nur kurz mit einem feindseligen und finsteren Blick, wie eine Geisteskranke, die jede Beziehung zu normalen Leuten verweigert.

»Signora! ... Erkennen Sie mich nicht?! ... Ich ...«, drängte Ida. Doch die Frau beachtete sie schon nicht mehr, als sähe und hörte sie sie gar nicht, obwohl sie gleichzeitig den Schritt beschleunigte, um Ida misstrauisch auszuweichen. Sie schwitzte (sie war ziemlich übergewichtig), und die kurzgeschnittenen, gelblich grauen Haare klebten ihr an der Stirn. Ihre linke Hand, an der sie den »patriotischen« stählernen Ehering trug, umklammerte ein armseliges kleines Portemonnaie. Sonst hatte sie nichts bei sich.

Das Kind durchschüttelnd, rannte Ida keuchend wie in Panik neben ihr her: »Signora«, sagte sie auf einmal, trat an die Frau heran, so nahe sie konnte, als wäre sie eine enge Vertraute, und flüsterte ganz leise: »Ich bin auch Jüdin.«

Aber Signora Di Segni schien sie nicht zu verstehen, sie hörte auch gar nicht zu. Von plötzlicher Angst geschüttelt, wandte sie sich abrupt um und rannte wie ein gehetztes Tier quer über den Platz auf den gegenüberliegenden Bahnhof zu.

Der Bahnhof war nach der Bombardierung umgehend wieder dem Verkehr übergeben worden, aber seine niedrige, rechteckige, hellgelbe Fassade war immer noch angesengt und geschwärzt vom Rauch der Explosionen. Da es sich um einen Vorstadtbahnhof handelte, war hier nie viel Betrieb, vor allem am Montag; heute schien noch weniger los zu sein als gewöhnlich. In diesen Kriegszeiten und besonders seit der deutschen Besatzung wurden hier häufig Truppen verladen. Doch heute waren keine Soldaten zu sehen, und nur wenige Männer in Zivil gingen ohne Eile hin und her. An diesem späten Montagmorgen wirkte das Gebäude verlassen und provisorisch.

Dennoch bestaunte Useppe es wie ein Denkmal, vielleicht erinnerte es ihn vage an die Tage, an denen er mit Ninnuzzu herkam, um das Schauspiel der Züge zu genießen. Er sah sich schweigend mit neugierigem Blick um und vergaß für einen Augenblick seine außergewöhnliche Ungeduld: Er hatte es nämlich sehr eilig, nach Pietralata zurückzukehren, anstatt sich hier auf dem Arm seiner Mutter durchschütteln zu lassen; er konnte es kaum noch erwarten, Ulí und allen anderen die heutige Sensation vorzuführen: seine Stiefelchen!

Und Ida hatte mittlerweile beinah vergessen, dass sie ihn auf dem Arm hielt, denn sie war einzig darauf aus, die einsame Gestalt der Signora Di Segni nicht aus den Augen zu verlieren, die sie anzog wie eine Fata Morgana. Sie sah, wie die Signora auf den Passagiereingang zulief und dann umkehrte, in ihrer großen, rasenden Einsamkeit einer Unberührbaren, die von niemandem Hilfe erwartet. Sie rannte nicht mehr, sondern hinkte in ihren alten Sommerschuhen mit den riesigen orthopädischen Sohlen hastig vorwärts, nahm jetzt diesseits der Bahnhofsfassade den äußeren Seitenweg und bog links in Richtung Verladeplatz zum Tor für die Güterabfertigung ab. Ida überquerte den Platz und ging in dieselbe Richtung.

Das Tor stand offen: Davor hielt niemand Wache, und auch aus dem Polizeihäuschen gleich dahinter rief niemand sie zurück. Etwa zehn Schritte nach dem Eingang wurde weiter weg ein grauenhaftes Gemurmel laut, doch im Augenblick war nicht genau auszumachen, woher es kam. Dieser Bereich des Bahnhofs schien derzeit verlassen und unbenutzt zu sein. Es gab weder einund ausfahrende Züge noch Warenverkehr; außer zwei oder drei gewöhnlichen Bahnangestellten, die scheinbar ruhig weit hinter dem abgegrenzten Verladeplatz im Hauptbereich des Bahnhofs herumstanden, war niemand zu sehen.

Dort, wo es zu den Gleisen ging, wurde das Geräusch lauter. Es war nicht, wie Ida sich schon hatte einreden wollen, das Gebrüll der zum Transport zusammengepferchten Tiere, das man manchmal in dieser Gegend widerhallen hörte. Es war das Stimmengewirr einer Menschenmenge, das, so schien es, vom Ende der Rampe heraufdrang, und Ida ging diesem Geräusch nach, obwohl keine Menschenansammlungen zu sehen waren zwischen den Schienen, die sich auf dem Schotter ringsum überschnitten. Auf ihrem Weg, der ihr kilometerweit vorkam und auf dem sie schwitzte wie bei einem Marsch durch die Wüste (in Wirklichkeit waren es vielleicht 30 Schritte), begegnete ihr niemand außer einem einsamen Maschinisten, der neben einer stillgelegten Lokomotive etwas aus einer Tüte aß und nichts zu ihr sagte. Vielleicht waren die wenigen Wachposten zum Essen gegangen. Es musste kurz nach Mittag sein.

Das unsichtbare Gemurmel kam näher und schwoll an, obwohl es in gewisser Weise unerreichbar klang, als käme es von einem abgesonderten, verseuchten Ort. Es erinnerte auch an die klagenden Schreie in Asylen, Lazaretten und Gefängnissen: aber wir durcheinandergemischt, wie Bruchstücke, die man alle in dieselbe Maschine geworfen hat. Am Ende der Rampe, auf einem schnurgeraden, toten Gleis, stand ein Zug, der Ida endlos zu sein schien. Das Stimmengewirr kam von dort drinnen.

Es waren wohl etwa 20 Viehwagen, einige offen und leer, bei anderen waren die Außentüren mit langen Eisenstangen verbarrikadiert. Wie bei solchen Transporten üblich, hatten die Wagen kein Fenster, außer einer winzigen, vergitterten Öffnung ziemlich weit oben. An manchen dieser Gitter sah man zwei angeklammerte Hände oder ein Paar starr blickende Augen. Im Moment war der Zug unbewacht.

Signora Di Segni lief dort auf dem offenen Güterbahnsteig mit ihren kurzen, mageren, kränklich blassen Beinen ohne Strümpfe auf und ab, und ihr leichter Übergangsmantel flatterte hinter ihrem unförmigen Körper her. Sie rannte die ganze Wagenreihe entlang und brüllte lauthals mit fast obszöner Stimme:

»Settimio! Settimio! … Graziella! … Manuele! … Settimio! … Settimio! Esterina! … Manuele! … Angelino! …«

Aus dem Inneren des Zugs erreichte sie eine unbekannte Stimme, die ihr zurief, sie solle schleunigst weggehen: sonst würden die da, wenn sie demnächst wiederkämen, auch sie mitnehmen. »Neiiiin! Nein, ich gehe nicht weg!«, erwiderte sie darauf drohend und trommelte wütend mit den Fäusten gegen die Wagen, »da drin ist meine Familie! Ruft sie! Di Segni! Familie Di Segni!« … »Settimioo!«, kreischte sie plötzlich, stürzte zu einem der Wagen hin und umklammerte die Eisenstange an der Tür in dem unmöglichen Versuch, sie aufzubrechen. An dem schmalen Gitter oben war der kleine Kopf eines alten Manns aufgetaucht. Vor dem dunklen Hintergrund schimmerte die Brille auf seiner hageren Nase, man sah seine an die Eisenstäbe geklammerten schmalen Hände.

»Settimio!! Und die anderen?! Sind sie bei dir?«

»Geh weg, Celeste«, sagte der Mann, »hör auf mich, geh sofort weg, die kommen gleich wieder …« Ida erkannte seine langsame, bedächtige Stimme. Dieselbe, die früher in seinem Kabuff voller Plunder klug und wohlüberlegt etwas zu ihr gesagt hatte wie:

»Das hier, Signora, ist den Preis für die Reparatur nicht wert …« oder: »Für alles zusammen, en bloc, kann ich ihnen sechs Lire geben …« Doch heute klang sie tonlos, unkenntlich, wie aus einem grauenvollen Paradies, jenseits jeder Erreichbarkeit.

Das Innere der Wagons, aufgeheizt von der noch sommerlichen Sonne, dröhnte immer weiter von diesem unaufhörlichen Stimmengewirr. Gewimmer und Streitereien, Prozessionspsalmen, sinnloses Geplapper überlagerten sich in dem Durcheinander, alte Stimmen, die nach der Mutter riefen; andere, die sich abseits fast steif unterhielten, und wieder andere, die sogar kicherten. Ab und an erhoben sich über das alles entsetzliche, fruchtlose Schreie, oder andere, von bestialischer Körperlichkeit, die elementare Wörter wie »Wasser!« und »Luft« riefen. Aus einem der hintersten Wagons, alle anderen Stimmen übertönend, hörte man in Abständen eine junge Frau in krampfhafte, gellende Schreie ausbrechen, wie es bei Geburtswehen typisch ist.

Und Ida erkannte diesen konfusen Chor wieder. So wie das beinah unanständige Kreischen der Signora und die bedächtigen Äußerungen des alten Di Segni zog das ganze jammervolle Stimmengewirr aus den Wagons sie mit quälender, herzzerreißender Sanftheit an, denn in ihr regte sich eine anhaltende Erinnerung, die nicht aus der Zeit, sondern aus einem anderen Kanal stammte: von dort, wo die kalabresischen Liedchen ihres Vater sie einlullten, oder die anonyme Poesie der vorigen Nacht, oder die Küsse, die ihr carina, carina zuflüsterten. Es war ein Ruhepunkt, der sie hinunterzog in die gemeinsame Höhle einer einzigen, unüberschaubaren Familie.

»Schon den ganzen Vormittag laufe ich herum …«

Signora Di Segni, zu dem bebrillten Gesicht hinter dem Gitter hinaufgewandt, plapperte nun hastig, schwatzte fieberhaft, aber auch in der vertrauten, fast beiläufigen Art einer Frau, die ihrem Mann Rechenschaft über ihre Zeit ablegt. Sie erzählte, wie sie am Vormittag gegen zehn, wie vorgesehen, mit zwei Flaschen Öl, die sie dort ergattert hatte, aus Fara Sabina zurückgekommen sei. Und bei ihrer Ankunft habe sie das Viertel verlassen vorgefunden, die Türen verrammelt, niemand in den Häusern, niemand auf der Straße. Niemand. Und sie habe sich erkundigt, habe hier und dort nachgefragt, beim arischen Cafébesitzer, beim arischen Zeitungshändler. Überall habe sie gefragt. Sogar die Synagoge leer. »… überall bin ich hingelaufen, von einem zum anderen … Sie sind in der Kadettenanstalt … am Hauptbahnhof … in der Stazione Tiburtina …«

»Geh weg, Celeste.«

»Nein, ich geh nicht weg!! Ich bin auch Jüdin! Ich will mit in den Zug einsteigen!!«

»Resciùd, Celeste, verschwinde, in Gottes Namen, geh weg, bevor die wiederkommen.«

»Neiiin! Nein! Settimio! Wo sind überhaupt die anderen? Manuele? Graziella? Der Kleine? … Warum lassen sie sich nicht blicken?«

Plötzlich brüllte sie wieder wie eine Verrückte: »Angelinoo! Esterinaa! Manuele!! Graziella!!«

Im Wageninneren entstand eine gewisse Unruhe. Irgendwie bis zum Gitter hinaufgeklettert, erschien im Rücken des Alten ein struppiges Köpfchen, zwei schwarze Augen …

»Esterinaa! Esterinaaa!! Graziellaa!! Macht mir auf!! Ist denn hier keiner da? Ich bin Jüdin! Ich muss mitfahren! Aufmachen! Faschisten! FASCHISTEN!! Macht auf!« Sie rief Faschisten nicht wie eine Anklage oder Beleidigung, sondern wie eine ganz natürliche Anrede, so wie man sich mit Meine Herren Geschworenen oder Offiziere an die jeweiligen Ordnungshüter und Zuständigen wendet. Und verbissen rüttelte sie weiter vergeblich an den Eisenstangen, die die Türen versperrten.

»Gehen Sie, Signora! Bleiben Sie nicht hier stehen! Es ist besser für Sie! Gehen Sie sofort weg!« Vor dem Hauptgebäude des Bahnhofs, jenseits der Verladerampe, machten ihr Männer (Gepäckträger oder Angestellte) aus der Entfernung aufgeregt Zeichen, um sie mit Gesten zu verscheuchen. Dem Zug näherten sie sich jedoch nicht. Es schien vielmehr, als mieden sie ihn wie eine Totenkammer oder einen verseuchten Raum.

Für Ida, die ein wenig hinter der Rampe stehengeblieben war, interessierte sich noch niemand; und sie selbst hatte sich fast vergessen. Sie fühlte sich von äußerster Schwäche erfasst; und obwohl dort im Freien auf der Plattform keine übermäßige Hitze herrschte, war sie schweißüberströmt, als hätte sie vierzig Fieber. Doch sie gab sich dieser Schwäche ihres Körpers wie der letzten, möglichen Zärtlichkeit hin, die sie in dieser Menge untergehen ließ, vermischt mit dem Schweiß der anderen.

Sie hörte die Glocken läuten; und ihr fiel ein, dass sie sich beeilen musste, um die tägliche Einkaufsrunde zu beenden, weil die Geschäfte vielleicht schon schlossen. Dann hörte sie tiefe, rhythmische Schläge, die irgendwo in ihrer Nähe ertönten; im ersten Moment glaubte sie, es handele sich um das Schnaufen der Lokomotive, und dachte, der Zug bereite sich vielleicht auf die Abfahrt vor. Sogleich wurde ihr bewusst, dass diese Schläge sie die ganze Zeit hier auf der Plattform begleitet hatten, auch wenn sie vorher nicht darauf geachtet hatte; und dass sie ganz nah bei ihr ertönten, direkt an ihrem Körper. Es war nämlich Useppes Herz, das so schlug.

BEPPE FENOGLIO

Gedanken in einem fremden Grab

Langsam lenkte ich den Blick in die Ecke, in der ich meine Thompson abgelegt hatte. Ihre metallischen Teile schimmerten im nahen Licht in verhaltenem Reichtum, die Waffe kam mir vor wie ein sakraler Ge genstand. Ich konnte nicht umhin zu lächeln. Ich erinnerte mich an das Gewehr, das auf der Tenne der Frau weggeworfen worden war, und dachte, daß wir, wenn die Durchkämmung vorüber wäre und wir lebend zu unseren Stellungen zurückkehren würden, einander ansehen und feststellen würden, wer seine Waffe behalten hatte und wer nicht. Ich würde mit meiner Thompson um die Schulter zurückkehren, und das würde mich davon befreien zu erzählen, wie ich es angestellt hätte durchzukommen. Aber würde ich den Mund halten? Würde ich nicht stolz erzählen, daß ich mich, um nicht in die Hände der Deutschen zu fallen, nachts in eine Gruft verkrochen hätte, ein Grab auf dem Friedhof von San Benedetto, mit dem Toten drin? Das war ein Fall, den vor sich oder den anderen zu verbergen ein Akt enormen Muts war. Es war mein Fall.

Ich trank einen Schluck Wasser aus der Flasche und horchte, ohne aber das geringste Geräusch wahrzunehmen. Da blickte ich durch den Spalt zum Himmel. Seine Farbe hatte sich nicht verändert, seit ich ihn das letzte Mal betrachtet hatte, und mir wurde bewußt, daß ich bereits jedes Zeitgefühl verloren hatte. Und doch schlug der Glockenturm von San Benedetto mit Sicherheit die Stunden, den Mechanismus kümmerte es nicht, daß überall im Tal Deutsche waren, er schlug die Stunden, wenn es an der Zeit war, ich aber hatte keinen Glockenschlag gehört.

Ich sagte mir, daß ich im Grunde ganz froh gewesen wäre, ein wenig mit Giorgio durch den Spalt hindurch reden zu können. Doch dann dachte ich auch daran, daß Giorgio bis zu meinem Grab gelangen und notwendigerweise Geräusche auf dem Kies machen müßte und daß mich diese Schritte erschrecken würden, solange ich nicht sicher war, daß es seine waren. Und dann dachte ich noch, daß es besser nicht dazu kommen würde, auch weil es Giorgio möglicherweise ermüdet oder erschreckt hatte, immer durch das Tal zu streifen, und er jetzt ebenfalls in die Gruft der Lehrerin Ghirardi herabklettern wollte. Und Giorgio war genau der Typ, der mich ausliefern konnte. Er war kein Feig ling, ich hatte ihn schon in zwei Schlachten erlebt, in der Schlacht von Alba und in der von Castino, aber er konnte einfach nicht abwarten, ihm fehlte das, was ich die Kraft des Abwartens nenne.

Giorgio war genau der Typ, der mich ausliefern konnte, schon einmal war er drauf und dran gewesen, uns alle drei auszuliefern, kurz bevor wir ins Tal von San Benedetto kamen.

Wir gingen nach Süden, rechts von uns der Wildbach Belbo. Vielleicht waren wir müde, vielleicht auch resigniert, jedenfalls achteten wir nicht besonders auf die Umgebung. Bob war es, der mich mit dem Ellenbogen anstieß, ich sollte mich umdrehen und mit ihm schauen. Auf dem Hügelkamm zur Linken sprossen Helme wie Pilze hervor. Dann hatten sich die Deutschen in voller Gestalt gezeigt, hielten ihre Waffen aber immer noch nach unten. Sowohl sie als auch wir verharrten einen Augenblick und starrten uns an wie flüchtige Bekannte, die von einem Bürgersteig zum gegenüberliegenden den Blick schärfen und sich nicht entschließen können zu grüßen. Das war uns eher bewußt geworden als ihnen, und schon hatten wir uns auf den Bach gestürzt, bevor sie mit ihren Waffen auf uns zielten. Sie schossen zwar gerade noch rechtzeitig, trafen uns aber nicht, und wir drei tauchten mit dem Bauch in das flache, eiskalte Wasser ein. Wir wollten nicht dort bleiben, aber eine Kraft, die nicht vom Wasser kam, drückte unsere Knie auf den Grund des Bachs. So verbargen wir unsere Köpfe unter dem Gras des anderen Ufers und warteten darauf, daß die Deutschen heruntersteigen würden, um uns in unserem eingeweichten Zustand umzubringen. Wir würden unser Blut auf der Wasseroberfläche davonströmen sehen. Doch die Deutschen zogen über ihren Hügel hinweg. Mit offenem Mund hob ich den Kopf aus dem Gras. Allerdings machte ich den Mund auf der Stelle wieder zu, denn auf der Stelle sah ich und begriff. Rechts auf dem Hügel, der steil zum Wildbach abfiel, kamen weitere Deutsche. Sie gingen im Gänsemarsch, ohne stehenzubleiben, einer nach dem anderen warfen sie Handgranaten herunter. Diese trafen nah am

Bachufer auf, zwischen den Farnen, in eini germaßen gleichmäßigen Abständen. Päng! Päng! näherten sie sich. Giorgio hatte das gleiche gesehen wie ich und ebenfalls begriffen; er versuchte, aus dem Wasser zu springen, aber Bob hielt ihn unten, ich half ihm, und wir drückten seinen Kopf unter Wasser. Er mußte den Mund zum Schreien geöffnet haben, denn rings um seinen Kopf blubberte das Wasser wild auf. Auch Bob und ich drückten unseren Kopf unter Wasser, wir lagen lang ausgestreckt auf dem Grund des Bachs, spür ten aber, daß unser Gesäß herausschaute.

Von den beiden für uns bestimmten Granaten schlug die eine zu weit oberhalb und die andere zu weit unterhalb ein.

Und genau den gleichen Streich hätte mir Giorgio gespielt, wenn er die Deutschen auf den Friedhof hätte kommen und zwischen den Gräbern herumstreifen hören. Und trotzdem verhielt sich Giorgio nach der Geschichte am Bach uns gegenüber genauso wie vorher, als wäre nichts passiert, als könnten Bob und ich nicht herausplatzen und sagen: »Um ein Haar hättest du es fertiggebracht, daß sie uns totschlagen.«

Als der Krieg ausbrach, kam es den Eltern von Ida und Agnese auf Sardinien wie ein Glück vor, dass die beiden Töchter in Rom waren, auf Rom, sagten sie, würden sie niemals Bomben werfen, auf Rom, wo der Papst ist und das Kolosseum. PAOLA SORIGA

Der Türke

Es liegt etliche Jahre zurück und trägt sich auf der Piazza Vittorio Emanuele in Florenz zu. Im übrigen besteht für den Vorfall – und ich sage dies zur Beruhigung des Lesers – keinerlei *Interpretationsbedarf.*

An jenem Tag, oder tags zuvor, war der Türkei der Krieg erklärt worden. Es war ein gleichermaßen schöner, gleichermaßen strahlender Morgen; und ich überquerte den Platz in Begleitung – so meine ich mich zu erinnern – von Aldo Palazzeschi. Auf einmal hörte man in die Atmosphäre des 19. Jahrhunderts, die damals noch die Menschen und Dinge umgab, wütende Schreie wie »Nieder mit dem Türken!«, »Haltet den Türken!« und »Tod dem Türken!« hineinplatzen. Ein Türke in Florenz? Es gab einen. Es war einer dieser fahrenden Händler, die sich beharrlich unter die im Freien sitzenden Gäste vor den Cafés und Bierstuben mischten und ihnen Teppiche, Pfeifen, bunte Galanteriewaren feilboten; und von denen ich (das sei nebenbei bemerkt) keinen jemals auch nur das kleinste Geschäft machen sah. Von allen Seiten, vom Platz und den nahen Straßen, stürzten sich die Gassenjungen auf den Feind des Tages, den sie am Vortag mit der allergrößten Gleichgültigkeit hatten vorübergehen sehen und der jetzt, soweit es ihm das über Arm und Schulter hängende Zeug erlaubte, schleunigst die Flucht ergriff. Einige Bürger protestierten (gegen eine feige Tat zu protestieren war *damals* noch kein Vergehen); aber die Worte, ihre Worte, verloren sich im Wind. Als der Verfolgte sich hoffnungslos umzingelt sah, wandte er sich, mehr um seine Waren als seine Person (die nicht in Gefahr war) zu retten, an seine Verfolger, die er – wer hätte das von einem Türken erwartet? – mit reinstem toskanischem Akzent ansprach.

Er war, wie sich sofort herausstellte, Florentiner aus San Frediano und kleidete sich wie ein Türke in der Hoffnung, seine Ware möge aussehen, als käme sie – wie die Heiligen Drei Könige – aus dem

Orient, während sie – wie viele andere Fälschungen – aus dem *befreundeten* Deutschland kam. Er hatte sich, um seine Kunden besser zu täuschen, durch langes Üben ein schlechtes Italienisch und eine miserable Aussprache angeeignet.

Aber, wie es meistens geht, enthielten die Verdächtigungen seiner Verfolger ein *Quentchen* Wahrheit. Er selbst erzählte mir, während er auf einem ihm von Cesare (dem berühmten Kellner der *Giubbe Rosse*) angebotenen Stuhl vom anstrengenden Lauf ausruhte (er war nicht mehr der Jüngste), daß er zwar in San Frediano geboren sei und daß dort auch seine Eltern geboren seien; aber daß ein Großvater (oder Urgroßvater, ich erinnere mich nicht genau) aus Izmir nach Florenz umgesiedelt sei. Der Gedanke, sich als Türke zu verkleiden und mit orientalischen Gütern zu handeln, sei ihm dank dieses Vorfahren gekommen. Warum er sich in jenen Tagen nicht dazu entschlossen hatte, das gefährliche Gewand auszuziehen oder zu Hause zu bleiben, weiß ich nicht und fragte ihn auch nicht danach. Vielleicht hat er nicht einmal daran gedacht, vielleicht hat er sich – zu Unrecht in diesem Fall – auf sein reines Gewissen verlassen.

Sie hörten – so würde die Sprecherin im Radio sagen – den Beginn einer rassistischen Hetzkampagne.

Denn ebenso wie es ein Zeichen kleinen Geistes ist, wenn man zu sehr in seinen Besitz verliebt ist, zeigt auch jeder, der Wohlstand verabscheut, daß er unsicher ist, daß er wenig Selbstvertrauen hat und fürchtet, er könne der Lockung des Goldes erliegen.

FRANCESCO PETRARCA

EUGENIO MONTALE

Das Haus mit den zwei Palmen

Der Zug würde bald ankommen. Auf der kurzen Strecke zwischen zwei Tunnels – es dauerte einen Augenblick, wenn der Zug ein Eilzug, und eine Ewigkeit, wenn es ein Personen- oder Arbeiterzug war – erschien und verschwand die Villa, eine gelbliche, etwas verblichene Pagode, vor der zwei symmetrische, aber nicht ganz gleich große Palmen aufragten. Sie waren Zwillinge, als sie im Jahre des Herrn 1900 gepflanzt worden waren, dann war aber eine rascher als die andere gewachsen, und man hatte kein Mittel gefunden, um das Wachstum der ersten zu verlangsamen und dasjenige der zweiten zu beschleunigen. An diesem Tag war es ein Arbeiterzug, und die Villa war lange sichtbar, obwohl sie jetzt von jüngeren Gebäuden halb verdeckt wurde. An der Westseite, am Ende einer kleinen Treppe, die durch eine Hecke von Spiersträuchern getarnt war, stand gewöhnlich jemand (Mutter, Tante, Kusine oder Nichte) und schwenkte ein Handtuch, um den Ankommenden zu grüßen und vor allem (wenn vom Zug ein Taschentuch Antwort winkte) die Gnocchi eilig ins siedende Wasser zu werfen. Sechs oder sieben Minuten später wurde mit der Ankunft des jeweiligen Verwandten gerechnet, der gebührend müde und ausgehungert war von den fünf Stunden Zug und Rauch.

An diesem Tag schwenkte niemand ein weißes Tuch von der Treppe. Federigo gab das ein Gefühl der Leere, und er zog seinen Kopf zurück, bevor das Züglein in den letzten Tunnel einfuhr. Dann nahm er seinen Koffer vom Netz und machte sich bereit, die Hände am Türgriff. Die Lokomotive verlangsamte ihre Fahrt mit einem langen Pfiff, dem Dunkel folgte die Helle, und mit einem Ruck hielt der Zug. Federigo stieg aus und ließ seinen Koffer mit einiger Anstrengung zu Boden gleiten. Der kleine Bahnhof lag im Einschnitt zwischen zwei Tunnels, einem steilen Abhang von Reben und Felsen gegenüber. Wer die Reise fortsetzte, trat sogleich wieder ins Dunkel ein.

»Gepäckträger?« fragte ein braungebrannter barfüßiger Mann und näherte sich dem einzigen Reisenden mit Krawatte und Kragen.

»Hier«, sagte Federigo und wies auf den Koffer, und dabei fragte er sich: Wer ist das nur?, weil dieses Gesicht ihm nicht unbekannt war; bis ein Blitz sein Hirn erleuchtete und er herzlich hinzusetzte: »Oh, Gresta, wie geht es dir?«, und er drückte dem Mann, der sich mit seinem Gepäck belud, die Hand.

Es war ein Jugendfreund, ein Kamerad beim Jagen und Fischen, den er seit dreißig Jahren nicht mehr gesehen und seit mindestens zwanzig Jahren vergessen hatte. Ein Einheimischer, ein Bauernsohn, der mit den Kindern des einzigen vornehmen Herrn des Dorfes spielen durfte, als Federigo noch das Kind vornehmer Leute zu sein glaubte. Sie gingen die Treppe hinunter und waren sogleich am Meer, nur ein Mäuerchen und eine dünne Reihe von Tamarisken trennte sie von den Wellen. Auf der Linken führte ein anderer Tunnel zum unsichtbaren Dorf, rechts sah man die Häuser, die ein paar ehemaligen Emigranten gehörten und die sich, von armseligen Gemüsegärten umgeben, an Felsvorsprünge klammerten. Man mußte auf dieser Straße weitergehen, dann nach rechts in ein ausgetrocknetes Bachbett abbiegen, um die Pagode zu erreichen, von der aus niemand – wirklich niemand – ein weißes Tuch im Winde hatte flattern lassen. Sie machten sich plaudernd auf den Weg. Federigo fand in sich einen Dialekt wieder, den er glaubte vergessen zu haben; und weil Gresta im übrigen ganz gleich geblieben war – Gresta, »Hahnenkamm«, war er wegen seines Haarschopfs genannt worden, von dem mittlerweile nichts mehr geblieben war – und auch der Weg und die Häuser, die man in der Nähe sah, sich nicht verändert hatten, war dieser Sprung aus seiner Alltagswelt, dieses Wiederfinden einer Zeit, die nur noch in seiner Einbildung gelebt hatte, für ihn etwas wirklich Wunderbares. Federigo glaubte einen Augenblick, wahnsinnig zu werden, und es wurde ihm klar, was geschehen würde, wenn man das vergangene Leben *da capo* und *ne varietur* noch mal abspielen könnte wie eine einmal für immer aufgenommene Schallplatte.

Beim genaueren Nachdenken gab es Varianten (das Fehlen des Grußes mit dem Handtuch zum Beispiel), und Federigos Verwirrung war nur von kurzer Dauer. Gresta schien nichts davon bemerkt zu haben. Er sprach von der Sardinenfischerei, von der Ernte, vom

ersten Vorüberziehen der Wildtauben – beiläufig auch vom Vorüberziehen der Deutschen und ihrer Schikanen –, auch hier war die
Mischung von Altem und Neuem nicht dazu angetan, Federigo in
seinem ersten Eindruck von der Umkehrbarkeit der zeitlichen Ordnung zu bestärken.

Ein rosafarbenes Haus, dessen erster Stock wie ein aufgesetzter
Bungalow aussah, schien dagegen seine erste Täuschung zu bestätigen, weil jeder Stein, jede Reparatur und sogar der Geruch von fau-
lem Fisch und Teer, von dem es umgeben war, ihn gefährlich in den
Schlund der Erinnerung hinunterzogen; aber auch in diesem Fall
erlöste ihn der hilfreiche Gresta rasch aus seiner Verlegenheit, indem
er ihm mitteilte, daß Grazzini, der barfüßige dicke Besitzer, der in
den Minen Südafrikas Diamanten gescheffelt hatte, seit einiger Zeit
nicht mehr lebte und der Besitz in andere Hände übergegangen war.
Zwei Schritte weiter fürchtete Federigo am Fenster eines blutwurst-
roten Mietshauses den nicht weniger dickwanstigen Herrn Cardello
zu erblicken, der im Dorf sehr geachtet war, obwohl er seine erste
Frau mit einem Fußtritt in den Bauch getötet hatte. Die Furcht war
sinnlos, denn im ganzen Umkreis war nicht einmal mehr der Schatten Cardellos vorhanden.

Und der Rechtsanwalt Lamponi, der seinen Bruder zum Selbstmord getrieben hatte, um dessen Lebensversicherung zu kassieren?
(Ein spitzwinkliges flaschengrünes Chalet.) Und der Cavaliere Frissi,
der in Montevideo seinen leeren Laden mehrmals angezündet hatte,
um sich seine Taschen mit Geld zu füllen? (Ein Monstrum von
Türmchen, Säulchen, verwickeltem Gestänge und Schlingpflanzen,
die einen Schwarm von Insekten und Mäusen ins Haus brachten.
Und aus dem Innern der Höllenlärm eines Trichtergrammophons –
Ridi Pagliaccio! Niun mi tema. Chi mi frena in tal momento? – und die
stürmischen *caramba!* eines cholerischen alten Trinkers.)

Einen Augenblick fürchtete Federigo, sie würden ihm entgegen-
kommen, die beiden Herren aus der Nachbarschaft: der erste in Unterhosen, das tanzende Bäuchlein über den entblößten Waden und
eine Goldkette auf der behaarten Brust; der andere mit düsterem
Gesicht unter der Krempe des Sombrero aus Stroh, umgeben von
weiblichen Wesen in Trauerkleidern und vom üppigen und beinahe
faßbaren Glorienschein der einmal erreichten »Position« und der mit
vollen Händen verteilenden Wohltätigkeit. Aber es drohte keine

Gefahr. Gresta erwähnte andere Namen, sprach von anderen Besitzern, und nur die Form der abbröckelnden Häuser und die Schaufeln einer Windpumpe erinnerten Federigo an seine Jugendjahre.

Endlich kam der letzte Engpaß: das trockene Bachbett mit dem etwas erhöht geführten Weg, die rote Brücke, das rostige Tor und die Allee, die zu der von den zwei alten Bäumen beschützten Pagode hinaufführte. Der Kies knirschte unter Federigos Schuhen, auf dem Ast eines Feigenbaums schaukelte ein Fink und erfüllte die Luft mit den Schnörkeln seines Gesangs, und vom Wäscherinnenteich kam eine weißhaarige, aber nicht alte Frau, um ihn zu begrüßen.

»Oh, Maria«, sagte Federigo einfach, und es war noch einmal, als ob dreißig Jahre plötzlich zurückweichen würden und Federigo wieder der Junge von einst wäre und gleichzeitig im Besitz der Reichtümer bliebe, die er später angehäuft hatte. Aber was für Reichtümer? Keine Diamanten, keine abgebrannten Läden, kein ins Reich der Väter beförderter Verwandter, kein materieller und nützlicher Kontakt mit dem hiesigen Besitz. Eine gegen seinen Willen ständig fortschreitende Entwurzelung, eine lange Reise durch Ideen und Formen des Lebens, die hier unbekannt waren, das Eintauchen in eine Zeit, die nicht von Herrn Frissis Sonnenuhr gemessen wurde. War das der Reichtum Federigos? Dies und nicht viel mehr, wenn auch sein Koffer schwer war.

Am Ende der Treppe wurde Gresta mit einem Trinkgeld und einem Händedruck verabschiedet, und Federigo folgte dem gealterten Dienstmädchen, das sein ganzes Leben mit den Seinen verbracht hatte. Sie sprachen ungezwungen miteinander, ohne sich zu sagen, wieviel älter sie geworden waren. Sie sprachen von den Lebenden und mehr noch von den Toten. Sie kamen vor die Pagode, Federigo wandte sich um und erkannte wieder das weite Amphitheater, in welches das Meer einströmte, er sah wieder die schiefe Pappel neben dem Gewächshaus, wo er mit einem Flobertgewehr seinen ersten Vogel geschossen hatte, er hob seine Augen zu dem Fenster des dritten Stocks, wo die Ahnenbilder hingen, und trat dann ins Eßzimmer zu ebener Erde und ließ seinen Blick über die rissigen Wände schweifen. Die Sammlung von Lanzen und Pfeilen, Geschenk eines Unteroffiziers vom Leuchtturm, der Jahre in Eritrea verbracht hatte, war verschwunden, aber der Holzschnitt, der einen jungen und strengen Verdi darstellte, hing noch da. Federigo ging eilig durch die

Wohnung, und er zuckte zusammen, wie wenn ihm das Familiengespenst begegnet wäre, als er unter einem gewissen Sitz aus Porzellan die Fabrikmarke »The Preferable, Sanitary Closet« wieder las, der erste englische Satz, an den er sich erinnern konnte. In diesem Kämmerchen hatte sich wirklich nichts verändert. In den übrigen Zimmern fand er Neuerungen: zusätzliche Betten, leere Wiegen, neue Heiligenbildchen in den Spiegeln, Zeugen anderer Existenzen, die die seine ersetzt hatten. Er ging auch in die Küche, wo Maria in die Kohlen blies, er hängte ein Mückennetz über das Bett, in dem er schlafen würde, nahm einen Liegestuhl und legte sich vor das Haus, dessen fünfzehnten Teil er besaß.

Er sagte sich: Ein paar Tage Ferien mit meinen Toten, sie werden rasch vorbei sein. Sogleich aber dachte er mit Sorge an den Geschmack der Speisen, die ihm aufgetischt würden. Kein schlechter Geschmack, aber eben dieser bestimmte Geschmack, der von Generation zu Generation weitergegeben wurde und den keine Köchin je vernichten kann. Eine Kontinuität, die, wenn sie anderswo zerstört wird, im Bratfett, in der Schärfe von Knoblauch, Zwiebeln und Basilikum und in den im Marmormörser zerstampften Füllungen weiterbesteht. Sie ist daran schuld, daß auch seine zu einer leichteren Speise verurteilten Toten manchmal auf die Erde zurückkehren müssen.

»Und du hast doch ein eigenes Haus am Meer«, hatten seine Freunde oft zu ihm gesagt, erstaunt darüber, ihn an gewissen mondänen Badeorten anzutreffen, wo auch das Meer wie aus der Büchse serviert wirkt. Er hatte tatsächlich ein Haus (zu einem Fünfzehntel) und war zurückgekommen, um es wiederzusehen.

Aus dem Innern des Hauses drang das diskrete Klirren eines Glases und machte ihn darauf aufmerksam, daß das Abendessen auf dem Tisch stand. Nicht mehr das Seehorn, das sein Bruder an die Lippen setzte und wie eine Posaune blies, um die Familie zu versammeln. Wo war das Seehorn hingekommen? Man mußte es suchen.

Federigo stand auf, zielte mit dem Finger auf den Fink, der gefolgt war und sich bis auf die Pappel neben dem Gewächshaus vorgewagt hatte; in Gedanken gab er einen Schuß ab.

»Ich bin lächerlich«, murmelte er dann. »Ich werde hier angenehme Ferien verbringen.«

GIUSEPPE TOMASI DI LAMPEDUSA

Freude und moralisches Gesetz

Als er in den Autobus stieg, belästigte er alle.
Die Mappe, die gestopft voll war mit den Papieren anderer Leute, das riesige Paket, das er im gebogenen linken Arm halten mußte, das Halstuch aus grauem Samt, der Regenschirm, der im Begriff war, sich zu entfalten – all das erschwerte es ihm, den Rückfahrschein vorzuweisen; er war gezwungen, das große Paket auf das Tischchen beim Fahrer zu legen, verursachte einen Erdrutsch gewichtloser kleiner Münzen, wollte sich bücken, um sie aufzusammeln, und erregte damit den Einspruch derer, die hinter ihm standen: seine Langsamkeit ließ sie befürchten, ihr Mantel könne von der sich automatisch schließenden Tür eingeklemmt werden. Schließlich gelang es ihm, in die Reihe der Leute einzurücken, die sich an den Riemen festhielten; er war nur schmal, aber seine Bepacktheit verlieh ihm den Umfang einer Nonne, die von sieben Röcken aufgequollen ist. Als er auf dem feuchten, schmierigen Boden durch das elende Gedränge weiterglitt, rief sein Volumen im ganzen Wagen Mißstimmung hervor: er trat auf die Füße, die andern traten auf die seinen, er bekam Vorwürfe; als er aber gar hinter sich ein paar Worte hörte, die auf ein vermutlich mißliches Zuhause anspielten, gebot ihm die Ehre, sich umzudrehen; und er bildete sich ein, er hätte dem müden Ausdruck seiner Augen eine Drohung entlockt. Sie fuhren durch die Straßen, in denen ländliche Barockfassaden die elenden Rückseiten verbargen, die sich dem Blick jedoch zeigten, sobald man um eine Ecke bog; trübe Lichter achtzig Jahre alter Geschäfte glitten an ihnen vorüber.
Als er an seiner Haltestelle angelangt war, drückte er auf den Klingelknopf, stolperte über seinen Schirm und fand sich endlich allein auf seinem holperig gepflasterten Quadratmeter Fußsteig. Er beeilte sich festzustellen, daß die Plastik-Brieftasche noch da war. Endlich konnte er seines Glückes froh werden.

In der Brieftasche steckten siebenunddreißigtausendzweihundertfünfundvierzig Lire, das sogenannte dreizehnte Monatsgehalt, das er vor einer Stunde bekommen hatte. Das bedeutete etliche Dornen weniger: der erste, dringlichste war der Hausbesitzer, bei dem sich eine Mietschuld von nun schon einem halben Jahr aufgehäuft hatte; ein zweiter Dorn: der höchst pünktliche Raten-Eintreiber für die Kaninjakke, das sogenannte *lapin* seiner Frau – »Sie steht dir viel besser als ein langer Mantel, sie macht dich schlank«; ein weiterer Dorn: die schiefen Blicke des Fisch- und des Gemüsehändlers. Diese vier großen Scheine ließen auch die Furcht vor der nächsten Lichtrechnung verschwinden, die besorgten Blicke auf die Schuhchen der Kinder, die ängstliche Beobachtung der zitternden Flämmchen vom Kochgas; sie bedeuteten ganz gewiß keine Üppigkeit, aber sie versprachen eine Pause in der Angst, was ja die wahre Freude der Armen ist; und womöglich würden ein paar tausend Lire einen Augenblick länger leben, um sich dann im Glanz des Weihnachts-Festmahls zu verzehren.

Aber er hatte solche dreizehnten Monatsgehälter schon zu viele bekommen, als daß er allein der flüchtigen Erheiterung, die sie hervorbrachten, das rosige Gefühl von Euphorie hätte zuschreiben können, das ihn jetzt wie ein Sauerteig durchdrang. Jawohl, rosig war es, so rosig wie die Umhüllung der höchst angenehmen Last, die ihm den linken Arm geradezu lähmte. Nein – dieses Gefühl entströmte dem Sieben-Kilo-Weihnachtskuchen, dem *Panettone*, den er aus dem Büro mitgebracht hatte. Nicht daß er auf dieses ebenso verbürgte wie zweifelhafte Gemisch aus Mehl, Zucker, Eipulver und Rosinen erpicht war; ja, im Grunde aß er ihn nicht einmal besonders gern. Aber sieben Kilo Luxusware auf einmal! Ein genau umgrenzter, doch wirklich großer Überfluß in einem Hause, wo das, was verzehrt wurde, hundertgramm- und halbliterweise hineinkam! Ein berühmtes Erzeugnis in einer Speisekammer, die den Etiketts dritter Ordnung geweiht war! Was für eine Freude für Maria, was für ein Geschrei bei den Kindern, die vierzehn Tage lang ein unerforschtes Wildwest durchstreifen würden: die ihnen völlig unbekannte Vespermahlzeit!

Dies waren jedoch die Freuden der andern – materielle Freuden aus Vanille und buntem Papier, kurz: *Panettoni.* Sein persönliches Glück unterschied sich hiervon beträchtlich: ein geistiges Glück, gemischt aus Stolz und einem ganz besonderen Gefühl – eben geistig.

Als kurz zuvor der *Commendatore*, der mit dem Komturkreuz ausgezeichnete Leiter seines Büros, mit der etwas hochmütigen Liebenswürdigkeit des alten Parteihäuptlings Weihnachtswünsche und Gratifikationen verteilte, hatte er auch gesagt, der sieben Kilo schwere *Panettone*, den die große Erzeugerfirma dem Büro als Geschenk zugeschickt habe, solle dem verdienstvollsten Angestellten übermittelt werden; daher bitte er seine lieben Mitarbeiter, ihm auf demokratische Art – genau so sagte er – den Glücklichen unverzüglich zu bezeichnen.

Dabei lag der *Panettone* dort auf seinem Schreibtisch, gewichtig, hermetisch verschlossen, ›mit Zukunftshoffnungen beladen‹, wie ebenderselbe *Commendatore* vor zwanzig Jahren in Faschistenuniform gesagt hätte. Unter den Kollegen hatte es ein unterdrücktes Lachen und Geflüster gegeben; dann hatten alle, und der Direktor zuerst, seinen Namen gerufen. Eine große Genugtuung, eine Zusicherung, daß er sein Amt behalten würde, kurz gesagt: ein Triumph. Und nichts hatte dann dieses stärkende Gefühl zu erschüttern vermocht, weder die dreihundert Lire, die er unten in der Bar, in der doppelt bleifarbenen Stimmung des Schlechtwetter ankündigenden Sonnenuntergangs und des schwachen Neonlichts, für den Kaffee hatte bezahlen müssen, den er den Freunden anbot, noch das Gewicht seiner Beute, noch die häßlichen Worte, die er im Autobus hörte; nichts, nicht einmal dann, als es ihm in der Tiefe seines Bewußtseins aufdämmerte, daß es sich bei den Angestellten um einen Akt demütigenden Mitleids mit seiner Bedürftigkeit gehandelt haben könnte. Er war wahrhaftig zu arm, um es sich zu erlauben, daß das Kräutlein Stolz irgendwo aufschoß, wo es das nicht durfte.

Sein Nachhauseweg führte ihn durch eine verfallene Straße, der die Bombenangriffe vor fünfzehn Jahren die letzten Glanzlichter aufgesetzt hatten. Er kam zu der gespenstisch anmutenden Piazzetta; in ihrem Hintergrund lag wie zusammengekauert der merkwürdig fahle Bau seines Mietshauses.

Munter grüßte er den Hauswart Cosimo, der ihn in dem Bewußtsein verachtete, daß er selber ein höheres Gehalt bekäme als er. Neun Stufen, drei Stufen, neun Stufen: das Stockwerk, in dem der Cavaliere Tizio wohnte. Puh – der hatte zwar einen Fiat 1100, das schon, aber auch eine häßliche, alte, immer schimpfende Frau. Neun Stufen, drei Stufen, fast wäre er ausgeglitten, neun Stufen: die Wohnung des Doktor Sempronio: der war schlimmer daran als je; ein Sohn arbeitslos, noch dazu toll auf Lambrettas und Vespas, und das Wartezimmer ständig leer. Neun Stufen, drei Stufen, neun Stufen: sein Zuhause, die kleine Wohnung eines wohlgelittenen, ehrenhaften, geehrten Mannes mit einer Extra-Belohnung, eines nichtbeamteten Buchhalters. Er öffnete die Tür und trat in den schmalen Flur, den schon der Geruch gebratener Zwiebeln erfüllte; auf eine Sitztruhe, die nicht größer war als ein kleiner Lastkorb, legte er das schwere Paket, die mit den Anliegen anderer Leute beladene Mappe, das lästige Halstuch. Laut rief er: »Maria! Komm schnell! Komm und sieh, was ich hier Schönes habe!«

Die Frau trat aus der Küche in einem himmelblauen, vom Ruß der Töpfe gezeichneten Hauskleid, die kleinen, vom vielen Spülwasser geröteten Hände lagen über dem Leib, den die Geburten unförmig gemacht hatten. Die Kinder mit ihren Rotznasen drängten sich um das rosige Monument und zwitscherten aufgeregt, ohne daß sie gewagt hätten, es zu berühren.

»Ah, schön. Und hast du das Geld mitgebracht? Ich habe keine einzige Lira mehr.« »Hier ist es, meine Liebe; ich behalte für mich nur das Kleingeld, zweihundertfünfundvierzig Lire. Aber sieh doch: was für ein Geschenk des Himmels!«

Maria war früher hübsch gewesen; noch vor einigen Jahren hatte sie ein süßes, ausdrucksvolles, von lebhaften Augen erhelltes Gesichtchen gehabt. Jetzt hatten die Streitereien mit den Kramladenbesitzern ihre Stimme rauh gemacht, das schlechte Essen hatte ihre Haut verdorben; die unaufhörliche Sorge um eine Zukunft, die voller Klippen war und im Nebel lag, hatte den Glanz der Augen zum Erlöschen gebracht. Nur weniges war von ihr übriggeblieben: eine fromme und daher unbeugsame Seele ohne Zärtlichkeit, eine verborgene Güte, die sich in nichts als Vorwürfen und Verboten ausdrücken konnte; außerdem der Stolz einer gedemütigten, aber zähen Kaste, denn sie war die Enkelin eines großen Hutmachers von der Via Independenza und verachtete die nicht gleichwertige Herkunft ihres Girolamo; sie betete ihn an, wie man ein dummes, aber liebes Kind anbetet.

Ihr Blick glitt gleichgültig über das verzierte Papier. »Sehr schön. Morgen schicken wir den Kuchen dem Advokaten Risma; wir sind ihm sehr verpflichtet.«

Der Advokat hatte ihn vor zwei Jahren mit einer verwickelten Buchführungsarbeit beauftragt und hatte sie beide, außer daß er ihn bezahlt hatte, in seine abstrakt-metallische Wohnung zum Essen eingeladen; dabei hatte der Buchhalter wegen der aus diesem Anlaß gekauften Schuhe gottserbärmlich gelitten. Und jetzt sollten also für diesen Mann, dem es an nichts fehlte, seine Maria, sein Andrea, sein Saverio, die kleine Giuseppina und er selbst auf die einzige üppige Ader verzichten, auf die er in so vielen Jahren gestoßen war!

Er ging rasch in die Küche, holte ein Messer und stürzte sich auf den Kuchen, um die Goldfäden durchzuschneiden, die eine geschickte Arbeiterin in Mailand so schön um das Paket geknotet hatte; aber eine gerötete Hand legte sich ihm müde auf die Schulter: »Girolamo, sei kein Kind. Du weißt doch, daß wir uns Risma erkenntlich zeigen müssen.«

Es sprach das Gesetz; das moralische Gesetz, das von den rechtschaffenen Hutmachern ausging.

»Aber meine Liebe, das ist eine Belohnung für Tüchtigkeit, ein Beweis, daß ich geschätzt werde!«

»Ach, hör doch auf. Schöne Leute, deine Kollegen mit ihrem Zartgefühl! Ein Almosen, Girò, nichts als ein Almosen.« Sie nannte ihn mit dem alten Kosenamen, sie lächelte ihm zu mit Augen, in denen nur er die Spuren des früheren Zaubers entdecken konnte.

»Morgens kaufst du einen andern, ganz kleinen Panettone, der genügt für uns; und vier solche roten Korkzieherkerzen, wie sie in der Marktbude ausgestellt sind. So wird es sehr festlich.«

Am Tage danach erstand er in der Tat einen Panettone ohne kunstvolle Aufschrift, nicht vier, sondern nur zwei von den erstaunlichen Kerzen und schickte durch eine Agentur das Mastodon an den Advokaten Risma, was ihn wieder zweihundert Lire kostete.

Übrigens muß er nach Weihnachten einen dritten Kuchen kaufen und ihn, in Stücke aufgeteilt, den Kollegen mitbringen, die ihn verspottet hatten, daß er ihnen auch nicht ein Krümchen von der üppigen Beute abgegeben habe.

Über das Schicksal des erstgeborenen Panettone fiel ein Vorhang.

Er ging auf die Agentur ›Blitz‹, um zu reklamieren. Man zeigte ihm hochmütig das Verzeichnis der Empfangsbescheinigungen, auf dem der Diener des Advokaten gegengezeichnet hatte. Nach dem Dreikönigstag kam jedoch eine Visitenkarte ›mit lebhaftesten Danksagungen und Wünschen‹.

Die Ehre war gerettet.

DAVIDE LONGO

Aus den piemontesischen Bergen

Im Februar 1949 waren sie nach Marseille gekommen, und schon eine Woche später hatten alle eine Stelle als Tagelöhner.

Cesares Vater war Hilfsarbeiter am Hafen, der gerade gebaut wurde. Marisa, die sich aufs Kardieren und Spinnen von Wolle verstand, wurde, noch bevor sie ihre Koffer ausgepackt hatte, in der Fabrik eingestellt. Und die Mutter, die fließend Französisch sprach, arbeitete im Hotel du Bon Visage. Man hatte ihr zwei hübsche, schwarze Kleider und ein Stück Seife in die Hand gedrückt, damit sie immer tadellos bei der Arbeit erschien und sich vor den feinen Herren blicken lassen konnte.

Da Cesare erst elf war und Arme so dünn wie Spinnenbeine hatte, hatte sich der Vater darum bemüht, daß er die Grundschule besuchen konnte.

Die Schule war eine riesengroße Halle an der Straße Richtung Zementwerk. Früher war sie eine Lagerhalle für Lavendel gewesen, doch als die Parfümfabrik hatte schließen müssen, hatten die Besitzer das Gebäude an die Stadt verkauft.

Sie waren vierunddreißig in der Klasse, fast ausschließlich Italiener und Algerier, ein paar Spanier und zwei Franzosen. Die Lehrer und Mitschüler nannten Cesare nur den montagnard, weil er auch bei schönem Wetter Bergschuhe trug und weil die paar Worte, die er auf französisch konnte, durch seinen Patuà-Dialekt sehr hart klangen. Er lernte zu schweigen und lieber den süßlich-modrigen Duft des Lavendels zu schnüffeln, den der Regen aus den Mauerritzen spülte, bis man völlig benebelt war. Am Ende des Schuljahres war er durchgefallen, und der Vater besorgte ihm Arbeit auf der Baustelle.

Um sechs Uhr morgens ging's los, bis abends, wenn die Sonne unterging und man Gefahr lief, sich vor lauter Müdigkeit Beton auf die Füße zu kippen.

Die Arbeiter waren entweder Italiener oder Spanier von der Küste. Ab und zu tauchte ein Franzose auf, aber nur so lange, bis er die Erlaubnis zur Einschiffung bekam und abhauen konnte. Um zwölf hatten sie eine Stunde Mittagspause.

Er und sein Vater setzten sich immer etwas abseits, teilten sich Polenta und Tomaten, während die anderen zum Essen in die Kantine gingen. Sein Vater hatte ihm immer wieder gepredigt, wenn er ein echter Franzose werden wolle, dürfe er sich nicht mit den anderen Arbeitern abgeben. Sie sprachen auch nicht mehr Italienisch miteinander, und als sein Vater mitbekam, daß er rauchte, hatte er ihm höchstpersönlich die erste Schachtel Gitanes gekauft – wenn er schon rauchen mußte, dann wenigstens eine französische Marke.

Gegen Abend kam dann immer der Vorarbeiter und läutete die Glocke. Er griff allen in die Taschen, zählte das Werkzeug nach, erst dann verteilte er den Tagelohn. Auf dem Nachhauseweg sang der Vater ein Lied aus der Heimat, hörte aber sofort auf, wenn sie jemandem begegneten.

Sechs Jahre ging das so. Unter der Woche auf den Gerüsten am Hafen, sonntags auf einer Bank, um die einfahrenden Schiffe anzuschauen und die Kräne, die sich auf der Mole in den Himmel reckten.

1955 war der Hafen dann fertig.

Es gab eine große Einweihungsfeier mit Sekt, und eine Band spielte Va' pensiero. Er tanzte mit seiner Schwester. Der Vater dagegen saß die ganze Zeit über nur teilnahmslos da und schabte sich mit einem Messer die Hornhaut von den Händen – als hätte da schon etwas an ihm genagt.

Am nächsten Tag entließen sie zweiundachtzig Leute.

Die aus der Gegend kehrten zurück zu den Weinbergen oder auf die Lavendelfelder. Die anderen, die ein Zigeunerleben gewöhnt waren, gingen nach Athen, angeblich sollte dort ein neuer Hafen gebaut werden. Sie selbst aber konnten keinesfalls zurück in ihre Heimat, sie hätten sich nur zum Gespött des ganzen Tals gemacht, und so mußten sie sich irgendwie durchschlagen.

Der Vater fand eine Stelle als Maurer, auch wenn das in seinem Alter hieß, tagtäglich Lotto zu spielen und zu hoffen, daß er mehr als zwei Richtige hätte. Die Mutter, die im vergangenen Jahr nur halbtags als Dienstmädchen beschäftigt gewesen war, fing nun an, ganztags auf dem Fischmarkt zu arbeiten.

Die Schwester war seit zwei Jahren weder eine große Hilfe noch eine Last für die Familie gewesen. Sie war in die Altstadt gezogen und hatte einen Händler samt Fünf-Zimmer-Wohnung über dem Kurzwarenladen geheiratet. Von Zeit zu Zeit hatte sie ausrichten lassen, es gehe ihr gut, und zwar über ihr Dienstmädchen, das sie sofort eingestellt hatte, damit es ihr die Drecksarbeit abnahm.

Er selbst war einen Monat lang immer erst spät aufgestanden und dann faul durch die Stadt geschlendert.

In dieser Zeit hatte er Marseille richtig kennengelernt.

Das Zentrum, wo die Männer den ganzen Nachmittag über draußen saßen. Das Arbeiterviertel Estaque, die Zementwerke und die Baracken der Algerier entlang der Eisenbahnlinie. Die schnellen und blitzblanken Autos vor den Clubs, aus denen Tag und Nacht Musik dröhnte. Die Frauen, die frühmorgens die engen Gassen hinunter zum Markt trippelten; ihre Hände waren noch geschwollen vom Vortag, unter ihre Kleider hatten sie Zeitungen gestopft, als Schutz vor der Kälte aus den mit Eis gefüllten Kühlwannen.

Als er genug von diesem Lotterleben hatte, ging er zum Hafen und bewarb sich bei der Aufsicht.

Eine Woche später meldeten sie sich. Sie fragten ihn, ob er schon achtzehn sei und schwimmen könne. Seinen achtzehnten Geburtstag hatte er erst kürzlich gefeiert, und bei der zweiten Frage hatte er so getan, als verstehe er die Sprache nicht. Der Beamte zeigte ihm, wo er unterschreiben mußte.

Am Morgen seiner Abreise begleiteten ihn alle zum Hafen, sogar seine Schwester kam, mit dem neuen Fotoapparat in der Tasche, ihr Mann wußte davon allerdings nichts. An dem Tag war es absolut windstill, und nicht einmal er, der noch nie auf dem Meer gewesen war, hatte Angst. Das Schiff sah einfach wie eines der Häuser aus der Altstadt aus, nur daß es sich jederzeit von der Erde lösen und in See stechen konnte.

Als er das sagte, mußten alle lachen.

Sie hatten sich auf die Bank gesetzt, waren eng zusammengerückt, und irgendwie spürte er, es war das letzte Mal. Dann wollten die Frauen unbedingt ein Foto von ihren beiden Männern.

FRANCESCA MELANDRI

2010

Über dem höchsten der heiligen Hügel Roms, dem Esquilin, liegt der Duft von Kebab, Kimchi und Masala dosa. Die Häuser hier haben hohe Decken, doch nicht immer einen Fahrstuhl. Dieses zum Beispiel hat keinen. Ilaria ist es gewohnt, die sechs Stockwerke zu Fuß hinaufzusteigen, die erzwungene Bewegung ist ihr eher eine Wohltat als eine Last. Heute aber versetzt sie den Stufen Tritte, jeder Schritt ein Fluch. Eine dichte Curryduftwolke weht durch das Hoffenster ins Treppenhaus. Sie legt sich über die Stufen und erfasst Ilaria mit voller Wucht, kann sie aber von ihrem Zorn nicht ablenken. Lässt sie nur leicht die Nase rümpfen.

Der Atem des Meeres, dem Rom trotz der eigentlich unmittelbaren Nähe gerne den Rücken kehrt, überwindet am späten Nachmittag oft die Spekulationsobjekte der Peripherie, zieht über die Viertel des Zentrums am Fluss bis direkt in Ilarias Fenster im obersten Stockwerk. In diesen Momenten weht eine Art Sehnsucht durch ihr kleines Apartment: nach Weite, nach Horizont, nach Ozeanrouten – solche Dinge halt. Viele Jahre lang wusste sie nicht, dass dies an dem Jod in der Meeresbrise lag. Einer Brise nur aus Ostia, mag sein, aber immerhin einer Meeresbrise. Doch oft genug gelingt es selbst dem Tyrrhenischen Meer nicht, die penetranten Gerüche aus den Esquilinküchen zu zerstreuen. Mehrere Male am Tag, zu jeder Uhrzeit, ziehen sie durch den bevölkerten Hof, der den gesamten Block aus mehr als einem Dutzend Wohnhäusern verbindet. Vor Jahren, als Ilaria einmal mit einem Darmvirus fiebernd im Bett lag, wurde ihr von jedem Essensgeruch schlecht. Um den Brechreiz zu lindern, musste sie die Fensterritzen mit Klebeband abdichten. Im Übrigen hat jeder seine eigene Sinnesverschmutzung. In San Lorenzo und Trastevere können Anwohner nachts nicht schlafen wegen des Lärms aus den Pubs, da hat sie es noch vergleichsweise gut. Sie wohnt lange genug hier, um zu wissen, dass sie sich vor den Dünsten nicht schützen kann. Sie kann lediglich jedem unangenehmen Geruch den Namen eines Parfüms geben: Da, ein Hauch von Eau de Maghreb, oh, riech mal, eine kleine Wolke Obsession d'Inde, ah, welch ein Bouquet – gekochter Kohl und roher Knoblauch –, das muss das seltene Korea Extrême sein.

Nur das gedämpfte Licht der letzten Augusttage fällt ins Treppenhaus, trotz wiederholter Aufforderung tauscht der Verwalter seit Wochen die Flurlampen nicht aus. Doch auch das Halbdunkel über den Stufen vermag Ilarias Zorn nicht zu mildern. Vor ein paar Stunden, als sie nach Einkäufen für das neue Schuljahr zu ihrem Parkplatz zurückkam, war ihr Auto abgeschleppt. Dabei hatte sie weder im Halteverbot noch auf einem Behindertenparkplatz oder in zweiter Reihe gestanden. Doch auf diesem Stück Uferstraße entlang des Tibers wird morgen der Autokorso von Oberst Muammar al-Gaddafi auf Staatsbesuch passieren. Und jedes Kind weiß, dass Diktatorenlimousinen nicht an den geparkten Wagen von Normalsterblichen vorbeifahren dürfen, nicht einmal auf einer zehn Meter breiten Fahrbahn. Also hat der Bürgermeister von Rom das Ordnungsamt angewiesen, alle Autos vom Lungotevere entfernen zu lassen, eine der letzten Parkmöglichkeiten im historischen Zentrum. Als Ilaria von ihren Erledigungen zurückkam, klaffte an der Stelle ihres alten Pandas eine Lücke, abgesperrt mit rot-weißem Flatterband.

Zuerst war sie verunsichert. Hatte sie ihr Auto vielleicht woanders geparkt? Das passiert ihr häufiger in letzter Zeit. Sie hat schon ganze Viertelstunden nach dem Panda gesucht, weil ihr Mittvierzigerin-Gedächtnis den letzten Parkplatz nicht gespeichert hat. Frustrierende, verlorene Zeit, die ihr die Laune verdüstert, als würde sich ein Eimer schwarzer Farbe in ihr Hirn ergießen. Eine Welle der Angst erfasst sie vor dem Versagen nicht nur ihrer Hirnsynapsen, sondern auch der anderen Körperfunktionen. Verrinnende Zeit, Sterblichkeit, solche Themen beschäftigen Ilaria, während sie verwirrt und nervös die Bürgersteige abläuft. Hat sie ihr Auto jedoch gefunden, sind die Sorgen wie weggeblasen. Ersetzt oder vielleicht nur überlagert von dem unaufhörlichen Gedankenstrom des Alltags. Es ist ungesund, der Urangst mehr Raum zu lassen als nötig, und Ilaria ist nicht krankhaft veranlagt.

An diesem Nachmittag jedoch merkt sie, dass sie nicht als Einzige mit leerem Blick auf die geräumte Straße starrt. Auch andere Menschen irren in der beunruhigenden Schönheit des autofreien Tiberufers auf und ab. Sie wirken verunsichert, wie unter Schock, die einzigen Überlebenden einer Apokalypse, welche die Menschheit ausgelöscht hat – oder zumindest ihre Fortbewegungsmittel. Nach denen sie nun vergeblich suchen, so wie sie.

Ein junger Mann Mitte zwanzig – dem Äußeren nach ein Student mit übertretener Regelstudienzeit, guter Lektüre und reichen Eltern im Rücken, die ihm keinen Stress machen – wusste bereits, was da passiert sein musste. Er ging auf Ilaria zu und wies auf einen handgeschriebenen DIN-A4-Zettel, der halbverborgen unter dem Laub einer Platane hing und besagte: ›Absolutes Halteverbot vom 28.8. 2010, 18 Uhr, bis 29.8.2010, 12 Uhr – Widerrechtlich abgestellte Fahrzeuge werden kostenpflichtig abgeschleppt‹.

Ilaria sah ihn nachdenklich an. »Den habe ich beim Parken gar nicht gesehen.«

»Ich auch nicht«, erwiderte der junge Mann. »Den haben die doch absichtlich so versteckt. Die ganzen Knöllchen spülen Geld in die Kassen.«

»Schweinerei!«

»Ja. Absolut.«

Ilaria fuhr also mit den öffentlichen Verkehrsmitteln nach Hause.

Und morgen muss sie nicht nur ein horrendes Bußgeld zahlen, sondern auch ihren kleinen Panda abholen. Im Treppenhaus kann sie an nichts anderes denken als an die Odyssee, die ihr bevorsteht. Denn irgendein sadistischer Stadtplaner hat das Gelände des kommunalen Abschleppdienstes in den hintersten Winkel der Peripherie gelegt. Die Taxifahrt dorthin kostet ein Vermögen. Mit dem Bus ist man einen halben Tag unterwegs. Die einzige vernünftige Art, es zu erreichen, ist das Auto, aber das ist ja leider sichergestellt. Es gäbe noch eine vierte Option für Ilaria, nämlich sich hinfahren zu lassen. Von Piero zum Beispiel, der seit bald dreißig Jahren darauf wartet, sie an seinen Privilegien teilhaben zu lassen, wie beispielsweise an dem blauen Dienstwagen des Staatssekretärs. Auch Lavinia müsste sie nicht lange bitten, sie morgen früh abzuholen. Und es ist ja nicht so, dass Ilaria die Idee, sich Hilfe zu holen, verworfen hätte – sie kommt ihr einfach nicht in den Sinn.

Heute beneidet sie ihre Mutter. Obwohl Marella seit über einem halben Jahrhundert in Rom lebt, hat sie niemals aufgehört, Mailand als »meine Stadt« zu bezeichnen. Sie versucht gar nicht erst, ihre

Verachtung gegenüber der italienischen Kapitale zu verhehlen, distanziert und kalt wie ein driftender Eisberg. Manchmal würde auch Ilaria gerne so empfinden, doch sie kann es nicht: Sie ist in Rom geboren. In Momenten wie diesem hasst sie die Ewige Stadt. Doch gleichzeitig weiß sie, dass dies das Gefühl einer betrogenen Liebhaberin ist, oder schlimmer noch einer Sklavin.

Deshalb stampft sie jetzt mit gesenktem Kopf und zornerfüllt die Treppen hinauf wie ein Stier durch die Arena. Sie kommt im ersten Stock am Schlafsaal der Bangladescher vorbei. Im zweiten an dem illegalen Bed & Breakfast. Im dritten am rot-goldenen Glückwunschband der Chinesen-Familie, ihren engsten Verbündeten im Kampf für den Einbau eines Aufzugs. Im vierten Stock empfängt sie eine körnige Stimme.

»Ciao, Ilà.«

Durch den offenen Spalt der Wohnungstür erahnt sie ein verschwommenes, wie aus Bimsstein geformtes Profil. Ilaria ist sich sicher, dass ihre alte Nachbarin jeden Schritt auf diesen Stufen allein am Klang erkennt.

»Ciao, Lina«, erwidert sie freundlich, ohne ihren Lauf zu bremsen. Zielstrebig hält sie an der angelehnten Tür vorbei auf die fünfte, vorletzte Treppe zu. Doch Lina ist noch nicht fertig.

»Da oben wartet ein schwarzer Mann auf dich.«

Ilaria hält auf dem Treppenabsatz inne und dreht sich um.

»Was hast du gesagt?«

»Ein Afrikaner. Komplett schwarz. Er sagt, er sucht deinen Bruder. Ich wusste nicht, ob ich ihm sagen darf, in welchem Stock ihr wohnt, aber jetzt ist er eh schon oben.«

»Aha. Vielleicht ein Freund von Attilio. Danke, Lina.«

»Oh, Ilà, sollte er Ärger machen, dann schrei einfach. Ich habe meinen Enkel zum Abendessen hier, der kann dir helfen.«

»Keine Sorge. Guten Appetit, dir und deinem Enkel …«

Ilaria geht weiter, nun aber langsamer und den Kopf nicht länger gesenkt. Als sie die letzte Treppe erreicht, sieht sie oben auf der vorletzten Stufe den Besucher sitzen. Noch bevor sie bei ihm ist, beginnt er zu reden.

»Entschuldigung. Hallo. Wohnt hier Attilio Profeti?«

Im Halbschatten fällt Ilaria als Erstes seine Hautfarbe auf, die von der gleichen Tönung wie die alten Holztüren zu beiden Seiten des

Treppenabsatzes ist. Er hat violette Lippen. Lange Beine, so dünn wie Strohhalme. Das Trikot eines berühmten Erstligaspielers. Er sieht aus wie fünfundzwanzig, vielleicht auch jünger.

»Wer bist du?«, fragt sie.

»Ich suche Attilio Profeti.«

Ilaria zeigt auf die Wohnung des Bruders, ihrer gegenüber.

»Er wohnt dort.«

»Lebt er noch?«

»Natürlich lebt er noch!«

»Dann hat er einen Raben gegessen!«

Ilaria runzelt die Stirn.

Er erklärt geduldig lächelnd: »Das heißt, er ist sehr alt.«

Das rechte Auge des jungen Mannes ist leicht verquollen, gelb verfärbt und von Äderchen durchzogen. Doch sein Blick ist eine Gerade ohne Schlieren. Ilaria muss an Kinder denken, die in ihr Spiel vertieft sind, oder an ältere Menschen, die noch bei guter Gesundheit weder viel noch wenig reden. Bei einem so jungen Italiener hat sie ihn noch nie gesehen.

»Mein Bruder ist dreißig. Der Attilio Profeti, den du meinst, ist mein Vater und wohnt nicht hier. Und wer bist du?«

»Ich heiße Shimeta Ietmgeta Attilaprofeti.«

»Wie?«

»Shimeta Ietmgeta Attilaprofeti.«

Ilarias Kopf neigt sich zur Seite. Auf ihrer Stirn erscheinen vier Querfalten.

»Hör mal, wenn du mich auf den Arm nehmen willst …«

»Nein. Das will ich nicht.«

Sein Italienisch ist fast akzentfrei, nur seine Ts klingen tief-sonor wie von einer Trommel. Ilaria versucht die letzten Reste von Geduld zusammenzuraffen, die dieser schreckliche Tag ihr noch gelassen hat.

»Alles klar. Du hast auf den Namen am Klingelschild geguckt. Aber was dich dazu gebracht hat, alle die Stufen hochzukommen, verstehe ich nicht. Los jetzt, verschwinde.«

»Ich heiße Shimeta Ietmgeta Attilaprofeti«, wiederholt er ohne eine Spur von Ungeduld oder Kränkung in der Stimme. »Wenn Attilio Profeti dein Vater ist, dann bist du meine Tante.«

Ilaria reißt die Augen auf und sieht plötzlich viel jünger aus. Sie bricht in Gelächter aus.

»Deine Tante!« Ihre dünnen Schultern zucken vor Lachen. »Das glaube ich nicht. Deine Tante!« Sie stößt Luft durch die Nase aus, schüttelt den Kopf und beruhigt sich wieder, ohne dass ihr Lächeln ganz erstirbt. »Also, das kannte ich noch nicht. Ist die neu, die Masche? Ich habe ja schon so einiges erlebt hier im Viertel. Na gut, was soll's, du hast gewonnen.« Sie kramt in ihrer Handtasche und zieht die Geldbörse hervor. »Immerhin hast du mich zum Lachen gebracht, was heute wirklich nicht leicht war. Hier.« Sie hält ihm einen Fünf-Euro-Schein hin. »Die hast du dir verdient.«

Der junge Mann hat bei ihrem Gelächter keine Miene verzogen und macht nun keine Anstalten, das Geld zu nehmen. Stattdessen greift auch er in seine Tasche und bringt einen Ausweis zum Vorschein.

»Du hast es nicht verstanden«, sagt er, reicht ihn ihr und steht auf. Er ist weniger groß als gedacht, dafür noch dünner. »Das ist wirklich mein Name.«

Sie nimmt das Dokument. Einen Personalausweis. Mit olivgrünem Umschlag. Unter dem Schriftzug ETHIOPIA stehen sechs elegante Buchstaben, ganz rund, schräg und verschnörkelt. Ilaria klappt ihn auf. Auch hier ist alles in zwei Schriftarten. In lateinischen Lettern steht dort: SHIMETA IETMGETA ATTILAPROFETI.

Der Call Shop für Ausländer ist der Beweis dafür, dass es ein Problem gibt, dass Unterschiede bestehen. Es bezeugt, dass da Menschen sind, die wie wir selbst noch vor Jahren kein Telefon zu Hause haben (und erst recht kein Internet) und die Schlange stehen müssen, um mit ihren Verwandten sprechen zu können. Leute, die ihr Geld nicht online überweisen und die diese Läden auch dafür nutzen, um das, was sie in Mailand verdient haben, nach Hause zu schicken.   ALDO NOVE

Frauen, Mütter, Söhne

ELIO VITTORINI

Signora Concezione

So etwas – ich bin bei meiner Mutter! dachte ich, als ich am Fuß des langen Treppenweges, der zum oberen Teil des Dorfes führte, aus dem Postwagen stieg.

Der Name des Dorfes stand auf einer Mauer, so wie auf den Karten, die ich meiner Mutter jedes Jahr schickte, und alles übrige, der Treppenweg zwischen den alten Häusern, die Berge ringsum, die Schneeflecken auf den Dächern, lag vor meinen Augen, wie ich mich plötzlich erinnerte, es ein- oder zweimal in meiner Kindheit gesehen zu haben. Und es schien mir nicht gleichgültig zu sein, daß ich hier war, ich freute mich, daß ich hergekommen und nicht in Syrakus geblieben war, daß ich nicht den nächsten Zug nach Oberitalien zurück genommen und meine Reise noch nicht beendet hatte. Das war das Wichtigste am Hiersein: daß ich meine Reise nicht beendet, daß ich sie vielleicht sogar kaum begonnen hatte. Wenigstens empfand ich es so, während ich den langen Treppenweg betrachtete und die Häuser und Kuppeln oben und das Gefälle der Häuser und der Felsen und die Dächer unten im Tal, und den Rauch aus irgendeinem Schornstein, die Schneeflecken, das Stroh und die kleine Schar von bloßfüßigen sizilianischen Kindern auf der Eiskruste, die in der Sonne rings um den gußeisernen Brunnen den Boden bedeckte.

So etwas – ich bin bei meiner Mutter! dachte ich wieder, und mein Hiersein erschien mir überraschend, so wie man sich überraschend an irgendeinem Punkt der Erinnerung wiederfindet, ja geradezu märchenhaft, und ich glaubte nun schon aufgebrochen zu sein zur Reise in eine vierte Dimension. Es schien, als wäre zwischen dem Dasein in Syrakus und dem Hiersein nichts gewesen oder bloß ein Traum, ein seelisches Zwischenspiel, und das Hiersein wäre nur durch meinen Beschluß bewirkt, durch eine Bewegung meiner Erinnerung, nicht meines Körpers, und das galt auch für die Morgenfrühe, das galt auch für die Gebirgskälte und die Freude des Hierseins; es tat mir nicht einmal leid, daß ich nicht schon gestern abend, bevor der Namenstag meiner Mutter zu Ende ging, hatte hier sein können, so als ob das Licht dieses Tages noch dem 8. und nicht schon dem 9. Dezember angehörte oder aber einem Tag in einer vierten Dimension. Ich wußte, daß meine Mutter im oberen Teil des Dorfes wohnte, ich erinnerte mich, diesen Treppenweg hinaufgestiegen zu sein, wenn wir in meiner Kindheit die Großeltern besuchen kamen, und ich begann hinaufzusteigen. Vor manchen Häusern lagen Reisigbündel auf den Stufen, und ich stieg weiter, hier und da säumte ein Schneestreifen den Weg, und in der Kälte, in der Sonne dieses Morgens oder inzwischen beinahe Mittags kam ich schließlich oben an, hoch über der gewaltigen Landschaft der Berge und der schneegesprenkelten Täler. Kein Mensch war zu sehen, nur bloßfüßige Kinder mit von Frostbeulen wunden Füßen, und ich wanderte oben zwischen den Häusern, rund um die Kuppeln der großen Mutterkirche herum, die ich gleichfalls aus alter Zeit her in meiner Erinnerung wiederfand.

Ich ging mit der Glückwunschkarte in der Hand, darauf stand der Name der Gasse und die Nummer des Hauses, wo meine Mutter wohnte, und ich konnte sehr leicht den rechten Weg finden, wie ein Briefträger, von der Karte geleitet und ein wenig auch von der Erinnerung. In einem Laden mit Säcken und Fässern, den ich dort erblickte, wollte ich überdies fragen, und so kam ich auf Besuch zu Signora Concezione Ferrauto, meiner Mutter, wie ein Briefträger, der eine Adresse sucht, die Glückwunschkarte in der Hand und den Namen, Concezione Ferrauto, auf den Lippen. Das Haus war das letzte der angegebenen Straße, über einem kleinen Gärtchen; eine kurze Treppe an der Außenseite führte zur Haustür. Ich stieg in der Sonne hinauf, ich sah nochmals die Adresse auf der Karte an und war bei meiner Mutter, ich erkannte die Schwelle wieder, und es war mir nicht gleichgültig, daß ich hier war, es war der Höhepunkt der Reise in die vierte Dimension.

Ich stieß die Tür auf und trat ins Haus, und aus einem anderen Zimmer rief eine Stimme: »Wer ist das?« Und ich erkannte die Stimme, an die ich mich fünfzehn Jahre lang nicht erinnert hatte; jetzt, da ich mich an sie erinnerte, war sie die gleiche wie vor fünfzehn Jahren, sie war hoch und hell, und ich erinnerte mich, wie meine Mutter in meiner Kindheit aus einem anderen Zimmer sprach.

»Signora Concezione«, sagte ich.

Die Signora erschien, groß, mit hellem Haar, und ich erkannte meine Mutter genau, eine große Frau mit hellbraunem, fast blondem Haar, strengem Kinn, strenger Nase, schwarzen Augen. Sie hatte eine rote Decke um die Schultern, um sich warmzuhalten.

Ich lachte. »Also herzliche Glückwünsche!« sagte ich.

»Oh, das ist ja Silvestro«, sagte meine Mutter und kam zu mir. Ich gab ihr den Sohneskuß auf die Wange, sie küßte mich auf die Wange und sagte: »Wie zum Teufel kommst du in diese Gegend?«

»Wie hast du es angestellt, mich zu erkennen?« fragte ich. Meine Mutter lachte. »Das möchte ich auch wissen«, sagte sie. Es roch nach gebratenem Hering, und meine Mutter fügte hinzu: »Gehen wir in die Küche. Ich habe den Hering auf dem Feuer.«

Wir gingen in das Zimmer nebenan, wo die Sonne auf die dunkle Rückenlehne des Eisenbetts schien, und von dort in die enge Küche, wo die Sonne auf alle Gegenstände schien. Mitten auf dem Fußboden brannte ein kupfernes Kohlenbecken auf einem hölzernen Tritt. Darauf briet rauchend der Hering, und meine Mutter bückte sich, um ihn zu wenden. »Du wirst sehen, wie gut der ist«, sagte sie.

Ein Meteorit aus dem Kosmos

Die Frau sagt, daß sie früher die mangelnde Großmut der Leute nicht ertragen konnte. Jetzt denkt sie nicht mehr daran, aber im allgemeinen scheinen ihr die Frauen mehr zu Großmut zu neigen als die Männer und die Alten mehr als die Jungen, außer wenn sie dumm sind oder verbittert.

Vor vielen Jahren hatte sie das Studium der Tiermedizin abbrechen müssen und eine lange Zeit das Haus nicht mehr verlassen wollen, weil ihr alle Leute zu wenig großmütig erschienen. Schließlich war es ihren Angehörigen gelungen, sie zu einem Psychiater in Modena zu bringen, einem ziemlich jungen Arzt, der aber schon fast ganz weißes Haar hatte.

Bevor sie mit dem Arzt sprach, hatte sie ihn sich gut ansehen wollen, um herauszufinden, was für ein Mensch er war, und sie hatte ihn gebeten, sich in die Mitte des Zimmers zu stellen, um sich beobachten zu lassen. Der Arzt hatte sich dazu bereit erklärt, und sie war um ihn herumgegangen und hatte ihn dabei beobachtet.

Dann hatte sie ihn gebeten, sich die Jacke auszuziehen, um zu sehen, wie er seine Schultern hielt. Auch dazu hatte sich der Arzt bereit erklärt und sich lächelnd erkundigt: »Wie finden Sie mich denn?«

Sie hatte zu ihm gesagt: »Ich finde Sie zwar schön, aber auch ein wenig traurig, weil Sie den anderen nicht trauen.« Daß er den anderen nicht traute, sah sie daran, wie er seine Schultern hielt, und sie fragte, wie er denn die Leute behandeln könne, wenn er ihnen nicht traue. Der Arzt hatte ihr mit großem Ernst geantwortet: »Sie haben recht, aber das ist nicht meine Schuld.«

Auf jeden Fall hatte sie sich schließlich bereit erklärt, mit dem Arzt zu sprechen, weil er sich hatte anschauen lassen, und das hieß, daß er zumindest ein wenig großmütig war.

Der Arzt hatte sie gefragt, warum sie nie aus dem Haus gehen wollte, und sie hatte geantwortet: »Ich will nicht aus dem Haus gehen, weil die Leute so wenig großmütig sind und zuviel kritisieren.« Der Arzt hatte ihr erklärt, man müsse sich Mühe geben zu vergessen, daß die anderen kritisieren, sonst erstarre man, und sie hatte zu ihm gesagt: »Ja, das weiß ich, aber ich bin häßlich, und für mich ist es schwieriger zu vergessen.«

Am Schluß der Untersuchung hatte ihr der junge Arzt mit dem weißen Haar zwei Prophezeiungen gemacht. Die erste war, sie werde eines Tages bemerken, daß sie genau wie alle anderen sei, weil auch sie die anderen kritisierte und weil sie, wenn sie immer zu Hause blieb, selbst auch nicht besonders großmütig war. Die zweite lautete, daß ihr im Lauf eines Jahres etwas passieren würde, das sie erschüttere, und dadurch werde sie ihre jetzigen Probleme vergessen.

Die beiden Prophezeiungen haben sich bewahrheitet. Die zweite zuerst und die andere später als Folge der ersten.

Eines Tages, als sie den Garten bestellte, sah sie am Himmel einen feurigen Ball, der eine aufsteigende Kurve beschrieb. Dann flog der feurige Ball im Zickzack, knallte zweimal und endete in einer absteigenden Kurve auf einem Acker hinter ihrem Haus.

Sie lief auf den Acker und fand ein rauchendes Loch. Ringsherum war aufgeworfene Erde, und als sie mit der Hand über die Erde streifte, versengte sie sich. Die Hand blieb einen Monat lang versengt, aber man konnte keine Brandspuren sehen.

Ihr Vater, der das Zischen und das zweimalige Knallen gehört hatte, kam angelaufen; er dachte, es könnte eine Bombe sein, die irgendein vorbeifliegendes Flugzeug verloren hatte. Dann kam auch der Sohn ihres Bruders und erklärte, es müsse ein Meteorit sein; da wollte ihr Vater eilends einen Journalisten in Modena anrufen, der einen Artikel über den Meteoriten schreiben sollte, der auf seinen Acker gefallen war.

Sie betrachtete noch lange das Loch im Acker, das jetzt nicht mehr rauchte, und sah, daß Steinchen darin lagen. Sie holte sie mit einer kleinen Schaufel heraus und schüttete sie in einen Plastikeimer.

Als der Journalist kam, wollte er als erstes wissen: »Hat Eisenschmelzung stattgefunden?«, und sie zeigte ihm die Steinchen. Der Journalist sagte, eine Eisenschmelzung habe nicht stattgefunden, der Meteorit sei deshalb völlig uninteressant; es fielen nämlich sehr viele Meteoriten auf die Erde, die nur Steine seien, nur wenige seien eisenhaltig, was aber entscheidend sei. Ihr Vater, der damit gerechnet hatte, berühmt zu werden, weil ein Meteorit auf seinen Acker gefallen war, war sehr enttäuscht. Sie hingegen hatte das Erscheinen des feurigen Balls am Himmel sehr erschüttert, und sie hoffte, die Prophezeiung des Arztes (die zweite) würde sich erfüllen.

Am nächsten Morgen lagen die Steinchen auf der Erde, der Boden des Plastikeimers war geschmolzen. Die Steinchen waren radioaktiv, und wenn man mit der Hand darüber streifte, juckten sie einen. Da füllte sie die Steinchen in Marmeladegläser und stellte sie in den Lagerraum.

Und hier passierte einiges, was sie beeindruckte. Das erste war, daß der Sohn ihres Bruders und eine Kusine von ihr wie gewöhnlich jeden Nachmittag (entsprechend ihrem Alter) zum Ficken in den Lagerraum gingen und ihnen beiden mittendrin die Beine juckten und das Jucken dann zwei Wochen anhielt. Eines Tages entdeckte sie, wie der Kater gegen eine Mauer sprang, weil ihn der Rücken juckte, an einem anderen Tag, wie eine Taube zitternd am Fenster des Lagerraumes saß, und schließlich, daß zwei Mäuse sich ihre Pfötchen abgebissen hatten, weil sie offensichtlich den Gläsern zu nahe gekommen und die Pfoten verseucht worden waren.

Beinahe ohne es zu bemerken, stieg sie ins Auto (sie hatte seit Jahren nicht mehr am Steuer gesessen) und fuhr nach Revere, dann nach Ostiglia, auf der Suche nach Büchern, die ihr erklärten, woher die Meteoriten kamen. Es erschien ihr wunderbar, daß diese Steinchen aus fernen Räumen, vielleicht sogar von den Sternen stammten, und sie hatte den Verdacht, daß die Radioaktivität auch in sie selbst eingedrungen war und sie zu etwas hintrieb, das ihr ein bißchen Angst machte, sie aber auch mehr lockte als alles übrige. Da sie nur an diese Dinge dachte, hatte sie gar nicht bemerkt, daß sie aus dem Haus und unter die Leute gegangen war, ohne sich um die Kritik der anderen und deren mangelnde Großmut zu kümmern.

Ein paar Wochen später stieg sie in einen Zug und fuhr zu dem jungen Arzt mit dem weißen Haar, um ihm zu erklären, daß sich seine Prophezeiung (die zweite) erfüllt hatte. Ihre Seele, so sagte sie zu ihm, fühlte sich vielleicht von etwas angezogen, das außerhalb ihrer Person lag und vor ihrer Geburt schon da war, aber was es war, konnte sie nicht wissen. Deshalb dachte sie jetzt nicht mehr an ihre früheren Probleme.

Der Arzt war über dieses Ereignis sehr erfreut und riet ihr, um vollends zu genesen, sich neue Kleider zu kaufen. Er sagte, mit neuen Kleidern fühle man sich wie ein anderer Mensch, und das würde ihr sehr gut tun.

Einige Zeit später ging die Frau in eine Boutique in Modena und kaufte sich ein Kostüm und ein paar andere Kleidungsstücke, um die zu ersetzen, die sie nun schon trug, seitdem sie sich zu Hause eingeschlossen hatte. Und als sie in ihren neuen Kleidern unterwegs war, fühlte sie sich, als ob sie eine andere Frau wäre, die sie war und gleichzeitig nicht war.

Sie war nämlich mit den neuen Kleidern am Leib auf einmal schön geworden, also war sie nicht mehr sie, sondern eine andere Frau. Daß sie schön geworden war, stellten viele fest, unter ihnen auch die Männer von Revere, die sie jetzt anziehend fanden und ihr den Hof zu machen suchten, wenn sie sie sahen.

Überall, wo sie hinging, betrachtete sie die andere Frau von außen und sah ihr zu, wenn sie sprach, grüßte, in die Geschäfte ging, auf alle Fragen antwortete, wie es sich gehört, und höchst unbefangen immer das passende Gesicht schnitt. Und allmählich wurde ihr klar, daß die andere Frau alle kritisierte und nur Dinge sagte, die sie von anderen gehört hatte, diese aber immer so sagte, als hätte sie selbst sie sich ausgedacht, und deshalb war sie so unbefangen. Schließlich wurde ihr bewußt, daß die andere Frau alles genau so sagte und machte wie die anderen Leute und daß die anderen Leute alles genau so sagten und machten wie jene Frau, die beinahe mit ihr identisch und vielleicht eine Art Roboter war.

Aber da die andere Frau gut mit den Leuten auskam und sie obendrein alle faszinierend fanden, ließ sie sie gewähren, so war ihr das Leben recht.

Sie schrieb an den Arzt, um ihm zu sagen, daß sich auch seine erste Prophezeiung erfüllt hatte, da ihr nun endlich klar geworden war, daß sie genau so war wie alle anderen (das heißt, wenn nicht sie, so doch die andere, die alles an ihrer Stelle tat). Zum Dank für seine Hilfe schickte sie ihm auch ein Gedicht, das sie für ihn verfaßt hatte.

Es vergingen viele Monate. An einem Sommertag besuchte der junge Arzt die Frau in ihrem Haus auf dem Land in der Nähe von Revere, und da fragte sie ihn, was er von dem Gedicht halte, das sie für ihn verfaßt und ihm geschickt hatte. Der Arzt sagte: »Es ist ein merkwürdiges Gedicht, bizarr und schwierig am Anfang, leicht und natürlich am Ende. Es ist wie Ihr Leben, das in seinem ersten Teil bizarr und schwierig war und nun besser geworden ist und immer besser werden wird, je älter Sie werden, wie es oft bei Menschen geht, die eine verworrene Jugend gehabt haben.«

Das war die dritte Prophezeiung des Arztes, und auch sie hat sich im Lauf der Jahre erfüllt, einfach indem die Tage und die Jahreszeiten und die wechselnden Gedanken vergingen.

Der junge Arzt, der seit geraumer Zeit in die Frau verliebt war – denn sie war eine faszinierende Frau –, bat sie eines schönen Tages, ihn zu heiraten. Und sie sagte ja, denn er hatte sich ja schon beim ersten Treffen zumindest ein wenig großmütig gezeigt.

Jetzt ist sie zweiundfünfzig Jahre alt, sie hat eine Tochter und alles ist ihr recht. Wenn man älter wird, so sagt sie, lernt man, sich nicht mehr allzusehr um den Roboter zu kümmern, der alles für einen macht, der redet, wenn er reden soll, grüßt, wenn er grüßen soll, lacht, wenn man lachen muß. Da die Seele immer mehr von etwas angezogen wird, das außerhalb von einem liegt, lernt man (wenn man nicht dumm oder verbittert ist) auch, den Worten und Gedanken des anderen, der an Stelle von einem selbst mit den anderen verhandelt, nicht mehr zu glauben. Man lernt, seine ständigen Urteile lächerlich zu finden und sich darüber lustig zu machen, indem man mit sich selbst redet. Und indem man viel mit sich selbst redet, kann man auch großmütiger werden.

Wenn ich ihn an jenen vergangenen Spaziergang auf der Via Nazionale erinnere, behauptet er, sich auch zu erinnern; ich weiß aber, daß er sich an nichts erinnert, und ich frage mich manchmal, ob wir diese zwei Menschen sind, die vor fast zwanzig Jahren durch die Via Nazionale gingen, zwei Menschen, die freundlich und höflich in der untergehenden Sonne miteinander plauderten und dabei wohl ein bißchen von allem und von nichts sprachen; zwei liebenswürdige Gesprächspartner, zwei junge Intellektuelle auf einem Spaziergang; so jung, so wohlerzogen und so bereit, ein zerstreutes und wohlmeinendes Urteil über den andern abzugeben, so bereit, sich vom andern an jener Straßenecke im Sonnenuntergang für immer zu trennen.

NATALIA GINZBURG

DACIA MARAINI

Mutter und Sohn

Ich habe diese Wohnung gemietet, weil sie billig ist und weil sie eine schöne Aussicht auf einen Platz hat. Ich habe sie liebevoll eingerichtet, zum Teil mit Möbeln aus der alten Wohnung meiner Eltern, zum Teil mit neuen. Das Bett, zum Beispiel, habe ich aus einem Kaufhaus, es ist frisch und angenehm, ein modernes Bett im Schwedenstil. In meinem alten, dunklen Bett, eineinhalb Meter hoch, hätte ich nicht länger schlafen können; auch nicht in dem goldverzierten Doppelbett, in dem meine Eltern schliefen und in dem sie fast gleichzeitig gestorben sind. Dann habe ich mir noch Lampen aus buntem Glas gekauft, Korbsessel und einen großen Affen aus Holz mit beweglichen Gliedern, den ich im Schlafzimmer an die Wand gehängt habe und der mir Gesellschaft leistet.

Anfangs habe ich ein bißchen unter der Einsamkeit gelitten. Nach dreißig Jahren Zusammenleben mit meinen Eltern habe ich mich in dieser Wohnung, die mir fremd ist, verloren gefühlt. Aber bald fand ich heraus, daß ich, auch wenn ich allein lebe, am Leben anderer teilhaben kann. Die Wand, die meine Wohnung von der meiner Nachbarn trennte, war so dünn, daß sie fast nicht existierte, und das ließ mich weniger einsam sein.

Adolfo und seine Mutter standen frühmorgens gegen halb sieben auf und gingen sofort in die Küche, und ich konnte sie vom Bett aus, im Dunkeln, miteinander reden hören. Das heißt, Adolfo sagte wenig. Meistens hörte man mehr die rauhe Stimme der Mutter. Im Halbschlaf konnte ich nicht genau verstehen, was sie sagte. Ich hörte die Kaffeetassen klappern, den Löffel, der im Kaffeeglas fischte, den Gasanzünder, das Wasser, das aus dem Hahn floß, die Kühlschranktür, die mit einem Schnappen aufging und mit einem dumpfen und gleichzeitig zischenden Ton zuschlug.

Die Stimme der Mutter wurde überlagert von diesen Geräuschen, die mit äußerster Genauigkeit in mein noch halb ausgeschaltetes

Bewußtsein drangen. Und allmählich – je wacher ich wurde – wurden die Geräusche leiser, die Stimme von Adolfos Mutter dagegen deutlicher, fast zeremoniell und sehr laut.

Sofort nach dem Frühstück gingen Mutter und Sohn zurück ins Schlafzimmer. Aber da die Tür zur Küche offen blieb, konnte ich weiter ihre Stimmen hören, oder genauer die Stimme der Mutter, fett und schwer, auf und ab wie der Rhythmus eines rasselnden Atems, nur kurz unterbrochen von brummelnden, einsilbigen Antworten des Sohnes.

»Jetzt zieht deine Mama dir die Unterhose an.«

»Das kitzelt.«

»Ach was, kitzeln. Fuß hoch, sei schön brav. Jetzt zieht Mama dir das Unterhemd an. Arme hoch, sei schön brav. Jetzt zieht deine Mama dir die Hosen an. Und steh gerade. Siehst du nicht, wie du dich überall hängen läßt? Wenn du dir nicht angewöhnst, gerade zu stehen, kriegst du eine krumme Wirbelsäule. Und dann läufst du später mit einem Eisenkorsett herum.«

»Einem Eisenkorsett?«

»Ja, einem Eisenkorsett. Damit kannst du dich noch nicht einmal hinsetzen, denn die Wirbelsäule geht bis zum Po, und du steckst ganz in Eisen. Und wenn du mal groß mußt, bekommst du einen Plastikschlauch in den Hintern geschoben.«

»Was?«

»Ja, einen Plastikschlauch, einen Meter lang. Und du kannst dich auch nicht nach unten beugen, wenn du Pipi mußt. Du pißt dir alles auf die Beine.«

»Ihh!«

»Was heißt ihh! Man merkt, daß du nicht weißt, was Krieg ist. Wenn du erst mal in den Krieg mußt, dann wirst du schon sehen, was es heißt, wenn die Mama nicht in der Nähe ist.«

»Grr.«

»Im Krieg mußt du ganz allein schlafen, auf einem Holzbett, und die Wanzen und die Läuse werden dich zerfressen. Und die Krätze wirst du kriegen. Nichts ist sicherer, als daß man sich im Krieg die Krätze holt.«

»Was?«

»Dein Körper ist dann rot und geschwollen. Überall Blasen. Und wenn du dich kratzt, klebt dir der Eiter unter den Fingernägeln. Ganz voll Schorf wirst du sein. Und dann kriegst du die Ruhr. Nichts ist sicherer, als daß man sich im Krieg die Ruhr holt. Der ganze Po wird dir brennen. Mörderisch brennen. Und Blut wirst du kacken. Und du denkst, es zerreißt dir den Darm. Aber dann bin ich nicht da.«

Um zehn vor neun ging ich zur Arbeit in die Schneiderei. Manchmal traf ich Adolfo im Fahrstuhl. Ich staunte immer, wie groß und schön und robust er war. Immer wenn er eine Hand hob und auf den Knopf drückte, starrte ich sie an wie verzaubert: diese Riesenhand, breit, weiß, mit den vielen hervorquellenden Adern und Sehnen und den plumpen Wurstfingern, die sich nur schwerfällig bewegen.

Wenn ich um eins nach Hause kam, saßen sie schon am Tisch in der Küche. Kaum hatte ich die Türklinke heruntergedrückt, sprang mich die stolze, ungestüme Stimme von Adolfos Mutter an. Am Klappern der Löffel in den Tellern erkannte ich, wenn sie anstelle von Pasta Suppe aßen, und am dumpfen Aufprall des Glases auf dem Tischtuch erkannte ich, daß Adolfo wieder einmal wie üblich zu viel trank. Und prompt folgte dem Aufprall der Vorwurf von ihr.

»Du trinkst zu viel, mein Schatz. Du wirst impotent. Wein macht impotent. Und epileptisch. Wein macht epileptisch.«

»Uhmmmmmm.«

»Hast du das immer noch nicht begriffen? Ich habe es dir bestimmt schon hundertmal gesagt. Jetzt hol die sauberen Teller, sie stehen hinter dir auf der Spüle. Und das Fleisch, das steht auf dem Feuer. Wo ist denn das Salz? Wo ist das Salz? Ich hätte schwören können, daß es auf dem Tisch steht. Greif doch mal in die Schublade, Schatz. So, und nun erzähl mir, was heute in der Bank los war. Keine Neuigkeiten? Iß doch langsam. Du verschluckst dich ja sonst. Wenn man Fleisch nicht ordentlich kaut, liegt es einem im Magen. Jeder Happen muß dreißigmal gekaut werden. Sonst hast du bald ein Magengeschwür, und dann spuckst du Blut, und am Ende stirbst du unter den gräßlichsten Schmerzen.«

Ich lebte mittlerweile völlig von ihrem Leben. Sobald ich mit der Arbeit fertig war, lief ich nach Hause, schloß mich ein und nahm vom Bett aus mit geschlossenen Augen Anteil an ihrer Intimsphäre.

Ich war sehr aufmerksam. Dank ausführlicher Beobachtung erriet ich bald jede ihrer Bewegungen auf der anderen Seite der Wand. Ich erkannte den eiligen, schweren Schritt der Mutter, den langsamen, schüchternen des Sohnes. Ich wußte genau, wann sie ihn auszog und wie sie das tat: angefangen bei der Jacke über Hemd und Unterhemd bis zu Hose und Socken. Ich wußte genau, wann sie sich hinkniete, um die Schuhe aufzubinden, und wann sie schnaufend und schimpfend wieder hochkam.

Samstags abends war ich mit geschlossenen Augen und gespitzten Ohren dabei, wenn sie das Bad vorbereiteten. Die Frau lief in Pantoffeln durch die Wohnung und suchte die Seife, die sie nie fand, weil sie sie mal in der Küche, mal im Badezimmer, mal für die Wäsche benutzte.

Währenddessen hörte ich, wie das heiße Wasser in die Badewanne rauschte. Dann ging sie in die Küche, schnitt ein paar Zitronen auf, drückte sie aus und schüttete den Saft in das Badewasser. Schließlich, wenn die Wanne fast voll war, drehte sie den Hahn zu und rief nach dem Sohn.

»Das Bad, Schatz.«

»Nicht so heiß, du weißt doch, daß ich das nicht haben kann.«

»Nein, nein, es ist gerade lauwarm. Komm her. So, Mama zieht dir jetzt das Hemd aus. Mama zieht dir die Hosen aus. Mama zieht dir die Socken aus. Und jetzt zieht Mama dir noch die Unterhosen aus. Was bist du schön! Wirklich gut gebaut bist du. Nicht wie dein Vater, der war nur Haut und Knochen. Du bist rund. Du strotzt vor Gesundheit. Und zwischen den Beinen hast du eine Blume.«

»Das ist zu heiß. Da gehe ich nicht rein.«

»Immer trotzig. Seit dreißig Jahren bist du nichts als ein Trotzkopf. Bitte, ich lasse kaltes Wasser nachlaufen. Probier mal mit dem Guß. Lauwarm. Setz dich rein. Jetzt beug dich nach vorn, damit ich dir den Rücken abseifen kann. Was für einen schönen Rücken du hast! Was machst du? Sitz still, sonst kriegst du Seife in den Mund.«

»Du tust mir weh.«

»Still, Liebling. Laß dich schön waschen. Jetzt dreh dich um, damit ich dich vorne und unten waschen kann.«

»Das kitzelt, Mama.«

»Und was haben wir hier unten am Bauch, ein Vögelchen? Ein Würmchen? Ein Schlängelchen? Deine Mama hat dich wirklich gut hingekriegt: wie ein Jesuskind.«

»Ich friere.«

»Und ob. Bei dem ganzen kalten Wasser. Jetzt setz dich wieder hin. Spül dich gut ab, ich komme dann und trockne dich ab.«

Während Adolfo sich abspülte, ging die Mutter in die Küche, um das Abendessen vorzubereiten, und dort sang sie vor lauter Freude, daß der Sohn mit dem Waschen beschäftigt war, mit getragener, ernster Stimme ein Klagelied.

Vor ein paar Tagen jedoch bin ich nicht wie sonst von der rauhen Stimme und dem Geschirrgeklapper von nebenan geweckt worden, sondern habe die Augen aufgeschlagen, und es war vollkommen still. Aus der Wohnung der Nachbarn drang kein Laut.

Ich stand langsam auf, von Unruhe gepackt. Ich horchte an der Wand. Aber das Schweigen dauerte an, nur unterbrochen vom Tropfen des Wasserhahns an der Spüle.

Ich zog mich hastig an, schlüpfte in den Mantel, in die Schuhe. Aber ich konnte mich nicht entschließen, die Wohnung zu verlassen. Ich habe mich aufs Bett gesetzt und regungslos auf die Wand gestarrt, als könnte ich sie mit meinem Blick durchdringen und das Geheimnis der Nachbarn enthüllen.

Gegen zehn bin ich endlich in die Schneiderei gegangen. Aber ich habe schlecht gearbeitet: Ich war nervös und unruhig. Um Viertel vor eins war ich wieder zu Hause. Als die Tür vom Fahrstuhl aufging, sah ich die Tür der Nachbarin offenstehen, und im Flur waren Leute in Schwarz. Ich bin hingegangen. Durch die offene Schlafzimmertür sah ich den dicken Körper von Adolfos Mutter auf einem violetten Tuch, mit einem Rosenkranz zwischen den Fingern.

Von diesem Morgen an war das Leben sehr langweilig. Wenn ich mit der Arbeit fertig war, wußte ich nicht, was ich tun sollte. Ich legte mich aufs Bett wie früher, aber ich verspürte nicht mehr dieses ausgeglichene, zufriedene Gefühl. Oft war meine einzige Gesellschaft Adolfos langes, schwaches Schluchzen, das sich die ganze Nacht lang hinzog, ohne Pause.

Und deshalb habe ich gestern einen großen Entschluß gefaßt. Ich habe einen Maurer angerufen und ihn beauftragt, die Mauer zwischen meiner und Adolfos Wohnung einzureißen. Ich habe ihn bestellt, während Adolfo im Büro war, damit, wenn er wiederkommt, alles fertig ist.

So war es dann auch. Der Maurer trug Stück für Stück die Wand ab, und ich sammelte die Steine zusammen und fegte das Zimmer aus, damit nach getaner Arbeit kein Schutt mehr herumliegt.

Adolfo wirkte nicht sehr überrascht. Man könnte fast sagen, er hatte es erwartet. Er hat mich nur einen Augenblick lang wortlos angeschaut und dann angefangen, im Kühlschrank herumzustöbern. Ich habe auch nichts gesagt. Ich bin zur Anrichte gegangen, wo der Stapel mit den Tellern steht, und habe den Tisch gedeckt. Ich habe den Herd angemacht mit dem elektrischen Gasanzünder, ich habe Wasser in den Topf laufen lassen, das Gas kleiner gestellt.

Dann habe ich, während das Wasser heiß wurde, Adolfo beim Ausziehen geholfen. Ich habe ihm die Jacke ausgezogen, Hemd und Hose aufgemacht, ich habe mich gebückt, um ihm die Schuhe aufzubinden, und dann bin ich zurück in die Küche gerannt, weil das Wasser kochte.

Was die Frau will

Es ist noch nicht lange her, da kam ein Doktor der Rechte namens Messer Amerigo degli Amerighi von Pesaro, ein sehr schöner und auch in seiner Wissenschaft sehr beschlagener Mann, als Richter nach Florenz. Und nachdem er sich nach seiner Ankunft unserer Körperschaft mit der üblichen Feierlichkeit und den gebräuchlichen Worten vorgestellt hatte, trat er sein Amt an. Da gerade ein neues Gesetz erlassen war, das sich gegen den Putz der Frauen richtete, wurde einige Tage später nach ihm geschickt und ihm in Erinnerung gebracht, auf Grund jener Verfügung möglichst schnell vorzugehen. Einige Tage später ließen die Signoren den Richter holen und sprachen ihm ihre Verwunderung über die nachlässige Weise aus, mit der er die Verordnungen gegen die Frauen zur Geltung bringe. Da antwortete Messer Amerigo folgendermaßen: »Meine Signoren, ich habe Zeit meines Lebens studiert, um mir die Rechte anzueignen, und jetzt, da ich glaubte, einiges zu wissen, finde ich, daß ich nichts weiß; denn als ich nach dem Putz fahndete, der euren Frauen durch die Verordnungen, die ihr mir zur Kenntnis gebracht habt, verboten ist, hörte ich von ihnen derartige Einwände, wie ich sie noch in keinem Gesetz vorgesehen fand.«

Da sagte einer von den Signoren: »Wir haben es unternommen, gegen eine Mauer zu kämpfen.« Worauf ein anderer bemerkte: »Vergeßt nicht, daß die Römer, die die ganze Welt besiegt haben, nichts gegen ihre Frauen ausrichten konnten. Diese stürmten nämlich, um die Verordnungen gegen ihren Schmuck zu beseitigen, auf das Kapitol. Sie besiegten die Römer und setzten durch, was sie wollten.« Und nachdem nun noch der eine und der andere seine Meinung abgegeben hatte, wurde Messer Amerigo im Namen der Körperschaft gesagt, er möge darauf bedacht sein, das zu tun, was gut sei, und im übrigen die Dinge laufen lassen. Darum sagt der Friauler: »Was die Frau will, will auch der Mann; und was der Mann will, geht in Rauch auf.« FRANCO SACCHETTI

ALBERTO MORAVIA

Eine ägyptische Königin

Heute mittag, wir sitzen gerade bei Tisch, äußert mein Mann sich
mißbilligend über eine Freundin von uns, die offenbar ihren Mann
betrügt. Da fahre ich mit einem Ungestüm hoch, das mich selbst
überrascht, denn ich wußte nicht, daß ich durch dieses Thema so in
Harnisch geraten kann: »Bist du naiv, was Frauen betrifft – wie alle
Männer! Du glaubst, sie seien so, wie sie aussehen! Frauen haben
immer so etwas Kindliches, Unschuldiges, nicht wahr? Kein Bart, das
Gesicht rund oder sanft oval, große, seelenvolle Augen, zierliches
Näschen, niedliches Mündchen – sie sind für euch allemal kleine
Mädchen, sogar noch die Fünfzigjährigen! Und so täuschen sie euch
Männer spielend. Wie kann man sich nur so durch das Äußere irre-
führen lassen! Als Frau kenne ich die Frauen, und ich kann dir sagen,
es gibt keine, auch nicht eine einzige, die nicht falsch, lügenhaft, ver-
räterisch, untreu und unaufrichtig wäre – nur daß sich in der Sicht
der Frau diese sogenannte Falschheit verflüchtigt und eine andere
Bedeutung hat. Hier liegt das Problem! Falsch sind die Frauen nur
im Verhältnis zum Mann, nicht absolut genommen.«

Über seinen Teller gebeugt, lacht mein Mann leise in sich hinein.
Schließlich fragt er: »Und was für eine Bedeutung hat diese Falschheit ›in der Sicht der Frau‹, wie du es ausdrückst?«

»Bei ihr hat es die Bedeutung von Ideen und Impulsen, Unabhängigkeit, Selbstverwirklichung, Freiheit, Abenteuer, Lebensfülle – und
so weiter.«

»Alles höchst respektable Begriffe. Aber nenne mir ein Beispiel!«

So unversehens beim Wort genommen zu werden, macht mich
nervös, ich beiße mir auf die Lippen, schiebe mit den Fingern die
Brotkrümel auf dem Tischtuch zusammen.

»Du Pedant, mit deinen Beispielen! Ja, was soll ich … Nun ja. Ich
kenne da zum Beispiel eine Frau, sie ist noch jung und sehr schön,
die aus lauter Phantasie, aus Unabhängigkeitsdrang, aus Hunger nach

Selbstbestätigung, aus Freiheitsbedürfnis, aus Freude am Abenteuer, kurz aus Lebensgier den unglaublichsten Wirrwarr anrichtet.«

»Was für einen Wirrwarr?«

»Nun, sie wurde jahrelang von einem reichen älteren Mann umworben; schließlich wurde sie seine Geliebte, aber unter der Bedingung, daß er ihr nach jedem Zusammensein eine bestimmte Geldsumme gäbe.«

»Das soll ein ›Wirrwarr‹ sein? Das ist doch etwas ganz Simples und leider recht verbreitet.«

»Hör weiter! Dieses Geld gibt sie jedesmal einem zweiten Mann, der jung ist und den sie wirklich liebt. Das Geld aber kommt einer revolutionären Gruppe zugute. Auch der junge Mann liebt sie; aber ihm verweigert sie sich beharrlich. Ihr Verhältnis bleibt rein.«

»Wie – also eine, die sich für die sogenannte ›Sache‹ prostituiert?«

»Aber nein, denn sie liebt ja den jungen Mann und wird von ihm wiedergeliebt. Wenn überhaupt, so prostituiert sie sich für ihn.«

»Also gut. Du hast vorhin gesagt, die Falschheit der Frauen bedeute aus ihrer Sicht Unabhängigkeitsdrang. Von wem wollen sie denn unabhängig werden?«

»Vom Ehemann. Darum geht es doch nur.«

»Was du nicht sagst! Und warum das?«

»Aus einem ganz materiellen Grund: weil man beim Ehemann wohnt, in seinem Haus. Bekanntlich kann der Mensch beinahe auf alles verzichten, nur nicht auf ein Dach überm Kopf. So ist die Frau eben vor allem vom Besitzer dieses Daches abhängig.«

»Demnach müßten ja die Frauen desperate Kreaturen sein, die nichts so sehr fürchten, als auf die Straße gesetzt zu werden. Und die sich für solche Abhängigkeit rächen, indem sie das anrichten, was du einen Wirrwarr nennst.«

»Mehr oder weniger ist es so.«

Nach dem Essen legt sich mein Mann zur Ruhe. Er ist älter als ich, könnte mein Vater sein. Und tatsächlich besitzt er auch die beschützende Güte und liebevolle Nachsicht eines Vaters – und, zu meinem Glück, die naiven Illusionen. Für mich freilich ist er, bei aller Sympathie, weniger ein väterlicher Ehemann als genau, wie ich es ihm erklärt habe – der Eigentümer des Daches, unter dem ich lebe. Eines Daches, das ganze vierhundert Quadratmeter einer Luxuswohnung im obersten Stock eines palastartigen Hauses im Stadtteil

Parioli deckt! Ich kann wohl sagen, daß ich von ihm abhänge, denn ich besitze keinen Pfennig, und wenn er mich auf die Straße setzte, müßte ich zu meinen Leuten in die Provinz zurück.

Unter solchen Gedanken gehe ich zum andern Ende der Wohnung hinüber, schließe mich in mein Zimmer ein und führe mit gedämpfter Stimme ein paar Telefongespräche. Während ich telefoniere, schaue ich verlangend durch das offene Fenster zur Terrasse hinaus: Es ist ein bildschöner Sommersonntag. Mein Mann hat in der Stadt zu tun und will, daß ich auch hierbleibe, obwohl es Ferragosto ist – zu meiner geheimen Freude, denn ich verabscheue ländliche Sommerfrischen und alle, die es dorthin zieht. Die Sonne brennt in einem gleißenden Licht, das sich dort, wo es an das unbewegliche grüne Blattwerk des wilden Weins rührt, in Stille umzuwandeln scheint. Es ist so recht ein Sonntag, wie ich ihn liebe.

Nachdem ich mit dem Telefonieren fertig bin, öffne ich den Schrank und suche mir das Kleid für den Nachmittag heraus. Ich wähle etwas Unaufdringliches, Dunkles und Damenhaftes: ein leichtes Seidenkleid, das etwas Schürzenartiges hat, mit Gürtel und zwei Taschen vorne. Dann nähere ich mein Gesicht dem Spiegel, um die Augenwinkel nachzuziehen. So viele haben mir schon gesagt, ich ähnele jener ägyptischen Königin aus der Pharaonenzeit, die in einer berühmten Skulptur verewigt ist. Und wenn ich mir in einem solchen Augenblick wie jetzt im Spiegel begegne, erliege ich selbst dem Zauber meines hageren, glühenden Gesichts mit diesen leuchtenden, undurchdringlichen Augen, der schmalen, schön modellierten Nase und dem herb-sinnlichen Mund. Ich kann nicht widerstehen – ich küsse mein Spiegelbild.

Ich fahre mit dem Aufzug hinunter zum Erdgeschoß, gehe durch die Vorhalle und trete auf die Straße. Ein leichter, frischer Wind erfaßt mich, preßt mir den seidenen Rock an Beine und Leib. Das Auto ist da, als einziges auf der sonnenüberfluteten Straße, ein Luxuswagen. Mein Mann sagt immer, ich ähnele der ägyptischen Königin vor allem dann, wenn ich am Steuer sitze, mein archaisches Profil über dem feinen langen Hals gespannt nach vorne gerichtet. Er findet, ich wirke dann wie eine antike Königin in ihrer königlichen Karosse.

Ich lasse den Motor an und entfessele damit ein kraftvolles, metallisches Brummen. Zugleich werfe ich noch einen Blick hinauf zu unserem Palazzo. Alles schläft, zweifellos auch mein Mann. Im dritten Stock blähen sich träge zwei große orangefarbene Markisen im Spiel des Windes und fallen wieder zusammen.

Dan-dan-dan-dan-dan, der Wagen gleitet aus der Nebenstraße in eine lange, gerade Hauptstraße mit Platanen, Trambahnschienen und Häusern mit geschlossenen Fenstern. Alles atmet Stille und Verlassenheit. An den Verkehrsampeln warte ich ganz allein auf den Wechsel von Rot auf Grün. Ich warte geduldig, wenn ich auch eine gewisse Ungeduld verspüre: denn das, was mich ungeduldig macht, gewinnt sogar noch an Reiz, wenn ich mich zur Geduld zwinge.

Dan-dan-dan-dan-dan, der Wagen fährt mit mäßiger Geschwindigkeit durch die große Vorstadtstraße, von einem leeren Ampelübergang zum andern. Ich lenke ruhig, beide Hände auf dem Steuerrad, fast ohne mich zu bewegen. Dann ziehe ich ein Kassettentonband heraus, das mit Strawinskys »Sacre du Printemps«, und schiebe es in den Autorecorder. Es ist gerade die Begleitmusik, die ich jetzt brauche, meine Fahrt durch die Stadt zu skandieren. Ich reguliere die Lautstärke; dann stecke ich mir eine Zigarette an.

Dan-dan-dan-dan-dan, der Wagen überquert den Tiber, fährt über die Piazzale di Ponte Milvio, schraubt sich die Via Cassia hoch, bis zur Kreuzung mit der Camilluccia, wendet dann nach links. Und jetzt geht es weiter bergan, zwischen den dicht zugewachsenen Gärten unsichtbarer Villen zum Monte Mario hinauf. Eine erste Kurve, eine zweite Kurve, eine dritte Kurve. Ich werfe die Zigarette weg, befeuchte meine ausgetrockneten Lippen mit der Zunge.

Da ist schon das Gittertor. Ich parke den Wagen an einer schattigen Stelle, gehe hinunter, schlüpfe durch die angelehnten Torflügel und gehe ohne Eile auf dem breiten Kiesweg dahin, beide Hände in den Taschen meines Kleides, gesenkten Blickes. Unten auf dem Piazzale sieht das Haus mich kommen, schaut aus drei Reihen geschlossener Fenster auf mich. Ein großer dänischer Hund, rosagrau-weiß, springt herbei und beschnuppert mich wohlwollend, erkennt mich und trottet gemächlich in Richtung eines Treibhauses für tropische Pflanzen davon.

Ah, da zeigt sich schon jemand im Eingang der Villa, zwischen den beiden großen Terracottavasen, die von Geranien überquellen; ein Bedienter. Als ich bis zur Tür gekommen bin, tritt er beiseite und läßt mich eintreten.

Wie lange bleibe ich in der Villa? Sagen wir, anderthalb Stunden. Schließlich gehe ich, wie ich herkam, die Hände in den Taschen und gesenkten Blickes, gehe auf dem breiten Kiesweg zurück. Der dänische Hund kommt wieder angesprungen und beschnuppert mich wohlwollend, erkennt mich und trottet gemächlich in Richtung des Treibhauses davon. Als ich das schwere Torgitter aufdrücke, stelle ich fest, daß die Sonne, die vorhin noch den oberen Teil des Hauses beschien, so weit gewandert ist, daß die ganze Fassade im Schatten liegt. Nun stehe ich auf der Straße; der leichte Wind umfächelt mich, preßt mir die Seide des Kleides an Beine und Leib. Ich steige ins Auto, lasse den Motor an und starte.

Dan-dan-dan-dan-dan, wie wohl man sich jetzt fühlt, nachdem uns gar nicht so wohl dabei war. Wieder wünschte ich, diese Spazierfahrt würde kein Ende nehmen. Und wenn es nur darum wäre, wieder die ägyptische Königin in mir zu spüren, mit dem scharfen Profil über dem feinen Hals, beide Hände auf dem Steuerrad, der Mund gezeichnet von bitterer Erfahrung. Ich schiebe ein neues Tonband in den Autorecorder, diesmal den »Bolero« von Ravel. Der Wagen fährt zur Cassia hinunter, von einer Kurve zur andern. Was für ein wundervoller Tag, ein geradezu berückender Tag. Ich lenke mit nur einer Hand; mit der anderen habe ich alles Mögliche zu tun: Ich zünde eine Zigarette an; ich fahre mit der flachen Hand über mein glattes schwarzes Haar, das im Nacken in einem kleinen, glänzenden Knoten zusammengehalten ist; ich schließe den obersten Rockknopf, der offen geblieben ist, ich weiß selbst nicht wie; ich überschlage mit den Fingern die Banknoten in einem großen, schweren Umschlag, der in der Tasche über meiner Hüfte steckt. Was für ein unglaublich beschwingter, luftiger Tag!

Der Wagen fährt über den Piazzale di Ponte Milvio, wendet sich zum Lungotevere, zu dessen Rechter sich die Marmorbauten des Foro Italico erheben. Jetzt schwenkt er auf der Höhe des Obelisken zur Brücke ein, überquert ein paar Ampelkreuzungen, gleitet in gemächlichem Tempo in den spielerischen Schatten der Platanen einer Allee. Hier, irgendwo in dieser Allee, wirft sich eine schöne dunkelhaarige Frau in grünem Trikothemd und langen schwarzen Hosen beinahe vors Auto, um es anzuhalten. Ich bremse heftig; sie tritt nah heran, sagt etwas zu mir; ich nehme den Umschlag mit dem Geld und reiche ihn ihr hin; sie steckt ihn in ihre Umhängetasche, grüßt knapp und geht. Ich starte wieder.

Dan-dan-dan-dan-dan, der Wagen fährt unter den Platanen dahin, macht irgendwo halt. Ich stelle den »Bolero« ab, zünde eine Zigarette an und rauche, ohne mich zu rühren, in Gedanken verloren. Mein Gesicht verrät keine Gefühlsregung, das weiß ich, und ich bin froh, daß es so ist. Als die Zigarette aufgeraucht ist, bringe ich den Wagen wieder in Gang, lenke ihn zum Hügel von Parioli hinauf, bis zu der Straße, in der ich wohne.

Später, nachdem ich geduscht und ein Hauskleid angezogen habe, sitze ich in der tiefen Stille des Sommerabends auf der Terrasse. Mein Mann kommt und setzt sich zu mir, es ist noch vor dem Abendessen. Wieder unterhalten wir uns über die Frauen; meine Geschichte von der Frau mit den zwei Männern – dem wohlhabenden Älteren und dem mittellosen Jüngeren –, die sich dem einen hingibt, um die politischen Aktionen des anderen zu finanzieren, mit dem sie aber keinen intimen Umgang hat, will ihm nicht aus dem Kopf. Und da teile ich ihm das Neueste mit, das ich gerade über diese extravagante Frau erfahren habe: Zur gewohnten Verabredung ist der junge Mann nicht erschienen; zur Geldübergabe hat er ein Mädchen geschickt, vielleicht seine neue Freundin. Meine Bekannte nun muß angesichts dieser Veränderung, die ein heikles Gleichgewicht zerstört hat, ihre Lage von Grund auf überdenken, bevor sie entscheidet, wie sie sich in Zukunft verhalten will.

Zweierlei Pinsel

Raffael war eine sehr liebevolle Person und den Frauen sehr zugetan und ihnen ständig zu Diensten. Dafür wurde er, während er sich weiterhin der fleischlichen Lust erfreute, von seinen Freunden, mehr als es sich geschickt hätte, respektiert und darin ermuntert. Als ihn sein lieber Freund Agostino Chigi in seinem Palast die erste Loggia ausmalen ließ, konnte Raffael wegen der Liebe, die er für eine seiner Frauen empfand, der Arbeit nicht ausreichend nachgehen. Agostino war darüber so verzweifelt, daß er sowohl mit Hilfe anderer als auch in eigener Person und obendrein mit verschiedenen Mitteln Einfluß ausübte, so daß er schließlich bewirkte, daß diese Frau mit ihm ständig im Haus wohnte, und zwar dort, wo Raffael arbeitete; so konnte der Auftrag zu Ende gebracht werden. GIORGIO VASARI

NATALIA GINZBURG

Die kaputten Schuhe

Meine Schuhe sind kaputt, und die Schuhe der Freundin, mit der ich in diesem Augenblick lebe, sind ebenfalls kaputt. Wenn wir zusammen sind, sprechen wir oft über Schuhe. Wenn ich mit ihr über die Zeit spreche, in der ich eine berühmte alte Schriftstellerin sein werde, fragt sie mich sofort: »Was für Schuhe wirst du haben?« Dann sage ich zu ihr, daß ich Schuhe aus grünem Wildleder haben werde, mit einer großen Goldschnalle an der Seite.

Ich gehöre zu einer Familie, in der alle solide und heile Schuhe haben. Meine Mutter hat sich sogar extra ein Schränkchen anfertigen lassen müssen, um die Schuhe darin aufzubewahren, so viele Paare hatte sie. Wenn ich zu ihnen zurückkehre, erheben sie beim Anblick meiner Schuhe vor Empörung und Schmerz ein großes Geschrei. Ich aber weiß, daß man auch mit kaputten Schuhen leben kann. Zur Zeit der Deutschen war ich allein hier in Rom, und ich besaß nur ein einziges Paar Schuhe. Wenn ich sie zum Schuster gebracht hätte, hätte ich zwei oder drei Tage im Bett bleiben müssen, und das war mir nicht möglich. So trug ich sie weiterhin, und obendrein regnete es, ich spürte, wie sie sich langsam auflösten, weich und unförmig wurden, und ich spürte die Kälte des Pflasters unter den Fußsohlen. Darum sind meine Schuhe auch jetzt immer kaputt, weil ich mich an jene erinnere und sie mir im Vergleich gar nicht so kaputt vorkommen, und wenn ich Geld habe, gebe ich es lieber für etwas anderes aus, weil ich Schuhe nicht mehr für etwas Wesentliches halte. Ich war durch das frühere Leben verwöhnt, stets von zärtlicher und achtsamer Zuneigung umgeben gewesen, aber in jenem Jahr hier in Rom war ich zum ersten Mal allein, und darum ist Rom mir teuer, wenn auch beladen mit Geschichte für mich, beladen mit angstvollen Erinnerungen, wenig süßen Stunden. Auch meine Freundin hat kaputte Schuhe, und deshalb passen wir gut zusammen. Meine Freundin hat niemanden, der ihr Vorwürfe macht wegen der Schuhe, die sie trägt, sie hat nur einen Bruder, der auf dem Land lebt und mit Jägerstiefeln durch die Gegend läuft. Sie und ich wissen, was geschieht, wenn es regnet und die Beine nackt und naß sind und das Wasser in die Schuhe fließt, es gibt dann bei jedem Schritt dieses kleine Geräusch, diese Art Schmatzen.

Meine Freundin hat ein blasses, männliches Gesicht und raucht mit einer schwarzen Zigarettenspitze. Als ich sie zum ersten Mal sah, an einem Tisch sitzend, mit Schildpattbrille und ihrem geheimnisvollen, hochmütigen Gesicht, die schwarze Zigarettenspitze zwischen den Zähnen, dachte ich, daß sie aussähe wie ein chinesischer General. Da wußte ich noch nicht, daß ihre Schuhe kaputt waren. Das erfuhr ich später.

Wir kennen uns erst seit wenigen Monaten, aber es ist, als wären es viele Jahre. Meine Freundin hat keine Kinder, ich dagegen habe Kinder, und für sie ist das seltsam. Sie hat sie nie gesehen, außer auf dem Photo, weil sie bei meiner Mutter in der Provinz sind, und auch das ist überaus seltsam zwischen uns, daß sie meine Kinder nie gesehen hat. In gewissem Sinne hat sie keine Probleme, kann der Versuchung nachgeben, das Leben vor die Hunde gehen zu lassen, ich dagegen kann das nicht. Meine Kinder leben also bei meiner Mutter, und bis jetzt sind ihre Schuhe nicht kaputt. Aber wie werden sie als Männer sein? Ich meine: Was für Schuhe werden sie als Männer haben? Welchen Weg werden sie wählen für ihre Schritte? Werden sie beschließen, aus ihren Wünschen all das zu verbannen, was angenehm, aber nicht notwendig ist, oder werden sie behaupten, daß alles notwendig ist und daß der Mensch das Recht hat, solide und heile Schuhe an den Füßen zu haben?

Meine Freundin und ich unterhalten uns lange über diese Dinge, und darüber, wie die Welt dann sein wird, wenn ich eine berühmte alte Schriftstellerin bin und sie um die Welt reisen wird mit einem Rucksack auf dem Rücken, wie ein alter chinesischer General, und meine Söhne ihren eigenen Weg gehen werden, mit heilen, soliden Schuhen an den Füßen und dem festen Schritt dessen, der nicht verzichtet, oder mit kaputten Schuhen und dem breiten, lässigen Schritt dessen, der das weiß, was nicht notwendig ist.

Manchmal stiften wir Ehen zwischen meinen Kindern und den Kindern ihres Bruders, des Bruders, der mit Jägerstiefeln auf dem Land durch die Gegend läuft. So unterhalten wir uns bis spät in die

Nacht und trinken schwarzen, bitteren Tee. Wir haben eine Matratze und ein Bett, und jeden Abend losen wir aus, wer von uns beiden im Bett schlafen soll. Morgens, wenn wir aufstehen, erwarten uns unsere kaputten Schuhe auf dem Teppich.

Meine Freundin sagt zuweilen, sie habe es satt zu arbeiten und würde ihr Leben am liebsten vor die Hunde gehen lassen. Sie würde sich am liebsten in eine Kneipe einschleichen, um alle ihre Ersparnisse zu vertrinken, oder sich ins Bett legen und an nichts mehr denken und zulassen, daß sie kommen, um ihr das Gas und das Licht abzustellen, zulassen, daß alles ganz langsam verkommt. Sie sagt, daß sie es tun wird, wenn ich abgereist bin. Denn unser Zusammenleben wird von kurzer Dauer sein, bald werde ich abreisen und zu meiner Mutter und meinen Kindern zurückkehren, in ein Haus, wo es mir nicht erlaubt sein wird, kaputte Schuhe zu tragen. Meine Mutter wird sich meiner annehmen, wird mich daran hindern, Sicherheitsnadeln anstelle von Knöpfen zu verwenden und bis spät in die Nacht zu schreiben. Und ich meinerseits werde mich meiner Kinder annehmen, die Versuchung überwindend, mein Leben vor die Hunde gehen zu lassen. Ich werde wieder ernst und mütterlich werden, wie es mir stets geschieht, wenn ich mit ihnen zusammen bin, eine andere Person als jetzt, eine Person, die meine Freundin überhaupt nicht kennt.

Ich werde auf die Uhr schauen und die Zeit berücksichtigen, aufmerksam auf alles achten und aufpassen, daß meine Kinder stets warme, trockene Füße haben, weil ich weiß, daß es so sein muß, soweit es möglich ist, zumindest in der Kindheit. Vielleicht ist es, um später zu lernen, mit kaputten Schuhen herumzulaufen, sogar gut, als Kind trockene, warme Füße zu haben.

CAMILLA CEDERNA

Drei Frauen

Die nervige Geliebte

Geschieden, nicht häßlich, kein Talent zum Alleinsein, verliebt sie sich oft, und oft krallt sie sich einen, der mitmacht; aber jedesmal wird sie nach wenigen Monaten unwiderruflich verlassen, weil Marco, Gianfranco, Luciano, Guido und Lorenzo einer nach dem anderen abziehen. Während die Rechtfertigungen variieren: »Ach, ich hab mich in eine Achtzehnjährige verliebt, unglücklicherweise muß ich jetzt in eine andere Stadt ziehen, glaub mir, eine kurze Zeit der Trennung tut uns beiden gut, ich war beim Arzt, der meint, ich sei ziemlich kaputt, erstes Rezept Tapetenwechsel, mit den Gewohnheiten brechen, bitte sei so lieb, nachher wird es für uns beide besser.«

Aber das Nachher und das Besser kommen nie. Die Dame ist wieder mal allein, so geht sie wieder auf die Jagd. Und warum? Weil unsere Heldin zur Kategorie der nervigen Geliebten gehört, der allzu präsenten, ein Zwischending aus Mama, Krankenschwester und Heilsarmee, weg mit dem Glas, mein Schatz, diese Zigarette rauche ich für dich, du hast schon zweimal geniest, ich hol dir mal ein Zäpfchen.

Und außerdem, sie redet, redet, redet in jedem Augenblick, in ihrer Sucht, den Geliebten zu ergründen, besonders auf sentimentalem Gebiet: »Und die Blondine, von der du mir mal erzählt hast? Was, mit dem Ungeheuer hast du dich eingelassen? Nein, das mußt du mir sagen, sonst erzähle ich dir auch nichts mehr von meinen Affären.« Leider erzählt sie trotzdem von ihren Affären, wobei sie immer so tut, als wäre sie diejenige gewesen, die gegangen ist, aber wenn der Partner nicht blöd ist, versteht er immer, wie es gelaufen ist: »Da hat er sich zurückgezogen, der arme Kleine, jetzt müßte ich ihm nur ein Zeichen geben, aber das mache ich auf keinen Fall.« Oder sonst: »Da hab ich ihm die Meinung gesagt: Wenn du willst, geh ruhig, und er ist gegangen, und stell dir vor, was er gleich darauf macht, er sucht sich eine Frau aus, die haargenau so ist wie ich!« Oder auch: »Jetzt sag mal, wann hat das angefangen, daß ich dir gefalle, warum gefalle ich dir, und glaubst du, daß ich dir weiter gefallen werde? Was gefällt dir am besten an mir? Gibt es etwas, das dir nicht gefällt? Du kannst es ruhig sagen, ich bin nicht der Typ, der gleich beleidigt ist, was geht dir auf die Nerven an mir? Ich bin eine verständige Frau, weißt du, sprich nur.«

Doch ist es schwierig, ihr zu sagen, was einem an ihr nicht gefällt, denn sie würde es nie glauben. Schwierig, ihr zu sagen, daß man es verabscheut, wie sie dauernd sagt: »Verstehst du?«, »Machen wir es fest«, »Stört's dich, wenn ich mitkomme?«, »Aber wenn's dir nicht paßt, vergiß es!« Äußerst schwierig, ihr zu sagen, daß man auf ihre Art Liebesspiel allergisch ist, ihre Taktik des forschenden Blicks, des mitwissenden Schweigens, der Entrüstung, der Rache, der gespielten Verzeihung, des häufigen, falschen Geschenks nicht leiden kann. (Er wird achtunddreißig und sie versteckt in der ganzen Wohnung achtunddddreißig Geschenkchen: »Los, mein Lieber, nun geh mal schön auf die Jagd.« Und er sucht überall, verflucht dabei die kleinen Verpackungen, Schächtelchen, Päckchen, das letzte steckt natürlich zwischen Bettuch und Zudecke.)

Und die Anrufe? Wenn er in der Ferne ist, schrillt es jeden Morgen um Viertel nach acht: »Guten Morgen und einen schönen Tag!«; sonst pflegt sie ihn anzurufen, während er auf dem Klo einen Krimi liest, um ihm zu sagen, er müsse abspecken, sie habe nämlich ein paar kleine Wülste auf seinem Bauch entdeckt, die ihr sehr mißfielen, oder auch, sie gehe jetzt weg, um eine Krawatte für ihn zu kaufen (oh, oh, das müßte sie wissen, daß er sich die Krawatten lieber allein aussucht), und »Wann sehen wir uns?« »Morgen«, lautet die müde Antwort. »Nein, morgen früh«, erwidert sie, »denn heute hast du ein paar Dinge gesagt, die nicht in der Schwebe bleiben dürfen.«

Schließlich hat es ein Mann satt, der schon länger die Dreißiger hinter sich hat, wenn er immer »Kindskopf«, »Mäuschen«, »mein Junge« genannt und erpreßt wird: »Bitte sei nicht so launisch, sonst werde ich böse« oder: »Mach das nicht, sonst suchst du mich eines schönen Tages, und mir nichts dir nichts ist dein Eichhörnchen weg.« Eine leere Drohung, denn das Eichhörnchen ist immer an seinem Platz, und der andere läuft davon.

Die Bösartige darf nicht verwechselt werden: weder mit der Klatschsüchtigen noch mit der Plaudertasche, noch mit dem neidischen Lästermaul.

Sie gehört fast immer einer Elite an. Oft sieht sie gut aus: hochmütig, schön, sehr gut zurechtgemacht, wenn nicht sogar überaus elegant. Sie hat einen Mann und Kinder, ist vermögend, wird als »Dame« bezeichnet. Die Bösartigkeit ist für sie kein Sport, sondern, was schlimmer ist, ein unbezähmbarer Instinkt. Man merkt es nicht sofort, im Gegenteil. Die Bösartige hat den großen Trumpf in der Hand, oft für eine anständige, einsichtige, altruistische Person gehalten zu werden.

In erster Linie fällt die Bösartige nie offen über jemanden her. Im Gegenteil, je gleichgültiger ihre Freunde dem Fräulein Soundso gegenüber sind und je mehr sie es für eine Null halten, desto mehr werden sie von unserer Heldin aufgefordert, das Fräulein faszinierend zu finden. »Ich weiß wirklich nicht, was ihr gegen die Kleine habt. Ihr kennt sie nicht. Sie ist ein Engel, lieb und tüchtig, und, das muß man ihr lassen, sogar hübsch. Es würde mich wirklich freuen, wenn ihr nett zu ihr wärt … Mein Gott, natürlich müßt ihr sie nicht unbedingt in eure Wohnung mitnehmen. Na ja, eine alte Geschichte, die arme Kleine, sie kann ja nichts dafür, es ist eine Krankheit. Ja, ein bißchen kleptoman.« Wumm, das Fräulein Soundso ist bedient.

Ihre Taktik, und zugleich ihr Betrug, ist, daß sie mit einer grenzenlosen Verteidigung beginnt. Gewisse Eltern haben etwas gegen den zukünftigen Schwiegersohn? »Ich verstehe nicht warum. Er arbeitet viel, ist ehrlich, sieht gut aus, die beiden haben sich schrecklich gern. Es ist ungerecht, wenn er dafür büßen muß, daß sein Vater ein Betrüger ist, wußtest du das nicht? Aber das wissen doch alle.« Wenn ihr Urteil mit dem des anderen übereinstimmt, dann ist die Verleumdungskampagne nicht so offen, aber desto giftiger. »Doch ja, sie ist schön, das muß man sagen. Oder? Sogar sehr schön. So schön, daß man ihre dicken Knöchel gar nicht sieht.« »Eine außergewöhnliche Frau, und mit einem Mut… Sieh nur, wie sie mit ihrem Unglück fertig wird. Du weißt doch, ihr Bruder, der darf Italien nicht mehr betreten.« Oder: »Ein wunderbares Wesen, so lieb, wer würde denken, daß sie bis oben voll Morphium ist?« »Wenn man Gutes tut, das ist immer falsch. Tausendmal hab' ich zu ihr gesagt: Laß dir deine Nase operieren, laß dir deine Nase operieren. Das Ergebnis ist, daß sie mich nicht mehr grüßt.« »Ein herausragendes Mädchen, ich weiß nicht, was ihr Männer habt. Daß sie stinkt, ist doch kein Problem, bei den vielen Duftsprays, die es heutzutage gibt ...«

Auch die direkte Rede gehorcht denselben Regeln. »Weißt du, daß du heute abend hervorragend aussiehst? Was hast du denn gemacht, um so schön zu werden? Du siehst zwanzig Jahre jünger aus als das letzte Mal.« Und: »Schön ist dein Kleid, wie schick wir heute sind. Wie ich dich beneide, daß du so etwas tragen kannst, ich könnte darin nicht einmal atmen. Genau die Art, eigens für Frauen, die vorne nichts haben, du Glückliche!« »Ein großer Frauenheld, ich habe ihn zwar noch nie mit einer Frau gesehen!« »Sie ist sehr intelligent, aber wer weiß, warum sie die Männer nicht leiden können.« Und als Finale: »Ich bin wirklich unsympathisch, ich weiß. Mein Fehler ist meine Aufrichtigkeit: Wenn ich etwas zu sagen habe, dann sag ichs dem anderen ins Gesicht.«

Die Verehelichte

Weit verbreitete Gattung, keine Varianten. Da und dort eine strahlende Ausnahme, die aber nun maßgeblich ist. Ihre Eigenschaften kommen schnell zum Vorschein, ein Ehejahr genügt zu ihrer Vervollkommnung, am stärksten leuchten sie in den Unterhaltungen mit anderen jungen Ehefrauen.

Thema Nummer eins: der Ehemann, über den sie weder mit Bitterkeit noch mit Groll, noch aburteilend spricht, sondern im Ton einer unbeteiligten Berichterstattung, gewürzt mit einer Prise Gutmütigkeit. Die Epitheta »Unglücksrabe, armer Kleiner, Nichtsnutz« sind von aufrichtiger Zuneigung und immer gutmütig ausgeschmückt. »Na ja, der arme Kleine, man muß ihn verstehen ... ein Unglücksrabe ist er schon, er bringt es zu nichts, was soll man da machen?« Doch die Wertschätzungen »Heiliger, Engel, Schatz« sind negativ gemeint und enthalten einen Hauch Verachtung. Der Charakter des Ehemanns ist eine Quelle unerschöpflicher Ausführungen und nicht endender Vergleiche: »Meiner leidet an schlechter Laune, meinem vergeht sie sofort, der zeigt alles nach außen, der behält alles für sich; doch kein Vergleich! Besser der deine, der sich Luft macht;

meine Liebe! Besser deiner mit seiner schlechten Laune.« Sein Ignorieren der Familienfeste ist eine weitere Quelle für Anschuldigungen: »Nie eine Blume, kein einziges Mal, wenn er nur einmal ein kleines Geschenk oder eine Überraschung mitgebracht hätte; daß man sieht, er hat dran gedacht! Aber das geschieht nie!« In solchen Fällen erscheint verdächtig, wer einen lustigen, freigebigen und verschwenderischen Mann hat, und alle anderen Frauen denken, es steckt was dahinter. Er ist geizig, er will eine Ausgabenaufstellung sehen, er gibt viel, er »schiebt« eine lächerliche Summe »rüber«, mit ihm kann man nicht über Geld reden, er will nicht wissen, wieviel die Butter kostet. Andere Klage: Der Gatte weigert sich, kleine Reparaturen im Haus, Spengler-, Elektriker-, Anstreicherarbeiten auszuführen. (»Also mein Vater, es verging kein Tag, an dem er nicht eine Kleinigkeit ausbesserte.«) Und außerdem, er will nicht im Restaurant essen, er mag Western, im Auto ist er ein wahrer Folterknecht (»Nein, kein Kaffee, bilde dir nicht ein, wir halten jetzt, komm, wir müssen weiter, panino kannst du dir abschminken«), er lehnt es ab, irgendwo ein Paket »abzugeben«, vergißt die Besorgungen, bei der Kindererziehung ist er ein Besserwisser, er brüllt, wenn seine Frau telefoniert, er verschweint das ganze Bad, ißt keine Eier, verabscheut jede Art Auflauf, er schnaubt, wenn Reste auf den Tisch kommen – selbst gut kaschierte –, von dem bekommt er Sodbrennen, von dem anderen einen dicken Bauch. Er ist eine gräßliche Plage, will nur seine eigenen Heilmittel, geht zu keinem Arzt, jede seiner Beschwerden ist seltsam, während seine Frau nur banale Beschwerden hat. Reisen verabscheut er, er ist eine lahme Ente, er ist so begeistert, als wär er von der Tarantel gestochen, man muß sich mit ihm schämen, weil er keine Trinkgelder gibt, allein der Anblick eines Parkwächters bringt ihn zur Weißglut, er dreht sich schamlos nach anderen Frauen um, im Grunde, was soll ich euch sagen, der Arme, er ist nicht mal schuld daran: Er hätte einfach nicht heiraten sollen.

VERONICA RAIMO

Die vielen Tode meines Bruders

Mein Bruder stirbt etliche Male im Monat.

Dann ruft meine Mutter an, um mir sein Hinscheiden kundzutun. »Dein Bruder geht nicht ans Telefon«, wispert sie. Für sie ist das Telefon ein Beleg für unser Dasein auf Erden, geht man nicht ran, gibt es keine andere Erklärung als den Ausfall aller Lebensfunktionen.

Wenn sie mich anruft, um mir zu sagen, dass mein Bruder nicht mehr ist, will sie nicht beschwichtigt werden, sondern mich in die Trauer einbeziehen. Sich gemeinsam zu grämen, ist ihre Form von Glück: geteiltes Leid, doppelte Freude.

Manchmal sind die Gründe für sein Ableben banal: ein Gasleck, ein Frontalzusammenstoß mit dem Auto, eine fatale Kopfverletzung nach einem bösen Sturz.

Andere Male sind die Szenarien komplexer.

Letzten Ostermontag folgte auf den Anruf meiner Mutter der eines jungen Carabiniere: »Ihre Mutter hat Ihren Bruder als vermisst gemeldet, können Sie das bestätigen?«

Sie hatten seit ein paar Stunden nichts voneinander gehört. Er war mit seiner Freundin Mittagessen gegangen, und sie quälte sich mit der Frage, warum er nicht mit der Person zu Mittag aß, die ihn in die Welt gesetzt hatte.

Alles sei unter Kontrolle, versuchte ich den jungen Carabiniere zu beruhigen. »Nein«, blaffte er, »es ist nicht alles unter Kontrolle, in der Telefonzentrale drehen sie durch.«

In diesem konkreten Fall war mein Bruder noch nicht tot, sondern stand kurz davor. Er befand sich in einer Garage, nachdem brutale Häscher des Partito Democratico ihn entführt und gefoltert hatten. Unlängst war er zum Kulturstadtrat des 3. römischen Bezirks ernannt worden, und hin und wieder kam es zu Scharmützeln mit den Parteikollegen.

Sobald sie die Gewissheit hat, dass ihr Sohn noch lebt, wird meine Mutter immer ganz reumütig. Dann zieht sie den bedripsten Flunsch einer Zwölfjährigen. Sie klingt dann auch wie eine Zwölfjährige. Wie kann man einem kleinen Mädchen böse sein?

»Meinst du, ich sollte den Carabinieri was Süßes vorbeibringen?«, fragt sie mich mit Piepsstimme.

Wer weiß, warum sie überhaupt die Carabineri und nicht die Polizei angerufen hat. Ich wage nicht, die Sache zu vertiefen, das könnte zu noch mehr Anrufen führen. Bei der Feuerwehr beispielsweise oder beim Katastrophenschutz. Darauf ist sie noch gar nicht gekommen.

Solange die Panik sie im Griff hat, feilscht meine Mutter mit dem lieben Gott und unterwirft sich kleinen Kasteiungen. Keine Süßigkeiten essen, nicht ins Kino gehen, keine Zeitschriften lesen, nicht Radio 3 hören, tage-, monate-, jahrelang. Zurzeit kann sie nicht zum Friseur und nicht fernsehen. Manchmal besteht die Kombination aus kein Radio 3 und keine Süßigkeiten.

Weil ich mir Sorgen mache, gehe ich sie besuchen.

»Ah, Verika, bist du's?« Meine Mutter nennt mich Verika. »Ich hatte gehofft, es wäre dein Bruder.«

Sie lebt noch immer in der Wohnung, in der ich groß geworden bin, in einem Wohnviertel am nordöstlichen Stadtrand Roms. In demselben Bezirk, in dem ihr Sohn Kulturstadtrat geworden ist. Ich würde sie gern überreden, wenigstens eine ihrer Kasteiungen in etwas Konstruktives zu verwandeln: »Mach doch was Ehrenamtliches«, sage ich zu ihr, »damit ist der liebe Gott bestimmt einverstanden.«

Sie schüttelt den Kopf und bittet mich, den Fernseher einzuschalten und ihr zu sagen, was in der Welt passiert. Sie hält sich die Augen zu, aber ich sehe sie zwischen Zeige- und Mittelfinger hindurchlinsen. Tastend sucht sie nach der Fernbedienung und stellt lauter: »Man versteht ja gar nichts.«

Als mein Bruder von den Peinigern des PD gekidnappt worden war, harrte meine Mutter zitternd auf den fatalen Anruf: »Ich hatte mir geschworen, mich aus dem Fenster zu stürzen.«

»Schöne Idee, Mama. Dann hätte ich Ostermontag mit einem hingemetzelten Bruder und einer auf dem Asphalt zertrümmerten Mutter verbracht.«

Mich beschleicht ein Zweifel: »Wärst du auch gesprungen, wenn sie mich umgebracht hätten?«

Sie hält sich immer noch die Augen zu.

»Also? Wärst du gesprungen?«

»Ach komm, stell doch nicht so blöde Fragen.«

Als ich auf dem Weg nach Hause noch einmal darüber nachdenke, haut etwas in diesem vereitelten Selbstmordszenario nicht hin. Es gibt in der Wohnung meiner Eltern kein einziges Fenster, aus dem man sich hinausstürzen könnte. Sie sind zu klein, denn sie wurden allesamt halbiert.

Mein Vater hatte den zwanghaften Tick, die Zimmer zu teilen, ohne jeden Grund. Er zog einfach eine Wand ein. Er zog in Zimmer Wände ein, anders lässt es sich nicht sagen.

Wir lebten zu viert in einer Sechzig-Quadratmeter-Wohnung, aus der er drei Schlafzimmer, ein Wohnzimmer, eine Küche, ein Esszimmer, eine Veranda und zwei Bäder herausgeschlagen hatte, plus einen schlauchartigen Hängeboden, der sich über die ganze Wohnung zog und für niedrige Decken sorgte. Ein besonders hochgewachsener Mensch wäre mit dem Kopf angestoßen, doch in unserer Familie hatte keiner dieses Problem.

Richtige Türen gab es nicht, nur Schiebetüren ohne Schloss. Es war, als lebte man in einer Theaterkulisse, die Zimmer existierten nur dem Namen nach, als Simulationen für die Zuschauer.

Während meiner Kindheit gab es mein Kämmerchen eine Zeitlang nur nachts. Tagsüber wurde es wieder zu einem Flur. Abends, wenn ich schlafen ging, zog ich zwei Falttüren zu und kippte ein Stück Wand um, das in Wirklichkeit ein Klappbett war. Am Morgen verschwand alles, und das Bühnenbild wechselte. Stellwände wurden verrückt, Vorhänge hochgezogen. Später wurde mein Kämmerchen in das meines Bruders verlegt, ein in der Ecke aufgestellter Quader, ähnlich einer umgekippten Abstellkammer. Das Fenster war – wie alle anderen – von der Wand halb durchgeschnitten: Um einen Blick in die Welt zu werfen, musste ich mich mit einem Fensterflügel von der Größe einer Minibartür begnügen.

»Ich wollte dir nur sagen, dass du nicht durch das Fenster gepasst hättest«, schreibe ich meiner Mutter.

»Danke, mein Schatz«, antwortet sie, »ich merk's mir.«

GIORGIO MANGANELLI

Schon Herodes war dagegen

Die Italiener werden also langsam weniger; nein, sie wandern nicht aus; auch ist das Blutbad noch nicht zum Wochenendhobby geworden, obschon sich mancher darin versucht; sie werden nicht in den Himmel aufgenommen, obgleich es in Italien nicht an erprobten und garantiert sicheren Wegen dorthin mangelt. Sie kommen, ganz einfach, weniger zur Welt. Die Kreißsäle sind nun ruhige, erholsame Stätten; die Entbindungsheime dösen vor sich hin; die Hebammen erfreuen sich stundenlangen Müßiggangs.

Man kommt nicht zur Welt. Man entbindet selten und mit Umsicht. Die Schwangerschaften haben Stil, sind zu etwas Elegantem, Rarem, ja Luxuriösem geworden; die Schwangeren weisen mit Stolz und Diskretion auf ihren Zustand hin, und wenn sie Gelegenheit haben, geben sie nicht ohne Koketterie im Fernsehen davon Nachricht, beinahe als wollten sie hervorheben, daß es sich um einen zwar genialen, aber immerhin ökologisch einwandfreien Einfall handle.

Auch bei den Pandas kommt man wenig zur Welt. All das gefällt mir, denn es suggeriert ein völlig neues Italienbild. Wir haben zwar immer noch den Vesuv, den schiefen Turm, das Kolosseum und den römischen Lammbraten; aber den archaischen, pompösen Mythos der Mutter mit zwölf Kindern, der Gebärerin, die jedes Jahr einen winzigen Italiener erzeugte, haben wir nicht mehr. Erinnert ihr euch noch an die Zeiten von »Zahl ist Stärke«? Die Zeiten der italienischen MÜTTER mit den düster patriotischen Lenden und den nie versiegenden Schößen voll vermeintlicher Regimenter oder zukünftiger, ebenso fruchtbarer Mütter? Der finstere Beigeschmack der Scholle haftete an dieser Vorstellung Italiens, sie roch nach Bauernhof. Keine schöne Vorstellung Italiens, die Mutterschaft hatte etwas Zwanghaftes, Neurotisches an sich, entbinden war wie ein nervöser Tick, die Schwangerschaft ein Normalzustand, so wie man eine bestimmte Haarfarbe hat oder etwa einen mundartlichen Tonfall.

Nun werden die Mütter eine seltenere, wohl auch kostbarere Spezies; und wenn auch eine vernünftige Anzahl von Kindern als fröhlich und dekorativ gilt, so wird man jene Verschwendung, jenes Übermaß, das an arme Leute erinnert, die im Lotto gewonnen haben, und das schon Herodes energisch ablehnte, in Zukunft vermeiden.

Ich hoffe, niemand wird auf die Idee kommen, den Frauen Geld anzubieten, damit sie weitere Schwangerschaften akzeptieren; irgendwo gibt es das ja schon, aber bei uns, glaube ich, verstieße es gegen den guten Ton. Man würde es als Beleidigung auffassen. Als würde man jemanden bezahlen, damit er unmäßig trinkt oder bei Rot über die Straße geht; das ist nicht freundlich, würde man sagen, nicht vornehm. Jede wahre Dame weiß, eine Schwangerschaft ist schön und eine zweite neigt schon zum Pompösen; aber das mag genügen: Eine echte Perlenkette ist ein Wunderding, aber mehr als zwei sind stillos. Anspruchsvollere Clubs weisen Mütter von vier Kindern liebenswürdig ab. »Nur Erstgebärende«. Welcher Friede.

Als Dante einmal durch die Porta San Piero kam, hörte er dort einen Schmied, der Eisen auf dem Amboß hämmerte, sein Gedicht singen, wie man einen Gassenhauer singt, wobei er seine Verse untereinandermengte, verstümmelte und mit Zusätzen versah, was Dante als eine sehr schwere Beleidigung empfand. Ohne ein Wort zu sagen, näherte er sich der Werkstatt des Schmieds, wo sich viele Eisenwerkzeuge befanden, ergriff den Hammer und warf ihn auf die Straße, dann packte er die Zange und warf sie ihm nach, dann die Waage, und so warf er viele Eisengeräte auf die Straße.
Der Schmied kehrte sich mit wilder Gebärde gegen ihn und rief: »Was zum Teufel tut Ihr, seid Ihr verrückt?!« Worauf Dante: »Und du, was machst du?« »Ich treibe mein Handwerk«, entgegnete ihm der Schmied, »und Ihr verderbt mir meine Werkzeuge, indem Ihr sie auf die Straße werft.« Da sagte Dante: »Wenn du nicht willst, daß ich deine Sachen verderbe, so verdirb auch nicht die meinen.«   FRANCO SACCHETTI

MICHELA MURGIA

Fillus de anima

Kinder des Herzens.

So nennt man die Kinder, die zweimal geboren werden, aus der Armut einer Frau und der Unfruchtbarkeit einer anderen. In dieser zweiten Geburt wurde Maria Listru zum späten Segen für Bonaria Urrai.

Als die Alte unter dem Zitronenbaum mit ihrer Mutter Anna Teresa Listru sprach, war Maria sechs Jahre alt, ein ungewolltes Kind nach drei erwünschten. Ihre Schwestern waren schon junge Frauen, so saß sie allein auf dem Boden und buk eine Torte aus Schlamm mit lebenden Ameisen darin, mit der Achtsamkeit einer kleinen Dame. Die Ameisen im Teig ruderten mit den roten Beinen und starben langsam unter den Verzierungen aus Wildblumen und Zuckersand. In der sengenden Julisonne wuchs die Torte unter ihren Händen. Sie war so schön, wie es manchmal nur ungenießbare Dinge sein kön-nen. Als das Mädchen den Kopf hob, sah sie neben sich Tzia Bonaria Urrai im Gegenlicht stehen, sie lächelte, die Hände auf dem mage-ren Bauch, zufrieden mit dem, was Anna Teresa Listru ihr gegeben hatte. Was genau es war, das sie ihr gegeben hatte, verstand Maria erst einige Zeit später.

Am selben Tag noch ging sie mit Tzia Bonaria fort, in einer Hand die Torte aus Schlamm, in der anderen eine Tasche mit frischen Eiern und Petersilie, den armseligen Dankesgaben der Mutter.

Maria lächelte, obwohl sie tief im Inneren wusste, dass eigentlich Grund zum Weinen bestanden hätte, aber es gelang ihr nicht, diesen Grund zu fassen. Je weiter sie sich vom Elternhaus entfernte, desto blasser wurde die Erinnerung an das Gesicht der Mutter, beinahe so, als hätte sie es schon vor langer Zeit ver gessen, in dem magischen Augenblick, in dem sie als kleines Mädchen zum ersten Mal alleine über die Zutaten ihrer Schlamm torte entschieden hatte. Noch Jahre später erinnerte sie sich dagegen an den glühenden Himmel und die

Füße von Tzia Bon aria, die in Sandalen steckten und in einem stummen Tanz abwechselnd unter dem schwarzen Rocksaum hervorkamen und sich wieder versteckten, so schnell, dass die Beine kaum nachzukommen schienen.

Bei Tzia Bonaria bekam sie ein eigenes Bett ganz für sich allein und ein Zimmer voller Heiligenfiguren, die ihr bedrohlich vorkamen. In dem Moment verstand Maria, dass das Paradies kein Ort für Kinder war. Zwei Nächte lang lag sie reglos und starrte ins Dunkel, sie erwartete, dass eine der Figuren blutige Tränen weinen oder ein Heiligenschein aufleuchten würde. In der dritten Nacht erlag sie ihrer Angst vor der Jesusfigur mit dem ausgestreckten Zeigefinger, die furchteinflößend aussah mit ihren drei Rosenkränzen auf der blutverschmierten Brust. Sie konnte nicht mehr an sich halten und schrie.

Keine Minute später öffnete Tzia Bonaria die Tür und fand Maria an der Wand stehend, im Arm ein grobes Wollkissen, das sie zum Kuscheltier erkoren hatte. Dann fiel ihr Blick auf die Jesusfigur, die plötzlich näher am Bett zu stehen schien als vorher. Sie nahm die Statue unter den Arm und trug sie wortlos aus dem Zimmer. Am Tag darauf verschwanden von der Anrichte auch das Weihwasserbecken mit dem Bild der heiligen Rita und das Lamm aus Gips, das zottelig aussah wie ein streunender Hund und wild wie ein Löwe. Erst einige Zeit später begann Maria wieder, das Ave Maria zu beten, und auch nur ganz leise, damit die Madonna sie nicht höre und ernst nehme in der Stunde unseres Todes Amen.

Wie alt Tzia Bonaria damals war, lässt sich schwer sagen, denn sie schien seit Jahren nicht mehr zu altern, so als habe sie irgendwann beschlossen, auf einen Schlag alt zu sein und dann darauf zu warten, dass die verspätete Zeit sie einhole. Maria dagegen war zu spät angekommen im Bauch ihrer Mutter, und sie war von Anfang an daran gewöhnt, die letzte Sorge einer Familie zu sein, die davon schon zu viele hatte. Im Haus dieser Frau lernte sie plötzlich das ungewohnte Gefühl kennen, jemandem wichtig zu sein. Wenn sie morgens aus dem Haus ging, das Schulbuch vor die Brust gepresst, wusste sie, dass sie, wenn sie sich umdrehte, Tzia Bonaria sähe, die am Türpfosten lehnte und ihr nachschaute.

Maria war sich dessen nicht bewusst, aber die Alte war vor allem nachts bei ihr, in vielen ruhigen Nächten, in denen keine Sünde den

Schlaf raubte. Sie betrat leise das Zimmer, setzte sich vor das Bett, in dem das Mädchen schlief, und betrachtete sie im Dunklen. In diesen Nächten schlummerte Maria selig, in der Gewissheit, unter den Gedanken Bonaria Urrais stets der erste zu sein, ohne von der Last zu wissen, die es bedeuten konnte, der einzige zu sein.

Der Mensch – sagt unser Anonymus, und wir wissen ja schon zur Genüge, daß er eine etwas ausgefallene Vorliebe für Vergleiche hatte; lassen wir ihm auch noch diesen durchgehen, es soll dann der letzte gewesen sein –, der Mensch ist, solange er auf dieser Erde lebt, ein Kranker, der auf einem mehr oder minder unbequemen Bett liegt und rings um sich andere, äußerlich schön gemachte, glattgestrichene Betten sieht, weshalb er sich vorstellt, daß man dort ganz prächtig ruhen müsse. Gelingt es ihm aber, in ein solches überzuwechseln, so beginnt er, kaum daß er es sich auf dem neuen bequem gemacht hat, hier eine Spelze zu fühlen, die ihn sticht, dort einen Knubbel, der ihn drückt, und es ist alles, kurz gesagt, ungefähr wieder so wie zuvor. Und deswegen, fügt der Anonymus hinzu, sollte man mehr daran denken, gut zu handeln als gut zu leben, dann würde es einem am Ende auch besser ergehen.   ALESSANDRO MANZONI

Gift und Galle

ROBERTO BENIGNI

Monolog über Gott und die Welt

Ich möchte kurz etwas dazwischenschieben, in bezug auf die göttliche Ökonomie. Unser Herrgott hätte uns zum Beispiel von Anfang an beistehen können. An ihn glaube ich, man kann nie wissen. Wenn es ihn gibt, dann ist er da, und wenn nicht, keine Sorge.

Aber – sage ich – die fünf Milliarden Menschen, die gibt es: Bei den vielen Planeten, die im Weltall sind, mußte er uns alle ausgerechnet auf dem hier unterbringen! Wie wenn ein Vater mit zwanzig Kindern, der ein Haus mit fünfzig Stockwerken hat, seine zwanzig Kinder alle in die Garage steckt. Was soll denn das heißen? Er hätte uns doch ein bißchen auswärts verteilen können!

Und außerdem meine ich, unser Herrgott ist ein Kapitalist: die Planeten – alle nicht genehmigt! Interplanetarische Bauspekulation nenne ich das! Kaum hat sie nämlich Galilei entdeckt, steckt der Papst schon unter einer Decke mit den Bauherren, und den Galilei läßt er verhaften. Der bekam dann einen Prozeß; da stellten sie ihn als Trottel hin und sagten: »Was soll denn das heißen, abgesehen von den nicht genehmigten Planeten, die Geschichte mit dem Drehen, wer um wen?« Galilei fällt drauf rein und sagt: »Die Erde dreht sich um die Sonne, und nicht wie ihr sagt.« Da sagt der Papst: »Der tickt wohl nicht richtig? Oder habt ihr schon einmal ein Haus gesehn, das sich um seine eigene Heizung dreht?«

Natürlich hat Gott wie die Menschen auch die Tiere, die Pflanzen, die Minerale gebaut, ein gräßliches Durcheinander. Zuerst war Chaos, und Gott hat aufgeräumt. Kurz, es ging drüber und drunter. Die Menschen regen sich auf und rufen den Noah, und dann kommt die Sintflut. Noah zeugt drei Kinder: Sem, Ham und Japhet. Drei Jungen, die, man weiß nicht wie, die verschiedenen Rassen auf die Welt bringen. Dann ruft Gott den Moses und sagt ihm, wo's langgeht, was man tun darf und was nicht. Was man tun darf, sind die zehn Gebote, was man nicht tun darf, sind die sieben Todsünden.

Also, die sieben Todsünden, die hab ich mir näher angeschaut: der Hochmut, der Zorn, der Geiz, die Wollust, die Völlerei, der Neid und die Trägheit, die abscheulichsten Sachen von der Welt. Der Gipfel ist, Gott begeht sie alle sieben! Der Hochmut: wenn einer hochmütig ist, dann er, das vollkommenste, allermächtigste und allergegenwärtigste Wesen. »Im Vergleich zu mir«, sagt er, »ist Nembo Kid ein Idiot, den Buddha nehme ich mit links, und wer besser ist als ich, der soll nur herkommen, von oben und von unten.« Ein wenig Bescheidenheit, das wär's doch. Schon allein der Name: Gott. Wenigstens beim Namen hätte er bescheidener sein können. Wenn er gesagt hätte: Ich bin Guido, du sollst keinen anderen Guido neben mir haben; oder zum Beispiel: Hilf dir selbst, dann hilft dir Guido … du läßt Guido einen guten Mann sein, weiß Guido … An den Autobahnbrücken würde dann stehen: Guido gibt's. Er wäre viel sympathischer, wenn er bescheidener wäre.

Dann der Zorn: es gibt keinen größeren Zornbinkel als ihn. Leute! Also gut, Adam und Eva haben ihm einen Apfel geklaut. Und er kriegt gleich eine Stinkwut, wird fuchsteufelswild. »Raus mit euch! Du sollst im Schweiße deines Angesichts arbeiten! Du unter Schmerzen gebären! Raus, raus!« Ein Apfel, das kann man doch verschmerzen, da braucht man keine solche Stinkwut zu kriegen. Sich aufblähen wie ein Gockel. Kann trotzdem mal sein, daß einer wegen einem Apfel zu toben anfängt, aber dann beruhigt er sich doch wieder. Aber der hat sich nicht beruhigt. Wegen dem Apfel müssen wir uns heute noch taufen lassen, nach zwei Millionen Jahren!

Die Wollust: Ich möchte nicht von seinem Privatleben sprechen, aber wir sind doch alle seine Kinder, oder? Sind fünf Milliarden Menschen denn nicht ein bißchen …, na ja?

Der Geiz: Seinem auserwählten Volk – und das sind ja die Juden – hat er schon vor zwei Millionen Jahren ein Stück Land versprochen. »Ja, ja, das habe ich versprochen, aber ich habe nicht gesagt, daß sie's auch bekommen.«

Die zehn Gebote. Keine schlechte Idee. Nur daß er sie zugunsten des Reichen gemacht hat, der Proletarier kommt schlecht weg. Man kommt leichter in die Hölle, wenn man arm, als wenn man reich ist.

FIAT-Präsident Agnelli zum Beispiel ist gut plaziert. Bei dem vielen Geld, das er geerbt hat, sagt er: »Du sollst Vater und Mutter ehren. Danke Papa, danke Mammi, sehr geehrte Eltern. Wenn ihr tot seid, bekomme alles ich.« Du sollst nicht begehren deines Nächsten Hab und Gut. Aber es gehört ihm ohnehin alles; was soll der noch begehren?

Außerdem hat es unser Schöpfer nicht fertiggebracht, uns auf homogene Weise in die moderne Welt einzugliedern. Er hätte uns von Anfang an günstigere politische Bedingungen schaffen können und den rechten Weg zeigen, meine ich. Zum Beispiel mit den Erfindungen. Warum hat er uns denn nicht gleich am Anfang den Heizkörper entdecken lassen? Da mußte in uralten Zeiten erst eine Milliarde Leute vor Kälte sterben. Er hat den Adam gemacht, hat ihm eine Rippe genommen und daraus die Eva gemacht. Dann hätte er, was weiß ich, sagen wir ein Ohr von Eva nehmen und daraus den Heizkörper machen können, doch gewiß kein Kunststück für ihn. So hätten die Männer eine Rippe und die Frauen ein Ohr weniger gehabt, aber niemand hätte mehr gefroren. Abends hätte Adam gesagt: »Eva, schön warm haben wir's hier! Schön warm haben wir's! Dreh dein anderes Ohr her!« Wir hätten nur ein wenig lauter schreien müssen, aber es wäre uns gut gegangen, oder?

Wir aßen rohes Fleisch, und es gab Viren jede Menge: Das Penizillin und die Antibiotika, warum durften wir die nicht sofort entdecken? Nein, die mußte er im Schimmel verstecken. Also, das ist wirklich eine Rätselonkelmentalität. Wer wollte denn die Antibiotika im Schimmel suchen? Es gibt Leute, die haben ihr Lebtag danach gesucht und sie nicht finden können; als wenn ich vor meinen Kindern die Seife verstecke; sie waschen sich, aber finden die Seife nicht; dann kriegen sie Typhus, Cholera vor Schmutz und sterben alle. Am Schluß sage ich schadenfroh: »Wißt ihr, wo ich die Seife versteckt hab? Unter dem Handtuch, ha ha ha.« Aber sie sind schon gestorben! »Das macht doch nichts, ist doch nur ein Bonmot unter uns.«

Scher dich zum Teufel!

DARIO FO

Nicht alle Diebe richten Schaden an

*D*er Dieb öffnet gewaltsam das Fenster und betritt die Wohnung im dritten
Stock eines luxuriösen Apartmenthauses. Er trägt die übliche Taschenlampe
und blickt um sich. Undeutlich erkennt man Möbel, Vorhänge und alte, wert-
volle Gemälde. Der Dieb schließt die Jalousien und schaltet das Licht an.
Während er damit beginnt, eine Schublade aufzubrechen, läutet das Telefon.
Er schrickt zusammen und will fliehen. Da sich im Haus nichts rührt und er
feststellt, daß er nichts zu befürchten hat, kehrt er wieder zurück. Er versucht das
Läuten zu ignorieren, was ihm mißlingt. Geduckt und sachte nähert er sich dem
Telefon, um sich dann auf den Apparat zu stürzen. Er reißt den Hörer an sich
und tut so, als wollte er ihn ersticken, indem er die Muschel an seine Brust preßt
und mit der Jacke zudeckt. Aus dem Telefonhörer kommt eine Stimme, die
immer kläglicher wirkt und tatsächlich zu ersticken scheint.

MARIA: Hallo? Warum antworten Sie nicht? Mit wem spreche ich?
Die Stimme bricht ab. Der Dieb seufzt erleichtert. Er zieht den Hörer unter
seiner Jacke hervor, hebt ihn vorsichtig zum Kopf, nähert ihn seinem Ohr
und schüttelt ihn mehrfach.

DIEB: *erleichtert* Endlich!

MARIA: Mit wem spreche ich?

DIEB: *wieder erschrocken* Maria? Bist du es?

MARIA: Ja, ich bin's! Warum antwortest du nicht? *In einer Ecke der*
Bühne, die bisher im Dunkel lag, wird die Frau sichtbar, mit der er telefoniert.

DIEB: Bist du verrückt geworden? Mich bei der Arbeit anzurufen?
Wenn jetzt jemand ans Telefon gegangen wäre?

MARIA: Aber du hast selber gesagt, die Leute wären aufs Land…
Entschuldige bitte. Ich hab's nicht mehr ausgehalten, ich hab' mir
solche Sorgen gemacht. Als du dich eben nicht gemeldet hast…
dachte ich, ich ersticke.

DIEB: Verzeih, das war nicht meine Absicht. Ich wußte nicht, daß du
am Apparat warst.

MARIA: Was redest du da?

DIEB: Nichts, nichts. Ich muß jetzt weitermachen. Ich hab' schon genug Zeit verloren.

MARIA: Ach, stehle ich dir die Zeit? Vielen Dank! Ich rege mich auf, ängstige mich, verzehre mich ...

DIEB: Was machst du?

MARIA: Ja, ich verzehre mich ... nach dir. Und du behandelst mich so ... Freundlich, wirklich sehr freundlich! Aber mach' dir keine Sorgen ... ich werde mich nicht mehr verzehren, von jetzt ab ...

DIEB: Aber Liebste, sei doch vernünftig. Wann begreifst du endlich, daß ich nicht hier bin, um mich zu amüsieren?! Wann darf ich endlich einmal in Ruhe klauen?!

MARIA: Fängst du schon wieder an, den Märtyrer zu spielen? Es gibt zahllose Menschen, die einbrechen oder einen Raub begehen, sogar bewaffnet ... die machen kein solches Theater wie du. Ein Glück, daß du nicht auf Trickdiebstahl mit Unterschlagung spezialisiert bist ... was würde ich dann erst zu hören bekommen! Ich Ärmste. *Der Dieb hört im Hintergrund ein merkwürdiges Geräusch und bedeckt die Hörmuschel instinktiv mit der Hand.*

DIEB: Still! *Glücklicherweise war es nur das surrende Geräusch, das dem Schlag der Standuhr vorausgeht. Es schlägt elf.*

MARIA: Was ist das?

DIEB: *spürbar erleichtert* Die Standuhr. Gott sei Dank.

MARIA: Sie hat einen schönen Schlag ... bestimmt eine alte Uhr ... Ob sie schwer ist?

DIEB: *zerstreut* Die wiegt bestimmt ... *Er bemerkt plötzlich, was seine Frau sagen wollte.* Du denkst doch nicht etwa, ich könnte die Uhr mitnehmen?

MARIA: Wo denkst du hin?! Wie könnte ich an so etwas denken? Du und eine kleine Aufmerksamkeit für mich ... daß du mir mal ein kleines Geschenk mitbringen würdest ... nie!

DIEB: Du begreifst gar nichts ... ja, wirklich ... Wenn ich mir diesen Sarg auflade, kannst du mir sagen, wo ich dann das Silber und die anderen Sachen hintun soll?

MARIA: In den Sarg ...

DIEB: Warum verlangst du nicht, daß ich auch noch den Eisschrank mitbringe ... Hier in der Küche steht ein 200-Liter-Kühlschrank!

MARIA: Nicht so laut, bitte ... Du bist nicht zu Hause ...

DIEB: Entschuldige, ich bin etwas nervös.

MARIA: Ich meine nicht nur, weil man dich hören könnte. Es ist auch ungezogen, so zu schreien.

DIEB: Ich habe mich entschuldigt.

MARIA: Außerdem habe ich nie gesagt, daß ich einen Eisschrank will, schon gar nicht für 200 Liter. Ich wüßte überhaupt nicht, wohin damit. Ich wär' schon mit einer Kleinigkeit zufrieden.

DIEB: Aber wie soll ich wissen, was du haben willst ... ich hab' andere Sachen im Kopf ...

MARIA: Wenn du willst, komm' ich und such' mir selber was aus ...

DIEB: Bleib', wo du bist!

MARIA: Ich würde so gerne mal eine wirklich vornehme Wohnung sehen ... Meine Freundinnen würden platzen vor Neid.

DIEB: Ich platze auch gleich, aber nicht vor Neid! ... Ich bin hier, um zu stehlen, verstehst du? Ciao, leb' wohl!

MARIA: Warum hast du es so eilig? Es kostet dich doch nichts ... Kannst du nicht mal ein bißchen freundlich sein? Ich bin doch deine Frau ... schließlich sind wir sogar kirchlich getraut, nicht nur auf dem Standesamt, als wäre ich bloß deine Konkubine.

DIEB: Ich sagte: Ciao!

MARIA: Wenigstens ein Küßchen ...

DIEB: Also gut ...

Er spitzt komisch die Lippen und gibt einen schmatzenden Kuß.

MARIA: Magst du mich noch?

DIEB: Ja ... ich mag dich.

MARIA: Ganz doll?

DIEB: *resignierend* Ganz doll! Leg' jetzt endlich auf ...

MARIA: Erst du ...

DIEB: Meinetwegen ... erst ich ...

Er will den Hörer auflegen, aber aus der Muschel hört man seine Frau laut rufen.

MARIA: Vergiß das Geschenk nicht!

Der Dieb legt den Hörer rasch auf und schaut ihn haßerfüllt an. Gleichzeitig verschwindet die Frau im Dunkel.

ERMANNO CAVAZZONI

Die Republik der geborenen Idioten

Ein Idiot namens Sereno Bastuzzi lebte in einem Strohschober. Der Strohschober gehörte zu einem früher einmal bewohnten Bauernhaus. In dem Strohschober lebten auch der Vater und die Mutter von Bastuzzi, die geborene Idioten und Bauern waren. Man könnte auch sagen, sie lebten genügsam auf einem ererbten Stückchen Land.

Der Idiot hat eine ganz eigenwillige Auffassung von Landwirtschaft; er kauft nichts und verkauft nichts; er verwendet weder Traktoren noch sonstige landwirtschaftliche Motoren; er beschneidet keinen Baum, verwendet weder chemischen Dünger noch Unkrautvertilgungs- oder Schädlingsbekämpfungsmittel. Er sät nicht, weil er zwischen Samen und Pflanze keinen Zusammenhang sieht. Der Idiot hält aber die anderen für dumm und lacht, wenn er sieht, wie sie Samenkörner auf die Erde werfen. Er tut es lieber den Hühnern gleich und pickt sie auf. Der Idiot ißt naturgemäß kein Fleisch, die Familie Bastuzzi aß also kein Fleisch; sondern sie aßen Eier, Zichorien sowie andere Kräuter, die der Zichorie ähnlich sind oder mit der Zichorie verwandt. Die Zichorie steht bei den Idioten im Mittelpunkt der Ernährung und wird auf Feld und Flur als erste und freudig erkannt. Die Brennesseln dagegen mögen sie nicht, und sie zertreten sie immer spontan, so daß es in den Gegenden, wo ein Idiot oder eine Idiotenfamilie lebt, sehr wenig Brennesseln gibt. Der Idiot zertritt sie aus Rache, nicht um das Unkraut aus der Landwirtschaft zu entfernen.

Der Fall der Familie Bastuzzi wurde eingehend untersucht, denn man wollte herausfinden, welcher Art von Landwirtschaft sich ein einzelner Idiot oder eine Idiotengemeinde spontan zuwendet, wenn sie sich selbst überlassen sind, angenommen, sie würden eines schönen Tages allein auf der Welt zurückbleiben. Die Untersuchung wurde um 1960/61 von Dr. Consolini von der Universität Pavia und unter Mithilfe seiner Assistentin Frau Dr. Maria Stanca durchgeführt.

Der einzelne Idiot benötigt zum Leben mindestens sechs Hektar Grund, teils Waldbestand, teils Wiesen, von einem Bach durchflossen oder zumindest mit einer Trinkwasserquelle. Im Sommer weilt der Idiot im kühlen Schatten der Bäume, mit Vorliebe in der Nähe des Bachs, den Sonnenstrahlen setzt er sich nur aus, wenn es die Nahrungsbeschaffung erfordert. Gern hat er Hühner um sich, denn er kann sie gut leiden. Sobald der Hahn einen Wurm oder eine Ähre auf der Erde findet und mit einem besonderen Krähen alle herbeiruft, kommt auch der Idiot angelaufen und entpuppt sich häufig als der schnellste Fresser. Ebenfalls gern hat er Kühe um sich, denn sie sind lieb zu ihm; wenn eine Kuh einen Idioten im kühlen Gras liegen sieht, legt sie sich sofort neben ihn. Offenbar können die Kühe Idioten und Gesunde voneinander unterscheiden, und während sie die letzteren wegen ihrer Süchte fürchten, stehen sie mit den ersteren auf vertrautem Fuß. Die Bastuzzis hatten nämlich vier Kühe (und einen Jungstier), mit denen sie in Frieden und Eintracht lebten; die Kühe fraßen das Gras, und sie die Zichorien; außerdem tranken sie mit den Kälbern die Naturvollmilch. Eine Kuh macht keinen Unterschied zwischen einem Kalb und einem Idioten. Beim Eiersuchen wird der Idiot listig, und seine List überflügelt die List des Huhns im Eierverstecken. Manchmal aber werden einige Eier nicht gefunden, und dadurch lebt die Rasse der Hühner immerfort weiter. Die Hühner, die einem Idioten gehören, sterben eines natürlichen Todes, das heißt an Altersschwäche; was bei der übrigen Zivilbevölkerung nicht zu beobachten ist, wo die Hühner stets umgebracht und gebraten werden. Die Familie Bastuzzi pflegte nie ein Huhn zu braten, denn sie kannte das Feuer nicht. Wenn das Huhn sein Ende nahen fühlt, entfernt es sich von den anderen, geht bis an die Grenze des Grundstücks der Bastuzzis, versteckt sich in einem Graben oder in einem dornigen Busch und bleibt ganz still. Auch die Kühe gehen zum Sterben an die Grenze des Grundstücks, an einen spärlich bewachsenen Ort, wo niemand vorbeikommt und die Erde locker ist.

Wenn ein Tier das Grundstück der Familie Bastuzzi verläßt, werfen ihm die benachbarten Bauern entweder Steine nach oder laufen mit einem Stock hinter ihm her, so daß es bald die Grenzen kennenlernt, die im Grundbuch eingetragen sind. Auch die Bastuzzis selbst haben das Gefühl für ihren Grundbesitz auf diese Weise erworben und wagen es nicht, ihn zu verlassen. Häufig geht Sereno Bastuzzi die Grenzen ab, mit einem Gefolge von Hühnern und Kühen sowie unter den giftigen Blicken der Anlieger, die eine rationelle und intensive Landwirtschaft betreiben und sich abrackern, um den Boden zu verbessern. Die Bastuzzis dagegen rackern sich nie ab und es scheint sie auch nie zu bekümmern, wie die Jahreszeit vom landwirtschaftlichen Standpunkt aus verläuft.

Im Sommer werden die Idioten dicker; im Winter halten sie ihren Winterschlaf oder etwas ähnliches. Im Sommer erwachen die Bastuzzis mit der Sonne, steigen auf die Bäume und essen dort das Obst; wildes Obst. Unterdessen weiden unter den Bäumen Hühner, Truthähne, Enten und Kühe. Sie halten sich nicht an die üblichen Mittag- und Abendessenszeiten. Sie trinken mit großem Ergötzen Wasser, Sereno Bastuzzi scheint es mit ganzem Herzen zu genießen; er schließt die Augen halb und kaut es, als wäre es ein alkoholisches Getränk. Er genießt wahrscheinlich seine Kühle an den heißen Tagen im Juli und im August. Dieses genüßliche Wohlgefallen ist bei den Kühen nicht zu bemerken; sie sind gieriger; bei den Hühnern jedoch kann man es bemerken und auch beim Geflügel im allgemeinen.

Dr. Consolini sagt in seiner Untersuchung, daß die Bastuzzis den Winter über in ihrem Strohschober bleiben und immer schlafen, wenn sehr kurze, graue Tage kommen. Frau Dr. Stanca behauptet, sie würden abwechselnd schnarchen. Ab und zu steht einer von ihnen auf und tastet nach Walnüssen oder Haselnüssen oder gräbt in einem alten Beet nach Karotten. Daß sie das Stroh mit Mist beschmutzen, kommt nicht vor. Vertraut ist ihnen außerdem der Gebrauch von Kleidung, das heißt von alten Wolljacken, die sie von ihren Vorfahren geerbt haben. Sie essen auch Schnee. Aber im Winter lachen sie nicht und sie bewegen sich langsam und geistesabwesend wie Schlafwandler, dann verkriechen sie sich wieder ins Stroh. Im Winter schläft ja auch das Land, unter Nebel und Eis begraben. Die Kühe fressen die Baumrinde und die Hecken, die sie im Sommer verschmäht haben. Alle magern ab, auch Gänse und Hühner. Einige sterben. Auch das erweckt den Zorn der Nachbarn, daß nämlich die Hühner sich selbst überlassen sind, anstatt umgebracht zu werden. Das unterminiert die Grundfesten der bäuerlichen Gesellschaft und zieht die Hühner aus anderen Höfen an. Die Nachbarn behaupten, die Bastuzzis seien eine Gefahr für die Landwirtschaft und ein schlechtes Beispiel für ihre Kinder, die dies für eine Republik halten und die Bastuzzis für Republikaner statt für Idioten. Wenn ein Kind von zu Hause ausreißt, weil es sich zum Beispiel mit seinem Vater angelegt hat, und einen Tag bei den Bastuzzis verbringt, dann kommt es mit einer freiheitlichen Gesinnung zurück, die der Gesinnung der Rinder oder des Hausgeflügels nahesteht; das heißt nur den flüchtigen Augenblick kennt und den Vater unterbewertet.

Der Zustand des Winterschlafs kann bei den Bastuzzis bis zu drei Monaten dauern (ausnahmsweise auch vier); daraus zieht Dr. Consolini den Schluß, daß die Idioten im Naturzustand jenseits des Polarkreises oder in über eintausend Meter Höhe nicht überleben würden. Die Bastuzzis lebten in der Provinz von Cuneo, die auf der isothermischen Kurve von fünf Grad im Januar liegt. Werden diese Werte unterschritten, so haben die Idioten nicht genügend Körper- und Raumreserven, um den Winter zu überleben. Nach Dr. Consolini liegt daher die ideale Isotherme für Idiotenansiedlungen weiter südlich in Gebieten mit einer ziemlich hohen Niederschlagsmenge, über zweitausend Millimeter. Günstige Beispiele, die er zitiert, sind die Provinz von Grosseto oder die nach Süden geöffneten Gegenden am Fuß von Gebirgen wie Bassano del Grappa oder Massacarrara.

Die Hitze erträgt der Idiot, selbst Temperaturen über vierzig Grad, sofern es nicht an Tränken mangelt, sonst dörrt die Hitze ihn aus. Frau Dr. Stanca bestätigt diese Daten in ihrer Studie über die Anpassungsfähigkeit des Idioten in Nordafrika und in ganz Afrika. Diese Studie brachte ihr 1964 einen Lehrstuhl ein.

Wenn es auf der Welt lauter Idioten gäbe, schließt daraus Dr. Consolini, würde die menschliche Rasse nicht aussterben. Sie würde zahlenmäßig schrumpfen und die gemäßigten oder warmen Gegenden bewohnen, wie aus der Studie von Frau Dr. Stanca hervorgeht; die Erde würde sich von selbst aufforsten. Vielleicht würde die Stadt als Wohnweise verschwinden und das Ozon wieder in die Luft zurückkehren. Der Mensch ist von Natur aus Pflanzenfresser, behauptet Dr. Consolini, und der Idiot ißt ja spontan und aus freien Stücken Kräuter und die Früchte der Bäume; und er lebt in Gesellschaft anderer Pflanzenfresser, die ihn erkennen und mit denen er sich paart. Manchmal paart er sich auch mit dem Geflügel. Außerdem hat man bemerkt, daß bei den Bastuzzis die Hühner wieder zu fliegen begonnen haben.

CARLO LUCARELLI

Autogrill

»Bleifrei für zehntausend.«

Und sie drehen sich nach mir um. Sie sehen in meine Richtung, und als ich dem Typen an der Zapfsäule den Autoschlüssel gebe, kreuzen sich unsere Blicke für den Bruchteil einer Sekunde. Ihr Blick streift gleichgültig über mich hinweg, ohne mich wirklich zu sehen, aber ich könnte schwören, daß sie mich genau in dem Moment wahrgenommen haben, als ich *für zehntausend* sagte.

Ich mache im Geist ein Photo von der Szene.

Wir stehen Seite an Seite an der Zapfsäule der Tankstelle des Autogrills und warten darauf, uns endlich wieder in diese abartige Autoschlange einreihen zu können, die dem Verkehr den Garaus macht.

Rechts: die zwei anderen.

Ihr Auto: ein roter BMW mit offenem Verdeck, so weit offen, daß das Auto irgendwie nackt wirkt. Stampfende Technomusik aus einer Anlage mit Boxen, groß wie bei einem Megakonzert im Palatenda. Hinter der Windschutzscheibe ein Parkausweis für den Privatparkplatz irgendeines viel zu hippppppen Lokals.

Sie selbst: braungebrannt, halbnackt, haargelgestylt und wasserstoffblond der am Steuer; braungebrannt, halbnackt, haargelgestylt und schwarzgelockt der Beifahrer, der ihm das Handy reicht und sagt: *Sekunde mal, da ist die Titti, sie will dir kurz hallo sagen.*

Links: wir.

Unser Auto: ein in die Jahre gekommener Panda, Verdeck so weit wie möglich geöffnet, aber das Ganze wirkt nicht nackt, höchstens wie im Unterhemd. In der Stereoanlage eine Raubkopie vom Festival in San Remo. Hinter der Windschutzscheibe die Parkerlaubnis für die Altstadt, Zone B.

Wir: geheimratseckig, übergewichtig und bartpicklig ich am Steuer; klapperdürr, bucklig und löwenmähnig mein Freund Tonino auf dem Beifahrersitz, und er hält mir ein Rubbellos unter die Nase: *Halt, stop, ich hab schon wieder gewonnen.*

Und während ich den Zehntausender aus der Hosentasche ziehe, um ihn dem Tankwart zu geben, und der Blonde mit ein paar Hunderttausendlirescheinen wedelt, schäme ich mich – ich schäme mich für meinen Fiat Panda mit dem stotternden Motor, für meine Tankfüllung für zehntausend Lire, für die zerknüllten Rubbellose auf dem Armaturenbrett (die Sieben, die Neun und eine Figur: sechsundzwanzig, also Niete), ich schäme mich für meinen Freund Tonino und unseren gebuchten Urlaub in der Pension Sayonara, sieben Tage Vollpension, dazu die Bierchen, die wir uns auf der Strandpromenade genehmigen werden, wenn wir den Mädchen hinterherschauen, die wir doch nie anzusprechen wagen.

Und dann schäme ich mich, weil ich mich für den Panda, Tonino und die Bierchen geschämt habe.

Und dann schäme ich mich und weiß nicht mal, wofür und weswegen.

Der Typ an der Zapfsäule lehnt sich an unser Auto und fragt, ob wir eine Zigarette für ihn haben. Das ist eigentlich nicht erlaubt, aber heute ist sein letzter Tag, denn sie haben ihn rausgeschmissen, und deshalb ist es ihm schnurzpiepegal, im Gegenteil. Jetzt gibt's Urlaub, die Pension Sayonara wartet auch auf ihn. Und während er das sagt, hält er noch immer die Zapfpistole in der Hand, die er aus dem Tankstutzen des BMW mit seinem umweltfreundlichen Katalysator für bleifreies Superplus gezogen hat, und es ist die Zapfpistole für verbleites Normalbenzin.

Ich will ihn gerade darauf aufmerksam machen, daß er sich geirrt hat, daß er ihr Auto teufelnocheins mit dem falschen Benzin vollgetankt hat, aber er lächelt, und zwar in dem Moment, als der BMW einen kleinen Kombi schneidet, sich mit großkotzigem Röhren in die Autoschlange drängelt und dann zu stottern beginnt, begleitet von einem gedehnten spotzenden, erstickten Schluchzer, der sich anhört wie ein langer Furz.

ELISABETTA RASY

Die Sprachen, der Gesang

Die Familie meines Vaters war zwar neapolitanisch, in Wirklichkeit jedoch war sie so etwas wie ein einziges Durcheinander. Meine Großmutter war spanischer Abstammung, sie hatte einen Griechen – einen zypriotischen Griechen aus halb türkischer Familie – geheiratet, der, nachdem sich das Paar getrennt hatte, nach Frankreich gezogen war. Mein Vater hatte einen Teil seiner Schulzeit in Frankreich und in der Schweiz absolviert. Seine Schwester heiratete einen texanischen Rechtsanwalt, Offizier der Befreiungstruppen, mit französischen Vorfahren. Meine Großmutter hatte, wie viele neapolitanische Mädchen ihres Standes, die Schule der französischen Nonnen besucht, ebenso meine Tante und auch ich, solange ich in Neapel lebte. Zu Hause benutzten wir sozusagen drei Sprachen: Italienisch, da meine Mutter als gelernte Schauspielerin unnachgiebig auf der perfekten Hochsprache bestand; Französisch, das als Geheimsprache oder Code für Erwachsene eingesetzt wurde, das Erbe eines verblichenen gesellschaftlichen Glanzes, und den Dialekt. Den Dialekt nutzten wir allerdings ebenso wie das Französische. Er war mitnichten eine urwüchsige oder spontane Sprache, der wir den Vorrang vor dem Italienischen gaben, sondern eher eine Art Zugehörigkeits- oder vielleicht auch Erkennungscode. Man sprach ihn nicht deshalb, weil er geschmeidiger und ausdrucksvoller ist, sondern benutzte ihn als Sprache der Komplizenschaft. So bruchstückhaft und künstlich, wie man sich des Dialektes bediente, haftete ihm etwas Antidemokratisches an: denn er verwies auf eine Distanz und nicht auf eine Nähe zu dem Volk, das ihn ausschließlich sprach. Ich glaube, aus diesem Grund habe ich nie in meinem Leben ein Wort im Dialekt gesagt.

Doch das ist unwesentlich. Wesentlich ist, daß die Stadt, in der ich gelebt habe und die ich heraufbeschwören will, zwar eindeutig Neapel ist, doch keine soziale oder historische Bedeutung besitzt, sondern, zusammen mit den Sprachverwirrungen und -verdrehungen, nur als physische, klimatische, malerische Begebenheit für das Auge wahrgenommen wird, die dem Herzen vom unsteten Funkeln der Oberfläche aus das Wesen der Dinge übereignet.

In meiner bewegten Familie gab es jedoch Momente, in denen der neapolitanische Dialekt wie durch Zauberei seine ganze Fülle, Kraft und Fähigkeit zur Illusion zurückgewann, die ihm sein eigenwilliger gesellschaftlicher Gebrauch genommen hatte. Es waren die Momente, in denen gesungen wurde. Wir sangen alle, und an manchen Abenden wurde auch am Beispiel alter Lieder Sprachforschung betrieben. Dann war der Dialekt kein snobistischer Code mehr, sondern eine Sprache, eine verlorene Sprache, die Sprache einer Illusion, einer künstlerischen Illusion, aber auch der Illusion des Herzens und der Illusion einer nicht vergehenden Zeit. Eine Sprache jedenfalls, die schon der Geschichte anheimgegeben war, so daß der Eindruck entstand, als wären auch die Inhalte der Illusion Teil der Vergangenheit – das Gefühl also, die Leidenschaft, der Kummer, das süße Schmachten, die Sehnsucht, die Ursprünge. In anderen Worten: alles, was wir kaum zulassen durften. Alles, was uns im Ungestüm dieses so hoffnungslos ungesicherten Lebens entglitt.

Mein Vater war ein Gott des Gesangs. Seine Stimme war die weichste, auf natürliche Weise musikalischste aller Stimmen, die ich im Laufe meines Lebens je vernommen habe; noch heute gibt es Überlebende anderer Schiffbrüche, die dies bezeugen. Nur in seiner singenden Stimme verknüpfte sich der zerrissene Faden seiner Existenz, und manchmal, zufällig, auch jener der Existenz eines Menschen, der ihm nahestand. Mein Vater war das auserkorene Opfer, der Sündenbock: der Zauber seiner Stimme, die er so sorglos verschwendete, sagte mir das schon damals, ohne daß ich den Sinn begriff. Doch selbst als Sündenbock versagte er, denn es gelang ihm nicht, den Niedergang der anderen Familienmitglieder aufzuhalten. Er vollzog an uns statt dessen einen kleinen, hochbedeutsamen Exorzismus, von dem ich nicht weiß, ob er schadete oder nützte: Da er der einzige sentimentale Mensch in der Familie war, trieb er uns den Dämon der Sentimentalität für immer aus. Wir alle, auch ich, das kleine Mädchen, waren wegen seines Gesangs oft wütend, gebannt, melancholisch, euphorisch oder gequält. Sentimental nie.

In der Stadt, von der ich erzähle – reine, belebte Natur, Wasser, Licht, Finsternis –, die ich aus Abneigung gegen literarische Heucheleien nicht zögere, bei ihrem Namen zu nennen, in Neapel also verzauberte mich jedoch der von mir abgelehnte Dialekt, wenn er zwischen den Krämern, den Menschen in den Gäßchen pfeilgleich die Luft durchschnitt. Seine in verschiedenen Facetten lebendige Leichtigkeit, die sowohl als Symbol der Zugehörigkeit wie auch in der Kunstsprache der Lieder gegenwärtig war, offenbarte sich mir wie ein Ruf aus frühesten Zeiten. Ich erinnere mich, daß ich, wenn ich krank war, ganze Tage damit zubrachte, die Rufe aus den Gassen zu deuten. Häufig gelang es mir nicht. Es ging nicht um Sprache, nicht um deren Gebrauch, nicht um gegenseitigen Austausch, nicht um die Bedeutung von Worten, sondern um ein Hörbarwerden der Vorgeschichte, um den Augenblick, in dem der Laut zum gesprochenen Wort werden will. Wenn ich heute an Neapel denke, dann denke ich – außer an das azurblaue und ockerfarbene Licht, transparent und durchdringend – an diesen Laut. Er ist für mich die Stimme des Seins, die Stimme der Leidenschaft, die bindungslos, ohne gewöhnliche Beziehung zu einem anderen sein möchte und auch nicht zum gesprochenen Wort werden will. Welchen Sinn hätte es, diese Laute zu transkribieren? Die Worte des Dialekts in sie einzufügen, als wären es beredte Fundstücke einer verlorenen Sprache? Die verlorene Sprache ist in mir und im Sog meiner Schiffbrüche, sie ist unser persönliches, klingendes Paradies, das kein transkribierter Dialekt heraufbeschwören kann. Die Leidenschaft, die hinter diesen Lauten liegt, darf, das weiß ich, nur das stumme Hinterland dieser Geschichte sein, der Laut, der nicht zum Wort wird.

Das alles ist nun schon seit langer Zeit vorbei. Als ich im Herbst 1956 nach Rom zog und fortan eine öffentliche Schule, die Grundschule Regina Elena, besuchte, bestürzte mich am meisten der Klang der Sprache. Statt des schillernden, bezaubernden Wohllauts der Stadt, die ich verloren hatte, vernahm ich nun die merkwürdig tonlose und vor allem hohle Sprache meiner neuen Schulgefährtinnen. Mädchen, die schlau, erbarmungslos und mißtrauisch waren, meist Töchter von Leuten, die von außerhalb nach Rom kamen, um auch sprachlich zu verstädtern. Eine Sprache, die mir nur für dienstliche Mitteilungen geeignet schien; ohne Zwischentöne und deshalb kaum brauchbar, um von Eindrücken und Gefühlen zu berichten. Jedenfalls nicht von meinen Eindrücken, meinen Gefühlen.

ADRIANO SOFRI

Neuer Mensch und alter Kommunismus

Das politische System Italiens war so konservativ, daß ihm Berlusconis Auftritt wie die Landung eines Aliens vorkam. Seine sehr spezielle Modernität zeichnete sich vor allem durch zwei Phänomene aus: den Auftritt eines »neuen Menschen«, der nicht vom Parteiensystem gehegt und gepflegt worden war, und, noch wichtiger, die Heraufkunft eines frechen, völlig schamlosen Konsumismus – Fernsehen, Fußball, Millionenquiz, Gaudi. Man darf nicht vergessen, Italiens politische Klasse gehörte, trotz des sonnig-genießerischen Bildes, das man von Italien hat, zu den ernstesten, ja tendenziell griesgrämigsten Europas. Da waren einerseits die Katholiken, für die Politik ein Opfer war, und andererseits die Kommunisten, die sie aus Strenge – auch gegen sich selbst – betrieben.

Die Aura von antikem, feierlichem Zeremoniell, die in der bleiern genannten Zeit tatsächlich bleiern wurde, war auch vor dem Wohlstand, dem Fernseher und der Scheidung nicht gewichen. Sie hatte sich nur ein wenig beleidigt zurückgezogen. Mit Craxi veränderte sich das alles. Bettino Craxi, obwohl nur Führer einer kleinen sozialistischen Partei, spielte mit den Krisen der beiden großen Parteien, der Christdemokraten und der Kommunisten, und verließ sich ganz auf seine großartigen Fähigkeiten als *political animal*. Die achtziger Jahre wurden von ihm geprägt. Für die Notabeln der alten Politik war Craxi ein skandalös neuer Mann, und doch war er Politiker gewesen von Anbeginn und »Politik an erster Stelle« war sein Lebensmotto. Craxi war Profiteur und Opfer seines Talents. Er manipulierte seine Kollegen wie ein Zirkusdompteur, aber er verachtete alles, was vor dem Vorhang passierte, und so begann man, die überlieferten Regeln und Gewohnheiten zu verhöhnen. Es entstand der geizige, fremdenfeindliche Separatismus des reichen Nordens. Die ostentative Vorurteilslosigkeit, mit der Craxi und die Seinen die Beziehungen zwischen Macht und Geld behandelten, entfesselte eine Reaktion der Justiz, die von der Bevölkerung bald begeistert unterstützt wurde. Das aus dem Krieg hervorgegangene politische System Italiens stürzte.

Berlusconis unternehmerischer Aufstieg hatte im Schatten Craxis stattgefunden. Dessen Sturz gab den Blick frei auf Berlusconi. Von den alten Familien des italienischen Kapitalismus distanziert, wenn nicht gar mißtrauisch betrachtet, entschied sich Berlusconi, »das Spielfeld zu betreten«. Das minderte aber nicht, wie er wohl kalkuliert hatte, die Aufmerksamkeit der Justiz. Im Gegenteil: Es kam zu immer mehr, zu immer schwerwiegenderen Anklagen. 1994, gleich beim ersten Versuch, gewann Berlusconi die Wahlen und wurde Regierungschef. So etwas hatte es noch in keinem modernen Staat gegeben. Die Prozesse, die Rebellion der Gewerkschaften und Bossis von blutrünstigen Beleidigungen begleiteter Seitenwechsel brachten jedoch seine Koalition in die Krise. Als 1996 die von Romano Prodi angeführte Mitte-Links-Koalition die Wahlen gewann, regierte sie vor allem mit dem Ziel, Italien Maastricht-gerecht zu machen. Es gelang ihr. Nachdem das erreicht war, haben auseinanderstrebende Gruppen- und Privatinteressen die Koalition unterminiert.

Berlusconi blieb in diesen Jahren immer der Führer der Opposition. Aber privat lebte er weiter zwischen tödlichen Stürmen und wunderbaren Errettungen. Mit Klauen und Zähnen hat er sich gegen die Justiz verteidigt. Er rief die Seinen auf die Straßen, und er gewann mit einem Geniestreich: Er sprach nicht mehr von »Richtern«, sondern von »Kommunisten«. Berlusconi hat seinen privaten Widerstand gegen eine ihn belagernde Justiz in eine allgemeine Mobilmachung gegen die Kommunisten verwandelt. Seine Gefolgsleute hatten so nicht mehr das dumme Gefühl, einem von den Gerichten verfolgten Führer nachzulaufen, sondern sie folgten, indem sie den Kommunismus bekämpften, einem Ideal. Berlusconis Jagdruf »Kommunisten« belebte wieder, was vernünftige Zeitgenossen unvernünftigerweise für einen belächelnswerten Anachronismus gehalten hatten. »Kommunisten« reißen die Türen auf und lassen die klandestinen Immigranten herein, sie beschützen die Kriminellen, fordern, daß der Staat sie mit Drogen versorgt, und die Ehe für Homosexuelle. Und außerdem bekämpfen sie das Schöne: die Privatinitiative, den Wunsch, reich zu sein, nicht von Steuern zerschmettert zu werden.

STEFANO BENNI

Anno 2194:
Keine Spur mehr von Hochwohlgeboren

Ort des Geschehens: Die Universitätsbibliothek einer italienischen Stadt in der Zukunft, Anno 2194. Ein Student tritt an den Infoschalter, hinter dem ein Klon mit den Gesichtszügen von Leonardo da Vinci die Sportzeitung liest.

»Operator Leonardus 34 zu Ihren Diensten, Bürger Student, wie kann ich Ihnen helfen?«

»Ich hätte gern Zugang zum Archiv Vaterländische Geschichte, ab Jahrgang 2000.«

Der Operator läßt etwas wie einen zischenden Furz hören, das typische Lachen der Klons.

»Seit Jahren hat sich niemand mehr um diese ferne, ominöse Epoche gekümmert. Sind Sie sicher, daß Sie das wollen?«

»Ja. Mir geht es um den Zeitraum von Zweitausend bis Zweitausendundzwanzig, für meine Examensarbeit.«

»Na, ich gratuliere«, seufzt Leonardus 34. »Dritter Raum links, Terminal 1452.«

Der Student findet den gesuchten Raum. Beim Öffnen der Tür schiebt er ein dichtes Geflecht aus Spinnweben beiseite. Drinnen herrscht Zwielicht: In der Mitte thront ein Vesuv aus Pailletten und Glimmer, daneben ein Kolosseum aus Muschelschalen und der schiefe Turm von Pisa, zwischen rosa und hellblau changierend wie manche Barometer-Figürchen. Der Student erkennt den charakteristischen neosanremo-zeffirellitischen Stil jener Epoche. An den Wänden hängen Porträts und Photos berühmter Italiener: Caravaggio und Baggio, Raffael und Raffaella, Totò und Totò Riina, außerdem ein Farbphoto von Giotto und Cimabue, das den Studenten nicht recht überzeugt.

Verblüfft stellt er fest, daß die Politiker fehlen. Er setzt sich vor Terminal 1452, einen ovalen, von Jugendstil-Ornamenten eingefaßten Bildschirm.

»Willkommen, Bürger Student. Was wünschen Sie? Möchten Sie mit willigen Studentinnen chatten? Ein Pornovideo sehen? Wir haben pikante Neuerwerbungen zu bieten: eine Benefiz-Orgie oder eine SM-Session unter Krustentieren.«

»Nein, ich ... ich möchte das Archiv Vaterländische Geschichte für die ersten zwanzig Jahre des 21.Jahrhunderts einsehen.«

»Entschuldigen Sie, aber kein Mensch möchte an diese traurige Zeit erinnert werden; ich dachte, das Thema wäre nur Tarnung für was Spezielleres. Na gut, worum geht's? Gossip, Fußball, Mode?«

»Nein, Politik«, flüstert der Student. »Ich schreibe eine Examensarbeit zum Thema ›Der Interessenkonflikt im Silvischen Mittelalter‹. Ich möchte alles über Silvio Berlusconi recherchieren.«

»Berlusconi, schaun wir mal ... hmm, Ber..., Berl..., Berm... Nein, dieser Name hat keinen Eintrag.«

»Das kann nicht sein. Der Mann war damals der absolute Herrscher über Italien.«

»Vielleicht ist das ja nur eine Lücke in meinem Speicher. Wir haben heute so Spannungsschwankungen. Versuchen wir's mit einem anderen Namen.«

»Bossi.«

»Den habe ich! Bossi, Umberto: Minister in der Triadischen Epoche, berühmt als Begründer der Legayistischen Kunst, mit großen Postern von unheimlich virilen Typen. Verfasser des ersten padanischen Schimpfwörterbuchs. Zog mit tausend Grünhemden zur Eroberung Straßburgs aus, wurde aber vom Schweizer Heer gestoppt. Nach seiner Rückkehr in die Heimat verderben die ministerialen Weicheier in Rom seine maskuline Markigkeit. Sein Niedergang beginnt; zunächst muß er wegen einer Überdosis Spaghetti mit Speck und Zwiebeln eingeliefert werden, dann wird er an der slowenischen Grenze beim Schmuggel mit Viagra geschnappt. Seine Laufbahn beschließt er als erfolgreicher Chef des Restaurants ›Bei Umbè, dem Padaner‹ in den Hügeln bei Rom.«

»Schau mal einer an. Und Castelli?«

»Castelli, genannt ›Silvios Retter‹, Justizminister im Triade-Zeitalter. Nachdem er arbeitslos geworden war, nutzte er sein Talent zur Vorhersage von Bomben, Überschwemmungen und anderen Katastrophen und eröffnete als ›Zauberer Chateau‹ zwölf Niederlassungen in verschiedenen Städten Italiens. Allerdings rächten sich die Richter an ihm: Nicht nur, daß sie ihn wegen Hochstapelei festnehmen ließen, sie steckten ihn auch noch in eine Zelle mit Vanna Marchi, die ihn mehrfach vergewaltigte. Davon hat er sich nie wieder erholt.«

»Previti.«

»Nachdem er seinen Prozeß an sechzehn verschiedene Orte verlegt und seine Richter immer wieder wegen angeblicher Befangenheit abgelehnt hatte, kam es schließlich in der australischen Wüste zur Verhandlung und, unglaublich, aber wahr, er wurde tatsächlich verurteilt, von Di Pietro, der sich als Aborigine verkleidet hatte.«

»Fini.«

»Giancarlo Fini, Erfinder des ›Fini-Handbuchs‹, das bald nach 2000 das *Handbuch zur Regelung des Verhältniswahlrechts* ersetzte. Mehr ist von ihm nicht überliefert.«

»Ciampi.«

»Carlo Azeglio Ciampi hatte als Staatspräsident nach 2000 für die Wahrung der Verfassung zu sorgen, doch da die Verfassung nicht mehr viel galt, gab er sich heiterem Müßiggang hin. An ihn erinnert man sich, weil er der Ursprung einiger schöner Wortschöpfungen ist. ›Ciampieren‹ – So tun, als ob nichts wäre. ›Der Interessenkonflikt ist mir völlig ciampe‹. ›Du bist mir ein schöner Ciampo, tu nicht so ciampo‹ – Tu nicht so, als wäre nichts, du siehst doch genau, was los ist.«

»Rutelli.«

»Ganz im Gegensatz zur Tendenz seiner Zeit wechselt er von der Politik ins Showgeschäft. Er läßt sich fünfmal klonen und gründet die ›Old-Boy-Band Centerfold‹, die weltweit von allen weiblichen gemäßigten Fans bejubelt wird.«

»Berlusconi.«

»Mal sehen ... Ich habe Berio, Bertoli, Berardi, Bertinotti, Bertolino, Bernacca, aber Berlusconi finde ich immer noch nicht.«

»Das kann nicht sein, kontrollieren Sie noch einmal.«

»Ich sehe mal in den Verweisen nach. Aha: Berlusconi – s. Ceauçescu. Da ist er: Nicolae Ceauçescu. Rumänischer Despot, der persönlichen und nationalen Reichtum in Einklang bringt. Kontrolliert das Fernsehen, steht einem Clan treuer Anhänger vor und verabschiedet Gesetze zum eigenen Vorteil. Pflegt die internationale Presse anzugreifen und seinen inländischen Kritikern zu bedeuten: Wer nicht für mich ist, liebt sein Land nicht. Diese beeindruckende Konzentration von finanzieller und politischer Macht in einer einzigen Person ist weitestgehend beispiellos. Zu den wenigen, die ihn nachahmten, gehören Idi Amin, der ugandische Diktator, und Silvio Berlusconi, italienischer Industrieller, der in kurzer Zeit ein beträchtliches Vermögen anhäufte und damit eine politische Blitzkarriere bewerkstelligte. Mit 51 Prozent der Stimmen regierte er, als wären es 99, doch als sein Regime zusammenbrach und er mit dem Motorboot auf die Cayman-Inseln floh, fand sich auf einmal niemand mehr, der zugab, daß er für ihn gestimmt oder ihn gar gekannt hätte. Deshalb gibt es auch so gut wie keine Daten mehr über ihn. Gerüchten zufolge existierte eine Biographie in zig-millionenfacher Auflage, von der kein Exemplar erhalten ist. Die Italiener lasen sie nicht, sondern verwendeten sie für Hygiene-, Einpack- und Heizzwecke.«

»Das ist also alles. Das Leben eines Nachahmers.«

»Das ist alles. *Sic transit gloria mundi.*«

»Wie bitte?«

»Das ist Latein. Eine archaische Sprache, die man abschaffte, als 2012 durch das Tremonti-Schwarzenegger-Dekret das Englische zu unserer Landessprache erhoben wurde ...«

»Darf ich noch eine letzte Frage stellen?«

»Nur zu.«

»Stimmt es, daß der neue Präsident der Republik, Agnoberlo III., in Wirklichkeit eine Klonkombination von verschiedenen Machthabern jener Zeit ist?«

»Bitte haben Sie Verständnis, daß ich darauf nicht antworten kann. Ich bin auch nur ein alter Computer der Baureihe Fiatinvest 343.«

»Ich verstehe«, seufzt der Student. »Nur noch eins: Was raten Sie mir für meine Examensarbeit?«

»Behandeln Sie ruhig diese Jahre, aber wählen Sie ein politisches Thema, das nicht so heikel ist.«

Der Student geht hinaus. Am Himmel über der Stadt herrscht dichtes Verkehrsgedränge. Seit 2040 ist das Betätigen der Hupe verboten, und seither befindet sich in jedem Auto eine Harfe, die sämtliche Fahrer wild bearbeiten. Der Lärm ist himmlisch. Der Student setzt Helm und Gasmaske auf, startet den Motor und zischt im Zickzack durch die Luft davon.

ROBERTO SAVIANO

Im Hafen

Während der Kran ihn auf das Schiff hievte, trudelte der Container, als schwimme er auf der Luft. Der Spreader, der ihn am Kran hält, konnte die Bewegung nicht stoppen. Die schlecht verriegelten Öffnungen sprangen plötzlich auf, und Dutzende von Körpern fielen heraus. Sie sahen aus wie Schaufensterpuppen. Doch beim Aufprall auf den Boden barsten die Köpfe, als wären es echte Schädel. Und es waren Schädel. Aus dem Container regnete es Männer und Frauen. Auch einige Kinder. Tot. Tiefgefroren, übereinandergepackt, hineingeschichtet wie Heringe in die Dose. Die Chinesen, die ewig leben. Die Unsterblichen, die ihre Papiere vom einen zum anderen weiterreichen. Hier also waren sie gelandet. Die Leichen, über die die wildesten Gerüchte umgingen, es hieß, sie würden in Restaurants verkocht, auf den Grundstücken um die Fabriken herum vergraben, in den Krater des Vesuv geworfen. Da waren sie. Zu Dutzenden purzelten sie aus dem Container, um den Hals Schildchen mit ihrem Namen. Alle hatten Geld beiseitegelegt, um sich in ihren Heimatorten in China begraben zu lassen. Ein Teil des Lohnes war einbehalten worden als Garantie für die Rückreise, als Tote. Ein Platz im Container und eine Grube in einem Fleckchen chinesischer Erde. Als der Kranfahrer aus dem Hafen mir die Sache erzählte, bedeckte er sein Gesicht mit den Händen und blickte mich durch die Fingerzwischenräume an. Als ob diese Maske der Hände ihm Mut mache, weiterzuerzählen. Er hatte die Leichen herausfallen sehen und nicht einmal Alarm schlagen oder jemanden benachrichtigen müssen. Kaum war der Container auf den Boden herabgelassen, tauchten wie aus dem Nichts Dutzende von Menschen auf, stapelten die Leichen wieder hinein und schwemmten die Reste mit einem Wasserschlauch weg. So lief das. Der Kranfahrer konnte es selbst noch nicht fassen, hoffte, es sei nur eine Halluzination, wegen der vielen Überstunden. Er schloß die Fingerzwischenräume, bedeckte das ganze Gesicht mit den Händen und sprach weinerlich weiter, aber ich konnte ihn nicht mehr verstehen.

Alles nur Denkbare wird hier durchgeschleust. Durch den Hafen von Neapel. Stoff, Plastikteile, Spielzeug, Hammer, Schuh, Schraubenzieher, Bolzen, Videospiel, Jacke, Hose, Bohrer oder Uhr, es gibt nichts, was nicht den Hafen passiert. Er ist eine klaffende Wunde. Endpunkt der endlosen Reisewege der Waren. Die Schiffe kommen an und steuern im Golf auf das Hafenbecken zu wie die Jungen zu den Zitzen des Muttertieres, nur daß sie nicht saugen, sondern ausgesaugt werden. Der Hafen von Neapel ist die Öffnung im Globus, durch die ausgespuckt wird, was China und der Orient hervorbringen, den die Chronisten auch heute noch gern den Femen Osten nennen. Fern, sehr fern. Fast unvorstellbar. Wenn wir die Augen schließen, sehen wir Kimonos, Marco Polo mit seinem Bart und Bruce Lee im kühnen Sprung. In Wirklichkeit ist dieser Orient mit dem Hafen von Neapel so eng wie mit keinem anderen Ort der Welt verbunden. Hier hat der Orient nichts Fernes. Er liegt unmittelbar vor der Tür und müßte der Nahe Orient genannt werden. Alles, was China produziert, wird hier ausgekippt. Wie wenn einem Kind sein Eimerchen in einer Sandkuhle umfällt und das verschüttete Wasser sich ausbreitet und versickert. Über Neapel werden zwanzig Prozent des Wertes der Textilproduktion aus China eingeführt, aber siebzig Prozent der Warenmenge passieren den Hafen. Dieses merkwürdige Phänomen ist schwer zu verstehen, aber Waren haben magische Fähigkeiten, sie können existieren, ohne vorhanden zu sein, ankommen, ohne je zu erscheinen, den Kunden ein Vermögen kosten, obwohl sie wertlos sind, für die Steuerbehörden als lumpen durchgehen, obwohl sie aus edlem Material sind. Bei den Textilien gibt es eine ganze Reihe Warenkategorien, und auf den Begleitpapieren genügt ein Federstrich, um Kosten und Mehrwertsteuer radikal zu senken. Im schwarzen Loch des Hafens scheint sich die molekulare Struktur der Dinge aufzulösen und erst in einiger Entfernung von der Küste wieder zusammenzufügen. Die Ware muß den Hafen sofort verlassen. Alles geht so schnell, daß sie verschwindet, während es geschieht. Als ob gar nichts gewesen wäre, nur eine Handbewegung. Eine nicht vorhandene Fahrt, eine falsche Ankunft, ein Gespensterschiff, eine Ladung, die sich in Luft auflöst. Als ob sie nie existiert hätte. Verdampft. Die Ware muß beim Käufer ankommen ohne Spuren ihrer Reise, sie muß sein Lager schnell erreichen, sofort, bevor die Zeit läuft, die Zeit, während der eine Kontrolle stattfinden könnte. Tonnen von Waren bewegen sich, als wären sie Päckchen, die vom Postboten ausgeliefert werden. Auf den 1 336 000 Quadratmetern Fläche und den 11,5 Kilometern Länge des Hafens von Neapel erfährt die Zeit eine erstaunliche Verdichtung. Was draußen eine Stunde dauern würde, scheint hier in kaum einer Minute möglich zu sein. Die angeblich sprichwörtliche Langsamkeit der Neapolitaner wird hier Lügen gestraft. Die chinesischen Waren unterlaufen die zeitliche Dimension, in der der Zoll seine Kontrolle durchführen kann. Rasend schnell. Eine Minute nach der anderen Minute wird hier niedergemacht. Ein Massaker von Minuten, ein Blutbad von Sekunden, der Durchsicht der Papiere entrissen, angetrieben vom Gaspedal der Lastwagen, begleitet von den Kränen und Loren, die die Container ausweiden.

Ein kalabresisches Huhn beschloß, Mitglied der Mafia zu werden. Es ging zu einem Mafia-Minister, um ein Empfehlungsschreiben zu bekommen, aber dieser sagte ihm, die Mafia existiere nicht. Es ging zu einem Mafia-Richter, aber auch dieser sagte ihm, die Mafia existiere nicht. Schließlich ging es zu einem Mafia-Bürgermeister, und auch dieser sagte ihm, die Mafia existiere nicht. So kehrte das Huhn in den Hühnerhof zurück, und auf die Fragen seiner Mithühner antwortete es, die Mafia existiere nicht. Da dachten alle Hühner, es sei ein Mitglied der Mafia geworden, und fürchteten sich vor ihm.   LUIGI MALERBA

Lebens- und Liebesgeschichten

ITALO SVEVO

Der alte Herr und das schöne Mädchen

Ein Trambahnwagen fuhr durch den langen Viale Sant' Andrea. Die Wagenführerin, ein schönes, zwanzigjähriges Mädchen, hielt die braunen Augen starr auf die breite, staubige, in der Sonne gleißende Fahrbahn gerichtet, und sie hatte ihren Spaß daran, den Wagen in vollem Tempo dahinsausen zu lassen, dass die Räder in den Weichen kreischten und der vollbesetzte Kasten fast aus den Schienen sprang. Die Allee war verlassen. Dennoch stieg das junge Ding beim Fahren unentwegt mit dem nervösen kleinen Fuß auf den Hebel, der die Alarmklingel betätigte. Das tat sie nicht aus Vorsicht, sondern weil sie so kindlich war, dass sie Arbeit in Spiel zu verwandeln wusste, und sie liebte es, so dahinzusausen und mit dieser erfindungsreichen Vorrichtung Lärm zu machen. Alle Kinder schreien gern beim Laufen. Sie war in bunte Fetzen gekleidet. Aufgrund ihrer großen Schönheit wirkte sie darin wie verkleidet. Eine verschossene rote Bluse ließ ihren Hals frei, der kräftig wirkte im Vergleich zu dem etwas ausgezehrten Gesichtchen, frei auch die feine Mulde, die von der Schulter zum zarten Busen überleitete. Der blaue Rock war zu kurz, vielleicht, weil im dritten Kriegsjahr der Stoff knapp war. Der kleine Fuß wirkte nackt in seinem Stoffschuh, und die blaue Mütze saß fest auf nicht sehr langen schwarzen Locken. Betrachtete man nur ihren Kopf, hätte man sie für einen Jungen halten können, wenn nicht die Haltung dieses Körperteils allein schon Koketterie und Eitelkeit verraten hätte.

Auf der Plattform rings um die schöne Arbeiterin standen so viele Leute, dass es kaum möglich war, die Bremse zu betätigen. Auch unser alter Herr war dort.

Bei heftigerem Rucken des Wagens musste er sich vorbeugen, um nicht gegen die Fahrerin geschleudert zu werden. Er war sehr sorgfältig gekleidet und auch mit der Seriosität, die seinem Alter entsprach. Wirklich eine vornehme und angenehme Erscheinung. Wohlgenährt unter so vielen blassen und unterernährten Leuten und trotzdem keine Provokation, weil er weder zu fett noch zu rosig war. Der Farbe seines Haars und seines kurzen Schnurrbarts nach hätte man ihn auf sechzig geschätzt, so ungefähr. Nichts an ihm ließ das Bestreben erkennen, jünger zu erscheinen.

Seine Vorsicht war seinem Alter angemessen, und er fühlte sich nicht wohl in diesem riesigen, mit derartiger Geschwindigkeit dahinschießenden Wagen. Sein erstes an das Mädchen gerichtete Wort war eine Ermahnung: »Signorina!«

Bei dieser höflichen Anrede wandte sie ihm ihre schönen Augen zu, zögernd, nicht sicher, ob er mit ihr hatte reden wollen. Der gute Alte fand so viel Gefallen an diesem hellen Blick, dass seine Angst dadurch gemildert wurde. Er verwandelte die Ermahnung, die eigentlich eine Rüge sein sollte, in einen Scherz: »Es kommt mir wirklich nicht darauf an, ob ich ein paar Minuten früher am Tergesteo bin.« Es schien, als lächelte er über seinen eigenen Scherz, und das mochten die Leute rund um ihn auch glauben, aber sein Lächeln galt diesem Blick, der ihm zugleich schelmisch und unschuldig erschienen war. Schöne Frauen wirken zunächst immer intelligent. Eine schöne Farbe oder eine schöne Linie sind in der Tat Ausdruck der vollkommensten Intelligenz.

Sie hörte die Worte nicht, war aber völlig beruhigt durch sein Lächeln, das keinen Zweifel an der wohlwollenden Einstellung des alten Herrn ließ. Sie begriff, dass er sich im Stehen nicht wohlfühlte, und machte ihm Platz, damit er sich neben ihr an die Brüstung lehnen konnte. Und schwindelerregend ging die Fahrt weiter bis zum Campo Marzio.

Verliebt sich ein wirklich junger Mann, löst die Liebe in seinem Gehirn oft Reaktionen aus, die mit seinem Begehren bald nichts mehr zu tun haben. Wie viele junge Männer, die es sich glücklich in einem gastlichen Bett bequem machen könnten, stellen nicht wenigstens ihre Wohnung auf den Kopf, weil sie glauben, bevor man mit einer Frau ins Bett geht, müsse man erst etwas erobern, erschaffen oder zerstören. Alte Männer hingegen, von denen es heißt, sie seien vor Leidenschaften besser geschützt, geben sich ihnen in vollem Bewusstsein hin und steigen ins Bett der Sünde einzig mit der gebotenen Vorsicht vor Erkältungen.

Roland kommt an ein lauschiges Flußufer. Er sieht, daß die Stämme der Bäume voll eingeritzter Schriften sind. »He, diese Schrift kenne ich doch«, denkt er, und wie man es tut, wenn man sich langweilt, beginnt er zerstreut, die Worte zu entziffern. Er liest: *Angelica.* Ja, sicher, das ist ihre Unterschrift! Angelica ist hier vorbeigekommen!
Um Angelicas Namen sind durchbohrte Herzen, verschlungene Knoten und turtelnde Täubchen in den Stamm geritzt. Angelica verliebt? Und wenn, in wen? Roland hat keine Zweifel: »Wenn sie sich verliebt hat, dann kann sie sich nur in mich verliebt haben!«
Aber auf den Herzen steht ein anderer Name.   LUDOVICO ARIOST / ITALO CALVINO

Italien, Italien!
Ghioni Ludovico

> Geht und sucht die alte Mutter.
> Vergil, *Äneis*

Er kommt am 19. November 1905 in der ländlichen Umgebung von Pontelambro in einer regnerischen Nacht zur Welt und erhält die ersten Ohrfeigen, weil er nicht schreit. Die Hebamme, Maria Noseda, hält ihn mit dem Kopf nach unten an den Beinen, schüttelt ihn und brüllt: »Wach auf!«

Endlich gibt er mit hochrotem, violett angelaufenem Kopf ein unterdrücktes Schluchzen von sich. Auf dem Gemeindeamt wird die Geburt am folgenden Vormittag eingetragen. Vater: Ghioni Giuseppe, Pförtner in der Baumwollweberei Ramponi in Pontelambro. Mutter: Tosetti Giulia, Hausfrau.

Im ersten Lebensjahr leichte epileptische Anfälle.

»Normalerweise gibt sich das in der Pubertät«, beruhigt Dr. Proserpio die Eltern, nachdem er die Reflexe des Jungen an Armen und Beinen überprüft hat. »Er hat bei der Geburt einige Schwierigkeiten gehabt, und die wird er auch im Leben haben. Aber nichts Schlimmes.«

Am Morgen des 5. April 1910 nimmt der Vater ihn mit zu einer Besichtigung des Werks, während der andere Pförtner ihn außer der Reihe in der Pförtnerloge vertritt. Im Licht, das durch die Fenstergitter hereinfällt, beim unablässigen Getöse der Webstühle, wird er sich später erinnern, zieht ein Arbeiter einen Honigbonbon aus der Tasche seines Overalls und hält ihn dem Jungen auf einer riesigen Hand hin, die weggezogen wird, als er den Bonbon nehmen will. Die anderen Arbeiter treten plötzlich zur Seite, Signor Parini taucht auf, klein, mit Baskenmütze und Krawatte. Er wirft einen Blick auf die Armbanduhr, lächelt dann aber mit kontrollierter Nachsicht.

»Was willst du werden, wenn du groß bist?« fragt er ihn.

»Staatlich geprüfter Chemiker«, antwortet sein Vater stolz.

»Um hier zu arbeiten?«

»Natürlich«, antwortet sein Vater.

Drei Jahre später lernt er im See von Pusiano schwimmen. Sein Vater nimmt ihn auf der Stange des Fahrrads mit, einem Bianchi mit umgebautem und mit Gummi gepolstertem Sattel. Er spürt den Spitzbart auf den Haaren, sieht unterhalb der Fahrradlampe das Vorderrad nach rechts und links schlingern, um den Steinen und Löchern auf dem abschüssigen Weg auszuweichen, der am Ufer endet. Schilf, das den Horizont begrenzt, riesige Blumen auf der Oberfläche, ein Glitzern, das Gras unter den nackten Füßen, dann der Sand, das eisige Wasser, die zunehmende Tiefe und er, der über dem Abgrund weiterschwimmt. Sein Vater streckt ihm die Arme entgegen, aber als er versucht, sie zu packen, geht er zappelnd unter, schluckt Wasser, sieht das Licht oben inmitten der Luftbläschen, glaubt, platzen zu müssen, spürt dann, wie er an den Hüften nach oben gezogen wird, ringt nach Luft. Am Ufer packt ihn heftiger Schüttelfrost, und er wird im Gras mit einem rauhen Handtuch massiert.

Eine ausgewachsene beidseitige Lungenentzündung, sagt Dr. Proserpio. Am Abend, als das Fieber steigt, kommt es wieder zu leichten krampfartigen Krisen. Erst neununddreißig Tage später wird er im Hinterhof die ersten Schritte machen.

Als »anfällig« wird der Arzt ihn bei dieser Gelegenheit bezeichnen. Ein weiterer Ausdruck, den er in jener Zeit lernt, ist »kränklich«. Und die Mahnung, die seine Eltern für ihn bereithalten, lautet, er müsse sich »schonen«.

Das tut er in einem als übermäßig betrachteten Maße. Zur Überwachung der Herzschläge und der Veränderungen der Körpertemperatur wird er ein kleines Thermometer bei sich tragen, das er während des Unterrichts oder der Messe unbeirrt unter die Achsel klemmt. Und das Thermometer wird ein zyklisch auftretendes Eintagsfieber bestätigen, das ihm jedesmal sämtliche Energien raubt.

»Trotzdem ist siebenunddreißig eins noch kein Fieber«, sagt Dr. Proserpio kopfschüttelnd. »Ohne das Thermometer wüßtest du gar nicht, daß du Fieber hast.«

Seine Mutter fügt hinzu: »Es liegt am Bett, daß du Fieber bekommst.«

Unbeweglich auf dem Laken ausgestreckt, spürt er mit geschlossenen Augen, daß sein Körper von einer krankhaften, milden Wärme geschwächt ist, die sich unter der schweißnassen Haut ausbreitet. Er zieht das Thermometer unter der Achsel hervor, hält den Daumen auf die Striche unterhalb der Achtunddreißig und entfernt das Thermometer langsam, bis die Quecksilbersäule nicht weiter steigt: »Siebenunddreißig drei.«

Stolz und müde zeigt er das Thermometer Dr. Proserpio, der sich der Mutter zuwendet und kommentiert: »Neurovegetative Störungen. Früher nannte man das ›Wachstumsfieber‹.«

Und wirklich wächst er, bis er einen Meter fünfundachtzig erreicht. Er ist dünn, schlaksig, hat einen krummen Rücken. Seine Augen sind oft gerötet. Er betrachtet die Kameraden, die auf dem freien Platz vor dem Betsaal Ball spielen, als gehörten sie zu einer anderen Generation.

Bei den Schulausflügen im Frühjahr entfernt er sich nicht zu weit vom Bus, während die anderen auf Hügel klettern und in den Wäldern verschwinden.

Am 2. Juni 1921 – er liegt mit weit von sich gestreckten Armen und geschlossenen Augen in der Nähe der romanischen Kirche von Agliate, 9. oder 10. Jahrhundert, im hohen Gras, die heiße Sonne im Gesicht – spürt er auf seiner rechten Handfläche eine andere, kleinere, kühle Handfläche. Er fährt ruckartig hoch, während sie lacht und die Hand zurückzieht. Es ist Donatella Caldiroli, die ihn schon einmal überrascht hat, als sie vor einem Monat beim Spiel der Paare ausgerechnet ihn auswählte. Er weiß nicht, was er tun soll, er würde gern weglaufen, hat aber sogar davor Angst.

»Dummkopf«, sagt er lächelnd.

»Selber Dummkopf«, antwortet sie.

Als er sie endlich küßt, mit geschlossenem Mund, fühlt er eine weiche Zunge, die sich zwischen seine Lippen schiebt, und eine plötzliche Glut, die seinen Körper erfaßt und ihn dazu bringt, sich erneut auf der Wiese auszustrecken. Ihr Gesicht über dem seinen lächelt zärtlich. Nie wieder wird er jenen Himmel finden, der sich über ihm auftut, jenes Paradies im Gras.

Sie ist die erste von vielen, denen er seine unbeständige und zielgerichtete Aufmerksamkeit widmet: indem er sich von eingebildeten Wehwehchen erholt, Zerstreutheit vortäuscht, Absencen simuliert, dabei zwischen Zuneigung und Distanz wechselt und sich nachgiebig zeigt, um den eigenen Willen durchzusetzen. Er wird aufhören, die Stärkeren, die Fußball spielen, zu beneiden, weil er beobachtet, daß die Freundinnen mit denjenigen lachen, die am Rand des Spielfelds stehen, und daß auch die Zuschauer an der Partie teilnehmen, allerdings mit geringerem Risiko.

Als staatlich geprüfter Chemiker des Istituto Alessandro Volta in Cantù mit einem Notenschnitt von Zwei plus muß er sich Vorstellungsgesprächen und medizinischen Untersuchungen unterziehen, bevor er in der Baumwollweberei Ramponi eingestellt wird. Die epileptischen Anfälle sind bereits seit einem Jahrzehnt nicht mehr aufgetreten, bei der untersuchten Person wird jedoch eine krankhafte Aufmerksamkeit für den eigenen Körper festgestellt – so schreibt Dr. Fausto Casati in seinem Bericht –, die zu Erschöpfungszuständen und depressiven Krisen beiträgt. Vorbehaltlos positiv sind hingegen die beruflichen Referenzen, die nicht nur die sorgfältige Ausbildung, sondern auch ein außergewöhnliches, durch Neugier geprägtes Gespür für Produktionsprozesse und technische Neuerungen hervorheben.

Ergebnis privater Forschungen und praktischer Experimente wird im Frühjahr 1934 die Entdeckung einer chemischen Behandlung von Farbstoffen sein, welche die Kosten verringert und die Haltbarkeit erhöht.

Er wird zum Vizegeneraldirektor des Werks befördert, und die Firma übernimmt die Miete für eine kleine, am Hügel gelegene Villa, mit Terrasse über dem Hang und einer Garage zwischen den Pinien.

Am 18. Mai 1936 lernt er im Hotel Milleluci in Cantù bei einem Tanzabend zur Feier der Beendigung des Krieges in Afrika die beiden Schwestern Silvestri kennen.

Die ältere, Lina, zierlich und fröhlich, wirkt durch einen spitzen Turban ein wenig größer, sie ist in Begleitung von Carlo Moreno, einem Mechaniker, der in Cantù den Spitznamen »der Indio« trägt, wegen seiner argentinischen Abstammung und der undurchdringlichen Züge des olivbraunen Gesichts, das an eine südamerikanische Maske erinnert.

Die jüngere, Luisa, mollig und weich in einem rosafarbenen Abendkleid aus Seide, ist offenbar für ihn bestimmt, der sie kurz darauf, als er mit ihr einen Foxtrott tanzt, mit einem Bonbon vergleichen wird. Sie wehrt sich und riskiert die Frage – im Zweifel, ob das die feine Art ist, aber nicht imstande, es sich zu verkneifen: »Zum Essen?«, worauf er erwidert: »Schön wär's!«

Als sie an den Tisch zurückkehren, halten sie Händchen, einen dünnen Schweißfilm auf den Gesichtern, ein Lachen in den Augen.

»Gott hat sie erschaffen, dann macht er sie zum Paar«, lautet der Satz, mit dem sie ihr Verständnis der Ehe besiegelt, unverwechselbar auf sie beide anspielend. Und er wird sie am 6. Mai 1937 in der Kirche der Beati Apostoli Pietro e Paolo heiraten, die Sonne funkelt durch die bunten Scheiben, und ihn befällt in regelmäßigen Abständen – wobei ihm beinahe das Herz stillsteht – der Zweifel, daß er eigentlich die Schwester bevorzugt.

Es war ihm in den vergangenen drei Monaten bewußt geworden, wenn er mit fünfzig Stundenkilometern auf der Straße nach Cantù dahinbrauste, aber ohne die frühere Fröhlichkeit. Denn Lina hatte Anfang des Jahres geheiratet und wohnte jetzt mit dem Indio am Stadtrand, vierter Stock ohne Aufzug, sechzig Quadratmeter, während sie bei ihm in der kleinen Villa hätte sein können. Seine Frau war wahrscheinlich – im Vergleich zu den anderen Frauen, die er verlassen hatte – die sanfteste, wenn nicht sogar die gefügigste. Jedenfalls hatte er sich von einem Satz anstecken lassen, den der Indio zwischen einem Schweigen und dem nächsten fallenließ: »Die muß man vom Fleck weg heiraten!«

Vielleicht hatte der Indio in ihm einen möglichen Rivalen gewittert. Und jetzt stand er als Trauzeuge der Braut mit einem unergründlichen Lächeln hinter ihm in der ersten Reihe, die Arme über dem Nadelstreifenanzug verschränkt.

Wie oft wird er in den folgenden Jahren einen unaussprechlichen Haß verspüren, wenn er ihn auf dem schwarzen Fahrrad langsam durch die Straßen radeln sieht, mit seinen faultierähnlichen Bewegungen, die Füße waagerecht, den Kopf zwischen den Schultern. Und er wird das schlaffe, frühzeitige Verblühen der eigenen Ehefrau mit ansehen, die nach einer Zwillingsschwangerschaft in die Breite gegangen ist und nun sechsundneunzig Kilo wiegt, ganz das Gegenteil der Vitalität ihrer Schwester. Diese wirkt nach ihrer einzigen Schwangerschaft geradezu verjüngt, auch ist sie einfallsreich im Auftun von Tätigkeiten, die ihrer Würde keinen Abbruch tun, und gleicht damit die Faulheit des Ehemanns aus. Immer mehr wird sie ihm als die richtige Frau vorkommen, die er zum falschen Zeitpunkt kennengelernt hat. Als die einzige, die ihm Kraft gegeben und keine Scherereien gemacht hätte.

Als er am 2. Juni 1943 einberufen wird, mobilisiert er seine inneren Kräfte, um die Fieberanfälle seiner Jugend wieder zu aktivieren. Es wird ihm dank einer radikalen Konzentration gelingen, die ihm das Atmen schwer macht und sein Gesicht zum Glühen bringt. Neurovegetatives Fieber mit unbekannter Ursache, wird der Stabsarzt auf der Karteikarte notieren. Und er wird vorläufig für sechs Monate zurückgestellt, mit der Auflage, sich nach Ablauf der Frist wieder zu melden.

Er meldet sich nicht wieder. Aus Furcht, wegen seiner Fertigkeiten als Industriechemiker nach Deutschland deportiert zu werden, und von einem Abgesandten der Partisanen aufgefordert, den Untergrundkampf wenigstens finanziell zu unterstützen, versteckt er sich, was außer den Familienangehörigen und dem Commendator Ramponi niemand weiß, in einer Hütte oberhalb von Sondrio. Hier wird er sechzehn Monate und achtundzwanzig Tage in einem unterirdischen Raum verbringen und täglich von der Schwester des Besitzers, die manchmal erst nach einer Stunde wieder herauskommt, mit Nahrung versorgt.

Als er nach Kriegsende in die Straßen von Pontelambro zurückkehrt, vierzehn Kilo dicker geworden, während alle anderen abgemagert sind, wird er von Siegern wie von Besiegten mißtrauisch beäugt und kehrt in die Abgeschiedenheit seiner kleinen Villa zurück.

Am 10. Juni 1945 nimmt er seine Tätigkeit in der Baumwollweberei Ramponi wieder auf. Am Abend gesteht er seiner Frau, daß das Verhältnis zur Belegschaft nicht mehr so ist wie früher.

»Sie verstehen nicht, auf welcher Seite ich stand«, sagt er.

»Du standst auf gar keiner Seite«, antwortet sie ihm.

Nachts hat er Schwierigkeiten einzuschlafen. Die Geräusche aus dem Freilichtkino, dem Metropol, wo bis spät in die Nacht amerikanische Filme gezeigt werden, dringen zu ihm hoch. An einem mondhellen Abend begibt er sich hinunter auf den Platz, um das Geschehen aus der Nähe zu beobachten. Das Gelände ist von einem Metallzaun umgeben, an dem Jugendliche hochklettern. Andere hocken in den Bäumen und sehen die Figuren auf der Leinwand von der Seite, verzerrt und in die Länge gezogen. Er hätte Lust hineinzugehen, fürchtet sich jedoch vor den Provokationen von irgendwem, der hinter ihm steht.

Oft steht er nachts auf und lehnt sich neben dem leeren Vogelkäfig an die Balustrade der Terrasse. Er betrachtet die Glühwürmchen, die zwischen dem leuchtenden Kies und den steinernen Blumentöpfen durch den Garten schwärmen; und hinten am Abhang, jenseits der mit Robinien bepflanzten Fläche, der Friedhof, im Dunkeln ein einziges Gefunkel von kleinen Lichtern.

Am 22. September 1945 erzählt ihm der Indio zum erstenmal von der Baumwollweberei Giacinto Costa in Buenos Aires, die ein Netz von Werken in ganz Argentinien unterhält. Er ist ein Freund des Hauptaktionärs, Signor Tullio Gomez, der mit dem Schiff nach Italien gekommen ist, um den Markt zu erkunden, Maschinen zu kaufen und möglichst die tüchtigsten Techniker anzuwerben. Geplant sind der Ausbau des Werks in Buenos Aires und der Bau eines weiteren in La Plata. Der Indio hat ihm gegenüber Andeutungen über die geheime Formel des Schwagers gemacht und ist bei seinem Gegenüber auf höchstes Interesse gestoßen.

»Wer hat dir das erlaubt?« fragt ihn der Schwager.

Der Indio denkt nach, dann antwortet er: »Niemand. Aber es kostet ja nichts, ihn kennenzulernen.«

Die Begegnung findet am 2. Oktober 1945 im Restaurant La Rondine in Agliate statt, unter einer Pergola mit Blick auf den dahinströmenden Lambro.

Es bläst ein starker Wind, und die Sonne geht gerade unter.

Tullio Gomez – weißer Anzug, vornehmes Auftreten, theatralische Gesten – spricht fast perfekt Italienisch.

»Besser als wir selbst«, sagt er zu ihm.

»Sehr gütig«, sagt Gomez und beugt sich über den Teller.

Dann fragt er plötzlich, ihm scharf in die Augen blickend: »Wieviel wollen Sie?«

»Wofür?«

»Dafür, daß Sie zu uns nach Buenos Aires kommen.«

Er zögert, sieht den Indio an, der sich wegdreht, um das Wasser jenseits der Brüstung zu betrachten.

»Das kann ich so nicht beantworten. Ich muß darüber nachdenken.«

»Nennen Sie eine Summe, nur so probehalber.«

Er schüttelt den Kopf: »Nein. Ich kann nicht.«

Der andere lächelt: »Dann werde ich Ihnen eine nennen. Was halten Sie von hunderttausend?«

»Im Jahr?«

»Nein, im Monat.«

Er zerbröckelt das Brot zwischen Daumen und Zeigefinger.

»Ich muß darüber nachdenken.«

Er denkt die ganze Nacht darüber nach, am Morgen entscheidet er sich dann. Zu seiner verwirrten Frau sagt er: »Wir werden für immer abgesichert sein.«

Zu den Zwillingen sagt er: »Sprecht mit niemandem darüber. Wir werden reich sein.«

Er fügt hinzu: »Ihr seid noch Kinder, später könnt ihr selber wählen. Argentinien ist wunderschön.«

Die gesamte Familie fährt am 2. Februar 1946 im ersten Licht der Morgendämmerung ab. Der Commendator Ramponi hat ihm auf seine Bitte um eine Woche Urlaub geantwortet: »Wir befinden uns in einer kritischen Phase, das wissen Sie, aber Sie brauchen ein wenig Erholung. Sie sehen nicht mehr aus wie früher. Kommen Sie mit neuen Kräften zurück.«

Der Dampfer *Ausonia* verläßt den Hafen von Genua am Abend des 3. Februar 1946. Es regnet in Strömen, und das Meer wird von eisigen Böen der Windstärke sechs gepeitscht, die die Wogen im Dunkeln kräuseln.

Er liegt zusammengekauert auf einem zu kurzen Bett in der schwankenden Kabine, die langen Beine zum Kinn hochgezogen, von der Seekrankheit entkräftet, von ständigem Brechreiz gepeinigt, und sieht, mit kaltem Schweiß auf dem Gesicht, das Wasser auf dem Bullauge hin und her schwappen.

Seine Frau hört ihn tief in der Nacht mit einer vom Weinen geschwächten Stimme im Dunkeln sagen: »Warum nur?«

Und sie wird ihn am Morgen mit geröteten Augen und erloschenem Blick aus dem unteren Bett kriechen sehen: »Wo ist mein Morgenrock?«

Er betrachtet sie, als sie, immens wie ein Heißluftballon in ihrem glockenförmigen Nachthemd, hinunterklettert.

»Nur Mut!« sagt sie zu ihm, breitet ihre drallen Arme aus und klammert sich an seine Schultern.

Dann murmelt sie aufgebracht: »Unternimm doch was, Ludovico!«
Die ganze Reise über wird er vergeblich versuchen, etwas zu unternehmen – gegen die Seekrankheit und die Schlaflosigkeit, die Sehnsucht nach der kleinen Villa und die Gewissensbisse gegenüber dem Commendator Ramponi.

Am Morgen des 12. Februar 1946, im Liegestuhl an Deck, eine Landkarte auf den Knien, betrachtet er die Fläche des Ozeans und sagt zu seiner Frau: »Ich habe alles falsch gemacht.«

Der hassenswerteste Aspekt der Reise ist der Anblick des Indios. Gezwungenermaßen zwecks einer nicht näher definierten Tätigkeit als Mechaniker in der Baumwollweberei Costa in den Vertrag mit aufgenommen, wirkt der geheime und verhängnisvolle Urheber aller seiner Bedrängnisse so ruhig und sorglos wie nie zuvor. Mit souveräner Gelassenheit bewegt er sich an Deck wie ein Admiral in inkognito und sucht mit einem Fernglas den Horizont ab. Und er sieht sogar, wie er lachend und den Schritt beschleunigend mit einer Spanierin zur Mittagszeit die Stufen zum Speisesaal hinuntersteigt.

Als sie am 27. Februar 1946 im Puerto Nuevo von Buenos Aires von Bord gehen – an einem bewölkten, feuchten Tag, während der warme Nordwind ihm den an Bord erstandenen weißen Hut ins Meer weht –, ist sein Gesicht naß vom Regen und von Tränen.

»Bitte unternimm doch was, ich flehe dich an!« flüstert seine Frau ihm mit gesenktem Kopf zu, als sie dicht hinter ihm die Gangway hinuntergeht. Aber das ganze Unternehmen wird sich als aussichtslos erweisen.

Während der ersten Unterredung mit Altiero Mirabella, dem Direktor des Werks, zwei Stunden später, ist er verstört und völlig durcheinander. Und in den darauffolgenden Tagen wird sich seine Krise dermaßen verschlimmern, daß ihm ein Aufenthalt in der Klinik Cristo Re an der südöstlichen Peripherie von Buenos Aires nahegelegt wird. Hier wird er, am Boden zerstört, jeden Rest an Schamgefühl verlieren und unter Tränen beschwörend ausstoßen: »Italien! Italien!«, womit er seine Frau und Altiero Mirabella vollends aus der Fassung bringt.

Mit seiner Zustimmung werden ihm zwei Elektroschocks verpaßt, die das zeitweilige Nachlassen der depressiven Zustände und zugleich den Verlust ganzer Erinnerungsketten bewirken. Er vergißt beispielsweise die Namen seiner Wachhunde und jene der Konkurrenzfirmen in England und Frankreich.

Nachdem er die Klinik am 3. April verlassen hat, fällt ihm auf, daß sich die leitenden Angestellten distanziert verhalten.

»Vielleicht hat Signor Gomez Sie überschätzt«, sagt Altiero Mirabella am Abend des 6. September zu ihm, als sie im Mercedes an den schlammigen Ufern des Rio de la Plata entlangfahren, und betrachtet ihn neugierig. Und er ist es, der den Blick senkt, wie er im Dunkel des Schlafzimmers seiner Frau erzählen wird.

»Wenigstens bezahlen sie dich gut«, tröstet sie ihn.

Aber nicht einmal das wird sich als richtig erweisen. In italienischen Lire auf ein Konto bei der Banca Commerciale eingezahlt, verliert der Betrag allmählich, entsprechend der im Vaterland herrschenden Inflation, an Wert. Er gesteht seiner Frau: »Ich werde so bezahlt wie in Cantù ein Laufbursche.«

Am 2. November 1947 entscheidet er sich zu dem, wozu er sich bereits entschieden hat: zur Rückkehr. Er weiß nicht, wo er Arbeit finden wird, doch schon ein einziges Wort beruhigt ihn: Italien!

Er reicht bei Altiero Mirabella, der auch von den neuen Technologien enttäuscht ist, die nur zum Teil die erhofften Resultate bringen, seine Kündigung ein, die mit Erleichterung angenommen wird. Und danach wird die ausgeglichenste und freundschaftlichste Phase ihrer Beziehung folgen.

Auf den Kai des Puerto Nuevo begleiten sie Lina, deren Ehemann und der Sohn. Der Indio ist dick geworden, träge, zufrieden. Er ist der einzige von ihnen, dem es in Buenos Aires besser geht als in Pontelambro, und er zögert nicht, das auch einzuräumen. Seine Stelle als Mechaniker für Webstühle gestattet es ihm, sehr wenig zu arbeiten, wie er es schon immer angestrebt hatte, und zugleich das höchste Gehalt seines Lebens zu beziehen.

Als er ihn am unteren Ende der Gangway als ersten umarmt, verspürt er Abscheu ihm und sich selbst gegenüber. Aber als er Lina umarmt, die Tränen in den Augen hat, gelingt es ihm, ihr ins Ohr zu flüstern: »Vergiß mich nicht!«, und er sieht aus dem Augenwinkel, wie der Indio sie beobachtet.

Auf dem Dampfer *Enotria* sieht er während der großartigen Sonnenuntergänge im Atlantik den Möwen zu, die im goldenen Licht fliegen und über dem glitzernden Kielwasser herabschießen. Er spürt, daß er einem wohltuenden und ruhmlosen Scheitern entgegenfährt.

Sie gehen am 9. August 1948 in Neapel an Land und kehren zwei Tage später nach Cantù zurück. Es ist Nacht, die Eltern seiner Frau erwarten sie im Mondlicht auf der Tenne. Auf ihre Fragen, die sie später stellen, als sie bei einem Glas Wein am Tisch sitzen, wird er den Kopf zwischen die Hände nehmen und antworten: »Eine Odyssee!«

Am 15. September 1948 wird er endlich in dem kleinen Gebäude, in dem sich die Verwaltungsbüros befinden, vom Commendator Ramponi empfangen. Als er bleich und niedergeschlagen wieder herauskommt, sagt er zu seiner Frau, die ihn am Eingangstor erwartet: »Es ging besser, als ich dachte.«

»Was hat er zu dir gesagt?«

»Er stellt mich wieder ein.«

»Auf welcher Stufe?«

»Der vorletzten, im Lager.«

»Und du?«

»Er hat gesagt, daß er ein Exempel statuieren muß«, fährt er fort, ohne ihr zu antworten. »Und daß ich außerdem die Abfindung und die Pension nicht verliere.«

»Aber was hast du geantwortet?«

»Daß er recht hat.«

Später, als sie weit von dem Gebäude entfernt sind, am Ende eines Feldwegs, murmelt er mit abwesendem Blick: »Es war schrecklich.«

Er sieht mit nie zuvor gekanntem Stolz der Rückkehr ins Werk entgegen. Er erinnert sich an den Tag, als sie ihn als Jungen in voller Montur unter die Dusche geschubst und am Weglaufen gehindert hatten und er mit tropfnassen Kleidern dort stand. Aber jetzt weint er nicht.

Er fühlt sich wie ein Held, der eine Schlacht verloren hat. Doch sein Leben findet nicht mehr woanders statt.

Vor der Pensionierung steigt er um zwei Stufen auf.

Er stirbt am 21. Januar 1966, während er noch auf die Abfindung wartet.

MARCO LODOLI

Italien 90

Miteinander hatten sie gesehen, wie sich Italien änderte, Nacht für Nacht, bis zu dieser noch kalten Nacht im Vorfrühling. Als der Krieg zu Ende war, begannen Ivan und Pietro für den *Blocco del Popolo* Plakate zu kleben, wobei sie auch die den Faschisten und Christdemokraten zugewiesenen Flächen vollklebten, und nicht nur die, sondern auch die Blechzäune um die neuen Baustellen, die Mäuerchen an den Straßen am Tiber entlang, den Beton der öffentlichen Bedürfnisanstalten und die Stämme der großen Platanen und die schwarzen Tore der Bürgerhäuser. Es gab keinen Ort, an dem die Wahrheit nicht kleben sollte.

Schon damals verstand Ivan den besten Leim der Welt herzustellen, indem er Wasser und Mehl in dem verbeulten Aluminiumeimer mischte, und dann trug er mit dem großen Pinsel einen feinen, beinahe unsichtbaren Schleier davon auf, der imstande war, kraftvoll die gerechtesten kommunistischen Parolen festzuhalten, um diese Scheißwelt noch einmal neu zu machen. Er hatte Schultern wie ein Bauernschrank und eine Seele wie der Spiegel zwischen den Schranktüren: Ivan mit seinen zwanzig Jahren. Pietro war dagegen dünn wie ein Bambusrohr, das sich auch biegen und nachdenken und die schönsten Lieder des Widerstands in die Luft pfeifen kann. Er rollte das Papier der Plakate auf, wie ein persischer Händler seinen besten Teppich vor einem Fürsten aufrollen würde. Das Gesicht Garibaldis kam nie in einen Windstoß, bog sich nie um, war nie schief und unentschlossen angeklebt: Es war vollkommen, revolutionär, zukunftsträchtig.

In jenen hoffnungsvollen Nächten lernten Ivan und Pietro ihre Frauen kennen: Sara, die in der Partei aktiv war und kurzes rotes Haar hatte, und Marianna, die sich als Nutte auf der Piazza Vittorio ihr Geld verdiente, und das war gewiß kein Problem, denn in der Liebe und im Kommunismus sind wir alle gleich. Sie heirateten alle am selben Tag auf dem Kapitol, die einen waren die Trauzeugen der anderen, alle vier schön angezogen, lachend zusammengedrängt auf ein und derselben Photographie. Keiner von ihnen hatte Verwandte einzuladen, und das war schön, sie stiegen in einen Lieferwagen und fuhren nach Frascati, um sich zu betrinken und in der Pension »Bei Stella« die süßeste Nacht zu verbringen.

Ivan und Marianna mieteten eine Wohnung im Viale Eritrea, und das Jahr darauf, als auf ihrem Treppenabsatz eine kleine Wohnung frei wurde, zogen auch Pietro und Sara dorthin. Abends aßen sie am selben Tisch, entweder hüben oder drüben, und machten Pläne für die Zukunft. In die Sektion gingen sie jetzt etwas seltener, auch weil Pietro und Ivan von einer Werbefirma angestellt worden waren und sie die ganze Nacht Plakate klebten, deren Bilder mit der Revolution nichts zu tun hatten. Im übrigen, so sagten sie zueinander, müssen wir Geld verdienen, um unsere Familien zu ernähren, jetzt, wo die Frauen unsere Kinder im Bauch und Brechreiz haben.

Pietro und Ivan hatten fünfzig große Reklametafeln zu versorgen, die in der ganzen Stadt verstreut waren. Sie waren auch für ihre Instandhaltung verantwortlich, mußten die Zinkplatten auswechseln, wenn sie rosteten, und die Pfähle, wenn sie faulten. Um zehn Uhr abends fuhren sie mit dem kleinen Lieferwagen los, im Anhänger die Plakatrollen, die dreimal zusammengeklappte Leiter, die Tüten mit den belegten Broten. Wer nichts von der Welt weiß, dem mag das als ein leichtes Gewerbe erscheinen, aber es ist eine Kunst, die Ränder genau aufeinander zu kleben, die Falten zu vermeiden und dann dreißig Schritte wegzutreten und zu überprüfen, ob das Bild sorgfältig ausgebreitet ist. Manchmal reicht schon eine nicht gut festgeklebte Ecke, und der Wind zerreißt in wenigen Stunden alles. Ivan und Pietro verstanden einander mit wenigen Worten: Gib her, zieh, mehr, weniger, Zigarette, gehen wir. Die letzten Plakate klebten sie, wenn das Morgenlicht schon auf die Kuppeln und die neuen großen Wohnblöcke fiel. Die ersten Leute, die zur Arbeit gingen, konnten schon Montgomery Clift und die Monroe, die Vespa Marke Piaggio, die Marelli-Zündkerzen, Totò und das Moplèn-Plastikzeug bewundern, die alle riesig und farbig über ihren Köpfen in den Himmel ragten.

Ivan und Pietro frühstückten in einer Bar auf der Piazza Annibaliano, neben den Lastern für die Umzüge. Einen Morgen zahlte der eine, den nächsten der andere. Sie kauften die *Nazionali*-Zigaretten und die Zeitung, lasen zusammen die bedrohlichen Überschriften auf der ersten Seite. Manchmal fuhren sie aber bis nach Ostia hinaus, beinahe als hätten sie keine Lust, sofort nach Hause zu fahren und sich ins Bett zu legen. Sie übernahmen auch dort eine Reklametafel, um einen Grund zu haben, noch ein wenig unterwegs zu bleiben. Es kam vor, daß es Ivan kalt und schwermütig im Kopf wurde und er fragte: »Aber du, was hältst du wirklich davon?« und Pietro sagte: »Von was?« und Ivan wieder still wurde, weil er selber nicht wußte, wie es weitergehen sollte, in welche Richtung. Dann fügte er hinzu: »Von den Reklameplakaten.« Und Pietro sagte: »Manche sind schön«, während er sich die letzte, die nervöseste Zigarette anzündete.

Wenn es im Winter stürmte oder regnete, hielt Ivan die Leiter fest zwischen seinen Herkulesarmen, und Pietro kletterte hinauf, und beim Heruntersteigen tat er den letzten Schritt auf die Schulter des Freundes und sagte: »Danke, Ivan.« Das Geld teilten sie sich in zwei gleiche Teile, aber als Sara operiert wurde, bekam Pietro drei Monate lang alles, und es gab kein Problem.

Einige Jahre später achteten sie nicht mehr auf die Bilder, es waren braun gebrannte Frauen und Aperitife, waren Farbstreifen und merkwürdige Wörter, waren Palmen und neue Autos. Das einzig Wichtige war, daß sie nach den Regeln der Kunst glattgestrichen wurden. Jeder von ihnen hatte drei Kinder, und Pietros Jüngster war von Ivan, und Ivans Zweiter von Pietro, denn insgeheim und unausweichlich hatte sich jeder die Frau des anderen vorgenommen. Dann erfuhren sie es, taten aber so, als wäre nichts geschehen, da ja alles vergeht... Unterdessen wuchsen die Kinder heran und saugten immer mehr Geld ab, sie wollten das Leben und die Dinge, die auf die Plakate gemalt waren, die Freuden von dort. Auf Ivans großem Kopf waren die Haare schnell weiß geworden, während Pietro keine Haare mehr hatte und leicht gebückt war und ziemlich viel hustete. Wenn sie sich entfernten, um sich anzusehen, ob das Papier angeklebt war, wie es sich gehört, verstanden sie oft gar nicht mehr, worum es ging und aus welchem Grund die blonden jungen Leute da oben lachten. Im übrigen hatte sich auch die ganze Stadt rings um ihre fünfzig Rechtecke verändert. Links und rechts folgten einander unbekannte Viertel und Menschenmengen, unentzifferbare Geräusche und Gerüche und andere Tage als die, an die sie sich erinnerten. Nur ihr Lieferwagen war derselbe geblieben. »Vielleicht ist es Zeit, daß wir einen anderen kaufen«, sagte Ivan. »Womit?« antwortete Pietro.

Die Kinder heirateten alle nacheinander, und dann zogen einige in weit entfernte Städte. Einer ging nach Amerika und studierte dort ein schwieriges Fach. Eine war eine Zeitlang Model in Mailand, dann Angestellte. Es waren schöne Hochzeiten, alle sagten immer wieder, alles sei wohlgelungen, die ersten Gänge hätten gut geschmeckt und die Kleider seien schön gewesen.

Sara und Marianna starben in einem sehr heißen Sommer, im Abstand von einem Monat. Zu den Beerdigungen zogen Pietro und Ivan dieselben dunklen Anzüge an wie zu den Hochzeiten der Kinder.

In den letzten Jahren arbeiteten sie noch härter, ohne an irgendwas zu denken, ohne die Arthritis oder den Schwindel oben auf der Leiter spüren zu wollen. Sie entrollten das Papier und trugen den Leim auf, überdeckten die braun gebrannten Gesichter mit anderen braun gebrannten Gesichtern, rote Autos mit roten Autos, Schauspieler mit Schauspielern, Papier mit Papier. Es war, als würden sie den Kalender eines fernen Planeten umblättern. Am Wahlsonntag gingen sie nach Ostia und saßen auf einer Bank vor dem Meer. Eines Nachts dachte Ivan, er wolle die Leiter schütteln und Pietro auf die Erde fallen lassen, aber das dachte er nur in einer einzigen Nacht in seinem ganzen Leben. »Dann würde ich ihn ins Krankenhaus begleiten und immer in seiner Nähe sein und seinen Rollstuhl schieben.« Pietro dachte dagegen in einer Vollmondnacht, er wolle die Pfähle aller Reklametafeln absägen: »Ich würde sie anderswo einpflanzen, einen dürren und genauen Wald daraus machen.«

Mit fünfundsechzig Jahren gingen sie in Rente.

Drei Monate später haben sie dann den Lieferwagen aus der Garage geholt und sind losgefahren, um sich ihre Plakate in der ganzen grenzenlosen Stadt anzusehen. In dieser Nacht im Vorfrühling weht ein scharfer Wind, der die Plakate wie Segel wölbt und klingen läßt. Sie haben alle wiedergesehen. Sie werden ziemlich gut gehalten, von neuen Leuten, die vielleicht ein wenig dem bunten Papier und den mysteriösen Wörtern gleichen, die darauf geschrieben stehen. »Sie werden ziemlich gut gehalten«, hat Pietro nämlich gesagt. »Na ja«, meint Ivan und zieht sich in seinem Mantel zusammen.

Als letztes haben sie sich das Plakat in Ostia aufgehoben. Die Tafel steht auf einem erdbedeckten freien Platz neben einem niedrigen

Haus. Sie ist vollkommen durchlöchert und umrahmt eine gewisse Anzahl von tief über dem Meer stehenden Sternen. Vom oberen Balken hängt ein spindeldürrer Junge herunter, mit einem Strick um den Hals, die Hände in den Hosentaschen, mit nackten Füßen. Er trägt ein langes und ausgefranstes Trikot der Fußballnationalmannschaft, die Nummer zwei in Weiß auf seinem dunklen Rücken.

Pietro und Ivan bleiben stehen und schauen ihn eine Minute lang an, während ihn der Wind leicht hin und her schaukeln läßt und ihm und ihnen durchs Haar fährt. »Nehmen wir ihn herunter?« murmelt Pietro, aber seine Stimme gelangt nicht einmal zu seinen eigenen Ohren. Ivan senkt den Blick, schaut einer Plastiktüte nach, die sich mit den Windstößen entfernt. Dann lassen sie den Lieferwagen an und rufen vielleicht die Polizei, oder sie fahren sofort nach Hause zum Schlafen.

Lied des Bacchus

Schön ist die Jugendzeit!
Vorbei im Flug.
Habt Freuden, Genüsse, jeder genug:
Denn morgen, wer weiß.

LORENZO DE' MEDICI, IL MAGNIFICO

CLAUDIO PIERSANTI

Zelindas Kinder

Wir waren in eine kleine Stadt in den Marken umgezogen, die
sich wie ein schwerfälliger Wurm über zwei gleich hohe Hügel hinzog, ungefähr vierhundert Meter über dem Meeresspiegel. Gute
Luft, schöne Aussicht: Jeden Tag machte uns jemand darauf aufmerksam. Mein Vater war noch ein junger Arzt, immer bereit, von einer
Stadt in die andere umzuziehen. Und meine Mutter war eine Frau,
die alle für »modern« hielten, weil sie Hosen trug und alle auf ihren
Polstermöbeln sitzen durften, sogar die Katze. Wir kamen aus einer
großen Stadt, wo wir uns nicht anders gefühlt hatten als die anderen.
Meine Geschwister waren noch zu klein, um Unterschiede zu
bemerken, doch mir gefiel es nicht. Nur das Haus, das mein Vater
gemietet hatte, war wunderbar: fünf Schlafzimmer und ein großes
Eßzimmer. Der Fußboden war mit rotem Backstein belegt. Um den
Boden zu wachsen, kam immer eine alte Frau namens Zelinda, sie
war viele Jahre lang Putzfrau bei dem Arzt gewesen, der vor uns in
dem Haus gewohnt hatte. Sie war schon so alt, daß sie mein Vater
nicht behalten wollte. Nicht, weil sie den Haushalt nicht geschafft
hätte, im Gegenteil, sie war sehr tüchtig, weckte aber in uns allen
starke Schuldgefühle. »Ich arbeite wie eine Junge«, sagte sie und
beschwor meinen Vater, ihr wenigstens einige Stunden Arbeit zu
geben. Mein Vater willigte ein, wenn auch etwas ungern. Und sie
machte weiterhin das Haus so sauber »wie ein Operationszimmer«.
Sie freute sich, wenn mein Vater so mit ihr redete, und lächelte beinahe. Ich sage »beinahe«, weil Zelinda nicht lustig war. Vor allen Dingen in ihrem Aussehen nicht. Sie war groß und dürr, ihre Augen
hatten etwas Flehendes an sich, so daß sie nicht einmal von den Kindern gehänselt wurde. Und das, obwohl es viele Gelegenheiten dafür
gegeben hätte. Zelinda trug ausschließlich Schwarz, lange, schlichte,
uralte Kleider. Auch ihre Schuhe stammten aus einer anderen Zeit
und wurden von ihr mit größter Sorgfalt gepflegt. Sie versäumte nie,

uns zu sagen, wir sollten diese »gute Luft« genießen, und zeigte auf die pastellfarbenen Hügel, die um unsere beiden Stadthügel herum lagen. Inmitten dieser sich weithin erstreckenden Hügelketten fühlte ich mich in der ersten Zeit wie auf hoher, stürmischer See. Schon damals erzählten meine Freunde eine merkwürdige Geschichte über Zelinda. Ihrer Meinung nach lebte sie nicht allein in dem Häuschen, das sie vor vielen Jahren von ihrem Mann geerbt hatte. In diesem Häuschen, um das ein schmaler Gartenstreifen herumlief, war angeblich ihr Sohn versteckt, der verrückt aus dem Krieg heimgekehrt war. Wenn man ihnen glauben konnte, hatte Zelinda einen zweiten Sohn, der ebenfalls verrückt war und in einer Irrenanstalt in Rom lebte. Ich glaubte ihnen nicht. Aber etwas Wahres mußte doch dran sein. Als ich einmal auftauchte, um mir ihr Häuschen anzusehen, das im ärmsten Stadtteil am Fuß des Rathaushügels lag, schien sich Zelinda nicht zu freuen. Sie kam gerade aus dem Haus und schloß eiligst die Haustür und das Gartentor ab, wobei sie den Schlüssel mehrmals umdrehte. Sie nahm mich an der Hand und führte mich mit einer für sie ungewöhnlichen Schnelligkeit die Steigung zum Stadtplatz hinauf. Ihr Blick war besonders feucht und bekümmert, und sie wiederholte andauernd, ich sei ein »liebes Kind, ein gutes Kind«. Ihrer Meinung nach hatten alle in unserer Familie diese Eigenschaften. Während sie sprach, drückte sie meine Hand immer fester, mit ihren langen, knochigen Fingern, deren Haut so dünn und straff war, daß ich mich sehr unbehaglich fühlte. Ich könnte nicht genau sagen warum. Auf dem Stadtplatz mußte ich mich anstrengen, um von ihr loszukommen: Sie wollte mich unbedingt zu einer Pizza einladen oder mir fünfhundert Lire schenken. Meine Freunde, die auf den Stufen des Rathauses unter der Uhr saßen, zeigten auf mich und lachten. Ich ging zu ihnen und log ihnen etwas vor, wofür ich mich heute noch schäme. Ich schwor, durch das Fenster das Gesicht von Zelindas verrücktem Sohn gesehen zu haben. Niemand zweifelte an der Glaubwürdigkeit meiner Aussage. Ein größerer Junge, der aus der Bar nebenan gekommen war und sich ein Glas Magenbitter mit Eis mitgenommen hatte, sagte, er habe ihn vor vielen Jahren auch gesehen, hinter dem Drahtzaun des Fußballplatzes. Und er habe auch Zelinda erkannt, die etwas weiter entfernt hinter den Umkleideräumen versteckt war. Als ich meiner Mutter davon erzählte, sagte sie mir trocken, ich solle mich nicht in den Klatsch der Leute einmischen. »Die arme Frau«, sagte sie über Zelinda, »du kannst dir nicht vorstellen, wie sie leidet.« Zelinda und Leiden, dieses trostlose Leiden, das ich aus dem Fernsehen kannte, wurden für mich ein untrennbares Wortpaar. Auch weil ihr allmählich immer seltsamere Unfälle zustießen. Wenn sie zu uns kam, hatte sie oft an mehreren Stellen einen Verband. »Ich bin am Markt hingefallen«, erklärte sie, ohne sich sonderlich aufzuregen. Oder sie sagte: »Ich habe mich beim Holzhacken verletzt.« Und viele andere Unfälle dieser Art.

Ihre Erklärungen leuchteten nur anfangs ein. Bis sie zum ersten Mal den Termin des Bodenwachsens versäumte. Sie kam erst am nächsten Tag. Ich machte ihr die Tür auf und war wie vom Schlag gerührt. Die ganze rechte Seite ihres Gesichts war ein einziger blauer Fleck, so sehr sie es auch hinter dem Taschentuch zu verstecken suchte. Zu meiner Mutter sagte sie nichts und verschwand im kleinen Bad, wo sie anfing, Putzlappen auszuwringen. Meine Mutter ging gleich darauf zu ihr, denn sie hatte sie weinen hören. Sie bot ihr einen Sessel an und schenkte ihr ein Glas Eierlikör ein, in der Hoffnung, sie würde sich erholen. Zelinda versteckte ihr Gesicht hinter dem Taschentuch, weinte, und es schüttelte sie so, daß man Angst bekam, und sie sagte kein Wort. Und sie wollte nicht einmal den Likör trinken. Meine Mutter setzte sich neben sie auf die Armlehne und wartete, bis es besser wurde, ohne sie mit unnützen Fragen zu bestürmen. Ab und zu nahm sie eine Hand Zelindas vom Gesicht und drückte sie. Selten habe ich jemanden so lange weinen sehen und noch nie einen Menschen in diesem Alter. Ich verdrückte mich in eine Ecke und schaute nägelkauend zu.

Ich muß gestehen, die Neugierde spielte eine gewisse Rolle, aber es war diese ungesunde Neugierde, die uns veranlaßt, etwas Trauriges mitanzusehen, obwohl wir wissen, daß es uns weh tut. Ich weiß noch, daß Zelinda sagte: »Welch scheußliche Dinge, liebe Frau.« Aber um welche Sachen es sich handelte, sagte sie nicht. Es schien, als erzähle sie von etwas so allgemein Bekanntem, daß es keinerlei Beispiele bedurfte. Außerdem nickte meine Mutter ohne Vorbehalte. Über eine Stunde verstrich mit Weinen und lapidaren Bemerkungen. Erst als Zelinda begann, ihre üblichen Komplimente über unsere Familie herunterzuleiern, und sich zu einem Schluck Eierlikör entschloß, war ich mir sicher, daß das Schlimmste vorbei war. Mit dem Auftrag, vorher im Krankenhaus vorbeizuschauen und meinen Vater über diese Vorfälle zu unterrichten, ging ich wieder spielen. Ganz in der Nähe des Krankenhauses war die Kirche, ein mächtiger Backsteinbau. Nachmittags spielten wir auf dem gegenüberliegenden Platz Fußball, weil das Fußballfeld von den Großen besetzt war. Wenn es regnete, durften wir einige Räume der Pfarrei benutzen, wo drei alte, schön in der Reihe aufgestellte Billardtische und eine wacklige Tischtennisplatte für uns bereitstanden. Der Priester, der sich um diese Spiele kümmerte, hieß Don Giuseppe und war sympathisch, weil er eine nagelneue Vespa hatte und Fußball spielen konnte. An diesem Nachmittag traf ich meine Freunde verärgert an. Der Ball war auf das Dach gefallen, und Don Giuseppe mußte zu einer letzten Ölung. Wir gingen alle zusammen in Richtung Stadtplatz und spielten Münzen gegen die Mauer werfen. Ich verlor bald alle, die ich hatte, und war auch verärgert. Als ich Don Giuseppe auf seiner Vespa sah, lief ich ihm entgegen, um mir die Schlüssel zum Billardraum geben zu lassen. Er fuhr langsamer und antwortete: »In Ewigkeit, Amen.« Aber anstatt anzuhalten, legte er den ersten Gang ein und fuhr die Steigung zur Kirche hinauf. »Ich habe unseren Herrn dabei«, erklärte er lächelnd und fuhr vorsichtig die enge Kurve an. Daran lag also diese Schwellung auf seiner Brust, es war der Hostienbehälter. Sein Lächeln beeindruckte mich sehr, denn er kam ja von einer letzten Ölung. Ich kam zu dem Schluß, daß seine Heiterkeit von dem Bewußtsein herrühren mußte, eine wichtige Mission erfüllt zu haben, so wie meine Traurigkeit davon herrührte, meinen ganzen Wochenlohn verspielt zu haben. Zelinda hatte ich vergessen. Erst gegen Abend kam sie mir wieder in den Sinn, als ich schon zu spät zum Abendessen dran war. Ich kam zu Hause mit einer Tüte Brot an, das ich hatte anschreiben lassen und um das mich niemand gebeten hatte, ich wußte aber, daß es die Vorwürfe meiner Mutter besänftigen würde. Sobald ich neben dem Haustor die Vespa Don Giuseppes sah, wurde mir klar, daß das Brot gar nicht mehr nötig war. Im Haus hatten sie nämlich ganz andere Sorgen. Meine Mutter schubste mich vom Eßzimmer weg, wo alle um Zelinda herumstanden, ging dann aber gleich wieder hinein und ließ mich neugierig zusehen. »Es tut mir leid«, sagte mein Vater, als hätte er es schon mehrmals gesagt. »Ich muß die Carabinieri verständigen, diese Verantwortung kann ich nicht übernehmen.« Don Giuseppe hielt sein Kinn zwischen Daumen und Zeigefinger, und als mein Vater zur

Türschwelle kam, gab er ihm ein Zeichen, er solle warten. In der Zwischenzeit wiederholte Zelinda ihren Refrain: »Er ist so lieb, wenn ich es euch doch sage, er ist so lieb...« Meine Mutter tat ihr Bestes, um sie zu beruhigen, aber Zelinda hatte nur Augen und Ohren für meinen Vater, der mit dem strengsten Gesichtsausdruck, den ich bei ihm kenne, auf der Türschwelle stehengeblieben war: das Gesicht leicht vorgebeugt und die schwarzen Augen starr auf seinen Gesprächspartner gerichtet. »Wenn Zelinda den Vorfall nicht melden will«, sagte der junge Priester, »können wir sie nicht dazu zwingen.« Zelinda (sie hatte Don Giuseppe rufen lassen) beachtete nicht einmal ihn, als hätte sie ihren Anwalt und nicht den Priester gerufen. Der Richter, das wäre mein Vater, hob die Arme und stand für einige Augenblicke mit ausgebreiteten Händen da. »Einverstanden«, sagte er, »die Verantwortung übernehmen aber Sie.« Die alte Frau lief zu meinem Vater, packte seine Hände und küßte sie mehrmals. Ihre Wangen glänzten vor Tränen, aber jetzt sah sie glücklich aus. Dennoch ist das kein glückliches Ende, Zelinda hatte lediglich erreicht, sich weiterhin von diesem geheimnisvollen Sohn verprügeln zu lassen. Geheimnisvoll, übrigens nur für uns Kinder, wie ich später erfuhr. Die Erwachsenen in der kleinen Stadt wußten, daß es ihn gab, aber obwohl sie Klatschmäuler waren, sprachen sie nicht gern darüber. Sie hatten Zelinda gegenüber Respekt oder auch Mitleid, wenn man will. Der reichste Mann der kleinen Stadt, ein sehr eleganter alter Herr, der Zelinda von früher kannte, nahm seinen Hut ab, wenn er ihr auf der Straße begegnete. Und sie verbeugte sich, wobei sie ängstlich ihre Ellenbogen mit beiden Händen umklammerte. Zelinda hatte aber für alle noch eine Überraschung auf Lager. Genau ein Jahr später, an einem Sonntag im Sommer, war Zelindas Familie im Mittelpunkt der allgemeinen Aufmerksamkeit. Am Morgen hatte es geregnet, aber kurz vor dem Mittagessen kam die Sonne wieder hervor und zeichnete zwischen den Hügeln einen schönen Regenbogen. Der Spaziergang auf dem Korso war gerettet. Wegen des Regenbogens hatte ich Lust auf ein Wassereis bekommen, das just »Regenbogen« hieß, weil es verschiedene Geschmacksschichten hatte, glaube ich. Es fielen noch ein paar Tropfen, und ich war einer der ersten, die den Stadtplatz überquerten. In der Bar im Zentrum, in der es dieses Eis gab, waren nur zwei Männer, die Karten spielten. Als ich hinausging und mein Wassereis schleckte, regnete es nicht mehr, und auf den Stufen des Rathauses hatten sich schon viele meiner Freunde zusammengefunden. In wenigen Minuten waren alle Familien auf den Korso gekommen, wo sich die Menschenmenge langsam auf den Bürgersteigen fortbewegte. Bei diesen Spaziergängen gab es eine gewisse Ordnung, auf der einen Seite ging man hinauf und auf der anderen hinunter. Deshalb erregte eine fremde Erscheinung großes Aufsehen, anstatt sich in der Menge zu verlieren. Aus der Richtung des alten Stadtteils kamen untergehakt zwei kauzige Gestalten. Es war ein Mann und eine Frau, schön pausbackig, beide um die Vierzig. Sie fielen sofort wegen ihrer Kleidung auf. Die Frau trug einen roten, mit knapper Not zugeknöpften Sommermantel, er einen altmodischen grauen Zweireiher, der seinen Falten nach zu urteilen seit Jahren ganz unten in einer Truhe gelegen haben mußte. In der freien Hand trug der Mann einen großen Schirm und eine Plastiktüte. Daß dieser sonderbare bärtige Mann Zelindas Sohn war, mußten mir erst die anderen sagen, auch wenn ich einen Augenblick später vielleicht selbst darauf gekommen wäre. »Da kommt auch die Mutter«, sagte jemand. Zelinda ging zusammen mit Don Giuseppe ungefähr hundert Meter hinter ihnen her; er hatte sich nach der Messe wohl beeilen müssen, um jetzt schon da zu sein. Wenn es vielen noch gelang, die schwarzen Gestalten der alten Frau und des Priesters nicht allzu auffällig anzustarren, konnten sie bei dem anderen Paar nicht mehr so tun, als ob nichts wäre. Außerdem versuchten der Mann im Zweireiher und seine Freundin im roten Sommermantel, nachdem sie den Stadtplatz überquert hatten, auf dem falschen Bürgersteig voranzukommen, und da gingen alle in die ihnen entgegengesetzte Richtung. Sie waren benommen und lächelten, aber ihr Lächeln galt niemandem, es war, als befänden sie sich allein vor einer friedlichen Berglandschaft. Don Giuseppes Absicht war offensichtlich. Diese versteckten Kinder mußten der Stadt vorgestellt werden, und am besten gleich beide auf einmal, denn die Begegnung wäre sowieso schwierig gewesen. Am selben Sonntag wurde Zelindas Geheimnis gänzlich gelüftet. Ihr zweiter Sohn, der in Rom untergebracht gewesen sein soll, war in Wirklichkeit eine von Geburt an geistig gestörte Tochter, die sie seit dreißig Jahren bei sich hatte, ohne daß es jemand bemerkt hätte. Ich frage mich heute noch, wie Zelinda ein so brisantes Geheimnis für sich behalten konnte. Und ich bin mir auch heute, wie damals, nicht sicher, ob Zelinda dabei die Rolle der »Guten« oder der »Bösen« zukam. Sicher ist, daß sie niemals jemandem wirklich vertraut hat; sie tat allein, was sie konnte. Erst als sie sich allmählich zu alt fühlte und nicht mehr imstande war, sich gegen ihren Sohn zu wehren, hatte sie sich zu einer frühzeitigen Amtsübergabe entschlossen. Wenige Monate später starb Zelinda in ihrem Haus. Ich begleitete meine Eltern bei ihrem Besuch, und meine Mutter rief mich hinein, weil Zelindas Anblick nicht furchterregend war. Sie war ein klein wenig bleicher als sonst, aber ihr Gesichtsausdruck war unbeschwert. »Sie ruht sich aus«, sagte meine Mutter. Ihre Kinder waren schon weggebracht und in ein Heim im Norden eingewiesen worden. Ich weiß noch, was mein Vater sagte, als wir Zelindas Häuschen verließen: »Man muß Glück haben, wenn man geboren wird.« Niemals zuvor war mir die Bedeutung des Wortes »Glück« auch nur annähernd so klar geworden.

Die Instruktion

Am Abend, wenn die Sonne verschwindet
und dem Mond die Instruktion für die Nacht gibt,
sagt sie ihm ins Ohr: »Ich gehe nach Hause,
empfehle dir alle Verliebten.«   TOTÒ

CLAUDIA DURASTANTI

Das Mädchen fehlt aus familiären Gründen

In der vierten Grundschulklasse wurde ich entführt. Von meinem Vater. Wir machten eine lange Reise durch Mittelitalien zwischen den Abruzzen und Molise, Gegenden, die ich seither nicht wiedergesehen habe; wir übernachteten in Dreisternepensionen, und immer bat ich an der Rezeption um zwei Einzelbetten. Er hatte mich von der Schule abgeholt, um mit mir Mittag zu essen, und ich hatte erst gemerkt, dass wir nicht mehr in der Basilicata waren, als ringsumher gelbbraune Ebenen voller Fabriken auftauchten. Das Ziel seiner Aktion war ein Treffen mit meiner Mutter, und mich benutzte er als Tauschmittel. Doch er konnte nicht mit ihr sprechen, also hielten wir an Autobahnraststätten, wo es Telefonzellen gab. Er reichte mir die Telefonmünzen, und ich bat die Nachbarin im oberen Stockwerk, meine Mutter und meinen Bruder heraufzuholen, damit er die Verhandlungen für meine Freilassung führte. Wir hatten kein Telefon in der Wohnung.

Meine Mutter wollte nichts von einem Treffen wissen, und anfangs bewunderte ich sie dafür, dass die den Drohungen ihres ExMannes nicht nachgab, doch im Laufe der Woche wurde ich ungeduldiger. Ich war es leid, Steaks und Pizza in Restaurants mit Leinentischtüchern zu essen, wo überall nur einsame Männer saßen, und meinen Vater in der Telefonzelle zu beobachten, der seine Wünsche mimisch ausdrückte und das rote Plexiglas der Kabine mit Tritten traktierte, während ich mit dem Kopf an die Scheibe schlug.

Um die Monotonie zu durchbrechen, versuchte ich eines Tages, während wir langsam auf einer dicht befahrenen Straße in den Abruzzen fuhren, die Beifahrertür zu öffnen und mich aus dem Auto zu stürzen. Doch mein Vater packte mich am Kragen, und eine Zeitlang ließ er mich mit den Telefonaten in Ruhe.

An manchen Stellen lag Schnee, aber ich trug immer dieselben Sachen, einen grünen Wollpulli, beige Charlie-Chaplin-Hosen und schwarze Schuhe mit Schnürsenkeln, die mein Bruder ausgesucht hatte, weil er Mädchen mochte, die sich wie Jungen kleideten, und ich das sein wollte, was er wollte. Ich zwang meinen Vater, mir wenigstens einen Schlafanzug zu kaufen, und sobald er eingeschlafen war, versuchte ich, ihm die Schlüssel aus der Tasche zu ziehen oder ihm Geld zu stehlen. Manchmal überlegte ich, ob ich nach unten gehen und sagen sollte, dass ich nicht seine Tochter war, oder ich malte mir aus, seinen Wein mit Wasser zu verdünnen.

Einmal tat ich das wirklich, doch als er von der Toilette zurückkam und ein Glas davon getrunken hatte, verzog sich sein Mund zu einer sadistischen Grimasse, und er bestellte eine zweite Flasche. Wir brachen mitten in der Nacht auf, ich hielt mich am Türgriff mit aktivierter Sicherung fest, inständig hoffend, dass diese Schaukelbewegung bald aufhörte und wir nicht umgekippt eine Böschung hinabstürzten, um zwischen kaputten Waschmaschinen und Füchsen zu verenden.

Ich trug eine Pagenfrisur mit Pony, denn das gefiel ihm. Dieser Haarschnitt erinnerte ihn an Natalie Portman in *Leon – Der Profi*, auch einer seiner Lieblingsfilme. Damals hielt er sich für eine Art Freischärler, oft machte er das Handschuhfach auf, um mir seine Messersammlung zu zeigen, die Griffe waren mit Teakholz oder Perlmutt intarsiert.

In einem Fischrestaurant in Salerno mit spiegelndem Fußboden und einem weißlackierten Klavier, an dem ein Bonvivant immer wieder *Onda su onda* von Paolo Conte spielte, löste er meinen Hummer aus der Schale, legte dann das Messer hin und sagte: »Na gut, ich bringe dich nach Hause zurück«, obwohl meine Mutter sich immer noch weigerte, ihn zu treffen. Am Abend zuvor hatte ich ihn beim Essen angesehen und gesagt: »Es reicht, Papa.« Dabei hatte ich eine Miene gemacht, die ich in meinem Erwachsenenleben viele Male aufsetzen sollte, wenn ich mit Freunden in Cafes saß, die mir erzählten, wie blockiert und unglücklich sie waren, und sich mir der Magen vor Übelkeit umdrehte, dem Bedürfnis, woanders hinzusehen.

In Wirklichkeit gab es etwas, was meine Mutter im Tausch gegen ein Treffen haben wollte, aber das war nicht ich, es war ein silbernes Armband mit Obsidianen, das er ihr vor der Scheidung gestohlen hatte. Erleichtert fing ich an, den Hummer zu essen, ich konnte es kaum erwarten, meinen Bruder wiederzusehen, dann steckte mein

Vater eine Hand in seine Tasche, holte ein samtüberzogenes Etui heraus und zeigte mir das Armband, das er mitgenommen hatte. »Das kriegt sie nicht zurück«, verkündete er grinsend, und ich hoffte, dieser Trick würde meine Mutter nicht verletzen.

Meine Entführung erfüllte einen wichtigen Zweck, sie zeigte mir, dass ich schlauer war als meine Eltern; und dass ich kein kleines Mädchen mehr war. Ich durfte mich nicht mehr bei offener Badezimmertür waschen, ich musste mich allein anziehen und durfte nicht mehr neben einem männlichen Wesen schlafen, auch wenn es jemand Vertrautes war. Sie zeigte mir außerdem, dass ich trotz all meiner Bemühungen und der Befolgung des Regelkanons nicht normal war. Das erklärte die Mathematiklehrerin, dieselbe, die mich vom Dach gerettet hatte, der ganzen Klasse in deutlichen Worten am Tag meiner Rückkehr, als ich mit meiner Bank noch eine Insel mitten im Klassenzimmer war und um mich herum nur stehende Gewässer. Nachdem sie auf dem Flur mit den Carabinieri gesprochen hatte, knallte sie die Tür des Klassenzimmers zu und sagte wortwörtlich: »Es ist nicht normal, von einem Elternteil entführt zu werden, es ist nicht normal, auf Dächern sitzend zu lesen, es ist nicht normal, bei Regen über die Dörfer zu wandern.« Sie sagte das in so strengem Ton, dass auch meine Klassenkameraden erstarrten, nicht so sehr aus Solidarität mit mir, sondern weil sie sich fragten, auf welche Weise auch sie womöglich nicht normal waren oder ob in ihren Familien etwas nicht stimmte.

So kam es, dass ich immer öfter zur Schule ging, bis ich irgendwann jeden Tag dort war und lernte, keine Aussprachefehler mehr zu machen. Außerdem entsagte ich jeder Versuchung, den Dialekt zu lernen.

Nach meiner Entführung und anderen eindeutigen Anzeichen sozialer Verwahrlosung, weshalb mein Bruder und ich vor den Sozialhelfern immer die wohlerzogensten Kinder spielten, fanden die Lehrerinnen eine Lösung für alle Probleme, und sie bestand darin, mir die Hauptrolle im Krippen spiel zu Weihnachten zu geben.

Ich würde die Jungfrau Maria spielen, die Rolle des Josef bekam der Klassenbeste. Die Mitteilung löste Panik bei meinen Klassenkameradinnen aus, sie fingen an zu weinen und erhoben Einspruch bei ihren Eltern. Diese ganze Hysterie endete schlagartig, als die Lehrerinnen erklärten, dass es ein besonderes Krippenspiel werden würde: Maria und Josef waren in Wirklichkeit marokkanische

Migranten, die nach einer langen Reise bei uns im Ort angekommen waren. Maria stand kurz davor, Jesus zu gebären, und im Laufe der Vorstellung würden die misstrauischen Dorfbewohner ein Mitgefühl bei sich entdecken, dessen sie sich nicht für fähig gehalten hätten, und Maria und Josef in ihren Häusern aufnehmen.

Am Morgen der Vorstellung blieben ich und der Junge, der den Josef spielte, in der Klasse, wo man uns die Kostüme anlegte. Ein Lehrer schminkte das Gesicht des Jungen mit brauner Kreide. Als ich an der Reihe war, musterte mich die Lehrerin, die mir einen falschen Bauch unter den Pullover gestopft hatte, und legte dann die Schminke weg. »Du bist selbst schon dunkel genug.« Aber auf den Fotos, die wir Wochen nach der Vorstellung bekamen, sah ich nur kränklich aus.

Fern wie Maria und verschüchtert wie eine ohne Aufenthaltserlaubnis.

Als ich klein war und gemeinsam mit meinem Bruder zur Schule ging, trug mir meine Mutter auf, ihn an die Hand zu nehmen, und ich empfand das als richtig und verantwortungsvoll. Nicht verstehen konnte ich aber, warum sie immer sagte: »Daß du mir ja auf der Seite bleibst, wo die Autos vorbeifahren, wenn ihr zu der Straße ohne Gehsteig kommt!« Ich hielt mich daran, und zwar gewissenhaft, aber eigentlich war ich sehr traurig. Für mich hieß das: »Ich hoffe, daß euch kein Auto überfährt, sollte es aber doch passieren, wär's mir lieber, du stirbst, nicht er.«   FRANCESCO PICCOLO

ALBERTO MORAVIA

Der Tisch aus Birnbaum

Die reichen Herrschaften machen Reisen, und vielleicht fahren sie
nach Amerika, und wenn sie dann nach zwanzig Jahren dorthin
zurückkehren und die Wolkenkratzer wiedersehen, sind sie tief
bewegt bei dem Gedanken, daß sie schon da standen, als sie selbst
zwanzig Jahre jünger waren. Die Armen dagegen rühren sich nicht
vom Fleck, und es ist schon ein kleines Wunder, wenn sie nach Ostia
zum Baden fahren oder im Oktober Ausflüge nach Bracciano
machen. Doch in ihrer kleinen Welt haben die Armen trotzdem dieselben Gefühle wie die reichen Herrschaften. Ich bin nie aus Rom
herausgekommen, in Rom jedoch, da bin ich viel herumgekommen.
Als Kind wohnte ich außerhalb der Porta San Pancrazio, auf einem
Hof, zu dem ein Gemüsegarten gehörte, denn mein Großvater war
Gemüsehändler. Dann ging die Familie auseinander, und ich zog in
die Via Mario dei Fiori, über die Kunsttischlerei, in der ich arbeitete.
Kaum hatte ich durch meine Arbeit als Kunsttischler etwas Geld
zusammengespart, zog ich in die Via della Pace, hinter der Piazza
Navona, in eine Loggia ganz oben in einem alten, hochherrschaftli-
chen Haus. Diese Loggia hatte acht Fenster, durch die ständig der
Wind pfiff. Um zu ihr hinaufzugelangen, mußte man zuerst eine
prächtige Freitreppe hinaufgehen, dann eine normale Treppe hinaufsteigen und schließlich eine eiserne Wendeltreppe. Doch man hatte
aus all diesen Fenstern eine herrliche Sicht auf die Dächer, die Kuppeln, die Glockentürme und den Himmel von Rom. Kurz nachdem
ich in diese Loggia eingezogen war, zog Giacomina zu mir, ein Mädchen, das als Büglerin arbeitete, und mit ihr verbrachte ich dort fünf
Jahre, die einzigen schönen Jahre meines Lebens. Damals wußte ich
nicht, daß dies meine schönsten Jahre waren; so etwas weiß man
immer erst hinterher.

In jenen schönen Jahren also verging sozusagen kein Tag, an dem
Giacomina und ich nicht miteinander gestritten hätten. Ich weiß

auch nicht, wie es kam, doch unter irgendeinem Vorwand fingen wir an zu diskutieren, ich sagte etwas, sie widersprach mir, und dann gingen ihr die Argumente aus, und sie beschimpfte mich, nannte mich einen Trottel, einen Flegel, vielleicht sogar einen Dreckskerl; und ich blieb ihr die entsprechende Antwort nicht schuldig und beschimpfte sie, nannte sie blöde Kuh, altes Waschweib und vielleicht sogar Schlampe. Den Worten folgten oft Taten. Bei einer Beleidigung von ihr, die gemeiner war als die anderen und die sich auf meine Familie oder meinen Beruf bezog, platzte mir der Kragen, ich ging auf sie los, packte sie an ihren dichten, krausen Haaren und versuchte sie zu ohrfeigen. Sie versuchte ihrerseits, mich gegen das Schienbein und in den Bauch zu treten und mich zu kratzen. Außer Atem ließen wir voneinander ab, und wenn sie wirklich nicht mehr konnte, fing sie zu weinen an; wenn sie sich aber noch nicht vollständig verausgabt hatte, rannte sie hinaus, knallte die Tür zu und schrie, sie würde nie mehr zurückkommen. Doch sie kam zurück; oder besser, ich begegnete ihr wie zufällig im Viertel, ging auf sie zu, ein Wort ergab das andere, ein Versprechen führte zum nächsten, und schließlich willigte sie ein, mit mir in eine Osteria essen zu gehen. Dort wurden wir beim Wein wieder warm miteinander und stellten fest, daß wir uns liebten. Dann gingen wir nach Hause, ich legte meinen Arm um ihre Taille, und engumschlungen stiegen wir jene hundert Stufen hinauf, blieben auf jeder Stufe stehen, um uns zu küssen, und sie sagte, am liebsten würde sie mich mit ihren Küssen auffressen, und ich antwortete ihr, das würde ich auch am liebsten tun. Ach, wie sehr liebten wir uns damals und wußten es nicht.

Uns war es so wenig bewußt, daß ich überzeugt war, sie nicht zu lieben, ja sie sogar zu hassen, und ich blieb nur bei ihr, um mich gleichsam zu bestrafen, und versuchte sie zu meiden, sooft ich konnte. Dumm wie ich war, zog ich ihrer Gesellschaft alles andere vor: die Freunde, die gar keine waren, sondern nichts als Osteriabekanntschaften, die Arbeit, wegen der ich manchmal länger als nötig in der Werkstatt blieb, nur um möglichst spät wieder bei ihr zu sein, und vielleicht sogar die Einsamkeit. Ich dachte, ich hätte eine Kette am Fuß, und merkte nicht, daß ich diese Kette brauchte, und als ich es entdeckte, war es bereits zu spät. Den Kollegen in der Werkstatt oder den Kumpanen in der Osteria gegenüber sprach ich schlecht über sie, abfällig und unwirsch: Ich nannte sie eine Nervensäge, eine

Plage, und behauptete, sie habe den bösen Blick. Wenn ich in der Loggia auf sie wartete und ihren Schritt auf der Treppe hörte, sagte ich mir: »Hört diese Strafe denn nie auf? Da kommt sie schon wieder … Ich kann einfach nicht mehr.« Und dumm wie ich war, merkte ich nicht, daß ich sie liebte, sie brachte mich um den Verstand, und ich konnte ohne sie nicht leben. Natürlich war sie genauso dumm wie ich, und die Gemeinheiten, die ich ihr zufügte, fügte sie mir zu, und sie wurde ebenfalls nicht müde zu wiederholen, ich sei ihr Unglück und verflucht sei der Tag, an dem sie mir begegnet sei, und sie würde sich lieber mit einem Stein um den Hals in den Tiber stürzen, als auch nur einen Tag länger bei mir zu bleiben. Und so versuchten wir mehr als einmal, uns gegenseitig zu betrügen: Ich sie mit dem Hausmädchen der Wohnung drunter, einer zimperlichen Blondine, und Giacomina bedrohte sie mit einer langen Stricknadel, als sie ihr auf der Treppe begegnete, und sagte zu ihr, wenn sie mich nicht in Ruhe ließe, würde sie sie umbringen, so daß das Mädchen mich aus lauter Angst nicht mehr sehen wollte. Giacomina, glaube ich, betrog mich ihrerseits mit dem Barmann von der Piazza Navona, es war wohl ohne Bedeutung, aber ich litt unbeschreiblich darunter, so sehr, daß ich nicht mehr essen und schlafen konnte, bis sie eines Tages die Treppen heraufgerannt kam, sich mir in die Arme warf und voller Leidenschaft zu mir sagte: »Du bist der Beste von allen, und ich werde niemals einen anderen als dich lieben.« Ach ja, wir liebten uns wirklich, und je mehr wir uns liebten, desto weniger wußten wir es.

Es ging sogar so weit, daß wir uns derart prügelten, daß Giacomina zwei Wochen lang ein blaues Auge hatte, schwarz und grün angelaufen, und sagte, sie schäme sich, damit auf die Straße zu gehen; und ich hatte drei tiefe Kratzer vom Auge bis zum Hals, und als ich in der Werkstatt behauptete, das sei die Katze gewesen, lachten mich alle aus. An jenem Tag hatten wir uns geprügelt; doch ein anderes Mal hätte nicht viel gefehlt, und ich hätte sie umgebracht: Ich packte sie am Hals und begann zuzudrücken, und sie wurde ohnmächtig; zuvor hatte sie mir allerdings mit einem Bügeleisen auf den Kopf geschlagen und eine Stelle oberhalb der Schläfe getroffen, so daß ich blutete und beinahe selbst ohnmächtig geworden wäre. Ich mußte mich in der Notaufnahme von San Giacomo verarzten lassen, und wer den Schaden hat, braucht für den Spott nicht zu sorgen, denn am nächsten Morgen stand in der Zeitung: »Infolge übermäßiger Zecherei wurde der Tischler Luigi Proietti handgreiflich gegen seine Geliebte Giacomina Girolini. Proietti zog den kürzeren. Ergebnis: acht Tage Bettruhe, falls keine Komplikationen eintreten.«

Kurz und gut, eine Liebe wie die unsere hat die Welt noch nicht gesehen; und, wie gesagt, wir wußten es nicht. Sie möchten jetzt vermutlich wissen, wie diese große Liebe zu Ende ging? Sie endete so: Eines Tages, als wir uns an der Piazza Navona verabredet hatten, ließ sie mich eine gute halbe Stunde warten. Als sie endlich kam, sagte ich gereizt zu ihr: »He, was ist denn das für ein Benehmen? Du hast mich fast eine Stunde warten lassen.« Sie erwiderte: »Ich hatte zu tun … ob dir das nun paßt oder nicht.« Ich sagte: »Es paßt mir ganz und gar nicht.« »Wenn es dir nicht paßt«, sagte sie, »dann addio … Du wirst nie wieder auf mich warten müssen«; und weg war sie. Fünf Jahre waren wir zusammengewesen, und das war das letzte Mal, daß ich sie sah. Aus Trotz gab keiner von uns beiden ein Lebenszeichen, die Tage vergingen, ich litt, sie litt sicher ebenfalls, aber keiner von uns beiden wollte diesmal den ersten Schritt machen. Als ich eines Tages ihre Schritte auf der Treppe zu hören glaubte, überkam mich zuerst eine große Hoffnung und dann tiefer Schmerz, als sich herausstellte, daß es der Briefträger war; und dann kam es mir so vor, als fühlte ich gar nichts mehr, aber da täuschte ich mich. Zufällig wollte damals der Hausbesitzer seine Loggia wiederhaben, und so verließ ich das Viertel und kehrte in mein altes Zimmer in der Via Mario dei Fiori zurück. Vielleicht wäre ich ihr ja, wäre ich in der Via della Pace geblieben, begegnet, und wir hätten uns wieder versöhnt. Doch dieser Wohnungswechsel war mein Verhängnis. Ich stürzte mich in die Arbeit und versuchte, nicht an sie zu denken, und dann begegnete ich dieser Hexe, die meine Frau wurde, und damit war alles aus. Ich war jetzt dreiunddreißig.

Mit dreiunddreißig ist der Mensch noch jung, und er glaubt, das ganze Leben läge noch vor ihm. Ich liebte meine Frau nicht, im Gegenteil, schon sehr bald konnte ich sie nicht mehr ertragen, ich tröstete mich jedoch bei dem Gedanken: »Ich bin dreiunddreißig … Wer weiß, wie vielen Giacominas ich noch begegnen werde.« Doch ich täuschte mich, nicht einer einzigen begegnete ich, und vereinnahmt von meiner Frau, für die ich nichts empfand, den beiden Kindern, für die ich zu sorgen hatte, und von meinem Beruf, der mir keine freie Minute ließ, vergingen die Jahre eines nach dem anderen, ohne daß ich es recht bemerkte, zuerst im Schritt, dann im Trab und schließlich im Galopp. Die Jahre gingen dahin, wie Jahre eben dahinzugehen pflegen: in Tagen, Wochen, Monaten, Jahreszeiten; und immer gab es etwas, das meine Zeit in Anspruch nahm und mich hoffen oder verzweifeln ließ, was weiß ich, eines der Kinder, das krank wurde, Schulden, eine wichtige Arbeit, ein Fest, eine Hitzeperiode, eine Kälteperiode, es gab immer etwas, das mich in die Zukunft schauen ließ, wenn auch nicht sehr weit, sagen wir, drei Monate, und so zogen sich jene drei Monate mühsam dahin, aber viermal drei Monate sind ein Jahr, und so gingen zwölf Jahre ins Land.

Mit dieser Methode, dem Esel eine Karotte vor die Nase zu halten, hatte ich das Gefühl vorwärtszukommen und bemerkte nicht, daß ich in Wahrheit rückwärts schritt, denn das Leben ist wie ein Berg, bis zu einem bestimmten Punkt geht man hinauf, und dann fängt man an, abwärts zu gehen. Ich dachte allerdings immer noch an Giacomina, weniger an sie persönlich als vielmehr an eine Frau wie sie, die den Lauf der Jahre mit einer Liebe für mich anhalten würde, die so wahr und stark sein würde, wie Giacominas Liebe es gewesen war, und ich hoffte stets, ich würde diese Liebe finden, doch ich fand sie nicht. Schließlich ertrug ich es nicht mehr und trennte mich von meiner Frau, ließ ihr die Kinder und lebte allein bei einem Steinmetz, der mir ein Zimmer in der Nähe des Pantheons vermietete. Ich war jetzt über fünfundvierzig, und an dem Tag, an dem ich umzog, betrachtete ich mich im Spiegel, den ich zum Rasieren aufgehängt hatte, und blickte in ein müdes und trauriges Gesicht; und da wußte ich, daß die schöne Zeit unwiederbringlich vorbei war und daß Giacomina nicht mehr zurückkommen würde. Da setzte ich mich auf einen Stuhl in der Ecke, schlug die Hände vors Gesicht und weinte etwa zehn Minuten bei dem Gedanken, daß ich nach soviel Arbeit und nach all den Umzügen, die ich hinter mir hatte, wieder zum Ausgangspunkt zurückgekehrt war.

Eines Tages sagte der Inhaber der Werkstatt zu mir, ich solle einen Auftrag entgegennehmen, und gab mir einen Zettel mit Name und Adresse des Kunden; ich nahm den Zettel, steckte Metermaß und Notizbuch in die Tasche und ging. Erst auf der Straße blickte ich auf den Zettel: Es war die Nummer des Hauses in der Via della Pace, in dem ich gewohnt hatte, und ich sah auch, daß draufstand: Dachwohnung, also die Loggia. Ich gebe zu, mein erster Gedanke war, umzukehren und den Chef zu bitten, einen anderen zu schicken; doch dann sagte ich mir, das sei ein Zeichen von Schwäche, und machte mich auf den Weg.

Es war später Nachmittag, im Mai: genau die Zeit, zu der ich nach der Arbeit immer Giacomina am Brunnen in der Mitte der Piazza Navona getroffen hatte. Und wie damals rannten eine Menge Kinder auf dem Platz herum und spielten Fangen; und die Mütter und Schwestern genossen die Kühle auf den Bänken; und wie die Kinder auf dem Platz flogen am Himmel die Schwalben hintereinander her, von Dach zu Dach und um den Obelisken herum. Wie damals spürte ich, wie mir die Knie weich wurden und mir fast die Luft wegblieb, je mehr ich mich der Via della Pace näherte; so stark war die Macht der Gewohnheit, daß sie sich auch nach so vielen Jahren noch bemerkbar machte; diesmal wartete Giacomina ja nicht auf mich, und ich wohnte nicht mehr dort oben in der Loggia.

Ganz langsam stieg ich die Treppen hinauf und hatte dabei das Gefühl, nicht fünfundvierzig, sondern achtzig zu sein, so schwach fühlte ich mich auf den Beinen und so lustlos stieg ich hinauf. Zuerst ging ich die prächtige Freitreppe hinauf, dann über die normale Treppe zwei weitere Stockwerke nach oben, und schließlich erklomm ich die eiserne Wendeltreppe. Früher war ich diese Treppen sozusagen hinaufgeflogen; jetzt blieb ich auf jeder Stufe stehen und dachte, daß ich nicht wegen Giacomina, sondern wegen eines Holztisches hinaufging. Vor der Tür blieb ich einen Augenblick stehen, um zu verschnaufen; und ich glaubte streitende Stimmen in der Loggia zu hören. Dann läutete ich und wartete eine ganze Weile. Ich wollte gerade von neuem läuten, da wurde die Tür stürmisch aufgerissen, und ein Mädchen in einer grünen Cordsamthose und schwarzem Hemd tauchte vor mir auf, mit dunklen zerzausten Haaren, blaß und, wie mir schien, äußerst verärgert. Unfreundlich fragte sie, wer ich sei und was ich wolle; kaum hatte ich es gesagt, wandte sie mir den Rücken zu, ging fort und rief: »Der Tischler ist da.«

Ich trat ein und sah die Loggia, die mir so vertraut war. Die Fenster standen alle weit offen, und ich erkannte die Kuppeln, die Dächer und die Glockentürme, auf die ich so viele Jahre geblickt hatte. Die Möbel waren allerdings nicht mehr dieselben: Die Loggia war in ein Atelier verwandelt worden, in ein luxuriöses Atelier allerdings, wie ich an den Teppichen, am Sofa und an anderen schönen

Möbelstücken erkannte. Im hinteren Teil des Raumes, neben der Badezimmertür, stand eine Staffelei mit einem Bild darauf; eine Menge weiterer Bilder lehnten an den Wänden. Der Maler stand in der Mitte des Zimmers und sah mich mit Basiliskenaugen an: Auch er war jung, dunkelhaarig und gekleidet wie das Mädchen, mit Cordsamthose und Hemd. Hastig sagte er: »Sie kommen wegen des Tisches? ... Das hier ist der Tisch, den Sie machen sollen ...«

Er gab mir eine Seite, die aus einer ausländischen Zeitschrift herausgerissen war: Es handelte sich um einen Tisch in englischem Stil, Chippendale, den man auf beiden Seiten herunterklappen kann. Als ich fragte: »Aus welchem Holz soll er denn sein ... Mahagoni? Oder ein schönes helles Holz, zum Beispiel Birnbaum?«, bemerkte ich, daß ein geöffneter Koffer auf dem Sofa lag und daß das Mädchen zum Schrank und wieder zurück ging und packte. Der junge Mann erwiderte: »Mahagoni oder Birnbaum ... jedenfalls ein gutes Holz«; doch er beobachtete das Mädchen, und es war ihm deutlich anzumerken, daß seine Gedanken ganz woanders waren. Gereizt sagte er: »Hör endlich auf mit dem Theater ... Räum die Sachen wieder ein!«

»Das ist kein Theater ... ich gehe.«

»Du weißt doch ganz genau, daß du nicht gehst ... Wozu also das ganze Theater?«

»Du wirst gleich merken, daß es kein Theater ist.«

Während sie dies sagte, fuhr sie fort, ihre Sachen wild durcheinander in den Koffer zu werfen. Ich tat so, als würde ich mich in die Zeichnung des Tisches vertiefen, holte Notizbuch und Bleistift aus der Tasche und fing an, eine Profilskizze des Möbelstücks anzufertigen. Der junge Mann ging unterdessen auf und ab; dann blieb er stehen, nahm ein Messer, wie man es benutzt, um Farben von der Leinwand abzuschaben, und zerstach wütend die Leinwand auf der Staffelei. Dann warf er mit einem Fußtritt Staffelei und Leinwand um. Sie sagte hinterhältig: »Wer macht denn jetzt Theater? Aber bild dir nichts ein ... Ein Meisterwerk hast du nicht zerstört.«

Ich bemerkte, daß auch sie, genau wie Giacomina, beleidigte, indem sie Anspielungen auf den Beruf machte. Ich arbeitete weiter an meiner Skizze: Die Beine des Tisches waren unter der Tischplatte verschiebbar, so daß sie die Seitenteile stützten, wenn der Tisch aufgeklappt war. Es gab kein Metall, alles war aus Holz. Die Beine waren rund und leicht spindelförmig, mit nach außen gedrehten

Füßen. Sie sagte: »Statt deine Wut an deinen Bildern auszulassen, solltest du mir lieber helfen, den Koffer zuzumachen.«

Er ging zu ihr hin, als wollte er ihr helfen, und dann packte er mit einem Mal den Koffer mit beiden Händen und schleuderte ihn in die Mitte des Zimmers, wobei er schrie: »Da hast du meine Hilfe.«

Sämtliche Kleider waren jetzt über den Boden verstreut. Ruhig sagte sie: »Und jetzt hebst du sie wieder auf.«

»Den Teufel werde ich tun.«

»Hören Sie, Meister«, bat sie mich honigsüß, »heben Sie doch bitte meine Sachen auf ... seien Sie so nett.«

»Fassen Sie ja nichts an«, brüllte er außer sich, »wenn Sie nicht wollen, daß ich Sie die Treppe hinunterwerfe.«

Was hätte wohl ein anderer an meiner Stelle getan? Er hätte ihn in hohem Bogen aus dem Fenster geworfen. Doch ich empfand Mitleid mit ihm, mehr noch, ich beneidete ihn. Das waren genau die Szenen, die sich vor zwölf Jahren am selben Ort zwischen Giacomina und mir abgespielt hatten. Und es war Liebe; und genau wie wir bemerkten sie es nicht; und wenn sie es endlich merken würden, wäre es zu spät. Ruhig erwiderte ich: »Ich bin wegen des Tisches hier ... Sagen Sie mir, aus welchem Holz Sie ihn haben wollen, und ich verschwinde.«

Sie schrie: »Ja ... laß dir den Tisch nur machen ... Du wirst allein an ihm sitzen ... darauf kannst du dich verlassen«; und plötzlich warf sie sich schluchzend auf das Sofa und verbarg den Kopf zwischen den Armen. Darauf tat er, was ich auch immer getan hatte: Er setzte sich neben sie, nahm sie in die Arme und redete ihr zu: »Na komm, Nella ... sei wieder gut.« Dabei wandte er sich zu mir und sagte: »Ja, machen wir ihn aus Mahagoni ... das wird gut aussehen.«

Bevor ich ging, sagte ich noch: »Die Maße werden wohl ein Meter fünfzig mal siebzig sein ... oder wollen Sie ihn größer? ... Ein Meter fünfzig mal siebzig, das wäre ein Tisch für sechs Personen.«

»Gut ... ein Meter fünfzig mal siebzig«, sagte er; währenddessen versuchte er das Mädchen zu beruhigen, das jedoch auf jede Zärtlichkeit und jedes Wort von ihm nur mit einem Achselzucken reagierte. Ich wollte gerade hinausgehen, als sie unter dem Arm hervor, immer noch weinend, aber herrisch rief: »Ich will ihn aber nicht aus Mahagoni ... ich will ihn aus Birnbaum.«

VALERIA PARELLA

Rasender Stillstand

Ich überquere diese Straße immer an derselben Stelle, jedes Mal. Entweder stoße ich diagonal auf sie, vom Mittelstreifen her, oder frontal, über den Zebrastreifen – als würde da jemals ein Auto anhalten und mich rüberlassen! Wenn ich aus der Tram steige und keinen Schirm bei mir habe, laufe ich ich schnell unter das Vordach der Apotheke. Aber ich überquere die Via Marina immer an derselben Stelle, das ist keine Absicht, das heißt, es ist schon Absicht, aber es ist mir nicht bewusst. Und dann denke ich an ihn. Ich denke so sehr an ihn, dass ich ihn regelrecht vor mir sehe: ihn, Mario, wie er auf dem Bürgersteig lief. Er überquerte die Straße nicht. Es war so heiß, dass sich sein Körper instinktiv einen Weg im Schatten suchte. Mario lief schnell, links von ihm das Loreto-Krankenhaus, rechts von ihm die Straße zum Meer – die Straße gegen das Meer, das Meer gegen die Kaserne, gegen das Arbeitsamt, gegen die Kräne am Hafen. Er ging genauso schnell wie der Mann, der kurz zuvor am Geldautomaten gewesen war, doch Mario lief an der Bank vorbei, der *Divani & Divani, Chateau d'Ax*. Der Mann vom Geldautomaten war jetzt knapp hinter ihm, sein Gesichtsausdruck sagte: Ich habe gerade Geld abgehoben, pass bloß auf, dieser Stadt ist nicht zu trauen. Marios Gesichtsausdruck sagte überhaupt nichts. Er lief zügig, wich den Baumwurzeln aus, die den Bürgersteig hochwölbten, immer nach rechts wich er ihnen aus, zur Straße hin. Der Mann vom Geldautomaten wich nach links aus, wo das Krankenhaus war, als könnte er, wenn er weiter innen ging, einen Überfall verhindern, als würde das gefürchtete Moſa im letzten Moment doch nicht die Bordsteinkante nehmen.

Dem Schatten blieben jetzt nur noch wenige Bäume. Sie sprengten den Asphalt und Mario kurvte im Slalom zwischen ihnen durch. Der letzte war riesig, er ließ nur wenig Raum zwischen Stamm und Mauer. Mario schlängelte sich hindurch, berührte die Rinde, dann hörten die Bäume auf. Ein paar Schritte in der Sonne, er sah zum

Vordach der Apotheke, gleich würde er wieder im Schatten sein. Hier war es ruhiger und so lief er auf der Straße. Der Eingang zur Notaufnahme war eine Baustelle, Autos fuhren hier keine, man musste also nicht nach links und rechts schauen, um die Straße zu überqueren. Für drei Schritte brauchte Mario eine gute Sekunde. Der Mann vom Geldautomaten hörte ein Motorengeräusch, gefährlich nah, er spürte die aufgewirbelte Luft und als er sich umdrehte, sah er einen ausgestreckten Arm. Erschrocken blieb er stehen, umklammerte seine Hosentasche, doch das Mofa fuhr an ihm vorbei, und der Typ, der hinten saß – der einzige mit Helm weit und breit –, rammte ein fünfzehn Zentimeter langes Messer zwischen Marios Schulterblätter. Dann klopfte er ihn überall ab, griff ihm dabei untern Arm, als wären sie gerade auf dem Weg zur Kneipe, zog ihm etwas aus der Tasche, stieg wieder aufs Mofa und ließ sich in Richtung Sant'Erasmo kutschieren.

Messer sind schon komische Waffen. Luisa hatte mir versichert, dass es nicht weh tut, den Einstich merkst du nicht mal, und während sie das sagte, fuhr sie mit der einen Hand ihren rechten Oberschenkel entlang. Insgesamt hatte sie siebenundzwanzig Stiche und eine weiße Narbe. Eben, mit einem Messer schlitzt man Beine auf, nicht einen Rücken. Man nimmt es zur Verteidigung, nicht zum Töten. An einem Messerstich stirbt man nur, wenn es sich um ein Versehen handelt, wenn jemand bei einer Schlägerei die falsche Ader erwischt, im Fußballstadion zum Beispiel, oder an Silvester, draußen in Mergellina, wenn eine Linie Koks gerade mal zehn Euro kostet und sich auch der ärmste Schlucker was von dem Zeug reinziehen kann. Will man jemanden hinterrücks töten, braucht man schon 'ne Knarre, hatte sich Mario wohl gedacht.

Wenn ich an ihn denke, versteifen sich meine Muskeln am ganzen Rücken und für den Rest des Tages tut mir alles weh.

MARIO FORTUNATO
Meine Gefühle

Ich weiß ganz genau, wann ich zum ersten Mal das Wort *homosexuell* gehört habe. Das war in Cirò in Kalabrien, dem Ort, wo ich geboren bin. Ich war sechs. Ein sonniger Sommernachmittag, einer von denen, die für alle Ewigkeit zu glühen scheinen. Auf der Piazza unterhielt sich eine Gruppe Männer (wenn ich jetzt wieder an sie denke, können sie kaum älter als zwanzig oder fünfundzwanzig gewesen sein) lautstark über Frauen und Sex. Ich hörte ihnen zu: Sex übt immer eine besondere Faszination aus. Die Männer redeten und redeten. Ihre Worte stauten sich in der reglosen, stickigen Luft. Gelegentlich, wenn der Baum in der Mitte der Piazza sich bewegte, war es, als würden die Worte der Männer durch ihn hindurchfahren. Inzwischen aß ich mein Vanilleeis und hörte ihnen zu. Ich hörte ihnen zu, verstand aber nicht sonderlich viel: Ich war noch ein kleiner Junge, dazu ziemlich naiv und in Sachen Sex völlig ahnungslos.

Dann sprach einer der Männer das Wort aus. Es beeindruckte mich, denn es war lang, es war zusammengesetzt, und ich hatte es vorher noch nie gehört. Der Mann, der mit seinen Fähigkeiten in Sachen Liebe prahlte, sagte dem Sinn nach ungefähr folgendes: »Frauen, die mag ich alle, denn ich bin durch und durch homosexuell.« Ich glaube, er wollte sagen, er sei ein Mann von ausgeprägten sexuellen Fähigkeiten. Von da an und für einige Jahre schloß ich schlichtweg aus, daß ich homosexuell sein könnte.

Dagegen erinnere ich mich nicht mehr, wann genau ich zum ersten Mal eine sexuelle Regung verspürt hatte. Ich spielte gerne mit Mädchen, auch wenn sie älter waren als ich. Ihre Namen waren so schön. Eine hieß Rosetta, eine andere Silvana, wieder eine andere Filomena. Jeden Nachmittag spielten sie vor unserem Haus. Diese Nachmittage waren lang und nicht besonders aufregend. Im allgemeinen spielten wir Ball oder auch Verstecken. In jenen Jahren war es immer heiß. Oder wenigstens kommt es mir jetzt so vor. Eines

Tages kam Cecé zu uns zum Spielen. Er war ein paar Jahre älter und der Verwandte oder Nachbar einer meiner Freundinnen. Blond, blaue Augen. Cecé war weitaus schöner als ich und auch viel stärker. Ich erinnere mich, daß er den Eindruck eines Erwachsenen auf mich machte. Ihm gegenüber verhielten sich meine Freundinnen anders. Wir spielten zwar wie immer, aber ich spürte, daß etwas eigentümlich Knisterndes in der Luft lag: Es war, als würden wir uns irgendwie vor unsichtbaren Eltern darstellen. Später setzten wir uns auf die Stufen unseres Hauses. Und ich fing an, völlig aus der Luft gegriffene Geschichten über meine Familie zu erzählen. Tragische Geschichten, in denen Flucht, Krankheit und Tod ihren geheimnisvollen Platz hatten. Ich weiß nicht genau, wieso ich diesen Haufen Blödsinn erfand, doch ich erinnere mich, daß Cecé mir am Ende direkt in die Augen sah und »Cazzo!« sagte, das, mit respektvollem Unterton, soviel bedeutete wie »Alle Achtung! So eine Wichserei!«, und er drückte mir die Hand. Ich glaube, in diesem Augenblick bin ich zum ersten Mal in meinem Leben rot geworden. War dieses Rotwerden meine erste sexuelle Regung?

Nichts, zumindest nichts Genaues ist zwischen Cecé und mir vorgefallen. Weder an diesem Tag noch an den vielen folgenden später. Ich war in ihn verliebt, das ist mir heute klar, doch damals liebte ich ihn so, wie man eine Landschaft lieben oder eine bestimmte unvordenkliche und völlig grundlose Freude empfinden kann. Ich empfand keine Scham wegen meiner Gefühle für Cecé. Die Tatsache, daß ich in sexueller Hinsicht ahnungslos war, hat mich, glaube ich, vor manchem Schmerz bewahrt. Ich schämte mich also nicht nur nicht wegen meiner Gefühle, ich trug sie auch offen zur Schau. Cecé war so aufgeweckt, so intelligent, so geschickt in allem, daß ich dachte, jeder müsse ihn vergöttern. Außerdem vergötterte er sich selbst: Er war ausgesprochen eitel, meine Lobeshymnen auf ihn gefielen ihm sehr. Und er belohnte mich dafür, indem er mir eine Art animalischer Intimität entgegenbrachte, die mir den Verstand raubte.

Dann, eines Tages (ich war ein sehr lernbegieriger Junge, wohl auch so etwas wie ein Streber, fürchte ich), fand ich das Wort *homosexuell* schwarz auf weiß geschrieben in der *Großen Enzyklopädie* wieder, die mir kurz zuvor geschenkt worden war. Ich las gierig, wer weiß aus was für einem Grund. Vielleicht erinnerte ich mich an die mitgehörten Gespräche über Sex auf der Piazza. Es war schlichtweg eine Überraschung, Ich hatte den Eindruck, daß die *Große Enzyklopädie* meinen Gefühlen und Empfindungen für Cecé nachgeschnüffelt und sie in eine kalte, überhebliche Sprache gebracht hatte.

Ich war also homosexuell. Was für ein eigentümliches Wort für einen Jungen. Ich hatte noch andere Wörter gehört, die, das wurde mir jetzt klar, dasselbe bedeuteten. Unschöne Wörter, beleidigende. Aber das Wort *homosexuell* war merkwürdiger als alle anderen. Vielleicht weil es mit seinem wissenschaftlichen, aseptischen Ton einem einredete, daß man furchtbar krank sei und schleunigst zum Arzt gehen müsse. Ich fühlte mich aber durchaus nicht krank, nein, im Gegenteil, ich fühlte mich gesund und in bester Form. Seit ich Cecé kennengelernt hatte, kam es mir vor, als wäre die ganze Welt (das heißt meine Heimatstadt) ein aufregender Ort. Er und ich waren immer zusammen, wir streiften herum, wir quatschten, wir spielten. Immer gemeinsam.

Später habe ich mich oft gefragt, ob Cecé vielleicht auch homosexuell sei. Ich selbst habe ihn das nie gefragt. Er war gesund und flink wie ich. Nur muskulöser. Konnte der Umstand, tolle Muskeln zu haben, dazu dienen, nicht homosexuell zu sein? Wie auch immer, es interessierte mich nicht besonders. Auch wenn ich mich gelegentlich sonderbar und melancholisch fühlte, war ich, alles in allem, doch glücklich, homosexuell zu sein, glücklich, daß ich Cecé liebte.

Als er ein paar Jahre später mit seiner Familie nach Mailand zog, das hieß in den anderen Teil des Universums, war das für mich ein großes Unglück. Die Absicht lag zwar schon seit einiger Zeit in der Luft, doch anfangs kam sie mir absurd und unbegründet vor. Als er sich von mir verabschiedete, sagte Cecé, er würde mir schreiben, wir würden auf die eine oder andere Weise in Verbindung bleiben. Lächelnd ging er weg, so als wäre nichts weiter, während ich meinte, der gesamte Himmel mit seinen Wolken, dem Mond und den Planeten würde auf mich niederstürzen. Aber das ließ ich Cecé nicht merken, auch meine Eltern hinterher nicht. Ich erinnere mich, daß ich mich in mein Zimmer einschloß und reglos stehenblieb, als wäre ich vom Blitz getroffen worden. Ich hätte weinen mögen, ein unbezwingbarer Wunsch, aber ich tat es nicht. Vor Anstrengung schwitzte ich von Kopf bis Fuß, aber eine Träne, nein, die gab es nicht.

Was weiß ein kleiner Junge schon über nicht erwiderte Liebe, über Verlassenwerden, was über Eifersucht? Ich wußte nichts darüber. Cecé war weg, abgereist mit seiner Familie an einen fernen Ort, der Mailand hieß, und das war es auch schon. Die Nachmittage wirkten etwas leerer, staubiger und trockener, die Spiele waren weniger aufregend und komisch, aber im Grunde war alles wie sonst. Meine Freundinnen, der Ort, die langen Sommer mit ihren Düften.

Ich habe Cecé nie wiedergesehen, nie eine Nachricht von ihm erhalten. Ich dachte weiter an ihn, an seine Hände und an die Art, wie er »Cazzo!« sagte. Eine gewisse Zeit lang. Dann vergaß ich einfach alles. Doch für viele, sehr viele Jahre nahm niemand sonst seine Stelle ein. Ich hatte viele Freunde, doch der, den ich allen vorzog, der Freund meines Herzens, blieb er, Cecé.

Als Cecé verschwand, verschwanden oder versanken auch meine Verwirrungen, meine Neugier auf Menschen meines Geschlechts. Mehr noch: Ich kann sicher sagen, daß meine Verwirrungen und meine Neugier gegenüber dem Sex im allgemeinen verschwanden oder versanken. Was ich jetzt am meisten liebte, war das Lesen. Lesen war zur alles beherrschenden Leidenschaft geworden. Zuerst Jules Verne, dann Zola und Tschechow, die *Erinnerungen eines Insektenforschers* von Jean-Henri Fabre, die Geschichte der Französischen Revolution, das *Tagebuch der Anne Frank*. Lesen trug mich weit fort, und ich fühlte mich wesentlich freier, wesentlich reicher als vorher. Wer weiß, vielleicht versuchte ich ja, mittels einer dritten Dimension zu Cecé vorzudringen, oder vielleicht hatte ich ja auch die eigentliche Liebe meines Lebens entdeckt. Wer weiß. Sicher ist, daß der Sex mir in jenen Jahren gleichgültig war, während die Literatur eine überaus große Bedeutung für mich gewann.

Wir wechselten das Haus und den Ort. Wir zogen ans Meer. Das war wie ein kleines Erdbeben. Die Schule, die Spielkameraden, alles änderte sich. Zu jener Zeit, glaube ich, entdeckte ich die Einsamkeit.

Nicht lange danach wechselte ich wieder das Haus und den Ort: Dort, wo die Familie hingezogen war, hatten die Mittelstufen der Schulen den Ruf, besonders schlecht zu sein. So wurde der Beschluß gefaßt, daß ich anderswo weiterlernen sollte. Nach Hause, zu meinen Eltern, kehrte ich nur an Wochenenden oder zu Festzeiten zurück. Und es war während einer solchen Festzeit, am Ende eines außergewöhnlich heißen und staubigen Sommers, daß ich die Entdeckung machte, wie Sex, Gefühle und Literatur sich miteinander verbinden und die gleiche Geschichte erzählen können. Damals entdeckte ich das Wort homosexuell wirklich.

Gegenüber dem Haus meiner Eltern stand eine kleine, eingeschossige Villa von etwas heruntergekommenem Aussehen. Dort wohnte mit seiner Familie ein Junge, der in der Grundschule mein Schulkamerad war. Wir waren Freunde geworden. Und die Freundschaft hatte auch die Zeit der Mittelstufen überdauert, obwohl ich ins nahe gelegene Crotone gezogen war. Jetzt sah ich ihn nicht mehr so oft, sondern nur noch gelegentlich, trotzdem blieb Sandro mein bester Freund. Sandro hatte Zwillingsgeschwister, die ein Jahr jünger waren als er, Sergio und Eugenia. Ich ging gerne zu ihnen nach Hause. Auch weil ein großer Garten voller Bäume und geheimnisvoller Ecken das Haus umgab. Wir spielten vor allem Verstecken und liefen uns durch die Zimmer und im Freien nach. Wir spielten jeden Nachmittag, bis zum Abend, und nicht selten ging es auch später weiter, nach den Abendessen bei unseren jeweiligen Familien (ich aß immer schneller und immer wortkarger).

Sandro war ein dicklicher Junge, ernst, ein bißchen verbohrt. Er mochte Bücher mit wissenschaftlichem Inhalt, sammelte Briefmarken, baute Flugzeuge aus leichtem Holz. Sergio war das genaue Gegenteil: mager und flink, er mochte Spiele, bei denen er sich bewegen mußte, Fußball. Ich bezweifle, daß er überhaupt etwas las. Mit Sandro fühlte ich mich in echter Freundschaft verbunden, doch im stillen bevorzugte ich Sergio. An ihm mochte ich eine gewisse liederliche Unbefangenheit, seine umfangreiche Kenntnis über die Beziehungen zwischen Mann und Frau und natürlich seine physische Ausgelassenheit. Die Tatsache schließlich, daß er der Zwillingsbruder einer Schwester war, verlieh ihm einen besonderen Charme, eine gewisse Doppeldeutigkeit, etwas Doppelgesichtiges. Obwohl er ein wenig jünger war als ich, übte Sergio auf mich die Faszination eines Erwachsenen aus. Durch ihn fand ich die Phantasien und Empfindungen wieder, die nach Cecés Abreise in den Norden Italiens in mir abgestorben waren.

Im Verlauf jenes Sommers begriff ich, wie lieb und teuer mir ein Mensch werden konnte. Wenn ich an einem Nachmittag beim Durchschreiten des Gittertors von Sandros Elternhaus merkte, daß Sergio nicht an unseren Spielen teilnehmen wollte oder er irgendwo sonst war, etwa um einen mir verhaßten Cousin zu besuchen, legte sich ein dichter Schleier von Wehmut über jede Geste, jede Minute.

Die Zeit verlief genau wie sonst und eigentümlich unsinnig. Alles, aber auch alles wirkte auf mich leer und fern.

Wie ein Schreckensbild sollte die Schule wieder im Oktober beginnen. Anfang September war mein Geburtstag. Noch einen Tag vorher wußte ich nicht, was für ein Geschenk ich mir von meinen Eltern wünschen sollte. An diesem Abend saßen nur meine Schwester und ich vor dem Fernseher. Man zeigte einen langen, streckenweise unverständlichen Dokumentarfilm über einen französischen Schriftsteller. Meine Schwester döste. Ich hatte diesen Schriftsteller vorher noch nie nennen hören, diesen Marcel Proust. Er mußte ein scheuer, schüchterner Mensch gewesen sein und wohl auch ein bißchen unglücklich, soweit ich den begleitenden Kommentar verstehen konnte. Ich wußte nicht, wer er war, auch nicht, was er geschrieben hatte, doch aus den ziemlich trockenen Worten gewann ich den Eindruck, daß sein Leben etwas mit mir zu tun hatte. Nur was?

Am nächsten Tag bat ich meine Eltern, sie sollten mir zum Geburtstag den wichtigsten von Herrn Marcel Proust geschriebenen Roman schenken. Er hieß *Auf der Suche nach der verlorenen Zeit*. Und ich muß gestehen, daß ich erstaunt und hilflos zugleich war, als mir die sieben Bände dieses Romans, eingewickelt in gelbblau gestreiftem Papier, überreicht wurden: Wie lange würde ich wohl brauchen, um diese erschreckenden Massen an Seiten zu lesen?

Dazu brauchte ich genau ein Jahr. Ein Jahr, in dem es mir vorkam, als würde es nichts anderes mehr geben, als wäre die Schule, meine Familie und sogar Sergio in diesen Roman aufgesogen worden. Bisweilen hatte ich beim Lesen den Eindruck, als würde ich nicht viel verstehen. Viele Einzelheiten entgingen mir und vermengten sich in meinem jugendlichen Kopf mit anderem. Doch ich fühlte, daß ich Teil einer geheimnisvollen Welt geworden war, die mir gehörte. Nicht nur als Leser. Hier war eine Welt, die mich als eigenständige Persönlichkeit definierte. Anders kann ich es nicht beschreiben. Und ich weiß auch nichts anderes zu sagen, außer daß Sergio, als ich im nächsten Sommer wieder ins Haus meiner Eltern zurückkehrte, im Verlauf dieser Monate oft seinen Namen gewechselt hatte. Nach und nach hatte er Gilberte, Albertine, Jupien geheißen. Meine Gefühle hatten endlich eine Weise gefunden, sich auszudrücken.

ITALO CALVINO

Der nackte Busen

Herr Palomar geht einen einsamen Strand entlang. Vereinzelt trifft
er auf Badende. Eine junge Frau liegt hingebreitet im Sand und sonnt
sich mit nacktem Busen. Herr Palomar, ein diskreter Zeitgenosse,
wendet den Blick zum Horizont überm Meer. Er weiß, daß Frauen
in solchen Situationen, wenn ein Unbekannter daherkommt, sich
häufig rasch etwas überwerfen, und das findet er nicht schön: weil es
lästig ist für die Badende, die sich in Ruhe sonnen will; weil der Vor-
übergehende sich als ein Störenfried fühlt; weil es implizit das Tabu
der Nacktheit bekräftigt und weil aus halbrespektierten Konventio-
nen mehr Unsicherheit und Inkohärenz im Verhalten als Freiheit
und Zwanglosigkeit erwachsen.

Darum beeilt er sich, sobald er von weitem den rosigbronzenen
Umriß eines entblößten weiblichen Torsos auftauchen sieht, den
Kopf so zu halten, daß die Richtung der Blicke ins Leere weist und
dergestalt seinen zivilen Respekt vor der unsichtbaren Grenze um
die Personen verbürgt.

Allerdings – überlegt er, während er weitergeht und, kaum daß
der Horizont wieder klar ist, die freie Bewegung seiner Augäpfel
wieder aufnimmt – wenn ich mich so verhalte, bekunde ich ein
Nichthinsehenwollen, und damit bestärke am Ende auch ich die
Konvention, die den Anblick des Busens tabuisiert, beziehungsweise
ich errichte mir eine Schranke, eine Art geistigen Büstenhalter zwischen meinen Augen und jenem Busen, dessen Anblick mir doch,
nach dem Schimmern zu urteilen, das am Rande meines Gesichtsfel-
des aufleuchtete, durchaus frisch und wohlgefällig erschien. Kurzum,
mein Wegsehen unterstellt, daß ich an jene Nacktheit denke, mich
in Gedanken mit ihr beschäftige, und das ist im Grunde noch immer
ein indiskretes und rückständiges Verhalten.

Auf dem Heimweg von seinem Spaziergang kommt Herr Palomar wieder an jener sonnenbadenden Frau vorbei, und diesmal hält

er den Blick fest geradeaus gerichtet, so daß er mit gleichbleibender Gelassenheit den Schaum der rückwärtsfließenden Wellen streift, die Planken der an Land gezogenen Boote, den Frotteestoff des über den Sand gebreiteten Badetuches, den Vollmond von hellerer Haut mit dem braunen Warzenhof und die Konturen der Küste im Dunst, grau gegen den Himmel.

Jetzt – denkt er mit sich zufrieden, während er seinen Weg fortsetzt – jetzt ist es mir gelungen, mich so zu verhalten, daß der Busen ganz in der Landschaft aufgeht und daß auch mein Blick nicht schwerer wiegt als der einer Möwe oder eines fliegenden Fisches.

Aber ist eigentlich – überlegt er weiter – dieses Verhalten ganz richtig? Bedeutet es nicht, den Menschen auf die Stufe der Dinge niederzudrücken, ihn als Objekt zu betrachten, ja, schlimmer noch, gerade das an seiner Person als Objekt zu betrachten, was an ihr spezifisch weiblich ist? Perpetuiere ich damit nicht gerade die alte Gewohnheit der männlichen Suprematie, die mit den Jahren zu einer gewohnheitsmäßigen Arroganz verkommen ist?

Er dreht sich um und geht noch einmal zurück. Wieder läßt er den Blick mit unvoreingenommener Sachlichkeit über den Strand gleiten, aber diesmal richtet er es so ein, daß man, sobald die Büste der Frau in sein Sichtfeld gelangt, ein Stocken bemerkt, ein Zukken, fast einen Seitensprung. Der Blick dringt vor bis zum Rand der gewölbten Haut, weicht zurück, wie um mit leichtem Erschauern die andersartige Konsistenz des Erblickten zu prüfen und seinen besonderen Wert einzuschätzen, verharrt für einen Moment in der Schwebe und beschreibt eine Kurve, die der Wölbung des Busens in einem gewissen Abstand folgt, ausweichend, aber zugleich auch beschützend, um schließlich weiterzugleiten, als sei nichts gewesen.

So dürfte nun meine Position – denkt Herr Palomar – ziemlich klar herauskommen, ohne Mißverständnissen Raum zu lassen. Doch dieses Überfliegenlassen des Blickes, könnte es nicht am Ende als eine Überlegenheitshaltung gedeutet werden, eine Geringschätzung dessen, was ein Busen ist und was er bedeutet, ein Versuch, ihn irgendwie abzutun, ihn an den Rand zu drängen oder auszuklammern? Ja, ich verweise den Busen noch immer in jenes Zwielicht, in das ihn Jahrhunderte sexbesessener Prüderie und als Sünde verfemter Begehrlichkeit eingesperrt haben!

Eine solche Deutung stünde quer zu den besten Absichten des Herrn Palomar, der, obwohl Angehöriger einer älteren Generation, für welche sich Nacktheit des weiblichen Busens mit der Vorstellung liebender Intimität verband, dennoch mit Beifall diesen Wandel der Sitten begrüßt, sei's weil sich darin eine aufgeschlossenere Mentalität der Gesellschaft bekundet, sei's weil ihm persönlich ein solcher Anblick durchaus wohlgefällig erscheinen kann. So wünscht er sich nun, daß es ihm gelingen möge, genau diese uneigennützige Ermunterung in seinem Blick auszudrücken.

Er macht kehrt und naht sich entschlossenen Schrittes noch einmal der Frau in der Sonne. Diesmal wird sein unstet über die Landschaft schweifender Blick mit einer besonderen Aufmerksamkeit auf dem Busen verweilen, aber er wird sich beeilen, den Busen sogleich in eine Woge von Sympathie und Dankbarkeit für das Ganze mit einzubeziehen: für die Sonne und für den Himmel, für die gekrümmten Pinien, das Meer und den Sand, für die Düne, die Klippen, die Wolken, die Algen, für den Kosmos, der um jene zwei aureolengeschmückten Knospen kreist.

Das dürfte genügen, um die einsame Sonnenbadende definitiv zu beruhigen und alle abwegigen Schlußfolgerungen auszuräumen. Doch kaum naht er sich ihr von neuem, springt sie auf, wirft sich rasch etwas über, schnaubt und eilt mit verärgertem Achselzucken davon, als fliehe sie vor den lästigen Zudringlichkeiten eines Satyrs.

Das tote Gewicht einer Tradition übler Sitten verhindert die richtige Einschätzung noch der aufgeklärtesten Intentionen, schließt Herr Palomar bitter.

Als dem ersten Menschen die Augen aufgingen und er erkannte, daß er nackt war, trug er Sorge, sich selbst vor den Blicken seines Schöpfers zu verhüllen: so entstand die Geschicklichkeit im Verbergen beinahe zugleich mit der Welt. TORQUATO ACCETTO

MICHELANGELO ANTONIONI

Chronik einer Liebe, die es nie gab

In der Ebene kommt Ende September der Abend schnell. Wenn die Bogenlampen angehen, geht der Tag ganz plötzlich zu Ende. Kurz zuvor hatte der Sonnenuntergang ein magisches Licht über die Ziegelmauern verbreitet, es war der metaphysische Augenblick der Stadt. Um diese Zeit kamen die Frauen aus den Häusern. In den Städten der Poebene waren die Frauen eine Kategorie der Realität. Die Männer warteten auf den Sonnenuntergang, um sie zu sehen. Die Männer hingen sehr am Geld, waren verschlagen, träge, mit einer Spur von Langeweile. Machte das Geld sie unruhig, wurden sie durch die Frauen besänftigt. In der Poebene liebten die Männer die Frauen mit Ironie. Sie betrachteten sie bei Sonnenuntergang, wie sie spazierengingen, und die Frauen wußten das. Nachts sah man Männer in Gruppen auf den Gehwegen stehen und reden. Sie redeten über Frauen. Oder über Geld.

Der Film, den ich im Sinn hatte, handelte von einer seltsamen Geschichte zwischen einem Mann und einer Frau in Ferrara. Seltsam für den, der nicht in dieser Stadt geboren ist. Nur wer aus Ferrara kommt, kann eine Beziehung verstehen, die elf Jahre dauerte, ohne daß es sie je gegeben hätte.

Die erste Idee zu diesem Film war anders als die, die ich erzählen will. Dazu angeregt hatte mich ein Freund an einem jener Abende, die in den frühen Morgenstunden im Geplauder an einer Straßenecke enden. Es war eine berühmte Ecke, die Ecke Via Savonarola / Via Praisolo. Über unseren Köpfen fiel eine Gedenktafel ins Auge mit der Aufschrift: »Aus nächtlichem Hinterhalt erstochen starb hier Ercole di Tito Strozzi, der hochgeschätzte Dichter und Philologe. 1508.« Wieder eine andere Geschichte.

Die meines Freundes hatte einen jungen Mann zum Protagonisten, der in ein Mädchen verliebt war, das seine Neigung aber nicht erwiderte. Nicht, daß ihr der junge Mann nicht gefallen hätte. Ganz im Gegenteil. Ihr Instinkt ließ sie nein sagen. Der junge Mann fuhr jedoch fort, ihr den Hof zu machen, und er tat dies über Jahre hin. Alle in der Stadt kannten und verfolgten den Verlauf ihrer seltsamen Geschichte und sprachen darüber. Aber das Mädchen blieb bei ihrem Nein. Bis sie eines schönen Tages nachgab. Der junge Mann brachte sie in seine Junggesellenbude, zog sie aus, und sie ließ es geschehen. Sie war gefügig und sanft geworden. Er brachte sich in Erregung, um von ihr Besitz zu ergreifen. Aber genau in dem Moment, als er drauf und dran war, es zu tun, zog er sich zurück und sagte:

»Ich habe dich besiegt.«

Er kleidete sich wieder an und ging fort, ohne noch ein Wort zu verlieren.

Mit diesem ironisch-emphatischen Satz, der in die Chroniken der Ferrareser Liebesgeschichten einging, beginnt erst die eigentliche Geschichte dieser beiden seltsamen Liebenden.

Zu weiteren Begegnungen zwischen ihnen kam es nicht, es sei denn aus Zufall auf der Straße. Aber sie blieb für alle sein Mädchen und er ihr Mann. Beide hatten andere Abenteuer, andere Lieben, aber keiner von beiden heiratete. Über allem – oder allem zugrundeliegend – gab es diese gegenseitige abstrakte Treue. Die, glaube ich, das ganze Leben dauerte.

Als mir das Buch von Giuseppe Raimondi, *Notizie dall' Emilia*, in die Hände fiel, stellte ich eine Ähnlichkeit zwischen einer der Erzählungen und dieser Geschichte fest. Und so kam mir durch meine berufsbedingte Deformation die Idee zu einer dritten Geschichte, in der sich Elemente der einen und der anderen zusammenfügten. Ich habe sie geschrieben und mir dabei auch Formulierungen von Raimondi ausgeliehen. In der Literatur ist das nicht erlaubt, im Film aber schon. Denn die Worte, die nicht Dialog sind, sondern geistige und seelische Zustände oder Bilder beschreiben, zählen in einem Drehbuch nicht, sie stehen dort nur provisorisch, um etwas anderes anzudeuten – eben den Film.

Es war das erste Mal, daß ich mich von der Vergangenheit in Versuchung führen ließ. Die Leinwand hat immer mit der Geschichte gespielt. Nur wenigen Regisseuren ist es gelungen, ihren Besuchen vergangener Zeiten Glaubwürdigkeit zu verleihen. Eisenstein natürlich und Kurosawa oder Tarkowskij in *Andrej Rubljow* oder Straub in *Chronik der Anna Magdalena Bach* oder Rossellini in *La prise du pouvoir par Louis XIV.* oder Kubrick in der ersten Einstellung der *Odyssee im Weltraum*. Aber dort handelte es sich um nicht weit zurückliegende Zeiten, die Erinnerungen waren noch in Reichweite. Mich reizte vor allem der Gedanke, Ferrara nach einer imaginären Chronologie zu behandeln, in der die Ereignisse einer Epoche sich mit denen einer anderen vermischen sollten. Denn das macht für mich Ferrara aus.

Es ist fast fünf, als Silvano das Kino betritt. Das Kino, ein altes Theater mit grün gestrichenen Wänden, hat eine glänzende Patina angesetzt, die an angelaufene Bronze erinnert. Der Film, der gezeigt wird, erzählt von Liebe und Politik. Silvano mag Politik im Film, mit und ohne Liebe. Er hat zweimal *Der Mann, der herrschen wollte* gesehen. Nach dem ersten Teil geht im Saal das Licht an. Alle sehen sich um, auch Silvano. Neugierige und zudringliche Blicke kreuzen sich. Einer davon fixiert Silvano und fordert ihn zur Erwiderung heraus. Es ist ein aufmerksamer und verschmitzter Blick, der aus der kurzen Unterbrechung im Ablauf der Zeit eine Erinnerung hervorlockt. Er kommt aus einem Gesicht, das sein Alter, über dreißig, nicht verbirgt. Die Frau schaut und läßt sich anschauen. Es ist, als frage sie: erinnerst du dich nicht?

Silvano erinnert sich undeutlich. War es doch die Zeit, in der alles sich ihm zuwandte, auch die Gesichter. Und es gelingt ihm nicht, dieses hier einzuordnen. Ein starkes Gefühl überfällt ihn, als es im Saal wieder dunkel wird. Zu viele neue Jahre sind dazugekommen zu jenem Jahr, das schon elf Jahre alt ist. Plötzlich sieht er das neoklassische Profil des unbekannten Mädchens aus Ferrara wieder vor sich.

Ein Novembermorgen in einer Kleinbahn, die durch die Ebene fährt, auf die Lagunen, die Landstriche zu, wo das Meer vermodert. Eine Sonne, armselig wie die Arbeiter, die auf sie warten, um die Rohre für eine Wasserleitung zu verlegen. Ein Bahnhof. Ein gemietetes Auto. Eine Straße voller Schlamm. Auf der Straße kommt ein Mädchen, ihr Fahrrad schiebend. Silvano hält den Wagen an, um sie nicht mit Schlamm zu bespritzen, und das Mädchen dreht sich um und sagt danke. Eine leise, ernste Stimme.

Der junge Mann hat sich in der Dorfschenke ein Zimmer genommen; als er zum Essen herunterkommt, ist das Mädchen da. Es gibt Tische mit und ohne Tischdecke. An denen ohne sitzen die Arbeiter. Sie essen Kürbiskerne und trinken, spielen dabei Karten. Das Mädchen läßt es zu, daß Silvano an ihren Tisch kommt. Sie reden miteinander. Und später, nachdem sie eine ganze Weile still geblieben sind, gehen sie zusammen hinaus. Sogar der Mond schickt sich an, Silvano zu helfen, ein weißer Mond, dessen Licht durch den Nebel zerstreut wird wie durch mattes Glas. Die beiden jungen Leute nehmen das Gespräch wieder auf. Er, um etwas über sich mitzuteilen, sie, um von ihrem Leben als Lehrerin und von ihrer in Armut verbrachten Kindheit zu erzählen. Sie heißt Carmen und ist vierundzwanzig Jahre alt. Eine Spur Melancholie liegt in ihren Reden. Es ist angenehm, im feuchten Abend Arm in Arm zu gehen und sich ernst zu nehmen. Das Lagunenwasser hat die Farbe von Eisen. Wenn ein Schuß zu hören ist, bedeutet das, daß Raubfischer entdeckt worden sind und verfolgt werden.

Die beiden jungen Leute küssen sich mit großer Natürlichkeit und reden weiter. Er hat noch nie einen Menschen getroffen, bei dem es so selbstverständlich ist, sich zu öffnen, und er hat nie geglaubt, daß das mit einer Frau möglich wäre. Und sie, daß ein Mann so viel zu sagen haben könnte. In dieser Gegend machen die Leute nicht viel Worte. So schweigen sie – als wären die Worte ausgeschöpft – bei der Rückkehr in die Gastwirtschaft, in der auch sie wohnt. Auf der Treppe versucht er einen scherzhaften Satz, um die romantische Atmosphäre, die entstanden ist, aufzubrechen. Oder um seine Geduld zu beweisen, die ebenfalls eine Qualität der Liebe ist. Und als er das Mädchen fragt, wo ihr Zimmer sei, antwortet sie ganz offen, das letzte rechts. Und sie geht, wobei sie sich den Mantel in der Taille enger zuschnürt, eine Geste, die sie schmächtiger, demütig und schon ergeben macht. Bevor sie in das Zimmer hineingeht, dreht sie sich um, wie um zu sagen, ich erwarte dich. Silvano lächelt ihr von weitem zu.

Dann geht auch er auf sein Zimmer. Er ist froh und heiter. Er wäscht sich das Gesicht mit kaltem Wasser und fängt an, sich auszuziehen. Er denkt an nichts. Nicht einmal er weiß, wie sehr sein Gemütszustand durch jenes Maß an männlicher Befriedigung verursacht ist, die das Mädchen ihm schon verschafft hat. Mehrmals öffnet er die Tür, um zu ihr zu gehen. Aber immer schließt er sie wieder, weil er denkt, es sei zu früh, es sei richtig, ihr Zeit zu lassen, oder wenig männlich, sich ungeduldig zu zeigen. Sein Verhalten ist aus der Geschichte erklärbar.

Man muß die Willensschwäche dieser Stadt kennen, aus der er kommt. Die grausame Ernüchterung, den Sarkasmus. Jahrhundertelange Herrschaft, Papstherrschaft vor allem.

Silvano legt sich aufs Bett und schläft ein. Die Nacht ist schnell vorüber. Am nächsten Morgen steht er auf und geht hinunter in den Vorraum. Man sagt ihm, die Signorina schlafe noch. Silvano denkt an Blumen, aber im Sumpf wachsen keine Blumen. Auf einer Anrichte sieht er eine Obstschale voll Birnen und sagt dem Wirt, er solle sie der Signorina schicken mit einem Briefchen, das er schreibt.

Zu jener Zeit hatte Ferrara einen geheimen Zauber: in einer unbeschwerten und aristokratischen Art bot es sich seinen Einwohnern, aber nur ihnen, dar. Die Bauern kamen jeden Montag auf dem Domplatz zusammen, um ihre Geschäfte zu machen. Ein kräftiger Druck dreier Hände schloß die Verhandlungen ab. Die dritte war die des Vermittlers. Dann verschwanden die Bauern für den Rest der Woche, ließen aber in der Luft die Geräusche spitzfindiger, langjähriger Streitigkeiten zurück, an denen die Advokaten sich mästeten. Die Advokaten waren mit Arbeit überladen. Sie waren gern gesehen und gefürchtet. Einer von ihnen schrieb die Theaterkritiken im Lokalblatt und stand mit wenigen anderen Akademikern zusammen auf der Gästeliste des Präfekten. Der Präfekt galt damals als erster Bürger der Stadt und gab hin und wieder Bälle in der Präfektur. Es war ein Privileg, eingeladen zu werden. Das Kavallerieregiment Florenz organisierte jedes Jahr ein Pferderennen, am letzten Tag gab es das Araberturnier. Die Araber kamen aus Libyen, das damals eine italienische Kolonie war. Sie trugen einen weißen Barrakhan und ritten auf weißen Pferdchen, Krummsäbel schwingend, in einer großen Staubwolke.

Es wurden auch Revuestücke inszeniert, an denen die Aristokratie teilnahm, weil es Wohltätigkeitsveranstaltungen waren. Die Mädchen aus dem Volk kamen gegen Abend aus den Fabriken, auf Fahrrädern, die Röcke im Wind. Sie sahen schön aus, weil sie vergnügt waren. Sie waren vergnügt, weil sie zum Rendezvous mit ihren Liebsten wollten, auf den alten Stadtmauern oder in den Hanffeldern draußen vor der Stadt. Von den grünen Hanfblüten stieg ein Duft aphrodisierender Pollen auf, der betäubend über die Stadt fiel. Er betäubte sogar die Faschisten, die in schamlose Ausschweifung versunken waren – provinziell und mit frondeurhaftem Getue.

Ich hätte dieses Thema gern vertieft, aber meine damaligen Produzenten waren anderer Meinung. Sie hatten Sympathien für die Jugendlichen der Bourgeoisie, die Tennis spielten oder auf verzwickter Schatzsuche die Stadt durchstreiften oder mit Motorbooten auf dem

Po hin und her fuhren und ebenso exotische wie erotische Wochenenden auf der Isola Bianca mitten im Fluß vor Pontelagoscuro verbrachten. Der Strom öffnete sich an dieser Stelle, und die Insel tauchte wie ein Stück Dschungel mitten aus einem hiesigen Amazonas auf.

Es war eine Zeit, in der der Faschismus eine gewisse Tendenz zur Vereinheitlichung zeigte, aber zugleich begrenzte Zerstreuungen förderte, von den weißen Telefonen im Kino bis zu den öffentlichen Tanzdielen, die damals eine Blüte erlebten. Auch der Handel blühte. Darben mußten hingegen die Künstler. Ein Maler namens De Vicenzi mühte sich – mit Landschaftsbildern von der Stadt und ihrer Umgebung unter einem blauen, mit Polentastücken übersäten Himmel à la Gauguin – sehr um das Interesse der wenigen Intellektuellen. Die Polentastücke waren die Wolken. Zu seinen Ausstellungen ging fast niemand. Kunst war zu der Zeit in Ferrara eine Sache der Vergangenheit.

Wenn Silvano seine Altersgenossen mit Tennisschlägern vorübergehen sieht, betrachtet er sie mit Neid, aber zugleich mit einem gewissen Abstand; so vergißt er sie sofort. Auch weil er in ein Mädchen verliebt ist, das er allerdings selten sieht. Er ist weiterhin in dieses Mädchen verliebt, das er nie besessen hat, sei es aus dummem Stolz, aus unglückseliger Zurückhaltung oder einfach aus Willensschwäche. Oder aus Irrsinn, dem stillen Irrsinn seiner Stadt. Er hört von dem Mädchen, man redet von ihr. Der Raum ist begrenzt – eine kleine Provinzhauptstadt –, und die Nachrichten, die Carmen betreffen, werden von Silvano magnetisch angezogen. Ihr geht es ebenso. Zärtlichkeit, Sorgen, Eifersucht, Überdruß, alles, was das Auf und Ab im Zusammenleben eines Mannes und einer Frau ausmacht, das erleben diese beiden sonderbaren Liebenden getrennt voneinander.

Aber allmählich läßt, wie es so ist bei zunehmender Entfernung, die Spannung nach, die sie zusammengehalten hat. Silvano zieht in eine andere Stadt, nach Adria zum Beispiel. Carmen wechselt weiter von einem Ort zum andern, je nachdem, wohin der Schulinspektor sie schickt. Sie hat ein Kind, das ihr mit zwei Jahren stirbt.

Im Saal geht das Licht wieder an. Der Film ist zu Ende. Das Publikum hat es eilig hinauszukommen. Vor dem Eingang wartet Silvano auf die Frau; als er sie sieht, geht er ihr entgegen. Es bedarf nicht vieler Worte. Es ist, als wären sie erst vor wenigen Tagen auseinandergegangen. Keine Anspielung auf die Vergangenheit. Seltsamerweise sind sie von großer Eile ergriffen, ein Zug der Gegenwart. Sie gehen sofort zu ihr nach Hause. Ein altes, baufälliges Haus mit Pappeln davor und unter den Pappeln Tischchen eines Cafés. Die Wohnung drinnen sieht wie die eines Mannes aus. So sehr, daß Silvano spontan Fragen stellen würde, wenn ihn nicht die Furcht zurückhielte, eifersüchtig zu erscheinen. Und so beschränkt er sich darauf, Carmen zu beobachten. Die Frau ist besser gekleidet, und das mißfällt ihm. Er mochte immer gern verschlissene und abgetragene Kleidung, die nicht schmückt, die dem Körper darunter nichts hinzufügt, sondern eher etwas wegnimmt. Das Kleid, das Carmen trägt, hebt ihre Hüften hervor und betont eine gewisse Müdigkeit in ihrem Gesicht.

Das Grün der Pappeln dringt zum Fenster herein und bringt einen Geruch nach Feuchtigkeit mit sich. Silvano und Carmen beschließen, daß sie Hunger haben, und sie kocht etwas. Während sie essen, kommt Wind auf. Ein leises Gespräch der Pappeln beginnt. Die beiden dagegen schweigen. Vielleicht ahnen sie, daß – fingen sie an zu reden – ihre Argumente, ihre Gründe ein unerträgliches Gewicht bekämen und andere Gefühle: Bedauern, Resignation, Enttäuschung, Scham, Groll, an die Stelle jener Sanftheit träten, die sie jetzt erfüllt. Eine Sanftheit, in die sie sich einsinken fühlen, wie man in hohes Gras sinkt. Carmen erzählt von einem Brief, den sie gerade von einem ehemaligen Liebhaber erhalten hat. Ein sehr zärtlicher Brief. Und sofort werden ihre Augen feucht. Sie sieht Silvano an, als wolle sie ihm sagen, so bist oder wärst du nie gewesen. Sie streckt ihm die Hand hin, er nimmt sie und bricht in Lachen aus. Über sich selbst, vielleicht, oder über ihre beiden Hände über einem Schinkenomelett.

Ihre Geschichte, die von so vielen vergeblichen Stunden geprägt ist, ist gegenwärtig, ob sie sich dessen bewußt sind oder nicht. Die Stunde, die sie gerade durchleben, zu nutzen, das würde eine Phantasie erfordern, die keiner von beiden hat: die Phantasie, nacheinander alle diese Minuten, die Gesten, die Worte und die Farben der Wände und der Bäume draußen vor dem Fenster und der Ziegel in der Fassade gegenüber zu erfinden.

Statt dessen weiß Silvano nichts anderes zu tun, als von hinten an die Frau heranzutreten und sich nach kurzem Zögern vorzubeugen, um sie zu küssen. Carmen hebt eine Hand, um ihn aufzuhalten. Es ist eine zögernde Bewegung, die das Gegenteil bedeuten soll. Aber Silvano zieht sich zurück.

Wenig bleibt noch zu erzählen. Der Augenblick, in dem Silvano beschließt zu gehen, ist einer von vielen, die auf diesen Versuch folgen. Vermutlich als Carmen einmal länger in der Küche bleibt. Silvano geht die dunkle Treppe wieder hinunter und tritt aus der Haustür. Er hebt das Gesicht und sieht zu dem leeren Fenster hinauf. Zwei Männer, die an einem Tischchen des Cafés vor Vanilleeis sitzen, drehen sich um und betrachten ihn. Wären nicht diese beiden Zeugen und ein Frauenname, Malvina, der in ihren Reden mehrfach fällt, Silvano würde wieder umkehren. Er wünscht es sich mit aller Kraft. Als er geht, fühlt er sich wie ein Schauspieler, der eine Rolle spielt, die ihm aufgezwungen wurde.

Die Straße, in die er eingebogen ist, ist verlassen, so wie es alle Straßen dieser Stadt abends gewesen sein müssen zu der Zeit, als Ercole Strozzi erstochen wurde. Sein Körper wurde am nächsten Morgen gefunden, eingewickelt in den Mantel, von zweiundzwanzig Dolchstichen getroffen und mit herausgerissenen Haaren. Dreizehn Tage vorher hatte er Barbara Torelli geheiratet, mit der er zusammenlebte. Das allgemeine Gerücht klagt den Herzog von Este, Alfonso I., der Tat an, er soll in die Torelli verliebt gewesen sein. Aber G.A. Barotti stellt in seinen *Memorie istoriche di letterati ferraresi* von 1772 die Hypothese auf, der Herzog sei wegen seiner Frau Lucrezia Borgia eifersüchtig gewesen. Fest steht, daß Papst Julius II., der Alfonso wegen dessen Bündnis mit Frankreich zürnte, in einer dem Gesandten von Este gewährten Audienz gegen ihn wetterte, wobei er ihm unter anderem den Tod Strozzis zum Vorwurf machte.

Aber das ist, wie ich schon sagte, wieder eine andere Liebesgeschichte aus Ferrara.

Das sind keine Lügen! Das sind geistvolle Erfindungen, die der Fruchtbarkeit meines raschen, glänzenden Witzes entspringen.   CARLO GOLDONI

GOFFREDO PARISE

Estate. Sommer

Für Natalia und
Alessandra Ginzburg

Eines Tages im Oktober, auf dem Boot von Ischia nach Capri,
betrachtete ein Mann, der gegen Wind und Sonne an der Bugreling
lehnte, mit starrem Blick und ohne Gedanken das Blau des Meeres
und den weißen Schaum.

Er sagte: »Der Sommer ist zu Ende«, ihm wurde die Kehle eng,
und er konnte nicht mehr sprechen. Da dachte er »Wer weiß, wo sie
ist« und sah in Gedanken neben sich an derselben Bugreling seine
Frau, die er seit vielen Jahren nicht gesehen hatte, und betrachtete sie
wie in jenem Sommer. Sie hatte langes kastanienbraunes Haar, das zu
einem Pferdeschwanz gebunden, aber vom Wind durcheinanderge-
wirbelt war, ein ovales Gesicht, scheu und wild, wie das einer orientalischen Nonne, sie trug sehr kurze Shorts, eine Bluse aus verbliche-
nem Madrasstoff, rotbestaubte Tennisschuhe an den nackten Füßen,
mit schon dunkler Haut, weißen, ein wenig vorstehenden Zähnen
(oft hielt sie ihren Mund geschlossen). Sie war neunzehn Jahre alt,
redete fast nie, ihre Bewegungen und ihr Gang waren hastig, wirr
und anmutig, sie war oft hungrig, durstig und müde. Zusammen hatten sie nicht viel Geld, sogar wenig, aber sie waren sehr glücklich
und auch sehr unglücklich, wie es in diesem Alter so vorkommt. Sie
stritten sehr oft, er zog sie an den Haaren, um ihr nicht allzu weh zu
tun, manchmal packte er sie auch am Hals und drückte zu, oder er
verdrehte ihr einen Arm, sie kratzte ihn, und meistens gab sie ihm
Fußtritte.

Aber an jenem Tag in jenem Sommer waren sie ziemlich glücklich, als sie in Capri ankamen, und er hätte ihr, wie er sie so angezogen sah, mit echter und unvoreingenommener Begeisterung sagen
wollen: »Wie anmutig du bist«, aber er sagte es nicht, aus Schüchternheit, aus Furcht, zu voreingenommen zu sein, und auch, weil er
ein wenig unzugänglich wirken wollte. Weil sie nicht viel Geld hatten, und auch aus Wohlerzogenheit, trugen sie ihre Koffer selbst (die

330

Koffer waren uralt und besonders schön mit Etiketten aus Goa und Singapore), sie fuhren mit der Bergbahn hinauf, überquerten die kleine Piazza, sie ging hastig und mit gesenktem Blick, weil ihr jemand nachschaute, und nicht ohne Anstrengung, aber ohne Pause erreichten sie die Pension Scalinatella. Auf dem Weg von der Piazza zur Pension nahm sie den Duft der Bougainvilleen wahr und sah eine alte Mauer, bedeckt von der zarten violetten Farbe der Blüten: Ihre kleine Nase kräuselte sich ein wenig (sie schnupperte immer nach allem), und sie sagte nichts.

Signor Morgano führte sie zu ihrem Zimmer und öffnete die Fenster zu einer Terrasse, die auf die Certosa und das Meer hinausging. Hochkultiviert wie er war, begriff der Neapolitaner alles, was es von dem jungen Ehepaar zu begreifen gab, ihr wildes und vornehmes Wesen, sein muschelartiges Hirn (das er schon kannte), er bemerkte mit schnellem Blick den kleinen goldenen Ring an ihrem Finger, aber er besaß den Witz zu sagen: »Die Signorina kennt Capri noch nicht?« Sie erkannte den Witz des Signor Morgano, ihr gefiel sein Name, der Name einer Fee, sehr, lachend öffnete sie die Lippen und sagte: »Nein«. Hinter Signor Morgano kam ein weißgekleideter Knabe mit einer Wassermelone auf Eis herein, dann verschwanden beide, ohne daß man sie verschwinden hörte. Das Zimmer war groß und leuchtend weiß, mit einer gewölbten Decke, Leintüchern, Bettüberwürfen, Decken, alles weiß. Der Boden war blau gekachelt, auf diesem kalten und glänzenden Blau standen auf der Terrasse ein weißer Tisch und zwei große weiße Chaiselonguen aus Weidengeflecht. Jenseits der Terrassen wuchsen Pinien und Tamarisken in zwei verschiedenen Grüntönen, man sah weiße Kuppeln, Terrassen und weit unten, jenseits der Felsvorsprünge, lag das blaue Meer. Auf dem blauen Meer war eine große blaue Yacht, die ruhig in den Wellen schaukelte, hinter der Yacht fuhr ein weißes Motorboot.

Sie gingen nicht sofort nach draußen, weil sie sich in diesem Augenblick liebten und sie mit den Händen eine halbe rotgrüne Melone aß und seltsamerweise zum zweiten Mal lächelte. Erst danach gingen sie nach draußen, liefen die ganze Straße von Tragara entlang bis zur Landzunge. Von da aus stieg er, ohne ein Wort und ohne anzukündigen, was nun vor ihnen auftauchte, durch die Pinien zu den Klippen herab. Er erwartete eine Bemerkung, aber sie sagte nichts, wieder zog sie die Nase kraus und dehnte die Nasenflügel, um den Duft des Harzes besser zu riechen, machte aber keinerlei Bemerkung. Wie schon andere Male vorher sah er aus der Höhe die beiden Felsen an, die aus der blauen Tiefe inmitten von kleinem, trägem, sommerlichem Schaum emporstiegen, die Gipfel eingehüllt von großen Schwärmen weißer Vögel, Planipteridoi (er mochte sie nicht Möwen nennen, auch nicht Diomedei [Albatrosse], diesen Namen behielt er für sich als Huldigung an den Namengeber), inmitten lautstarker Schreie. Aber er konnte nicht widerstehen und sagte seiner Frau sein Geheimnis: »Weißt du, wie diese Vögel heißen?«

»Die Möwen?«

»Ich weiß nicht, ob es Möwen sind, ich glaube nicht, es scheint, als wäre es eine andere Vogelart, eine seltene und sehr alte. Ich nenne sie Planipteridoi.«

Sie versuchte ihre mandelförmigen Augen weit aufzureißen. »Pla...«, sagte sie und stockte. Um sich zu konzentrieren, begann das linke Auge ein wenig zu schielen, nur ein ganz klein wenig.

»Planipteridoi«, sagte der Mann und küßte sie auf eine Wange.

»Pla-ni-pte-ri-doi«, wiederholte sie mit großer Aufmerksamkeit, sie blickte in sich hinein, und um es besser sagen zu können, nahm sie seine Hand und drückte sie fest, fast klammerte sie sich daran.

Im Laufschritt stiegen sie den langen Pfad hinab und kamen an den Fuß der Klippen. Dort betraten sie eine Kabine, stellten Taucherbrillen und Flossen ab, zogen sich eilig nackt aus und betrachteten einander, eingeschlossen von den alten Brettern voller Meer und Salz, dann umarmten sie sich einen Augenblick, ganz nah rochen sie ihren Geruch (sie schnupperte an ihm zwischen Hals und Schulter), sie zogen ihre Badesachen an und gingen hinunter zu dem großen, natürlichen Schwimmbecken voll prickelnden Meerwassers zwischen den Felsspitzen. In größter Eile zogen sie Taucherbrillen und Flossen an, tauchten, sahen sich unter Wasser an und hielten sich einen Augenblick lang an den Händen, dann tauchten sie wieder auf. Ihre tropfnassen Haare schwammen im Wasser, ihre Wimpern tropften über den mandelförmigen Augen, und auch ihr Gesicht tropfte, sie verzog es ein wenig wegen des Salzes in den Augen und wegen der kurzen, sanften Berührungen mit Wasser, Luft und Jod, die der Wind durch den engen Schlund des ersten Felsens trieb. Er hätte ihr sagen wollen: »Wie strahlend du bist«, weil ihr Herz und ihr ungezähmter Charakter durch sehr große, natürliche und einsame Unabhängigkeit strahlten.

Aber er war eifersüchtig auf diese Unabhängigkeit und ihre vollendete Schönheit, und etwas Engherziges in ihm ließ ihn nur sagen: »Wie hübsch du bist«, sie aber, unabhängig wie das Meer, hörte es in ihrer glücklichen Taubheit nicht.

Sie hielten sich an den Händen und schauten unter Wasser in den immer dunkleren Tiefen kleinen Brachsenschwärmen zu (je tiefer der Abgrund sich auftat, desto fester drückte sie seine Hand), mit ruhigen Schwimmzügen und als flögen sie, durchquerten sie das Bekken und berührten mit Perlmutthänden die ersten schroffen Kanten des Monacone. Dort kletterten sie durch Schluchten und unterirdische Gänge bis zum Gipfel, und inmitten großer Eidechsen verweilten sie in der Sonne. Dann ließen sie sich noch einmal in die Tiefen des Meeres hinab, tauchten wieder auf, schwammen ohne Eile und kehrten wieder an ihren Ausgangspunkt zurück.

Sie aßen auf der von losen Brettern bedeckten Terrasse »Da Luigi«, mit einer weißen Tischdecke und Kelchen aus federleichtem grünen Glas, das durch den eisgekühlten Wein aus Ischia sofort beschlug. Sie spürten, wie sich der schwefelige Geschmack dieses Weines im Mund mit dem bitteren Meersalz vermischte, wie die Lippen härter wurden und fast betäubt waren von dem eisigen und dünnen Rand des gewichtlosen Glases. Sie aßen Miesmuscheln mit Pfeffer (sie schlürfte die Muscheln mit ihrem vom kalten Wein gehärteten Mund), da küßte er sie eben auf diese Lippen, um zu spüren, ob es wirklich so war: Es war wirklich so, ihre Lippen waren vom kalten Wein gehärtet, und außerhalb, rings herum, über der Lippe war noch ein wenig Salz übrig. Sie aßen eine riesige Languste: Sie kaute schnell, kräftig, mit geschlossenem Mund. Aber wußte sie von den Dingen, die sie aß, kannte sie sie und den Augenblick, in dem sie sie aß? Der Mann, der in jenen Jahren alles nur erahnte, fragte es sich. Nein, sie wußte nichts davon, sie war zu jung, um es zu wissen, sie hatte nur großen Hunger, sonst nichts, und aß gleich darauf eine gebackene Mozzarella.

Sie schliefen Arm in Arm auf einer schmalen Matratze auf einem Felsen, zugedeckt mit einem Handtuch aus blauer Chenille mit einem großen Delphin, einem gelben Rand und einem kleinen Monogramm. Auch er schlief (weniger), seine Wange gegen die ihre, die schon fast feucht war; einige kurze Augenblicke wachte er auf, spürte ihr feuchtes Haar auf seiner Schulter, einmal merkte er, wie sie ihm im Schlaf zwei oder drei ganz leise Küsse auf die Wange gab.

Sie blieben dort bis zum Sonnenuntergang, tauchten noch einmal in das Wasser ohne Sonne und trockneten sich ab, dann stiegen sie mit schnellen Schritten den Pfad zwischen den Pinien hinauf und schwitzten dabei sehr.

Nachts schliefen sie in den weißen Leintüchern, die den Duft von morgendlicher Luft ausströmten, und sie hielten sich an den Händen wie im Meer. Das Fenster stand weit offen, und der Mann schaute lange Zeit den Mond an: Es war Juli, dann kam der August, und so ging der Sommer vorbei.

Freispruch!

In Prato gab es einst ein Gesetz, das gebot, daß jede Frau, die von ihrem Mann beim Ehebruch angetroffen werde, verbrannt werden solle. Während dieses Gesetz in Kraft war, geschah es, daß Frau Filippa, eine edle und schöne Dame, in einer Nacht in ihrem Zimmer von Rinaldo, ihrem Gatten, in den Armen Lazzarinos, eines edlen und schönen jungen Mannes, angetroffen wurde.

Rinaldo klagte am Tag darauf seine Frau an und ließ sie vorladen. Die Dame entschloß sich, obgleich viele ihrer Freunde und Verwandten ihr widerrieten, vor Gericht zu erscheinen. Der Richter aber sagte: »Meine Dame, wie Ihr seht, steht hier Euer Gatte und klagt Euch an, daß er Euch beim Ehebruche angetroffen habe; nehmt Euch daher wohl in acht mit Eurer Antwort.« Ohne irgendeine Bestürzung zu zeigen, antwortete die Dame: »Es ist wahr, daß mein Gatte mich in der vergangenen Nacht in den Armen des Lazzarino antraf; aber wie Ihr gewiß wissen werdet, müssen die Gesetze allgemein sein und mit Zustimmung derer abgefaßt werden, auf die sie sich beziehen. Dies ist aber bei Eurem Gesetz nicht der Fall, es legt nur den armen Frauen eine Verpflichtung auf, die weit besser als die Männer viele befriedigen können. Ehe Ihr jedoch weiter fortfahrt, bitte ich Euch um die Gefälligkeit, daß Ihr meinen Mann fragt, ob ich nicht, sooft er es verlangte, ihm zu Willen war.«

Rinaldo antwortete sogleich: Allerdings sei ihm die Dame jedesmal zu Willen gewesen. Hierauf fuhr die Dame sogleich fort: »Nun frage ich, Herr Richter, wenn er stets von mir erhalten hat, was er verlangte, was sollte ich mit dem beginnen, was übrig blieb? Sollte ich es den Hunden vorwerfen? Ist es nicht weit besser, einen edlen Mann damit zu erfreuen, als es ungenützt verderben zu lassen?«

Zu dem Prozeß waren beinahe alle Einwohner von Prato zusammengelaufen, und als diese die kluge Frage hörten, riefen sie nach vielem Lachen beinahe einstimmig, die Dame habe recht und sage die Wahrheit. Ehe sie auseinandergingen, änderten sie noch das Gesetz.   GIOVANNI BOCCACCIO

TOMMASO LANDOLFI
Der Kuß

Notar D., Junggeselle und noch nicht alt, aber verdammt schüchtern bei Frauen, löschte das Licht, in der Absicht zu schlafen; da spürte er etwas auf seinen Lippen: wie einen Hauch oder eigentlich wie die leichte Berührung durch einen Flügel. Er achtete nicht weiter darauf – vielleicht hatte die Bettdecke etwas Luft bewegt, oder es war ein kleiner Nachtfalter gewesen – und schlief alsbald ein. Doch in der folgenden Nacht hatte er das gleiche Gefühl, sogar noch deutlicher: anstatt wegzugleiten, verharrte dieses Etwas einen Augenblick lang auf seinen Lippen. Sehr erstaunt, wenn nicht beunruhigt, knipste der Notar das Licht wieder an und sah sich vergebens um, schüttelte den Kopf und schlief auch dieses Mal wieder ein, wenn auch nicht ganz so leicht. In der dritten Nacht schließlich war das Etwas noch spürbarer und offenbarte sich als das, was es war: ohne jeden Zweifel ein Kuß! Ein Kuß, sozusagen von der Dunkelheit selber, als konzentriere sich die Dunkelheit einen Augenblick lang auf den Mund des Notars, der es übrigens nicht in diesem Sinne verstand: ein Kuß ist immer ein Kuß, und wenngleich dieser ein bißchen trocken und nicht feucht und süß war, wie er ihn sich erträumte, so war er doch immer ein Geschenk des Himmels. Vermutlich handelte es sich um eine Projektion seiner geheimen Wünsche, also um eine Halluzination – eine durchaus willkommene. Verwirrt, entzückt und verblüfft blieb unser Held wie ein Ölgötze in der (von ihm nicht zu Unrecht als Kupplerin betrachteten) Dunkelheit liegen

– und hatte nach einer Weile das Vergnügen, noch einen Kuß zu bekommen.

Von Nacht zu Nacht wurden die Küsse häufiger und kräftiger; es gelang dem Notar jedoch nicht, irgend etwas vom Geschmack eines weiblichen Mundes darin wiederzufinden oder zu erkennen. Schließlich wurde er – was immer auch seine altbewährte Vernunft ihm riet – von dem unsinnigen Verlangen gepackt, auf irgendeine Art und Weise das Wesen, daß sie ihm schenkte, herbeizubeschwören. Er war es leid, jedesmal nur Luft zu umklammern. Ein Kuß setzt doch jemanden voraus, der ihn gibt, oder etwa nicht? Mag dieses Wesen noch so ätherisch und zart sein, es muß doch möglich sein, ihm Festigkeit zu geben, damit man es in die Arme schließen kann. Mein Gott, nicht daß er schon jeglichen Sinn für die Realität verloren hätte! Am Anfang stellte er sich vielleicht vor oder hatte die Illusion, sein Verlangen käme derart zurück, daß es seine eigene Halluzination körperlicher machte. Aber bald bezweifelte er die wirkliche Existenz eines küssenden Wesens nicht mehr.

Doch bei näherem Betrachten der Sache: Auf welche Weise konnte man dies Wesen dazu bringen, sich weniger außergewöhnlich zu äußern, wie konnte man es zur Verkörperlichung bewegen? Der Notar erkannte klar, daß ihm dafür nur psychische Mittel zur Verfügung standen; deswegen konzentrierte er sich jedesmal, wenn er geküßt wurde, darauf, seinen eigenen Willen und seine eigene Energie einzusetzen, wobei er sich sozusagen bemühte, in diesem Augenblick ein Stückchen des nicht greifbaren Wesens, seines Fluidums oder seiner Substanz zu erhaschen; Stückchen, die zusammengesetzt schließlich einem wie immer gearteten Wesen Gestalt verleihen mußten. Diesem Tun folgten Maßnahmen, die es ganz allgemein aus der Dunkelheit rufen oder locken sollten. Und tatsächlich, als wäre das die richtige Methode, oder aus welchen Gründen sonst, dauerte es nicht lange, bis er die Früchte der vielen Bemühungen zu ernten begann.

Vorweg muß man sagen, daß das Zimmer auf einen schmalen Hof ging und deswegen in den Nachtstunden keinerlei Licht von außen bekam. Um es auszuschließen, hätte auch schon der Rolladen am Fenster ausgereicht, dessen Lamellen ausnahmsweise so aufeinanderpaßten, wie sie sollten. Trotzdem schien der Notar in dieser kohlrabenschwarzen Dunkelheit eine Nacht zu erblicken, die eine andere Dunkelheit hatte, eine noch schwärzere, einen Schatten (so könnte man vielleicht absurderweise sagen), nur daß man nicht richtig begriff, wo er war und welche Umrisse er hatte. Und noch ungewöhnlicher: In einer der folgenden Nächte stieg in dem Zimmer eine Art blutige Morgenröte auf, ein schwaches unheilvolles Leuchten, das vom Boden hochkam und nach oben hin immer klarer wurde, fast wie ein Nordlicht, ein ausgefranstes Lichtband, schaudernd, flatternd und allmählich verlöschend. Schließlich (um zu einer anderen Art von Geschehen überzugehen) konnte er eines Abends ganz deutlich leises Lachen aus einer Ecke hören, aber ein eisiges Lachen, kein heiteres, ein unnatürliches.

Angesichts einer solchen Entwicklung wußte der Notar nicht, ob er sich freuen oder entsetzt sein sollte. Tatsache ist, daß das Wesen alles andere als das ersehnte war, ganz zu schweigen davon, daß es zu weiteren Zugeständnissen nicht bereit schien. Hin- und hergerissen stellte der Notar eine Weile seine Beschwörungen ein; das Wesen hörte trotzdem nicht auf, sich auf verschiedene Weise bemerkbar zu machen. Was seine Küsse betraf, so waren sie jetzt verschlingend geworden. Der Notar, abgemagert, erschöpft und wie ausgehöhlt, schlaf- und appetitlos, fragte sich ängstlich, ob er nicht zu weit gegangen war. Mit seiner Arbeit ging es bergab, seine Gesundheit war ernstlich bedroht – so konnte es nicht weitergehen. Am Ende beschloß er, wenn auch spät, das zu tun, was ihm möglicherweise schon am Anfang geholfen hätte: er nahm sich vor, bei Licht zu schlafen. Die Entscheidung, das Spiel verloren zu geben und auf alles zu verzichten, kostete seine romantische Veranlagung nicht wenig. Doch es war auch so, daß seine anfängliche Begeisterung, als er sich als Gegenstand dieser geheimnisvollen Aufmerksamkeiten gesehen hatte, seit geraumer Zeit einem Gefühl drohender Gefahr Platz gemacht hatte. Wie auch immer, er schlief ab da bei vollem Licht. Was heißt schlafen?!

Eine ganze Weile ging alles gut, und er konnte wieder ein wenig Atem schöpfen, obwohl er das Gefühl hatte, es fehlte ihm etwas. Doch da, eines Nachts, bei vollem Licht, erhielt oder erlitt er von neuem einen Kuß. Genauer gesagt, er schlief gerade (mehr schlecht als recht) und konnte, als er hochfuhr und erwachte, denken, geträumt zu haben. Aber als er wieder einnickte, oder besser, während er noch im Halbschlaf war, drückte sich ein neuer kräftiger Kuß auf seine Lippen. »Drückte sich«, sagt man gewöhnlich, doch in Wirklichkeit war dieser Kuß wie ein Wirbelwind. Kurz gesagt, der

Notar begriff, daß das Wesen, nachdem es nicht mehr mit der Dunkelheit rechnen konnte, jetzt seinen Schlaf ausnutzte und sich künftig von nichts aufhalten lassen würde. Gleichzeitig wurde der seit langem verdrängte, grausame Verdacht Gewißheit: das Wesen nährte sich von ihm, wurde groß und stark von seinem Blut, seinem Leben, seiner Seele.

Diese Feststellung raubte dem Notar die restliche Kraft und ließ ihn in stumpfe Resignation fallen; von da an war seine Existenz nichts anderes mehr, als ein langes, gewiß nicht allzu langes Warten auf den unvermeidlichen Tod.

So ein Geschehen war idiotisch und grotesk, und doch schien man sich nicht dagegen schützen zu können. Grotesk und tragisch, wie es oft der Fall ist. Fliehen? Aber wohin, und was würde es nützen, wenn vielleicht er selber es war, der das Wesen erfunden hatte? Wo waren in diesem Fall die Kraft und der Wille dazu? Es wäre besser, man unterstützte es in seinem Werk, damit sich alles in kürzestmöglicher Zeit vollzöge; und versuchte, es zu sehen, wenigstens flüchtig, jetzt, da es kräftiger geworden war. Ja, das einzige Gefühl, das noch in ihm lebte, war eine Art schändlicher Neugier, deren er sich in der Tat schämte, der gegenüber er sich aber machtlos fühlte. Er begann wieder damit, das Licht auszumachen: die beste Art, dem Wesen Sicherheit und Kühnheit zu geben.

In den Nächten seines Todeskampfes sah und erlebte er vieles: lauter grausig absurde Dinge: Zuerst war es wie eine ungeheure Masse, die das ganze Zimmer auszufüllen schien, das trotzdem auf seltsame Art leer war, eine Masse, die sich abhob von der dichten, sie umgebenden Dunkelheit, so wie man eine Leere von einer Leere abgrenzen kann, ähnlich gewissen Löchern im schwarzen Raum des Kosmos. Die Masse wimmelte von Fortsätzen, Pfoten oder Fangarmen, die sich bogen und wieder reckten wie unter der Wirkung eines okkulten Windes. Mit einem Mal wandelte diese negative Masse, diese Blase aus Leere sich in etwas ganz Kleines, Spitzes, etwas Eindringendes und sich in tausend Rinnsale Teilendes, das alles, auch ihn selber, durchdrang wie ein kapillarer Kreislauf. Dann verbreitete sich im Zimmer ein beißender, süßlicher, fauliger Geruch, der unbegreifliche Bilder und nie gesehene Landschaften heraufbeschwor. Es war nur ein Eindruck, eher einer flüchtigen Erinnerung ähnlich, die mit unergründlicher, schrecklicher Wirkung sich selber vorwegzunehmen oder alles, jede wahrscheinliche Erfahrung hinter sich zu lassen oder dem Gestaltlosen, gar Nichtexistenten entgegenzutreten schien. Wieder leises Lachen, eisiges Gelächter, leichte Berührungen, nicht anders als Schauder; ein herber Geschmack im Mund, wenngleich wie durch die gesamte Körperoberfläche wahrgenommen.

Aber die Stunden des Notars waren nun gezählt. In der letzten Nacht öffnete sich vor seinen Augen (denen des Körpers und der Seele) ein grau in grau getönter Sog, ein ungeheuerlicher, umgestülpter Abgrund, ähnlich einem Uterus oder einer Muschel; der drohte ihm und rief ihn von der Spitze der Spirale herab. Gleichzeitig bekam seine trocken und schuppig gewordene Haut ein fahles Phosphor-Leuchten, das kein Zeichen von Leben, sondern von Verwesung war – einer Verwesung, aus der Irrlichter emporstiegen. Er sah sich als Fisch in der Tiefe, matt schimmernd im schwarzen Abgrund. Nun hatte er also kein Blut mehr, statt dessen dieses schwache Licht, das im nächsten Augenblick auch erloschen sein würde. Es war das Ende. Er ergab sich; vielleicht war es ihm in dieser letzten Sekunde als Belohnung für seine Hingabe vergönnt, ihm ins Gesicht zu sehen, dem Wesen, das ihn aus dem Leben gesogen hatte und ihm jetzt den allerletzten Kuß entriß.

Das war es, das Ende. Das unbekannte Wesen erhob sich wieder von der leeren Hülle und zog durch die Welt.

Alberto bricht am nächsten Morgen sehr früh auf. Seine Frau ist in ihrem Zimmer. Als er schon auf der Straße ist, bemerkt er, daß alle Blüten abgefallen sind. Tatsächlich hatte er in der Nacht gehört, wie es regnete und Wind aufgekommen war. Die Luft war kalt. Er ruft seine Frau, ihr zu sagen, daß alle Blüten abgefallen waren. Sie schaut aus dem Fenster und sicht, daß das ganze Land bis ans Meer weiß ist, als hätte es geschneit. Sie kommt aus dem Haus. Im Morgenmantel läuft sie durch den Garten, geht mit dem Ausdruck der Verzweiflung über die Blütenblätter, die den Rasen bedecken. Die Hunde springen neben ihr her, ohne zu bellen. Sie ist mehr verzweifelt wegen der Bäume als über das, was zwischen ihnen geschehen war. Aber vielleicht ist es auch ein und dasselbe. Sie wünscht schnell ›gute Reise‹, und es ist ein ›gute Reise‹ fürs ganze Leben.   TONINO GUERRA

VITALIANO BRANCATI

Sebastiana

Über Taormina erhebt sich ein Berg mit einem sehr steilen Gipfel, auf den man über eine sehr enge Straße gelangt, die zwischen gigantischen Steinquadern eingezwängt und wie das Kiesbett eines Sturzbaches mit Kieselsteinen übersät ist. An diesen steilen Gipfel schmiegt sich das Dorf Castelmola, etwa hundert Häuser mit Türen nicht höher als ein Eselrücken, die sich aneinanderlehnen und zuweilen kunterbunt übereinanderklettern, wobei die Schwelle einiger Türen direkt auf dem Sturz eines Fensters ruht, während ein kleiner Balkon zwei Zähne seines Geländers in die Stufe einer Eingangstreppe schlägt.

Die Straßen winden sich um die frisch wiederaufgebaute Kirche herum, und um nicht den Berg herunterzurutschen, scheinen sich daran kurze und enge Straßen festzuklammern, die nach zwei oder drei Windungen plötzlich vor einem blendenden Himmel enden, vor einem um tausend Ellen über die dünne Strandlinie angestiegenen Meer, vor einer endlosen Kaskade aus Gärten, von denen jedoch kein Duft herüberweht, da das Dorf in den Gestank der niedrigen und gedrängten Ställe eingehüllt ist, in die kein Wind sich je einen Weg zu bahnen vermag. Eine ungeheuer große Uhr bürdet sich alle Viertelstunde lärmend das Gewicht der Zeit auf, und die große Glocke, die an Sonnentagen beim Läuten den eigenen Schatten aus dem Glockenturm hinauswirft, bewegt heftig die wenigen einsamen Nippsachen im Innern der Häuser.

Und dennoch gab es in diesem Dorf jemand, der an einem bestimmten Tag zwanzig Jahre alt wurde und – nachdem sich der Abend herabgesenkt hatte, großer Frieden herrschte und der Mond mitten am Himmel stand – beim Betrachten der Schatten der Dächer, der glänzenden Steine und des unendlichen und undurchsichtigen Meeres von der Zukunft zu träumen begann.

In Castelmola war ein gewisses Mädchen namens Sebastiana zur Welt gekommen. Hier lebte sie äußerst ruhig und bescheiden wie eine Dienstmagd; sie errötete schnell, häufig begann ihr Herz zu pochen, sie schämte sich immer Gott weiß weswegen, war so rein wie Quellwasser, verzagt wie ein verkrüppeltes Geschöpf, von unvergleichlicher Schönheit und fürchtete sich so sehr vor Spiegeln, daß ihre Schwestern sie wie ein störrisches Schaf vor den Toilettentisch zerren und ihr dort mit vereinten Kräften gewaltsam die Augenlider aufreißen mußten, die zwei verdrehte und erschreckte Pupillen entblößten.

»Laßt mich in Ruhe!« pflegte Sebastiana zu sagen. »Ich lebe doch im herrlichsten Frieden. Laßt mich in Ruhe! Wem nehme ich die Sonne weg? Laßt mich in Ruhe! Wollt ihr ausgehen? Dann geht aus! Wollt ihr raus aus Castelmola? Geht fort! Aber laßt mich um Himmels willen in Ruhe!«

Und die Schwestern, die Mutter und der Vater ließen sie in Ruhe.

Sebastiana konnte es zwischen vier kleinen Wänden stundenlang aushalten und strahlte, während sie so dasaß, die Wahrheit ihres Herzens aus; Bescheidenheit, Liebe, Hingabe, Hoffnung, Verzeihung ergossen sich langsam von ihr über leblose Gegenstände, die den Tisch und die Anrichte überluden, und über arme Tiere, die sich am Gewölbe oder auf dem Fußboden zeigten. Glücklich über die Stille, selig darüber, so ruhig zu sitzen, und hingerissen davon, vergessen und vernachlässigt zu werden, lebte Sebastiana bis zum 9. September 1939, dem Tag, an dem sie morgens hohes Fieber bekam und bei Sonnenuntergang starb.

Sie wurde auf dem kleinen Friedhof von Castelmola beerdigt. Aber o weh!, ich habe euch noch nicht gesagt, daß dieser Friedhof auf einem Felsvorsprung balancierte und es den Anschein hatte, als unternähmen die Gräber tausend Anstrengungen, um nicht in die Tiefe zu stürzen. An diesem Ort nahm das Unglück Sebastianas seinen Lauf, wenn man überhaupt von Unglück reden kann bei einem armen Körper, der so früh von seiner Seele verlassen wurde, die ihm einen Glanz von Reinheit und Bescheidenheit verliehen hatte.

An einem stürmischen Tag rutschte der Friedhof ab, und Sebastiana, die zuerst im Nußbaumsarg, dann ganz allein in ihrem von der Finsternis und der Feuchtigkeit zerfressenen weißen Kleid den Abhang hinunterrutschte, landete schließlich mitten auf der Piazza in Taormina. Der erste Passant, ein alter Genuese, der sich auf der verlassenen Piazza vor diesem vor so vielen Monaten gestorbenen

Mädchen wiederfand, das mitten auf dem Straßenpflaster kühn ausgestreckt lag, fiel vor lauter Angst fast in Ohnmacht.

Sebastiana wurde auf dem Friedhof in Taormina, ganz nah bei einem nicht zu lauten, aber auch nicht gerade ruhigen Gang erneut bestattet. Verliebte, Frischvermählte, Soldaten, Offiziere und Damen des Roten Kreuzes zogen in den Abendstunden singend, küssend und trällernd an ihr vorüber. Im Verlauf der Monate nahmen die Stimmen der Nacht – vielleicht wegen des dichten Dunkels, in das Meer und Erde sich nach dem Kriegsausbruch gehüllt hatten – einen besonders zärtlichen und ängstlichen Ton an. Menschliche Schreie und Getöse lösten sich mit diesen Stimmen ab und verscheuchten sie schließlich vollständig. Der Krieg rückte näher, rückte noch näher, bis ein Kanonenschuß Sebastiana der Erde entriß und auf den Strand von Giardini in der Nähe des Bahnhofs katapultierte.

Man schrieb das Jahr 1943, das Jahr, in dem die Deutschen sich auf dem Rückzug aus Sizilien befanden und in den Hütten auf dem Lande schlecht träumten, in denen sie sich zum Schlafen neben ihre Maschinengewehre und Feldstecher niederwarfen. Ein wortkarger bayerischer Offizier, eine trockene Bohnenstange, der zu drei Vierteln verrückt und zu einem Viertel erschöpft war infolge seiner Bemühungen, allen anderen zu verheimlichen, daß er verrückt war, glaubte in Sebastianas Leichnam das Antlitz seiner Verlobten wiederzuerkennen, die unter den Trümmern eines öffentlichen Gebäudes in Deutschland gestorben war. An diesem Punkt trieb der Wahnsinn, den er in sich eingesperrt hielt, die Dinge auf die Spitze, und jenes Überbleibsel an Intelligenz, mit dem er ihn zu ersticken suchte, wurde nahezu genial. Er fand einen Weg, Sebastiana in eine Munitionskiste einzuschließen, diese Kiste mit einem schwarzen Tuch zu bedekken und auf dem Geschützkarren unterzubringen und gemeinsam mit ihr den Rückzug anzutreten. Da die von dem Bayern befehligte Abteilung auf der Landstraße die Nachhut bildete, richtete sich auf den Geschützkarren der ganze Zorn der vorrückenden Truppen. Ein Höllenlärm begleitete Sebastianas Bahre auf ihrem Weg nach Norden; die Meerenge von Messina, die sie nachts passierte, wimmelte von Wracks und halb zerrissenen Toten und leuchtete von Zeit zu Zeit auf wie der Fußboden eines Salons, wenn sie ein wie eine Fakkel aufloderndes Flugzeug an ihren Busen drückte. Der Deutsche, der stumm, finster und zusammengekauert auf der Kiste hockte wie ein Hund auf dem Grab seines Herrn, segelte rückwärts, die Schultern dem unheilschwangeren Kontinent und die Augen Sizilien zugewandt, das in einem Schein aufleuchtete, der für ihn so geheimnisvoll und unverständlich blieb wie der Sieg jener Männer, die so sehr viel weniger kriegerisch waren als er. Und während er so dahinsegelte, überließ er dem Wahnsinn jenes Überbleibsel an Intelligenz, mit dem er ihn bekämpft und überdeckt hatte. Als er an Land ging, war er vollkommen verrückt. Er nahm die Kiste mit dem schwarzen Tuch hoch, erklomm schreiend eine Anhöhe und schleuderte das arme Mädchen aus Castelmola von dort oben auf den Boden eines großen Floßes, das in jenem Augenblick nach Triest ablegte.

Ohne Lichter, ohne Flagge und ohne Waffen fuhr das Floß das Adriatische Meer hoch. Auf der Höhe von Bari aber wurde es in Brand gesetzt, zerstückelt und versenkt; die Kiste mit Sebastiana, die von einem Schiffbrüchigen vorwärtsgetrieben wurde, der sich daran wie an einen Rettungsring klammerte, legte im Hafen an, wo sie sofort auf einen Autozug geladen und, ohne jede Fahne und mit der Aufschrift »Dynamit« versehen, ins Herz Deutschlands transportiert wurde.

Im Mai 1944 traf diese Kiste in einem polnischen Konzentrationslager ein, wo fast eine Schlacht ausgebrochen wäre. Das Lager geriet von deutschen in russische Hände, von russischen in deutsche und wiederum in russische Hände. Ende Juli verfolgten Pfiffe und Explosionen noch immer die arme Tote, als würde die grausame Welt – vor der Sebastiana als Lebende geflüchtet war, indem sie sich in dem Häuschen in Castelmola versteckt hielt –, die den Leichnam zwischen ihre Klauen bekommen hatte, nie müde werden, ihn hin und her zu rollen, herumzustoßen, zu rütteln und zu schütteln und ihren wütenden Schrei in jenes Ohr hineinzubrüllen, das dank seiner himmlischen Taubheit für immer von allen Sorgen befreit war.

NORBERTO BOBBIO

Ist das wirklich Weisheit?

In einer Zeit, in der sich der historische Wandel immer schneller vollzieht, stellt die Ausgrenzung der Alten eine unabänderliche, unleugbare Tatsache dar. In den traditionellen, statischen Gesellschaften, die sich nur langsam entwickeln, ist der alte Mensch Träger des kulturellen Erbes der ganzen Gemeinschaft, das er, verglichen mit allen anderen Mitgliedern, in besonders auffälliger Weise in sich vereint. Der Alte weiß aus Erfahrung, was die anderen noch nicht wissen, und sie müssen von ihm lernen, auf dem Gebiet der Moral ebenso wie auf dem der Gebräuche und der Überlebenstechniken. Unverändert bleiben nicht nur die grundsätzlichen Regeln, auf denen das Leben der Gruppe aufbaut. Auch die Fähigkeiten verändern sich nicht wesentlich und können daher vom Vater auf den Sohn vererbt werden. In den entwickelten Gesellschaften hat der immer stärker beschleunigte Wandel sowohl der Sitten als auch der Künste das Verhältnis zwischen denen, die wissen, und denen, die nicht wissen, umgekehrt. Der alte Mensch wird immer mehr zu dem, der kein Wissen hat, vergleicht man ihn mit den Jungen, die bereits mehr Wissen haben als er und nicht zuletzt deshalb mehr wissen können, weil sie über eine größere Lernfähigkeit verfügen.

Schon Campanella läßt am Ende seines Buches *Der Sonnenstaat* den Reisenden sagen: »Unser Jahrhundert hat mehr geschichtliche Ereignisse aufzuweisen als die ganze Welt in viertausend Jahren, und in diesem Jahrhundert sind mehr Bücher erschienen als in den fünftausend Jahren zuvor!« Heute dürfte man nicht mehr von einem Jahrhundert, sondern müßte von zehn Jahren sprechen. Wenn bei Campanella von Büchern die Rede ist, spielt er auf die Erfindung des Buchdrucks an, also auf eine technische Erfindung, so wie der Computersatz eine technische Erfindung ist, die die Anzahl der Bücher ebenfalls unermeßlich wachsen ließ.

Aber wir dürfen nicht nur dieses eine objektive Faktum berücksichtigen, nämlich den schnellen technischen Fortschritt, vor allem bei der Herstellung von Werkzeugen, die die Macht des Menschen über die Natur und über andere Menschen vervielfachen. Dieser Prozeß vollzieht sich so rasch, daß er jeden zurückläßt, der unterwegs anhält, sei es, weil er nicht mehr weiterkann, sei es, weil er stehenbleiben will, um über sich selbst nachzudenken, um Einkehr bei sich selbst zu halten, dort, wo die Wahrheit wohnt, wie der Heilige Augustinus sagte. Zur fortschreitenden Ausgrenzung des alten Menschen trägt auch noch ein anderes Phänomen bei, das es zu allen Zeiten gegeben hat: der kulturelle Alterungsprozeß, der sowohl den biologischen als auch den sozialen begleitet. Wie Jean Améry in seinem Buch *Über das Altern* bemerkt, neigt der alte Mensch dazu, dem Prinzipien- oder Wertesystem treu zu bleiben, das er in den Jahren zwischen seiner Jugend und dem reifen Erwachsenenalter gelernt und verinnerlicht hat, oder er hält zumindest an seinen Gewohnheiten fest, die, wenn sie sich einmal gebildet haben, nur sehr mühsam abzulegen sind. Da die Welt um ihn herum sich ändert, neigt er dazu, ein negatives Urteil über das Neue abzugeben, einzig darum, weil er es nicht mehr versteht und keine Lust mehr hat, Mühe aufzuwenden, um es zu begreifen. Sprichwörtlich ist die Figur des alten *laudator temporis acti*: »Es hat Florenz in seinen alten Mauern, / An denen man noch Früh und Mittag läutet, / Im Frieden einst gelebt, schamhaft und mäßig.« Wenn er von der Vergangenheit spricht, seufzt der Alte: »Ach, das waren Zeiten.« Wenn er ein Urteil über die Gegenwart abgibt, flucht er: »Was für Zeiten!«

Je beharrlicher er auf den Bezugspunkten seines kulturellen Horizonts besteht, desto stärker entfremdet sich der alte Mensch seiner Gegenwart. Ich habe mich in folgendem Satz Amérys wiedergefunden. Vom Alten sagt Améry: »Wird er dann gewahr, wie die Marxisten, die er immerhin und nicht ohne Berechtigung als Waffenträger der rationalistischen Streitmacht erachtet hat, jetzt sich halb und halb zu Heidegger bekennen, muß ihm der Geist der Zeit als abwegig, ja im Wortsinne als verrückt erscheinen: die philosophische Mathematik seiner Epoche wird zum Hexeneinmaleins.« Die philosophischen Systeme folgen heute in einem Prozeß aufeinander, den derjenige, der ihn miterlebt, nicht als eine Abfolge einander übertreffender Gedankengebäude, sondern als eine Reihe von Rückzugsgefechten deuten muß. Das System, mit dem du das vorhergehende zu überwinden glaubtest, wird schon bald vom nachfolgenden überwunden. Und während du langsam älter wirst, merkst du gar nicht, daß du inzwischen selber zu einem überwundenen Überwinder geworden bist. Regungslos verharrst du zwischen zwei Formen der Entfremdung, dir bleibt sowohl das vorhergehende System als auch das darauffolgende fremd. Dieses Gefühl der Entfremdung ist um so nachhaltiger, je schneller die kulturellen Bezugssysteme auch auf diesem Gebiet einander abwechseln. Dir bleibt keine Zeit, dich über eine geistige Strömung zu informieren, und ich sage nicht einmal »sich aneignen«, ich begnüge mich mit dem Ausdruck »informieren«, denn schon taucht eine neue Strömung am Horizont auf. Mir schwindelt, wenn ich daran denke, wie viele Aufstiege und Niedergänge, wie viele unvermutete Umschwünge vom Gedenken in das Vergessen ein Mensch in meinem Alter schon erlebt hat. Du kannst sie nicht alle verfolgen. Irgendwann bist du gezwungen, keuchend anzuhalten, und dann tröstest du dich und sagst dir: »Es lohnt nicht.«

Unser Denken wird vom Hegelschen »Zeitgeist« vorwärtsgetrieben. Man denke an den Gegensatz zwischen Klassik und Romantik, der einen langen historischen Zeitraum unterteilt, in dessen Mittelpunkt ein so umwälzendes Ereignis wie die Französische Revolution steht. Eine so klare Trennungslinie kann man heute wohl nicht mehr ziehen. Es gibt nichts Vergleichbares in den letzten fünfzig Jahren, in denen wir Zeugen einer unablässigen Aufeinanderfolge verschiedener Tendenzen und Persönlichkeiten wurden, die alle ebenso schnell auftauchten, wie sie von den nächsten Strömungen wieder hinweggeschwemmt wurden. Man denke an eine Gestalt wie Sartre, aber nach Sartre kamen, um in Frankreich zu bleiben, Lévi-Strauss, Foucault, Althusser. Viele Meister, kein wirklicher Lehrer. Die einzige Trennlinie, die wir vorzuschlagen haben, ist die zwischen Moderne und Postmoderne, aber es ist doch recht seltsam, daß man für diese Neuartigkeit unserer Gegenwart immer noch keinen eigenen Begriff gefunden hat, außer einem blassen »Post«, das an die vorhergehende Epoche angehängt wird. »Post« bedeutet einfach, daß etwas nachfolgt.

ELSA MORANTE

Eine frivole Geschichte über die Anmut

Dies ist das Gesetz: Manche schwitzen und laufen sich die Füße wund, um Anmut zu erlangen, sie schreien sich heiser nach ihr, aber vergeblich, weil die Anmut sie zurückweist. Andere dagegen, die unbedacht leben und sich treiben lassen wie Blätter auf dem Wasser und sich nicht um die Anmut kümmern und sie womöglich ablehnen, werden ständig von ihr behütet und geküßt und finden sie an ihrem Kopfkissen vor, am Tage ihres Todes.

Man erzählt von einem Mann, der von Kind auf stets von seinem Schutzengel begleitet wurde. Er konnte sich nicht umwenden, ohne dessen hohe, blasse Gestalt, die Augen voller Segenswünsche und Melancholie und das Zeichen der makellosen Hände zu sehen. Als er groß geworden war, lehnte der Mann sich auf: »Was soll das«, rief er, »werde ich denn niemals mein eigener Herr sein und tun und lassen können, was mir paßt?« und jagte den Engel fort. Wie ein Gesicht, das sich hinter den Händen verbirgt, um zu weinen, hüllte dieser sich ganz in seine Flügel und verschwand gleich einem leichten Dunst.

»Es war Zeit!« sagte der Mann aufatmend. Und zum Zeichen seiner Unabhängigkeit mietete er sich eine elegante Junggesellenwohnung und machte sich auf die Suche nach einer Haushälterin. Viele stellten sich vor, und er ließ sie in einer Reihe antreten und musterte sie nacheinander. Die eine hatte ein rotes, wildes Gesicht, tiefliegende, freche Augen; die andere lachte dreist und tückisch, und ihre Zähne sahen aus wie Hundezähne; die dritte, schmierig und scheinheilig, mit Haaren, die abstanden wie Stacheln, hatte ein trotziges Kinn und hielt den lippenlosen Mund geschlossen: »Paßt nicht, paßt nicht«. Doch eine war dabei, mit ovalem Gesicht, rosiger Kehle und bescheidenem Blick, die vor Schüchternheit in ihrer Schürze zu versinken schien. Die gefiel ihm, und er nahm sie in seinen Dienst.

Nie wieder, meine Freunde, wird es eine solche Haushälterin geben. Ihr Herr brauchte nicht einmal den kleinsten Befehl oder

Wunsch zu äußern, da fand er ihn schon erfüllt. In den Winternächten stand beim Heimkommen neben seinem Bett ein Glas Glühwein bereit, gewürzt mit Rosinen und duftenden Kräutern. Darüber hinaus bewies die Haushälterin bei jeder Gelegenheit eine geniale Phantasie. Zum Beispiel fand ihr Herr jeden Morgen, wenn er sich zu Tisch setzte, seine Serviette anders gefaltet vor: in geflügelter Form, als Händchen, als Lilie. Kurzum, jeder Tag brachte eine Überraschung und, so wiederholte der Betroffene seinen Freunden, ein Mann kann sich entschieden glücklich schätzen, wenn er auf eine solche Haushälterin trifft.

Eines Morgens, als er früh aufgestanden war, sah der Mann, daß die Tür zur Kammer, in der die Haushälterin schlief, ein wenig offen stand. Er näherte sich auf Zehenspitzen und spähte hinein. Die Haushälterin war schon wach und zog sich an: Nur mit einem Hemdchen bekleidet, wollte sie gerade ihr Mieder in der Taille zuhaken; aber (ihr Herr hatte Mühe, einen Schrei zu unterdrücken) im Augenblick war sie noch damit beschäftigt, ganz vorsichtig zwei große, hauchdünne Flügel zusammenzufalten, die ihr an den Schultern wuchsen, und sie sorgfältig unter dem eng anliegenden Mieder zu verbergen.

Sich ertappt fühlend, errötete sie, am ganzen Leib zitternd vor Scham, und sah sich mit einem verlorenen, angstvollen Blick um. Jeder wird begriffen haben, daß sie niemand anders war als der Schutzengel, der diese kleine List erfunden hatte, um die seiner Obhut anvertraute Seele nicht allein zu lassen.

Wir gehen an den See und lassen die Zwillinge in Marianos Obhut, der wie ein Außerirdischer durch die Wohnung irrt, auf der Suche nach der Milchstraße und der Leiter, über die er zurück ins Raumschiff gelangen und verschwinden kann.

GIULIA CAMINITO

ANNA MARIA ORTESE

Die Brille

Während Eugenia die letzte Stufe hinunterstieg und in den Hof trat, verschwand der Schatten, der ihr einige Augenblicke die Stirn verdunkelt hatte, und ihr Mund öffnete sich zu einem Freudenschrei, denn sie hatte ihre Mutter kommen sehen. Es war nicht schwer, die ärmliche, vertraute Gestalt zu erkennen.

»Mamma! Die Brille!«

»Langsam, mein Kind, du hättest mich fast umgeworfen!« Sofort bildete sich eine kleine Menge. Donna Mariuccia, Don Peppino, eine der Schwestern Greborio, die sich auf einen Stuhl gesetzt hatte, um sich auszuruhen, bevor sie die Treppe hinaufsteigen würde, das Dienstmädchen der Amodios, das gerade zurückkam, und selbstverständlich Pasqualino und Teresella, die auch alles sehen wollten und kreischend ihre Hände ausstreckten.

Donna Rosa holte aus dem Kragen ihres Kleides das Brillenfutteral und öffnete es mit unendlicher Sorgfalt. Eine Art glänzendes Insekt mit zwei Riesenaugen und zwei zurückgebogenen Antennen funkelte in einem schwachen Sonnenstrahl auf der langen, roten Hand von Donna Rosa, inmitten der bewundernden armen Leute.

»Achttausend Lire … so ein Ding!«, sagte Donna Rosa und betrachtete mit frommem Blick, doch auch mit einer Art Vorwurf die Brille.

Dann setzte sie die Brille schweigend auf die Nase Eugenias, die ekstatisch die Hände ausstreckte und die zwei Antennen sorgfältig hinter den Ohren unterbrachte. »Siehst du jetzt?«, fragte sie wehmütig.

Eugenia hielt die Brille mit beiden Händen fest, als hätte sie Angst, man würde sie ihr wegnehmen, und mit halb geschlossenen Augen und mit einem halb offenem Mund, da sie hingerissen lächelte, machte sie zwei Schritte nach hinten, sodass sie an einen Stuhl stieß.

Meinen Glückwunsch!«, sagte das Dienstmädchen der Amodios.

»Meinen Glückwunsch!«, sagte die Greborio.

»Sie sieht aus wie eine Lehrerin, nicht wahr?«, sagte Don Peppino wohlgefällig.

»Bedankt sich nicht mal!«, sagte Tante Nunzia. »Trotzdem alles Gute!«

»Sie hat Angst, meine Tochter!«, murmelte Donna Rosa, sich zur Tür des Basso wendend, um ihre Sachen abzulegen. »Sie hat die Brille zum ersten Mal auf!«, sagte sie, den Kopf zum Balkon des ersten Stocks wendend, wo die andere Schwester Greborio herausgetreten war.

»Ich sehe alles ganz klein«, sagte Eugenia mit einer Stimme, als käme sie unter einem Stuhl hervor. »Kohlschwarz.«

»Verständlich, das Glas ist doppelt. Aber siehst du denn gut?«, fragte Don Peppino. »Das ist wichtig. Sie hat die Brille zum ersten Mal auf«, sagte er noch, zum Cavaliere Amodio gewandt, der mit einer aufgeschlagenen Zeitung in Händen vorbeiging.

Eugenia, die immer noch die Brille mit beiden Händen festhielt, ging bis zum Hoftor, um hinauszuschauen in den Vicolo della Cupa. Ihre Beine zitterten, alles drehte sich und sie empfand keinerlei Freude mehr. Sie wollte mit ihren weißen Lippen lächeln, aber das Lächeln verwandelte sich in eine blöde Grimasse. Auf einmal wurden die Balkone immer mehr, zweitausend, hunderttausend; die Karren mit dem Gemüse stürzten auf sie; die Stimmen, von denen die Luft erfüllt war, die Zurufe, die Peitschenhiebe trafen auf ihren Kopf, als wäre sie krank; wankend drehte sie sich zum Hof hin und dieser schlimme Eindruck verstärkte sich. Wie ein klebriger Trichter mit der Spitze himmelwärts der Hof, und die aussätzigen Mauern voll elender Balkone; die schwarzen Bögen der Bassi mit einem Kreis von Lichtern rund um die Schmerzhafte Muttergottes; das Pflaster weiß vom Seifenwasser, die Kohlblätter, die Papierfetzen, die Abfälle und mitten im Hof jene Gruppe zerlumpter und verkrüppelter Christenmenschen, deren Gesichter vom Elend und der Resignation wie von Blatternarben gezeichnet waren und die sie liebevoll anschauten. Sie begannen sich zu verdrehen, zu vermischen, ins Riesenhafte zu wachsen. Sie rückten ihr schreiend alle auf den Leib, in den zwei verhexten Kreisen der Brille. Mariuccia war die erste, die merkte, dass dem Kind übel war, und sie riss ihr die Brille herunter, denn Eugenia hatte sich nach vorn gebeugt und erbrach sich mit einem Jammern.

»Die Brille hat sich auf den Magen gelegt«, schrie Mariuccia, die ihr schon die Stirn hielt. »Bringt eine Kaffeebohne, Nunziata!«

»Achttausend Lire bares Geld!«, schrie Nunziata, der fast die Augen aus dem Kopf fielen, während sie in das Basso rannte, um eine Kaffeebohne aus der Büchse auf der Kredenz zu fischen; und sie hob die neue Brille in die Höhe, als wollte sie von Gott eine Erklärung verlangen. »Und jetzt ist es auch noch die falsche!«

»So ist es immer das erste Mal«, sagte das Dienstmädchen der Amodios in aller Ruhe zu Donna Rosa, »das darf Euch nicht erschüttern; dann gewöhnt sie sich langsam daran.«

»Es ist nichts, Kind, gar nichts, reg dich nicht auf!« Aber Donna Rosa zog es das Herz zusammen bei dem Gedanken, dass sie immer wieder von einem Unglück getroffen wurden.

Tante Nunzia kam mit der Kaffeebohne zurück und schrie immer noch: »Achttausend Lire bares Geld!« Leichenblass versuchte inzwischen Eugenia, sich noch einmal zu erbrechen, aber vergeblich, denn sie hatte nichts mehr im Magen. Ihre vorstehenden Augen waren vom Leiden fast verdreht und ihr altes Gesicht war tränenüberströmt, wie verblödet. Sie lehnte sich zitternd an ihre Mutter.

»Mamma, wo sind wir?«

»Im Hof sind wir, mein Kind«, sagte Donna Rosa geduldig und das zarte Lächeln, zwischen Mitleid und Verwunderung, das ihren Blick licht machte, erhellte auf einmal die Gesichter all dieser armen Leute.

»Sie ist halb blind!«

»Sie ist halb blöd, das ist sie!«

»Lasst sie in Ruhe, die arme Kreatur ist ja ganz durcheinander«, sagte Donna Mariuccia und ihr Gesicht war finster vor Erbarmen, während sie in ihr Basso zurückkehrte, das ihr noch dunkler vorkam als gewöhnlich.

Nur Tante Nunzia schrie händeringend:

»Achttausend Lire bares Geld.«

ANTONIO TABUCCHI

Der Traum des Carlo Collodi

In der Nacht des 25.Dezember 1882 hatte der Schriftsteller und Theaterzensor Carlo Collodi in seiner Wohnung in Florenz einen Traum. Er träumte, er befände sich auf einem Papierschiffchen mitten im Meer und es tobte ein Sturm. Aber das Papierschiffchen hielt stand, es war ein eigensinniges Schiffchen mit zwei menschlichen Augen und in den Farben Italiens, die Collodi liebte. Von der Steilküste her rief eine ferne Stimme: Carlino, Carlino, komm ans Ufer zurück! Es war die Stimme der Ehefrau, die er nie gehabt hatte, eine sanfte, weibliche Stimme, die ihn rief, wehklagend wie eine Sirene.

Ach, wenn er nur hätte zurückkehren können! Aber er schaffte es nicht, der Seegang war zu hoch, und das Schiffchen befand sich in der Gewalt des Meeres.

Dann sah er plötzlich das Ungeheuer. Es war ein riesiger Menschenhai mit aufgerissenem Maul, der ihn ansah, ihn musterte, auf ihn wartete.

Collodi versuchte das Ruder zu betätigen, aber auch das Ruder war aus Papier und völlig durchnäßt, inzwischen war es nicht mehr zu gebrauchen. Und so fand er sich damit ab, daß er direkt auf den Schlund des Ungeheuers zutrieb, und vor lauter Angst hielt er sich die Augen mit den Händen zu, stand auf und schrie: Es lebe Italien!

Wie finster es im Bauch des Ungeheuers war! Collodi tastete sich voran, stolperte über etwas, ohne zu wissen, was es war, und als er es mit den Händen berührte, merkte er, daß es ein Totenschädel war. Dann stieß er an Holzbretter und begriff, daß vor ihm bereits ein anderes Schiff in den Rachen des Ungeheuers getrieben war. Inzwischen bewegte er sich freier, denn durch das aufgerissene Maul des Hais drang ein schwacher Schein herein. Wie er sich so vorwärtstastete, stieß er mit den Knien an eine Holzkiste. Er bückte sich, berührte sie vorsichtig und stellte fest, daß sie voller Kerzen war. Zum Glück hatte er noch einen Feueranzünder bei sich, und er betätigte ihn sofort. Er zündete zwei Kerzen an und begann, sich mit den Kerzen in der Hand umzusehen. Er befand sich an Deck eines Schiffes, das im Bauch des Ungeheuers Schiffbruch erlitten hatte, die Brücke war voller Skelette, und am Hauptmast flatterte eine schwarze Fahne mit Totenschädel und gekreuzten Knochen. Collodi ging weiter und stieg eine Treppe hinunter. Er fand sofort die Kombüse, die mit Rumflaschen gefüllt war. Hochbefriedigt öffnete er eine davon und trank direkt aus der Flasche. Gleich ging es ihm besser. Ermutigt stand er auf und verließ das Schiff, vom Schein der Kerzen geleitet. Der Bauch des Ungeheuers war glitschig, voller toter Fische und Krabben. Collodi ging weiter, watete durch seichtes Wasser. In der Ferne sah er ein schwaches Licht, einen zaghaften Schein, der ihn zum Näherkommen aufforderte. Darauf ging er zu. Neben ihm trieben Skelette, zerschellte Schiffe, gesunkene Boote, riesige tote Fische. Der Schein kam immer näher, und Collodi erblickte einen Tisch. Am Tisch saßen zwei Personen, eine Frau und ein Kind. Collodi ging schüchtern auf sie zu, und er sah, daß die Frau dunkelblaue Haare hatte und das Kind einen Mantel aus Brotkrumen trug. Er begann zu laufen und umarmte sie. Und auch sie umarmten ihn lachend, und sie kniffen sich gegenseitig in die Backen und küßten und liebkosten sich unzählige Male. Und sie sagten kein Wort.

Und plötzlich veränderte sich der Schauplatz. Sie befanden sich jetzt nicht mehr im Bauch des Ungeheuers, sondern unter einer Laube. Es war Sommer. Und sie saßen an einem Tisch, es war ein Haus in den Hügeln von Pescia, die Grillen zirpten, nichts regte sich in der Mittagshitze, sie tranken Weißwein und aßen Melone. Etwas abseits unter der Laube saßen eine Katze und ein Fuchs, die sie mit sanften Augen beobachteten. Und Collodi sagte höflich zu ihnen: Darf ich Ihnen etwas anbieten?

Die Lügen erkennt man sofort, denn es gibt zwei Arten davon: Es gibt Lügen, die haben kurze Beine, und Lügen, die haben lange Nasen.   CARLO COLLODI

LUIGI PINTOR

Das Szenarium

Wie man von einer Sternwarte aus den Himmel beobachtet, so blickte ich von meinem Beobachtungsposten auf das große Szenarium, und während ich an meiner Schreibmaschine saß, glaubte ich, den Lauf der Gestirne zu beeinflussen. Es war eine Zeit, in der die Leidenschaften den kritischen Geist verdunkelten und in der es vorkam, daß Passivität mit Handeln verwechselt wurde. Aber diese Leidenschaften waren aufrichtig und fügten sich vortrefflich in den alles umfassenden historischen Zusammenhang ein, in dem zwei entgegengesetzte Kulturen aufeinanderprallten und der unlösbare Konflikt zwischen den Klassen ausgetragen wurde.

Es war einfach und richtig, Partei zu ergreifen. Eines Tages erreichte ich nach beschwerlicher Fahrt eine ländliche Gegend, wo wenige Stunden zuvor zwei Erntearbeiter mit einer in jenen Tagen häufigen Brutalität von der Polizei niedergeschossen worden waren. In einem Zimmer, das einer weiß gekalkten Grotte glich, waren die Leichen aufgebahrt, und klagende Frauen, in schwarze Schultertücher gehüllt wie meine sardischen Tanten und Cousinen, hielten die Totenwache. Für mich gab es nicht den geringsten Unterschied zwischen diesem Anblick und der noch lebendigen Erinnerung an den Krieg, nicht den geringsten Unterschied zwischen der Mentalität der hochgestellten Schuldigen, die für dieses Verbrechen auf dem Dorf verantwortlich waren, und der Philosophie der Privilegien, die die Welt in Brand gesetzt hatte. Das war nicht einfach eine Episode, sondern ein Symbol. Es gab zwei Welten, die beiden Toten gehörten zur besseren und waren meine Brüder.

Es war richtig, Partei zu ergreifen, auch wenn es nicht so einfach war. Eine andere Reise führte mich in den legendären Osten, wo die einfachen Leute, Soldaten und Arbeiter, nach Tausenden von Jahren zum ersten Mal erfolgreich eine Revolution gemacht hatten. Mehr noch als andere schlimme Anzeichen, die ich der Härte der Geschichte zur Last legte, bestürzte mich, daß sich die Prostituierten dort an Feuern auf der Straße wärmten wie in unseren Vorstädten. Mich wunderte nicht, daß die Leute noch immer in Armut lebten, sondern daß sie die Brüderlichkeit vergessen hatten. Trotzdem blieb ich dabei, daß es zwei Welten gab, aber ich mußte erkennen, daß die Demarkationslinie in keinem Atlas steht und sogar mitten durch das Herz der Menschen verläuft. Partei zu ergreifen wurde schwieriger, aber um so dringlicher.

Es war richtig, Partei zu ergreifen, auch dort, wo die Trennungslinie immer unscheinbarer und schließlich unkenntlich wird, wo in den kalten Institutionen die Macht sich selbst feiert, wo in den prunkvollen Sälen und Palästen die Schritte auf Irrwegen im Kreis führen, wo sich die Bilder wie im Spiel des Spiegelkabinetts überlagern, die Worte eingehüllt sind in Watte und die Gedanken die Wahrheit verkennen. An diesen Orten, wohin mich meine tägliche Arbeit führte, konnte man sich leicht verirren, hier gingen die beiden Welten ineinander über und wurden zu einer einzigen, schlechteren Welt; und Partei zu ergreifen wurde zu einem Schwur, den man täglich aufs neue wiederholen mußte.

Viel zu spät erst habe ich begriffen, daß unsere Vergrößerungsgläser schwach und unsere Instrumente überholt waren, daß man das große Szenarium zwar beobachten kann, aber es deshalb noch lange nicht verstanden, geschweige denn beeinflußt hat – so wie ein hitziger Wahlkampf nicht mit der Erstürmung der Bastille zu vergleichen ist. Und noch viel langsamer wurde mir bewußt, daß sich mit zunehmendem Alter Schritt für Schritt auch meine unmittelbare Umgebung auf völlig unerwartete Weise verändert hatte.

Im Verlauf eines Vierteljahrhunderts hatte sich der Lärm der Straßen verändert, die Sprache der Menschen, der Wert der Dinge, die Einstellung der Jugendlichen und der Gang der Frauen; nicht allein auf den großen Kontinenten, sondern auch im Zimmer nebenan, zwischen den eigenen vier Wänden hatte sich alles gewandelt. Nur das eine, was alles andere beherrscht, war sich gleich geblieben: die Feindseligkeit als Weltgeist.

PIER PAOLO PASOLINI

Herz

Der Leser möge mir verzeihen, aber ich möchte noch einmal auf das Problem der Abtreibung zurückkommen, oder besser gesagt: auf die Probleme, die aus der Diskussion des Themas entstanden sind. Was nämlich wirklich zählt, sind die Probleme des Koitus, nicht die der Abtreibung.

Die Abtreibung enthält offensichtlich doch etwas, das »dunkle« Kräfte in uns wachruft, die noch vor dem Koitus selbst liegen: Unser Eros in seiner Unendlichkeit wird durch die Abtreibung in Frage gestellt oder zumindest zum Gegenstand von Fragen. Was mich betrifft, habe ich bereits klar gesagt, daß die Abtreibung mich dunkel auf die beleidigende Natürlichkeit verweist, mit der man den Koitus allgemein behandelt. So viel beleidigende Natürlichkeit macht den Koitus zu etwas derart Ontologischem, daß er praktisch verschwindet. Eine Frau wird schwanger, und es ist, als hätte sie ein Glas Wasser getrunken. Dieses Glas Wasser ist eben die einfachste Sache der Welt für den, der es hat; doch für den, der allein in der Wüste steht, ist dieses Glas Wasser alles, und er muß sich beleidigt fühlen von denen, die es als ein Nichts ansehen.

Die extremen Verfechter der legalisierten Abtreibung (d.h. fast alle »aufgeklärten« Intellektuellen und die Feministinnen) sehen die Abtreibung als ein weibliches Drama, in dem die Frau mit ihrem schrecklichen Problem allein steht, fast als ob sie gerade dabei von aller Welt verlassen sei. Das kann ich verstehen. Doch könnte ich hinzufügen, daß sie im Bett nicht allein war. Außerdem frage ich mich, weshalb die radikalen Feministinnen sich mit derart betonter Abscheu gegen das romantisierende Geschwätz von der »Mutterschaft« verwahren, während sie die apokalyptische Rhetorik über die Abtreibung völlig unkritisch akzeptieren.

Für den Mann ist die Abtreibung zu einem Symbol seiner Befreiung geworden; indem er bedingungslos für ihre Legalisierung eintritt, glaubt er sich im Besitz eines Patents auf Aufgeklärtheit, Fortschrittsgeist, Vorurteilslosigkeit, Zivilcourage. Kurz, sie ist für ihn ein wunderschönes Spielzeug seiner Selbstbestätigung. Klar, daß sich verhaßt macht, wer darauf hinweist, daß eine ungewollte Schwangerschaft zwar nicht unbedingt eine Schuld, zumindest aber doch eine Fahrlässigkeit darstellt. Und daß die Abtreibung – auch wenn die Praxis für eine Legalisierung spricht – deshalb noch nicht aufhört, eine moralische Schuld zu sein. Es gibt keinen Antikonformismus, der sie rechtfertigt. Wer nur in seinem Abtreibungsfanatismus antikonformistisch ist, reagiert natürlich irritiert und ungehalten. Und so greift er zu den altbewährtesten Mitteln, um sich des Gegners zu entledigen, der ihm das erhebende Gefühl der Vorurteilslosigkeit und der Zugehörigkeit zur Avantgarde raubt. Diese altbewährten Mittel sind jene Gemeinheiten, die zu einer »Hexenjagd« gehören, das heißt die Aufhetzung zur Lynchjustiz, die Einreihung in die Listen der Parias, der Pranger der öffentlichen Verachtung.

Die »Hexenjagd« ist eine typische Erscheinung intoleranter, klerikalfaschistischer Gesellschaften. Der repressive Mechanismus funktioniert so: Zunächst spricht man dem Opfer der »Hexenjagd« (dem »anderen«) sein Menschsein ab und schafft so die Voraussetzung dafür, ihn von jeder Form der Brüderlichkeit und des Mitleids ausschließen zu können; womit dann im allgemeinen praktisch schon seine physische Vernichtung antizipiert ist (Himmler, die Konzentrationslager).

Allerdings habe ich behauptet und mehrfach wiederholt, daß die heutige italienische Gesellschaft nicht mehr klerikalfaschistisch, sondern konsumistisch und permissiv ist. Wenn in dieser Gesellschaft also eine Verfolgungskampagne im alten klerikalfaschistischen Stil entfesselt werden kann, widerspricht das meiner These. Es handelt sich jedoch um einen nur scheinbaren Widerspruch. Aus folgenden Gründen: Erstens sind die Drahtzieher dieser primitiven, vulgären und gemeinen Kampagne gegen die »anderen« fast alles alte Männer, die aus der Generation vor dem Konsumzeitalter und seiner angeblichen Liberalität stammen; zweitens ist, wie ich immer und immer wieder gesagt habe, der Konsumismus nichts anderes als eine neue Form des Totalitarismus, woraus folgt, daß seine Liberalität bloß vorgetäuscht ist; denn er ergreift alle Bereiche und treibt die Entfremdung bis zur äußersten Grenze der anthropologischen Verwahrlosung, ja bis zum Völkermord (Marx); seine Toleranz ist die Maske der schlimmsten Unterdrückung, die je eine Herrschaft über die Masse der Bürger ausgeübt hat.

Eine der Hauptfiguren meines nächsten Films (dessen Handlung dem Werk von de Sade entnommen ist und in der Republik von Salò [»Die 120 Tage von Sodom«] spielt), sagt: »In einer Gesellschaft, in der alles verboten ist, kann man alles machen; in einer Gesellschaft, wo nur etwas erlaubt ist, kann man nur dieses Etwas machen.«

Was erlaubt denn die permissive Gesellschaft? Sie erlaubt die ungehinderte Entfaltung der heterosexuellen Paarbeziehung. Das ist viel und auch richtig. Man muß jedoch sehen, was dabei im einzelnen geschieht. Zunächst einmal geschieht es in Funktion des konsumistischen Hedonismus (um einen Ausdruck zu gebrauchen, der mittlerweile »frei« zirkuliert und kaum mehr als ein Kürzel ist) und führt zu einer äußersten Betonung des gesellschaftlichen Moments im Koitus. Der Koitus wird zur Pflicht: Wer nicht als Paar lebt, ist kein moderner Mensch, genau wie derjenige, der nicht Petrus oder Cynar [zwei Aperitifs] trinkt. Der Konsumismus erzeugt dann zwangsläufig eine neurotisierende Frühreife: Gerade eben geschlechtsreife Kinder erfahren die Sexualität – im Rahmen einer obligatorischen Permissivität, die Normalität zum Trauma macht – auf eine Weise, die ihrem Geschlechtsleben jegliche Spannung nimmt und in den anderen Lebensbereichen keine Möglichkeit der Sublimierung zuläßt. Man könnte sagen, daß die repressiven Gesellschaften Soldaten, Heilige und Künstler brauchten (wie es in einem lächerlichen faschistischen Spruch hieß), während die permissive Gesellschaft nur noch Konsumenten braucht. Abgesehen von jenem gesellschaftlich erlaubten »Etwas« ist alles wieder in das Inferno des Unerlaubten zurückgefallen und erneut zu einem Tabu geworden, das Gelächter und Haß erzeugt – allen fortschrittlichen Idealen und dem Kampf von unten zum Hohn. Man kann weiterhin von den »anderen« mit der gleichen Brutalität reden wie in den Zeiten des Klerikalfaschismus. Nur daß diese Brutalität, leider Gottes, im gleichen Maße zugenommen hat wie die Permissivität gegenüber dem normalen Koitus. Ich habe bereits an anderer Stelle gesagt, daß in Italien eine kleine, tolerante Elite (die damit ihrem demokratischen Bewußtsein schmeichelt) auf fünfzig Millionen intolerante Personen kommt, die jederzeit zur Lynchjustiz bereit sind. So etwas gab es noch nie zuvor in der italienischen Geschichte. Heute jedoch, muß ich hinzufügen, haben die toleranten Eliten klar bewiesen, daß ihre Toleranz lediglich verbal ist; daß sie in Wirklichkeit ganz zufrieden sind, die »anderen« in ihrer Vorstellung in ein Getto zu verbannen (und was machen die da wohl mit ihrer Sexualität?), in dem man sie dann als frei laufende »Monster« betrachten kann, mit denen jeder noch so vulgäre Scherz erlaubt ist.

Doch es gibt noch eine Reihe anderer Überlegungen, die aus der bitteren Reflexion der letzten Wochen hervorgegangen sind und mir noch mehr am Herzen liegen.

Ich habe bereits gesagt, daß die bedingungslose Befürwortung der Abtreibung heutzutage Vernunft, Aufgeklärtheit, modernes Denken usw. bescheinigt. Und in unserem speziellen Fall bescheinigt sie eine gewisse »überlegene« Form der Gefühllosigkeit – etwas, was diejenigen mit Befriedigung erfüllt, die ich hier als pseudoprogressive Intellektuelle bezeichnen will (und die nichts zu tun haben mit ernsthaften Kommunisten oder Radikalen).

Daß ich diese »überlegene« Gefühllosigkeit gegenüber der Abtreibung beim Namen genannt habe, ist mir von der Mehrzahl meiner Gegner in unverschämter, hysterischer und unverständiger Weise verübelt worden. Nur eine einzige Stellungnahme war zivilisiert und wirklich rational: der Beitrag von Italo Calvino (im *Corriere della Sera* vom 9.2.1975). Ihn will ich hier diskutieren.

Calvino hat, wie ich, seine Entwicklung und man kann sagen praktisch sein ganzes Leben unter traditionell klerikalfaschistischen Regimen durchgemacht. Als wir jung waren, gab es den Faschismus; dann kam die erste Zeit der christdemokratischen Herrschaft, die eine getreue Fortsetzung des Faschismus war. Es war deshalb richtig, daß wir so reagierten, wie wir reagiert haben. Es war deshalb richtig, daß wir die Vernunft bemühten, um all die Scheiße zu entheiligen, die von den Klerikalfaschisten geheiligt worden war. Es war deshalb richtig, antiklerikal, aufgeklärt und fortschrittlich zu sein – um jeden Preis.

Nun wirft mir Calvino – wenn auch indirekt und in dem respektvollen Ton ziviler Polemik – eine gewisse »irrationalistische« Sentimentalität vor und eine gewisse, ebenso »irrationalistische« Tendenz, im Leben grundlos etwas Heiliges zu sehen.

Soweit sich die Diskussion hier auf die Abtreibung beschränkt, möchte ich Calvino antworten, daß ich nie vom Leben an sich gesprochen habe, sondern immer von *diesem* Leben, von *dieser* Mutter, von *diesem* Bauch, von *diesem* ungeborenen Kind. Ich habe jede Verallgemeinerung vermieden (und wenn ich dem Leben das Attribut »heilig« beigegeben habe, handelte es sich offensichtlich um ein Zitat, nicht ohne eine Spur von Ironie). Aber nicht darauf kommt es hier an. Das Problem ist weitaus umfassender und schließt unter anderem ein ganz bestimmtes Selbstverständnis des Intellektuellen ein: Dieser hat zunächst einmal die Pflicht, immer wieder die eigene Funktion in Frage zu stellen, vor allem da, wo sie am wenigsten fragwürdig scheint: das heißt in ihren Grundannahmen von Aufklärung, Antiklerikalismus und Rationalismus.

Aus Trägheit, aus Faulheit, aus mangelndem Bewußtsein – aus der fatalen Pflicht heraus, sich konsequent zeigen zu müssen – riskieren viele Intellektuelle wie ich und Calvino, von einer realen Geschichte überrollt zu werden, die sie schlagartig zu vergilbten Gestalten, zu Wachsfiguren ihrer selbst werden läßt.

Die herrschende Macht ist heute nicht mehr klerikalfaschistisch, nicht mehr repressiv. Ihr gegenüber können wir nicht mehr die Argumente benutzen, die wir immer und immer wieder gegen die klerikalfaschistische, gegen die repressive Herrschaft ins Feld geführt haben (und die uns so vertraut, ja geradezu ans Herz gewachsen waren).

Die neue konsumistische und permissive Herrschaft hat sich gerade unserer geistigen Errungenschaften – des Antiklerikalismus, der Aufklärung, des Rationalismus – bedient, um sich daraus ihr Gebäude von falschem Antiklerikalismus, falscher Aufgeklärtheit, falscher Rationalität zu zimmern. Sie hat sich unserer »Entweihungen« bedient, um eine Vergangenheit mit all den entsetzlichen und idiotischen Heiligtümern loszuwerden, die sie nicht mehr braucht.

Zum Ausgleich jedoch hat diese neue Herrschaft ihr einzig mögliches Heiligtum aufs äußerste gesteigert: das Heiligtum, das im Ritus des Konsums und im Fetisch der Ware besteht. Alle Hindernisse sind aus dem Wege geräumt. Die neuen Mächte brauchen keine Religionen mehr, keine Ideale und ähnliches, um das zu verhüllen, was Marx enthüllt hatte.

Wie Legehühner haben die Italiener sofort die neue, irreligiöse und gefühllose Ideologie dieser Herrschaft geschluckt: So groß ist die Anziehungs- und Überzeugungskraft der neuen Lebensqualität, die von den Herrschenden versprochen wird, und so groß ist die geballte Macht der Massenmedien (vor allem des Fernsehens), die den Herrschenden zu Gebote stehen. Wie Legehühner haben die Italiener dann das neue Heiligtum der Ware und des Konsums, das nie mit Namen genannt wird, angenommen.

In diesem Zusammenhang sind die alten Argumente von uns Antiklerikalen, Aufklärern, Rationalisten nicht nur stumpf und unnütz geworden, sondern im Gegenteil, sie stützen das herrschende Konzept. Zu sagen, das Leben sei nicht heilig und Gefühle seien etwas Dummes, heißt, den Produzenten einen enormen Gefallen tun. Es ist das, was man »Eulen nach Athen tragen« nennt. Die neuen Italiener wissen nicht, was sie mit dem Heiligen anfangen sollen, sie sind alle ganz modern (wenn nicht von ihrem Bewußtsein her, so doch in ihrem Handeln); und sie sind dabei, sich schnellstens von Gefühlen zu befreien.

Was macht es denn möglich, daß heute politische Massaker, einmal geplant, auch durchführbar sind – ganz konkret, die Handgriffe, die Ausführung? Die Antwort ist furchtbar einfach: Es fehlt der Sinn dafür, daß das Leben der anderen heilig ist, und im eigenen Leben gibt es keine Gefühle mehr. Was macht die grauenhaften und in diesem Sinne eindrucksvollen Aktionen möglich, aus denen die neue Kriminalität besteht? Es ist wiederum furchtbar einfach: Eine Einstellung, die das Leben der anderen als ein Nichts und das eigene Herz lediglich als einen Muskel betrachtet (wie es einer jener Intellektuellen ausdrückt, der die meisten Eulen nach Athen trägt und vom Zentrum der »Geschichte« aus voll Würde, Mitleid und Verachtung auf arme Teufel wie mich blickt, die verzweifelt durchs Leben wanken). Und zum Schluß will ich noch eines sagen: Sollte die schweigende Mehrheit erneut eine Form von archaischem Faschismus hervorbringen, so könnte sie dies nur aufgrund der wahnwitzigen Entscheidung tun, die diese schweigende Mehrheit treffen würde (und tatsächlich bereits trifft) zwischen der Heiligkeit des Lebens und den Gefühlen einerseits und dem Vermögen und dem Privateigentum andererseits: eine Entscheidung zugunsten der letzteren.

Im Gegensatz zu Calvino meine ich deshalb, daß man heute – ohne mit unserer geistigen Tradition des Humanismus und Rationalismus zu brechen – die Angst, die man einst zu Recht hatte – das Heilige zu beglaubigen oder ein Herz zu haben –, verlieren muß.

ITALO CALVINO

Blick über die Dächer der Stadt

Ksch! Ksch! – Herr Palomar läuft auf die Dachterrasse, um das Taubenpack zu verscheuchen, das die Blätter der Gazanie frißt, die Sukkulenten mit Schnabelhieben durchlöchert, sich mit den Krallen in die Glockenblumenkaskade klammert, die Brombeeren pickt, Hälmchen um Hälmchen die in dem kleinen Kasten nahe der Küche gepflanzte Petersilie abrupft, scharrend und grabend die Erde in den Blumentöpfen aufwühlt, bis die Wurzeln freiliegen, als wäre der einzige Zweck ihrer Flüge Zerstörung. Den sanften Tauben von einst, deren Flug die Plätze erfreute, ist eine verkommene Brut nachgefolgt, ein dreckiges und verseuchtes Pack, weder zahm noch wild, doch zum integralen Bestandteil der öffentlichen Institutionen geworden und als solcher unausrottbar. Der Himmel Roms ist seit langem in die Gewalt der Überbevölkerung dieser Lumpenvögel gefallen, die den anderen Vogelarten ringsum das Leben schwer machen und das einst freie und mannigfaltige Reich der Lüfte bedrücken mit ihrem monoton bleigrauen und gerupften Gefieder.

Eingezwängt zwischen die unterirdischen Horden der Mäuse und den lastenden Flug dieser Tauben läßt sich die uralte Stadt von unten und oben zerfressen, ohne dagegen mehr Widerstand aufzubringen als ehedem gegen die Einfälle der Barbaren – als würde sie darin nicht den Ansturm äußerer Feinde erkennen, sondern die dunkleren kongenitalen Triebe ihres eigenen Wesens.

Die Stadt hat indessen auch eine Seele (eine von vielen), die von der Eintracht lebt, in welcher sich altes Gemäuer und immer neue Vegetation die reichliche Gunst der Sonne teilen. Vertrauend auf diesen guten Wesenszug des Milieus oder *genius loci* träumt die Palomarsche Terrasse, eine abgeschiedene Insel über den Dächern, alle Pracht und Fülle der Gärten Babylons unter ihrer Pergola zu vereinen.

Die Üppigkeit der Terrasse entspricht den Wünschen aller Familienmitglieder, doch während Frau Palomar als die pflegliche Mutter spontan und natürlich dazu gekommen war, ihre Aufmerksamkeit für die einzelnen Dinge auf die Pflanzen zu übertragen (die sie ausgewählt und sich durch innere Identifikation zu eigen gemacht und auf diese Weise zu integrieren verstanden hatte, so daß sie nun ein Ensemble mit vielerlei Variationen bilden, eine Art emblematische Sammlung), geht diese geistige Dimension den beiden anderen ab: der Tochter, weil Jugend sich nie auf das Hier-und-Jetzt fixieren kann noch darf, sondern immer nur auf das Weiter-Vorn, und dem Vater, weil er zu spät dahin kam, sich von der jugendlichen Ungeduld zu befreien und zu begreifen (nur in der Theorie), daß letzten Endes das einzige Heil darin liegt, sich an die vorhandenen Dinge zu halten.

Die Sorgen des Gärtners, für den nichts anderes zählt als die gegebene Pflanze, das gegebene Stück Boden, das der Sonne von dann bis dann ausgesetzt ist, die gegebene Blattkrankheit, die beizeiten bekämpft werden muß mit der und der Behandlungsmethode, sind einem Denken fremd, das sich an industriellen Verfahrensweisen geschult hat und folglich mehr dazu neigt, über die generelle Anlage und die Prototypen zu entscheiden. Als Herrn Palomar aufging, wie ungenau und fehleranfällig die Kriterien jener Welt sind, in welcher er Präzision und universale Normen zu finden vermeinte, kam er langsam darauf zurück, sich ein Verhältnis zur Welt zu schaffen, indem er es auf die Betrachtung der sichtbaren Formen beschränkte; doch da er inzwischen nun eben war, wie er war, blieb seine Aufmerksamkeit für die Dinge nur das sporadische und labile Interesse jener Leute, die immer den Eindruck erwecken, als dächten sie an etwas anderes, doch dieses andere ist nicht da. Und so besteht nun sein Beitrag zur Prosperität der Terrasse darin, daß er ab und zu hinläuft, um – Ksch! Ksch! – das Taubenpack zu verscheuchen, nicht ohne dabei den atavistischen Reiz der Verteidigung des Territoriums zu spüren.

Lassen sich andere Vögel als Tauben auf der Terrasse nieder, so verscheucht sie Herr Palomar nicht, sondern heißt sie willkommen, drückt ein Auge zu, falls sie Schäden mit ihren Schnäbeln anrichten, und betrachtet sie eher als Boten freundlicher Götter. Doch solche Besuche sind rar: Hin und wieder kommt eine Abordnung Krähen geflogen, punktiert den Himmel mit schwarzen Flecken und verbreitet (auch die Sprache der Götter ändert sich mit den Jahrhunderten) ein Gefühl von Leben und Freude. Manchmal erscheint ein Amselpaar, artig und wachsam; einmal war auch ein Rotkehlchen da; und natürlich das Spatzenvolk in der üblichen Rolle anonymer Passanten. Andere Präsenzen gefiederter Wesen über der Stadt sind mehr aus der Ferne zu sichten: die Zugvögelschwärme im Herbst und im Sommer die Akrobatik der Schwalben und Mauersegler. Ab und zu kommen auch weiße Möwen, mit langen Flügeln die Luft durchrudernd, bis über das trockene Ziegelmeer, vielleicht verirrt, von der Mündung aufwärts den Schleifen des Tibers folgend, vielleicht auch vertieft in ein Hochzeitsritual, und ihr Meeresruf schrillt durch den Lärm der Stadt.

Die Terrasse ist zweistufig, eine Art Altan oder Aussichtsplattform überragt das Gewirr der Dächer, über das Herr Palomar einen Vogelblick gleiten läßt. Er versucht, sich die Welt so zu denken, wie sie von fliegenden Wesen gesehen wird. Zwar tut sich unter den Vögeln, anders als unter ihm, die Leere auf, aber vielleicht schauen sie nie hinunter, sondern blicken immer nur seitwärts, wenn sie sich schräg auf den Flügeln wiegen, und ihr Blick trifft genau wie der seine, wohin er sich wendet, nur immer auf höhere oder niedere Dächer, mehr oder weniger hohe Bauten, die aber so dicht stehen, daß sie kein Tieferblicken erlauben. Daß dort unten eingezwängt in der Tiefe Straßen und Plätze existieren, daß der wahre Boden erst jener auf Bodenhöhe ist, weiß Herr Palomar aufgrund anderer Erfahrungen. Jetzt in diesem Moment, angesichts dessen, was er von hier oben sieht, könnte er es nicht ahnen.

Die wahre Form der Stadt erweist sich in diesem Auf und Ab von Dächern, alten und neuen Ziegeln, Hohl- und Flachpfannen, schlanken oder gedrungenen Kaminen, Lauben aus Schilfrohr oder mit welligen Eternitüberdachungen, Brüstungen, Balustraden, kleinen Pfeilern mit Vasen darauf, erhöhten Wasserbehältern aus Wellblech, Luken, Mansarden, gläsernen Oberlichtern, und über allem die Takelage der Fernsehantennen, krumm oder gerade, blank oder rostig, Modelle verschiedener Generationen, vielfach verzweigt und gehörnt und beschirmt, doch alle dürr wie Skelette und dräuend wie Totempfähle. Getrennt durch unregelmäßig gezackte Buchten von Leere belauern einander proletarische Dachterrassen mit Wäscheleinen voll bunter Wäsche und Tomatenstöcken in Zinkwannen, herrschaftliche Terrassen mit Kletterpflanzenspalieren auf Holzgerüsten und weißlackierten Gartenmöbeln aus Gußeisen unter einrollbaren Markisen, Glockentürme mit Glockengeläut in der Glockenstube, Giebelfronten öffentlicher Gebäude in Frontalansicht oder im Profil, Gesimse, Zierfassaden und Zinnen, Attiken mit Figurenaufsatz, gesetzwidrige, aber nicht strafbare Aufbauten, Stahlrohrgerüste von laufenden oder halbfertig abgebrochenen Bauarbeiten, breite Salonfenster mit Gardinen und schmale Klofenster, ocker- und sienafarbene Mauern, schimmlige Mauern, aus deren Ritzen Grasbüschel wachsen mit hängenden Halmen, klobige Fahrstuhltürme, gotische Kirchentürme mit durchbrochenen Doppel- und Dreibogenfenstern, nadelspitze Fialen auf Strebepfeilern mit Madonnen darauf, Pferdestatuen und Quadrigen, Dachbehausungen, die zu Schuppen verfallen sind, Schuppen, die zu Maisonetten ausgebaut wurden – und überall wölben sich Kuppeln zum Himmel, in jeder Richtung und jeder Entfernung, wie um die Weiblichkeit, das junonische Wesen der Stadt zu bekräftigen: Kuppeln in Weiß oder Rosa oder auch Violett, je nach Tageszeit und Licht, geädert mit feinem Rippenwerk und gekrönt mit Laternen, auf denen sich wiederum kleinere Kuppeln erheben.

Nichts von alledem ist zu sehen für jene, die sich zu Fuß oder auf Rädern über das Straßenpflaster bewegen. Dafür hat man umgekehrt von hier oben den Eindruck, dies sei die wahre Kruste der Erde, uneben, aber kompakt, wenn auch zerfurcht von Spalten, deren Tiefe man nicht erkennt, von Rissen und Gräben und Kratern, deren Ränder im perspektivischen Blick zusammengerückt erscheinen wie Schuppen an einem Tannenzapfen, und man kommt gar nicht auf die Idee, sich zu fragen, was sie auf ihrem Grunde verbergen, da schon die Ansicht der Oberfläche so unendlich reich und vielfältig ist, daß sie vollauf genügt, den Geist mit Informationen und Signifikaten zu füllen.

So räsonieren die Vögel, oder so jedenfalls räsoniert, sich als Vogel imaginierend, Herr Palomar. Erst wenn man die Oberfläche der Dinge kennengelernt hat – schließt er –, kann man sich aufmachen, um herauszufinden, was darunter sein mag. Doch die Oberfläche der Dinge ist unerschöpflich.

Nachwort

Die Zusammenstellung dieses Buchs hat mich ebenso oft überrascht wie erheitert, sowohl bei der Auswahl der schon ins Deutsche übersetzten Texte als auch bei der Durchsicht der italienischen Texte, die noch zu übersetzen waren (besonders stolz bin ich auf die – Gift und Galle spuckenden – Fundstücke von Ennio Flaiano und Camilla Cederna). Denn natürlich ist diese Anthologie das Dokument einer Zuneigung zum Land und seiner Literatur.

Entstanden ist diese Zuneigung bereits in den fünfziger Jahren des vorigen Jahrhunderts, als ich als Student der Kunstgeschichte Italien auf dem Fahrrad durchquerte, gleichermaßen zur Erreichung von Kunstzielen wie aus politischem und literarischem Interesse: Wie mochten wohl unsere Mit-Faschisten mit ihrer Vergangenheit umgehen, in welcher Form mag die Literatur darauf geantwortet haben?

Die Antworten waren nicht leicht zu haben. Im Gegensatz zu Deutschland gab es beispielsweise kein konkretes Kriegsende, sondern einen über zwei Jahre andauernden Feldzug zweier fremder Heere, an dem auch italienische Truppen (sowohl als Faschisten wie als *resistenza*) teilnahmen. In Deutschland wurde gekämpft bis zuletzt, und pünktlich zum 8. Mai 1945 verwandelten sich mehr Deutsche zu Opfern, als es vorher Täter gegeben hatte. Oder: In Italien gab es eine (in Deutschland verbotene) kommunistische Partei, die nicht nur ein Motor der *resistenza* gewesen war, sondern sich auch 1946 am entschiedensten für die Abschaffung der Monarchie und die Errichtung einer Republik eingesetzt hatte. Eine knappe Mehrheit stimmte für die Republik – regiert wurde der Staat aber dann von den Parteien, deren Wähler für die Monarchie votiert hatten, das heißt, die Republik wurde quasi von ihren Gegnern übernommen – einer der mannigfachen Gründe für die Reserve nicht nur vieler Bürger gegenüber der Obrigkeit, sondern insbesondere fast aller Schriftsteller: Sie waren oft weniger Kommunisten (womit sie häufig abgestempelt wurden) als vielmehr einfach nur Republikaner.

Deswegen war es kaum verwunderlich, daß eben diese Schriftsteller – von Beppe Fenoglio und Elio Vittorini bis Italo Calvino und Primo Levi – mit ihren ersten Übersetzungen ins Deutsche in den fünfziger und sechziger Jahren fast keine deutschen Leser fanden, im Gegensatz zu (sowohl in der Erzählweise wie im Inhalt) eher sedativen Autoren wie Guareschi oder Tomasi di Lampedusa.

Mitte der sechziger Jahre verschwand dann, von Pier Paolo Pasolini immer wieder beschrieben, das ›alte‹, das bäuerlich geprägte Italien, das Land der Esel, zärtlich ›Italietta‹ genannt. Landflucht, Industrialisierung, Konsumismus, Öffnung gegenüber der Moderne. Genau in dieser Zeit gründete sich eine Gruppe junger, ästhetisch experimenteller Schriftsteller, der *gruppo 63*: Eduardo Sanguineti, Giorgio Manganelli, Umberto Eco, Luigi Malerba, Antonio Porta, Gianni Celati, Nanni Balestrini und viele andere. Der Name folgte dem der deutschen Gruppe 47, wenn auch mit anderen Absichten und schon gar Ritualen. Ich wurde einmal (es muß 1964 gewesen sein) als eine Art Delegierter der Gruppe 47 (der ich lange angehörte) zur Tagung des *gruppo 63* in Reggio Emilia eingeladen, um dort die deutschen Gebräuche zu erklären: Der Leiter (Hans Werner Richter) läutet mit einer Kuhglocke die verstreuten Literaten zusammen, bittet um Stille, ruft eine Autorin/einen Autor auf, bittet sie oder ihn auf einem Stuhl neben sich Platz zu nehmen, bricht die Lesung ab, wenn sie zu lange dauert, und bittet dann den Saal um Kritik des Gelesenen, die die Autorin oder der Autor schweigend zu ertragen hat.

Das Gelächter über dieses preußische Regulatorium war gewaltig. Eine Glocke! Keine Zwischenrufe! Alle müssen stillsitzen! Der Autor darf keine Widerworte geben! Kurz: Die technischen Hinweise aus dem Norden wurden abgeschmettert, als störende Elemente in einer freien Diskussion. Die dann abends noch im Haus des Bürgermeisters fortgeführt wurde, samt einer Schwarzen Messe (so etwas hatte nun wiederum ich bei der Gruppe 47 noch nicht erlebt).

Auf der Rückfahrt fragte ich meinen Kollegen Giangiacomo Feltrinelli, wer denn wohl der etwas beleibte, dunkel gekleidete Herr gewesen sei, der so ungeheuer intelligente Zwischenreden gehalten habe, freilich oft dunkel, förmlich aus der Unterwelt. Giangiacomo erklärte mir, es handele sich um Giorgio Manganelli, der in der Tat einen ersten Roman über die absteigende Natur des Menschen veröffentlicht habe (er erschien auf deutsch als *Niederauffahrt*), samt einem Essay, der eine Art Manifest des *gruppo* sei, *Die Literatur als Lüge*. Dieser Text – eine theoretische Grundlage der italienischen Neoavanguardia – knüpft an die lange Tradition der literarischen Lüge im Mittelmeerraum seit Odysseus an, insbesondere an die spezifisch italienische, seit der Erfindung der ›novella‹. Es gibt ohnehin kein Italienbild, das nicht geprägt ist von früher her, schon gar nicht in der Literatur. Deswegen muß ein Portrait des heutigen Italien immer auch ein wenig zurückgreifen, zumindest bis zum grundlegenden Wandel der Gesellschaft in der Mitte der sechziger Jahre. (Natürlich gibt es weiter zurückreichende Traditionslinien – ich habe mir erlaubt, hie und da mit Fußnoten in kleinerem Schriftgrad darauf hinzuweisen.)

Die Literatur der italienischen Avantgarde wurde in Deutschland kaum wahrgenommen – es war die Zeit, in der Literatur überhaupt in Frage gestellt wurde oder gar gleich abgeschafft werden sollte. Das änderte sich erst Ende der 70er Jahre mit dem verblüffenden Erfolg (über 80 000 Exemplare) einer Aufsatzsammlung, Pasolinis *Freibeuterschriften*, 1978. Das verzögerte Erscheinen (die Aufsätze wurden bereits zwischen 1973 und 1975 geschrieben) erwies sich als Glücksfall: Erst nach dem Ende des Parteikaderdenkens und mit der Gründung der ›Grünen‹ schien der Weg frei für die Rezeption von Pasolinis Überlegungen zum Konsumismus, zum Untergang der bäuerlichen Welt oder zur veränderten Rolle der Intellektuellen.

Die deutschen Intellektuellen nahmen die Gedanken Pasolinis auf und machten sich eigene über die Umstände und Bedingungen, unter denen sie gedacht worden waren. Über die politische Kultur eines Landes, das seit Jahrzehnten von rechts regiert wurde, in der linke Intellektuelle aber ohne weiteres auf der dritten oder gar ersten Seite konservativer Zeitungen zu Wort kamen. Oder: Darf ein italienischer Filmer (!) sich an einem linken Gedankengut vergreifen, das doch eigentlich – Marx und Hegel im Rücken – Privatbesitz deutscher Meisterdenker ist?

Kurz: Es begann ein Interesse an Italien, das dann einige Jahre später mit den Erfolgen Ecos, Calvinos und Malerbas endgültig befestigt wurde und bis heute anhält. Freilich mit der Einschränkung:

entro Limes. Das Interesse für italienische Literatur (das zeigen, da wir der Verlag mit dem umfangreichsten italienischen Programm sind, unsere Verkaufszahlen sehr genau) ist immer noch südlich-westlich gewichtet, von Österreich bis ins Rheinland, wobei sicher der geruchstarke katholische Mutterboden samt Weihrauch-Rüchlein eine Rolle spielt (mit Ausnahme der Schweiz, aber dort ist Italienisch dritte Landessprache, und es gibt also eine Art nationales Interesse an der italienischen Literatur).

Die Gründe für dieses Interesse, diese Zuneigung, sind hier nachzulesen, und sie liegen keinesfalls immer nur in der Literatur. Ich habe versucht, sie in acht Schubladen unterzubringen, wobei die erste nur eine Art Vorwort ist: Wie sehen die Italiener sich selbst und wie sehen wir sie, ob Tourist oder Alien.

Die zweite Schublade öffnet den Blick auf Italiens Landschaften, ihre Schönheit und ihre literarische Prägung – noch heute werden die Regionen Italiens keineswegs nur durch die Kochtöpfe bestimmt.

Es folgen Sitten und Gebräuche, schon von Leopardi als prägend erkannt in seiner *Abhandlung über den gegenwärtigen Zustand der Italiener* (etwa 1824); ein wenig zopfig, aber immer noch interessant zu lesen (weswegen ich sie in den Fußnoten vor Begeisterung gleich dreimal zitiert habe).

Ja, und die Geschichte, die stets gegenwärtige, die Klassenkämpfe, das Trauma des Faschismus, die andauernde Spannung zwischen Selbstentfaltung und dem Gefühl der Fremdbestimmtheit.

Die beiden nachfolgenden Abteilungen sind nationalen *topoi* gewidmet: den Müttern, den Söhnen und der ganzen Familienbande. Und zweitens der in Italien hochentwickelten Form literarischer Beleidigung.

Letztens: Lebens- und Liebesgeschichten. Wie die Zeit vergeht, auch in den Leidenschaften, und wie man dabei – ganz nach Leopardi – etwas erfährt über die eigene Nichtigkeit. Abgeschlossen mit einem Arrivederci, einem Blick in Träume, in das Herz der Intellektuellen, über die Dächer der Stadt.

Aber vielleicht sollten Sie diese ordentlichen Abteilungen (womit sich der Herausgeber als echter Deutscher erweist) gar nicht so ernst nehmen, sondern *all'italiana* …

Denn eigentlich könnte man auch sagen: Dies ist ein Lesebuch voller Geschichten, Satiren und Aufsätze aus Italien über das heutige Italien, mit einigen Rückblicken. Eine Einführung in den Charakter eines Landes und seiner Bewohner, nach bestem Wissen und Gewissen ausgewählt unter Berücksichtigung (hoffentlich) aller wichtigen Autoren.

Seit der Renaissance wurden junge Leute aus gutem (und begüterten) Haus auf eine Bildungsreise nach Italien geschickt, eine ›Grand Tour‹ durch das Land, seine Kunst und seine Ruinen. Politik wie Landesgeschichte wurden dabei nur selten wahrgenommen. Mit den Kämpfen um die nationale Einheit und noch mehr seit Italien zur Republik wurde, hat sich das geändert. Das Land wird als Ganzes wahrgenommen, nicht nur, wie diese Anthologie zeigt, von seinen Schriftstellern, sondern auch von den Reisenden, kreuz und quer.

Klaus Wagenbach zur ersten Ausgabe 2004

In den zwanzig Jahren seit dem ersten Erscheinen des Bands hat die italienische Literatur mehrere Häutungen erlebt: Junge, wilde und vor allem männliche Autoren, die sogenannten ›giovani cannibali‹, wollten erzählen wie Amerikaner und interessierten sich vor allem für sich selbst und die Widrigkeiten des modernen Großstadtlebens. Zugleich fand in jeder noch so abgelegenen Provinzstadt ein Commissario seinen Weg zwischen Buchdeckel und so weiter nach Deutschland.

Daneben begann eine Generation zu schreiben, die geprägt war vom System Berlusconi. Und gerade deshalb Fragen stellte: nach Herkunft, Geschichte und Tradition, nach den Möglichkeiten des Lebens. Und die eine Sprache suchte und sucht, davon zu erzählen. Auffällig ist, dass es vor allem weibliche Stimmen sind, von Michela Murgia über Francesca Melandri bis zu Giulia Caminito.

Ihre Geschichten schreiben den Band fort bis in die Gegenwart und werfen Schlaglichter auf das heutige Italien, auf Land, Leute und Literatur.

Susanne Schüssler, April 2024

Autoren, Quellen

MICHELANGELO ANTONIONI, Regisseur und Autor,
geboren 1912 in Ferrara, starb 2007 in Rom.
Chronik einer Liebe, die es nie gab aus dem gleichnamigen Buch,
© 1995 Verlag Klaus Wagenbach, Berlin. – Übersetzt von Sigrid Vagt.

ALESSANDRO BARICCO, geboren 1958 in Turin, wo er auch lebt.
Mailand – San Remo aus »Barnum. Cronache dal Grande Show«,
© 1995 Feltrinelli, Mailand. – Übersetzt von Marianne Schneider.

GIORGIO BASSANI, geboren 1916 in Bologna, starb 2000 in Rom.
Die Passeggiata (Titel d. Hg.), erster Teil der Erzählung ›Der Spaziergang
vor dem Abendessen‹ in »Ferrareser Geschichten«, © 2007 Verlag Klaus
Wagenbach, Berlin. – Übersetzt von Herbert Schlüter.

ROBERTO BENIGNI, geboren 1952 in Prato, Schauspieler und Regisseur.
Monolog über Gott und die Welt aus der Zeitschrift »Il semplice«, Nr. 4,
© 1996 Feltrinelli, Mailand. – Übersetzt von Marianne Schneider.

STEFANO BENNI, geboren 1947 in Bologna, wo er auch heute lebt.
Anno 2194: Keine Spur mehr von Hochwohlgeboren erschien in »La Repubblica«
vom 12. März 2002. – Übersetzt von Hinrich Schmidt-Henkel.

NORBERTO BOBBIO, geboren 1909 in Turin, starb 2004 in Turin.
Ist das wirklich Weisheit? aus »Vom Alter – De senectute«, © 1997 Verlag
Klaus Wagenbach, Berlin. – Übersetzt von Annette Kopetzki.

VITALIANO BRANCATI, geboren 1907 in Pachino (Siracusa),
starb 1954 in Rom.
Sebastiana aus »Der Alte mit den Stiefeln«. –
Übersetzt von Helmut Mennicken.

ITALO CALVINO, geboren 1923 in Santiago de las Vegas (Kuba),
starb 1985 in Siena.
Der nackte Busen und Blick über die Dächer der Stadt aus »Herr Palomar«,
© 1985 Carl Hanser Verlag GmbH & Co.KG, München. –
Übersetzt von Burkhart Kroeber.

ANDREA CAMILLERI, geboren 1925 in Porto Empedocle (Agrigento),
starb 2019 in Rom.

Der bei den Tempeln vergessene Engländer aus »Fliegenspiel. Sizilianische Geschichten«, © 2000 Verlag Klaus Wagenbach, Berlin. – *Der falsche Arzt* erscheint hier mit freundlicher Genehmigung des Autors. – Übersetzt von Moshe Kahn.

GIULIA CAMINITO, geboren 1988 in Rom, wo sie auch lebt. *Die Schwäne* (Titel d. Hg.) aus »Das Wasser des Sees ist niemals süß«, © 2022 Verlag Klaus Wagenbach, Berlin – Übersetzt von Barbara Kleiner.

ERMANNO CAVAZZONI, geboren 1947 in Reggio Emilia, lebt in Bologna. *Die Republik der geborenen Idioten* aus »Kurze Lebensläufe der Idioten«, © 1994 Verlag Klaus Wagenbach, Berlin. – Übersetzt von Marianne Schneider.

CAMILLA CEDERNA, geboren 1911, berühmte Mailänder Essayistin, starb 1997. *Drei Mailänder Frauen* aus »Il lato debole«, © 2000 Feltrinelli, Mailand.– Übersetzt von Marianne Schneider.

GIANNI CELATI, geboren 1937 in Sondrio, starb 2022 in Brighton. *Eines Abends vor dem Ende der Welt* und *Ein Meteorit aus dem Kosmos* aus »Erzähler der Ebenen«, © 1997 Verlag Klaus Wagenbach, Berlin. – Übersetzt von Marianne Schneider.

MAURO COVACICH, geboren 1965 in Triest, lebt in Rom. *Taliàn* (Titel d. Hg.) aus »Triest verkehrt. Fünfzehn Spaziergänge in der Stadt des Windes«, © 2012 Verlag Klaus Wagenbach, Berlin. – Übersetzt von Esther Hansen.

LUCIANO DE CRESCENZO, geboren 1928 in Neapel, starb 2019 in Rom. *Geschichte einer Verwarnung* (Titel d. Hg.) aus »Also sprach Bellavista. Neapel, Liebe und Freiheit«, © 1986 Diogenes Verlag AG, Zürich. – Übersetzt von Linde Birk.

ERRI DE LUCA, geboren 1950 in Neapel, lebt in Rom. *Nach dem Erdbeben* (Titel d. Hg.) aus »Il cronista scalzo«, © 1996 Prismi, Neapel, in »Neapel. Eine literarische Einladung« (Hg. Dieter Richter), © 2023 Verlag Klaus Wagenbach, Berlin. – Übersetzt von Moshe Kahn.

CLAUDIA DURASTANTI, geboren 1984 in Brooklyn, lebt in Rom. *Das Mädchen fehlt aus familiären Gründen* aus »Die Fremde«, © 2021 Paul Zsolnay Verlag Ges.m.b.H., Wien. – Übersetzt von Annette Kopetzki.

UMBERTO ECO, geboren 1932 in Alessandria, lehrte bis 2007 als Professor für Semiotik an der Universität von Bologna, starb 2016 in Mailand. *Welche Schande, wir haben keine Feinde!* aus »Mein verrücktes Italien«, © 2000 Verlag Klaus Wagenbach, Berlin. – Übersetzt von Burkhart Kroeber –

Alessandria. Den Nebel verstehen aus »Wie man mit einem Lachs verreist und andere nützliche Ratschläge«, © 1993 Carl Hanser Verlag GmbH & Co. KG, München. – Übersetzt von Burkhart Kroeber.

FEDERICO FELLINI, geboren 1920 in Rimini, starb 1993 in Rom.
Mein Rimini aus »Aufsätze und Notizen«, (Hg. Anna Keel/Christian Strich), © 1974 Diogenes Verlag AG, Zürich. – Übersetzt von Alice Vollenweider.

BEPPE FENOGLIO, geboren 1922 in Alba, Provinz Cuneo, starb 1963 in Turin.
Gedanken in einem fremden Grab (Titel d. Hg.) aus »Das Geschäft mit der Seele«, © 1997 Verlag Klaus Wagenbach, Berlin – Übersetzt von Moshe Kahn.

ENNIO FLAIANO, geboren 1910 in Pescara, starb 1972 in Rom.
Der größte Fehler der Italiener aus »Frasario essenziale per passare inosservati in società« (Hg. Elisabetta Sgarbi und Vanni Scheiwiller), © 1986 Bompiani, Mailand. – Übersetzt von Marianne Schneider.

DARIO FO, geboren 1926 in Sangiano (Varese), starb 2016 in Mailand.
Nicht alle Diebe richten Schaden an (Titel d. Hg.) in »Diebe, Damen, Marionetten. Vier Farcen in einem Akt«, © 1987 Verlag der Autoren, Frankfurt am Main. – Übersetzt von Peter O. Chotjewitz.

MARIO FORTUNATO, geboren 1958 in Cirò bei Catanzaro, lebt in London.
Meine Gefühle aus »Die Entdeckung der Liebe und der Bücher«, © 1997 Verlag Klaus Wagenbach, Berlin. – Übersetzt von Moshe Kahn.

CARLO FRUTTERO & FRANCO LUCENTINI, Fruttero wurde 1926 in Turin geboren, starb 2012 in Roccamare, Lucentini wurde 1920 in Rom geboren und nahm sich 2002 in Turin das Leben.
Demütigungszulage und *Tolstoi in Italien: Der mißglückte Selbstmord der Anna Karenina* aus »Ein Hoch auf die Dummheit«, © 1992 Piper Verlag GmbH, München. – Übersetzt von Pieke Biermann.

CARLO EMILIO GADDA, geboren 1893 in Mailand, starb 1973 in Rom.
Lombardisches Land und *Carraria* aus »Die Wunder Italiens«, © 1984 Verlag Klaus Wagenbach, Berlin. – Übersetzt von Toni Kienlechner.

NATALIA GINZBURG, geboren 1916 in Palermo, starb 1991 in Rom.
Winter in den Abruzzen und *Die kaputten Schuhe* aus »Die kleinen Tugenden«, © 1989 Verlag Klaus Wagenbach, Berlin. – Übersetzt von Maja Pflug und Alice Vollenweider (Winter in den Abruzzen).

GINERVA LAMBERTI, geboren 1985 in Venedig, wo sie auch lebt.
Karneval (Catering) aus »Venedig. Eine literarische Einladung« (Hg. Susanne Müller-Wolff), © 2017 Verlag Klaus Wagenbach, Berlin. – Übersetzt von Susanne Van Volxem.

TOMMASO LANDOLFI, geboren 1908 in Pico (Latium), starb 1979 in Rom.
Der Kuß aus »Nachtschatten«. – Übersetzt von Heinz Riedt.

ANTONELLA LATTANZI, geboren 1979 in Bari, lebt in Rom.
Tanti auguri aus »Apulien und Basilikata. Eine literarische Einladung«
(Hg. Susanne Müller-Wolff), © 2021 Verlag Klaus Wagenbach, Berlin. –
Übersetzt von Margit Knapp.

CARLO LEVI, geboren 1902 in Turin, starb 1975 in Rom.
Stadt im Abgrund aus »Christus kam nur bis Eboli«, © 2002 Europa Verlag
GmbH, Hamburg. – Übersetzt von Helly Hohenemser-Steglich.

PRIMO LEVI, geboren 1919 in Turin, nahm sich dort 1987 das Leben.
Auf die Stirn geschrieben aus »Das Maß der Schönheit. Erzählungen«,
© 1997 Carl Hanser Verlag, München – Wien. – Übersetzt von Heinz Riedt
und Joachim Meinert.

MARCO LODOLI, geboren 1956 in Rom, wo er auch wohnt.
Italien 90 aus der Anthologie »Italiana«, © 1991 Mondadori, Mailand. –
Übersetzt von Marianne Schneider.

DAVIDE LONGO, geboren 1971 in Carmagnola bei Turin, wo er auch lebt.
Aus den piemontesischen Bergen (Titel d. Hg.) aus »Der Steingänger«,
© 2016 Rowohlt Verlag GmbH, Reinbek bei Hamburg. – Übersetzt von
Suse Vetterlein.

CARLO LUCARELLI, geboren 1960 in Parma, lebt in Mordano bei Bologna.
Blauer Bravo. Linke Spur und *Autogrill* aus »Autostrada. Geschichten im
Schrittempo«, © 2002 Piper Verlag GmbH, München. – Übersetzt von
Barbara Krohn.

MARIO LUZI, geboren 1914 in Florenz, starb 2005 ebenda.
Der Monte Amiata aus »Italienische Reise« (Hg. Alice Vollenweider),
© 1985 Verlag Klaus Wagenbach, Berlin. – Übersetzt von Maja Pflug.

LUIGI MALERBA, geboren 1927 in Berceto bei Parma, starb 2008 in Rom.
Rom: Der tägliche Untergang in »Rom. Eine literarische Einladung«
(Hg. Margit Knapp), © 1996/2020 Verlag Klaus Wagenbach, Berlin. –
Übersetzt von Moshe Kahn und Barbara Villiger Heilig.
– *Sightseeing in Rom* aus »Taschenabenteuer«, © 1985 Verlag Klaus
Wagenbach, Berlin. – Übersetzt von Iris Schnebel-Kaschnitz.

GIORGIO MANGANELLI, geboren 1922 in Mailand, starb 1990 in Rom.
Die Uffizien aus »Manganelli furioso«, © 1985 Verlag Klaus Wagenbach,
Berlin. – Übersetzt von Marianne Schneider. –
Schon Herodes war dagegen aus »Lügenbuch«, © 1987 Verlag Klaus
Wagenbach, Berlin. – Übersetzt von Alice Vollenweider.

DACIA MARAINI, geboren 1936 in Florenz, lebt in Rom.
Mutter und Sohn aus »Mein Mann«, © 2002 Verlag Klaus Wagenbach, Berlin. –
Übersetzt von Gudrun Jäger.

GIUSEPPE MAROTTA, geboren 1902 in Neapel, starb dort 1963.
Spaghetti aus »Das Gold von Neapel«, © 1958 S. Fischer, Frankfurt/M. –
Übersetzt von Hellmut Ludwig.

FRANCESCA MELANDRI, geboren 1964 in Rom, lebt in Rom und Berlin.
2010 aus »Alle, außer mir«, © 2018 Verlag Klaus Wagenbach, Berlin. –
Übersetzt von Esther Hansen. – *Option* (Titel d. Hg.) aus »Eva schläft«,
© 2018 Verlag Klaus Wagenbach, Berlin. – Übersetzt von Bruno Genzler.

EUGENIO MONTALE, geboren 1896 in Genua, starb 1981 in Mailand.
La casa delle due palme © 1960 Arnoldo Mondadori Editore S.p.A., Milano.
Das Haus mit den zwei Palmen aus »Die Straußenfeder. Ausgewählte Prosa«,
© 1971 der deutschen Übersetzung Piper Verlag GmbH, München. –
Übersetzt von Alice Vollenweider.

ELSA MORANTE, geboren 1912 in Rom, starb dort 1985.
1943 aus »La Storia«, © 2024 Verlag Klaus Wagenbach, Berlin. –
Übersetzt von Maja Pflug und Klaudia Ruschkowski. – *Die Insel*
(Titel d. Hg.) aus »Arturos Insel«, © 2023 Verlag Klaus Wagenbach, Berlin. –
Übersetzt von Susanne Hurni-Maehler. – *Eine frivole Geschichte über die
Anmut* aus dem gleichnamigen Buch, © 2003 Verlag Klaus Wagenbach,
Berlin. – Übersetzt von Maja Pflug.

ALBERTO MORAVIA, geboren 1907 in Rom, starb dort 1990.
Eine ägyptische Königin und *Der Tisch aus Birnbaum* aus »Ach, die Frauen«,
© 2003 Verlag Klaus Wagenbach, Berlin. – Übersetzt von Ursula Knöller-
Seyffahrt (Königin) und Michael von Killisch-Horn (Tisch).

MICHELA MURGIA, geboren 1972 in Cabras, Sardinien, starb 2023 in Rom.
Fillus de anima aus »Accabadora«, © 2017 Verlag Klaus Wagenbach, Berlin.
– *Wir haben in derselben Straße gespielt* aus »Murmelbrüder. Eine Geschichte
aus Sardinien«, © 2014 Verlag Klaus Wagenbach, Berlin – Beide Texte
übersetzt von Julika Brandestini.

ANNA MARIA ORTESE, geboren 1914 in Rom, starb 1998 in Rapallo.
Die Brille aus »Neapel liegt nicht am Meer«, © 2020 MSB Matthes & Seitz
Berlin Verlagsgesellschaft mbH. – Übersetzt von Marianne Schneider. –
Weiße Gesichter in Mailand aus »Stazione Centrale und andere Mailänder
Geschichten. Erzählungen«, © 1993 Carl Hanser Verlag GmbH & Co. KG,
München. – Übersetzt von Barbara Kleiner und Viktoria von Schirach.

ALDO PALAZZESCHI, geboren 1885 in Florenz, starb 1974 in Rom.
Die Frau am Fenster aus »Die Mechanik der Liebe. Erzählungen«,
© 1970 Benziger Verlag, Zürich. – Übersetzt von Charlotte Birnbaum.

GOFFREDO PARISE, geboren 1929 in Vicenza, starb 1986 in Rom.
Estate. Sommer aus »Alphabet der Gefühle«, © 1996 Verlag Klaus
Wagenbach, Berlin. – Übersetzt von Christiane von Bechtolsheim.

VALERIA PARRELLA, geboren 1974 in Neapel, wo sie auch lebt.
Rasender Stillstand aus »Der erfundene Freund«, © 2006 Verlag Klaus
Wagenbach, Berlin. – Übersetzt von Suse Vetterlein.

PIER PAOLO PASOLINI, geboren 1922 in Bologna,
wurde 1975 in Ostia ermordet.
Herz aus »Freibeuterschriften«, © 1978, 1998 Verlag Klaus Wagenbach,
Berlin. – Übersetzt von Thomas Eisenhardt.

CESARE PAVESE, geboren 1908 in Santo Stefano Belbo (Cuneo),
nahm sich 1950 in Turin das Leben.
Die Langa aus »Die Wiese der Toten. Erzählungen«,
© 1992 Claassen Verlag in der Ullstein Buchverlage GmbH, Berlin. –
Übersetzt von Charlotte Birnbaum.

CLAUDIO PIERSANTI, geboren 1954 in Canzano (Abruzzen),
lebt in diversen Städten.
Zelindas Kinder aus »Narratori delle riserve«, © 1992 Feltrinelli, Mailand. –
Übersetzt von Evi Deborah Schwienbacher.

LUIGI PINTOR, geboren 1925, starb 2003 in Rom.
Szenarium aus »Servabo. Erinnerung am Ende des Jahrhunderts«,
© 1992 Verlag Klaus Wagenbach, Berlin. –
Übersetzt von Michael Becker und Petra Kaiser.

GIUSEPPE PONTIGGIA, geboren 1934 in Como, starb 2003 in Mailand.
Italien, Italien! Ghioni Ludovico aus »Vom Leben gewöhnlicher Männer und
Frauen. Roman«, © der deutschen Übersetzung: 1995 Carl Hanser Verlag
GmbH & Co. KG, München. – Übersetzt von Barbara Krohn.

VERONICA RAIMO, geboren 1978 in Rom, wo sie auch lebt.
Die vielen Tode meines Bruders (Titel d. Hg.) aus »Nichts davon ist wahr«,
© 2022 by Veronica Raimo. Klett-Cotta – J. G. Cotta'sche Buchhandlung
Nachfolger GmbH, Stuttgart 2023. – Übersetzt von Verena von Koskull.

FABRIZIA RAMONDINO, geboren 1936 in Neapel, starb 2008 in Gaeta.
Die verfluchte Sonne (Titel d. Hg.) aus »Nicht sehr verläßlich zu Haus …
Erinnerungen an Neapel«, © 1992 by Arche Verlag AG, Raabe + Vitali,
Zürich. – Übersetzt von Maja Pflug.

ELISABETTA RASY, geboren 1947 in Rom, lebt in Rom.
Die Sprachen, der Gesang (Titel d. Hg.), ein Auszug aus dem Roman
»Das Meer beginnt in Neapel«, © 1999 Schöffling & Co. Verlagsbuch-
handlung GmbH, Frankfurt/M. – Übersetzt von Michaela Wunderle.

GIANNI RODARI, geboren 1920 in Omegna (Novara), starb 1980 in Rom. *Am Strand von Ostia* und *Der Mann, der das Kolosseum stehlen ging* aus »Das fabelhafte Telefon. Wahre Lügengeschichten für Groß und Klein«, © 2002 Verlag Klaus Wagenbach, Berlin. – Übersetzt von Marianne Schneider.

UMBERTO SABA, geboren 1883 in Triest, starb 1957 in Górizia. *Der Türke* aus »Scorciatoie e raccontini«, © 1996 Arnoldo Mondadori Editore S.p.A., Mailand. – Übersetzt von Erdmuthe Brand.

ROBERTO SAVIANO, geboren 1979 in Neapel, lebt seit Erscheinen von »Gomorrha« im Untergrund und unter ständigem Personenschutz. *Im Hafen* aus »Gomorrha«, © 2007 Carl Hanser Verlag GmbH & Co. KG, München. – Übersetzt von Friederike Hausmann und Rita Seuß.

TIZIANO SCARPA, geboren 1963 in Venedig, lebt in Mailand und Venedig. *Venedig* (Titel d. Hg.) aus »Venedig ist ein Fisch«, © 2003 Verlag Klaus Wagenbach, Berlin. – Übersetzt von Olaf Matthias Roth.

LEONARDO SCIASCIA, geboren 1921 in Racalmuto (Sizilien), gestorben 1989 in Palermo. *Das weinfarbene Meer* aus dem gleichnamigen Erzählungsband, © 2016 Verlag Klaus Wagenbach, Berlin. – Übersetzt von Sigrid Vagt. – *Eine Stadtgründung* aus »Mein Sizilien«, © 1995 Verlag Klaus Wagenbach, Berlin. – Übersetzt von Sigrid Vagt.

ADRIANO SOFRI, geboren 1942 in Triest, langjähriger Chefredakteur von ›Lotta Continua‹, wurde 1990 in einem aufsehenerregenden Prozess zu 22 Jahren Haft verurteilt, lehnte eine Begnadigung ab und wurde 2012 entlassen. *Neuer Mensch und alter Kommunismus* (Titel d. Hg.) aus »Der aufhaltbare Aufstieg des Cavaliere« in: ›Berliner Zeitung‹ vom 12. Mai 2001. – Übersetzt von Arno Widmann.

ITALO SVEVO, geboren 1861 in Triest, starb 1928 an den Folgen eines Autounfalls. *Der alte Herr und das schöne Mädchen* aus dem gleichnamigen Buch, © 2013 Verlag Klaus Wagenbach, Berlin. – Übersetzt von Barbara Kleiner.

ANTÓNIO TABUCCHI, geboren 1943 in einem Dorf bei Pisa, starb 2012 in Lissabon. *Die hydraulische Gleichheitsmaschine* aus »Piazza d'Italia«, © 1998 Verlag Klaus Wagenbach, Berlin. – Übersetzt von Karin Fleischanderl. – *Der Traum des Carlo Collodi* aus »Träume von Träumen. Erzählungen«, © 1998 Carl Hanser Verlag GmbH & Co. KG, München. – Übersetzt von Karin Fleischanderl.

GIUSEPPE TOMASI DI LAMPEDUSA, geboren 1896 in Palermo, gestorben 1957 in Rom.
Freude und moralisches Gesetz aus »Die Sirene und andere Erzählungen«, © 1961, 1985 Piper Verlag GmbH, München. – Übersetzt von Charlotte Birnbaum.

ELIO VITTORINI, geboren 1908 in Syrakus, Sizilien, starb 1966 in Mailand.
Signora Concezione (Titel d. Hg.) aus »Gespräch in Sizilien«, © 2022 Verlag Klaus Wagenbach, Berlin. – Übersetzt von Trude Fein.

Zu den Fußnoten:

ACCETTO nach seinem 1641 erschienenen Traktat »Von der ehrenwerten Verhehlung« (dt.: Berlin 1995). – ARIOSTO aus dem »Rasenden Roland« (1516) nacherzählt von Italo Calvino, Frankfurt am Main 2004. – BASILE (1575–1632) aus dem sogenannten »Pentamerone«, sechste Unterhaltung des fünften Tages, München 2000. – BENNI aus dem Prolog zu seinen Unterwassergeschichten »Die Bar auf dem Meeresgrund«, Berlin 2019. – BOCCACCIO aus dem »Decamerone«, VI/7. – BUFALINO aus »Schattenmuseum«, Berlin 1992. – CAMINITO aus dem Roman »Das Wasser des Sees ist niemals süß«, Berlin 2022. – CASANOVA nach Lothar Müllers »Casanovas Venedig«, Berlin 1998. – CASTIGLIONE aus seinem »Hofmann« (1528), I/18, Berlin 1996. – CERONETTI aus »Albergo Italia«, München 1993. – CIPOLLA aus seiner Satire »Allegro ma non troppo«, Berlin 2001. – COLLODI aus dem »Pinocchio«, München 2003. – DESIATI aus dem Roman »Zementfasern«, Berlin 2012. – ECO aus »Im Wald der Fiktionen«, München 1994. – FENOGLIO aus der Erzählung »Das Geschäft mit der Seele« im gleichnamigen Band, Berlin 1997. – GINZBURG nach »Italienische Liebesgeschichten«, Berlin 2010. – Notiz von GOETHE vom 25. Oktober 1789. – GOLDONI aus »Der Lügner« (1750), I/4,9. – GUERRA aus »Staubwirbel – Geschichten für eine unruhige Nacht«, Tübingen 1996. – Die Zitate von LEOPARDI sämtlich aus »Abhandlung über den gegenwärtigen Zustand der Sitten der Italiener« (aus dem Nachlaß, wahrscheinlich 1824 geschrieben). – MACHIAVELLI aus einem Brief an Francesco Vettori vom 10. Dezember 1513. – MALERBA aus dem Band »Die nachdenklichen Hühner«, Berlin 1984, sowie aus »Die Schlange«, Berlin 1985. – MANZONI aus »Die Verlobten« (1827) nach der Neuübersetzung von Burkhart Kroeber, München 2000. – Das Gedicht von LORENZO DE' MEDICI nach der Anthologie »Florenz. Eine literarische Einladung«, Berlin 2002. – MONTANARI über die Pasta aus »Spaghetti al pomodoro. Kurze Geschichte eines Mythos«, Berlin 2020. – NOVE nach »Mailand. Eine literarische Einladung«, Berlin 2016. – PASOLINI aus »Freibeuterschriften«, Berlin 1998. – PETRARCA aus »De Remediis« (1366), II/13. – PICCOLO aus »Storia di primogeniti e figli unici«, Mailand 1996. – PIRANDELLO aus der Erzählung »Feuer ans Stroh« im gleichnamigen Band, Berlin 1997. – REA nach »Neapel. Eine literarische Einladung«, Berlin 2023. – Die beiden Zitate von SACCHETTI aus »Toskanische Novellen« (Novelle 114 und 137), Berlin 1998. – SOLDATI nach »Rom. Eine literarische Einladung«, Berlin 2020. – SORIGA aus »Wo Rom aufhört«, Berlin 2014. – SVEVO aus dem »Autobiographischen Abriß« in »Der alte Herr und das schöne Mädchen«, Berlin 1998. – Das Gedicht von TOTÒ (Antonio de Curtis) nach dem genannten Band »Neapel. Eine literarische Einladung«. – Die Anekdote von VASARI nach der Neuübersetzung seiner »Lebensbeschreibungen«, Berlin 2004. – Die Sottise von VERGA nach dem Bericht von Leonardo Sciascia in »Mein Sizilien«, Berlin 1995, sowie die Geschichte vom Stück Republik aus dem Roman »Die Malavoglia«, Berlin 2022.

Der Herausgeber dankt allen Verlagen und Rechtsinhabern für die freundlich erteilte Druckgenehmigung.

Bücher von Klaus Wagenbach

Die Freiheit des Verlegers. Erinnerungen, Festreden, Seitenhiebe
Die wichtigsten Texte aus fünf Jahrzehnten, größtenteils erstmals publiziert:
Über Bücher und Autoren, über Politik und die deutschen Verhältnisse,
über Italien, die Kunst und die Mutter.
Hrsg. von Susanne Schüssler
Gebunden mit Schildchen. 352 Seiten

Vaterland, Muttersprache. Deutsche Schriftsteller und ihr Staat seit 1945
Offene Briefe, Reden, Aufsätze, Gedichte, Manifeste, Polemiken
Das Standardwerk über die politische Haltung deutscher Schriftsteller – von
1945 bis zum Ende der Zweistaatlichkeit.
Hrsg. von Michael Krüger, Klaus Wagenbach, Susanne Schüssler, Winfried Stephan
Quart*buch*. Halbleinen. 476 Seiten
Mit einem Vorwort von Peter Rühmkorf

Atlas. Deutsche Autoren über ihren Ort
Bei der Gründung des Verlags bat Klaus Wagenbach zahlreiche deutsche
Autoren, »ihren« Ort zu beschreiben, sei es der Geburtsort, der Wunschort
oder der Bestimmungsort. Eine klassische Sammlung.
Quart*buch*. Gebunden. 320 Seiten.
Mit vielen Abbildungen

Störung im Betriebsablauf
77 kurze Geschichten für den öffentlichen Nahverkehr
Klaus Wagenbach, Anhänger öffentlichen Nahverkehrs, hat aus den letzten
50 Jahren deutschsprachiger Literatur die überraschende und seltsame
Geschichten ausgewählt – für eine oder mehr Stationen, für Rüttelfahrten,
plötzliche Fahrscheinkontrollen oder den Halt auf freier Strecke.
Quart*buch*. Broschiert. 144 Seiten

Kafkas Prag. Ein Reiselesebuch

Klaus Wagenbach, langjährigste aller Kafka-Witwen, hat die Wohnhäuser der Familie und die Arbeitsstätten des Studenten, Juristen und Autors besichtigt. Und er ist der Spur von dessen Wegen und Spaziergängen gefolgt.
Aktualisierte Neuausgabe
SVLTO. Rotes Leinen. Fadengeheftet. Gebunden mit Schildchen und Prägung
144 Seiten. Mit vielen zeitgenössischen Fotografien

Franz Kafka. Biographie seiner Jugend

Die klassische Biographie über den jungen Kafka: eine immer wieder zitierte Quelle aller nachfolgenden biographischen Arbeiten. Erweitert und neu kommentiert.
Gebunden mit Schutzumschlag und Lesebändchen
328 Seiten. Mit vielen Abbildungen

Franz Kafka. Ein Käfig ging einen Vogel suchen
Komisches und Groteskes

Lernen Sie den lachenden Kafka kennen! Klaus Wagenbach hat für diesen Band Texte seines Lieblingsschriftstellers zusammengestellt: Erzählungen und kaum bekannte Passagen aus dem Nachlass.
Zusammengestellt von Klaus Wagenbach
SVLTO. Rotes Leinen. Fadengeheftet. Gebunden mit Schildchen und Prägung
144 Seiten

Italienische Weihnachten

Wie anders Weihnachten in Italien ist, zeigen diese Geschichten italienischer Autoren: Klaus Wagenbach hat seine roten Socken um einen roten Mantel ergänzt und als Weihnachtsmann ein Paket der glitzerndsten Geschichten geschnürt.
SVLTO. Rotes Leinen. Fadengeheftet. Gebunden mit Schildchen und Prägung
144 Seiten

Nach Italien! Anleitung für eine glückliche Reise

Eine Hand- und Kopfreichung für Reisende, die mit guten Vorsätzen, aber wenig Kenntnissen ins Land der Zitronen fahren.
SVLTO. Rotes Leinen. Fadengeheftet. Gebunden mit Schildchen und Prägung
144 Seiten

Noch mehr Italien bei Wagenbach

FRANCESCA MELANDRI *Eva schläft* Roman
»Nur einmal in ihrem Leben konnte sich meine Mutter Gerda der Liebe
eines Mannes gewiss sein, und ich der eines Vaters. All die anderen kamen
und gingen wie ein Wolkenbruch im Sommer.«
Aus dem Italienischen von Bruno Genzler
WAT 805. Broschiert. 440 Seiten

ELSA MORANTE *Arturos Insel* Roman
Elsa Morante hat nicht nur, wie die »Neue Zürcher Zeitung« schrieb, »durch Artu-
ro die Weltliteratur um eine der schönsten Knabengestalten bereichert«, sondern
es gelang ihr auch, ein fast vergessenes Italien in farbenprächtigen Bildern festzuhalten.
Aus dem Italienischen von Susanne Hurni-Maehler
WAT 866. Broschiert. 432 Seiten

GIORGIO BASSANI *Die Gärten der Finzi-Contini* Roman
Mit seinem berühmtesten Roman, der zarten Geschichte einer großen,
unerfüllten Liebe und zugleich Chronik des tragischen Schicksals des
jüdischen Bürgertums in Italien, hat sich Giorgio Bassani einen Platz in
der Weltliteratur erschrieben.
Aus dem Italienischen von Herbert Schlüter
WAT 404. Broschiert. 320 Seiten

MICHELA MURGIA *Accabadora* Roman
Eine Geschichte über Mutter und Tochter, wie sie noch nie erzählt wor-
den ist. Ein Roman, in dem das archaische und das moderne Italien auf-
einandertreffen.
Aus dem Italienischen von Julika Brandestini
WAT 768. Broschiert. 176 Seiten

Wenn Sie mehr über den Verlag und seine Bücher wissen möchten, schreiben Sie
uns eine Popstkarte oder elektronische Nachricht (mit Anschrift und E-Mail).
Wir informieren Sie dann regelmäßig über unser Programm und unsere Veran-
staltungen.

Verlag Klaus Wagenbach   Emser Straße 40/41   10719 Berlin
www.wagenbach.de   vertrieb@wagenbach.de